ISIS

Grab des Thutmosis IV., Theben, XVIII. Dynastie

ERICH NEUMANN

DIE GROSSE MUTTER

EINE PHÄNOMENOLOGIE DER WEIBLICHEN GESTALTUNGEN DES UNBEWUSSTEN

MIT 243 KUNSTDRUCKBILDERN
UND 77 TEXTILLUSTRATIONEN

WALTER-VERLAG
OLTEN UND FREIBURG IM BREISGAU

1. Auflage der Sonderausgabe 1985
der 1956 im Rhein-Verlag Zürich erschienenen Ausgabe

Gesamtherstellung in den grafischen Betrieben
des Walter-Verlags
Printed in Switzerland

ISBN 3-530-60861-0 (Ln.)
ISBN 3-530-60862-9 (kart.)

C. G. JUNG
DEM FREUND UND DEM LEHRER

« Wir sind ja alle genötigt, unsere Ziele weiter zu stecken, als unsere Kräfte reichen, um am Ende nicht weniger zu leisten, als sie erlauben.»

Bachofen (Vorrede zu Tanaquil)

VORWORT

Dieses Buch entstammt ursprünglich dem Vorschlag von Prof. C. G. Jung und Frau Fröbe-Kapteyn, einen einleitenden Text zu der ersten Veröffentlichung des Eranos-Archivs für Symbolforschung, Ascona, zu schreiben, in der die Bilder dieses Archivs zum Thema der «Großen Mutter» herausgegeben werden sollten.

Frau Fröbe-Kapteyn hat mit der Gründung, Anlage und Ausgestaltung des Eranos-Archivs in Ascona erstmalig die bedeutsame Arbeit geleistet, das archetypische Material, das in den Bildwerken der Menschheit seinen schöpferischen Ausdruck gefunden hat, aufzufinden, zu sammeln und zu ordnen.

Mein Dank geht nicht nur dahin, daß mir dieser Vorschlag gemacht wurde, sondern daß Frau Fröbe auch großzügigerweise mit der Entwicklung dieses ihres ursprünglichen Planes einverstanden war. Es stellte sich nämlich bald heraus, daß der Text, die grundsätzliche Darstellung des Archetyps des Großen Weiblichen, zur Hauptsache wurde. In diesem Zusammenhang wurden die Bilder des Eranos-Archivs – aus dem in diesem Bande ungefähr die Hälfte stammen – zur Illustrierung des Textes.

Die Faszination durch die Bilder des Eranos-Archivs ist aber nicht nur die ursprüngliche «Zündung» für die Abfassung des Textes gewesen, sondern während der ganzen Zeit der Arbeit an diesem Buch sind es immer wieder die Bilder gewesen, welche meine innere Bewegung und mein Interesse lebendig gehalten haben. In diesem Sinne mag dieses Buch seinem Wesen nach durchaus auch in seiner jetzigen Form als Veröffentlichung des Eranos-Archivs gelten.

An die Bollingen-Foundation geht mein Dank, daß durch sie die Arbeit an diesem Buch möglich wurde.

Vielen Helfern, die nicht genannt sein wollen, die mir bei der Abfassung und Korrektur des Textes zur Seite standen, sei hier auf diese Weise gedankt. E. N.

Inhaltsverzeichnis

ERSTER TEIL

EINLEITUNG ZUM ERSTEN TEIL

Die Strukturanalyse eines einzelnen Archetyps durchzuführen und ihn in seinem inneren Aufbau, seiner Dynamik, mit dem Kreis seiner Symbole und in seiner Sichtbarwerdung durch die Bilder und in den Mythen der Menschheit darzustellen ist ein Unternehmen, das zu den zentralen Aufgaben der analytischen Psychologie gehört. Die theoretische und praktische Schwierigkeit, zu begreifen, was die Tiefenpsychologie unter einem Archetyp versteht, ist für jeden Menschen, der nicht in einer Eigenanalyse die Realität des Archetyps erfahren hat, außerordentlich groß.

Unsere Darstellung zieht eine Fülle bildlichen und mythologischen Materials heran, aber notwendigerweise muß sie sich trotzdem auf einen Ausschnitt aus der unendlichen Vielfalt der Gestaltungen der Menschheit beschränken. Unsere Auswahl mag willkürlich in dem Sinne sein, daß jedes Bild durch ein anderes, jeder Mythos durch einen ihm ähnlichen oder entsprechenden ersetzt werden könnte. Nicht willkürlich aber sind – so glauben wir – die Anordnung, der Aufbau und die Differenzierung, die innerhalb der Darstellung im zweiten Teil versucht wurden, denn ihr liegt die psychologische Strukturanalyse des Archetyps zugrunde, welche im ersten Teil dieser Arbeit ausgeführt wird.

Der Leser, der nicht an der ihrer Natur nach schwierigen und zum Teil theoretischen tiefenpsychologischen Forschung interessiert ist, mag getrost seine Lektüre mit dem zweiten Teil beginnen, der in der Fülle seines Stoffes und in der Illustrierung durch die Bilder ihm auch so das Wesen der archetypischen Welt vermitteln mag. Wem allerdings an einer Vertiefung seiner Erfahrung und an einer grundsätzlichen Orientierung innerhalb der überflutenden Fülle des kollektiven Unbewußten gelegen ist, wird den ersten Teil nicht missen können, auch wenn er ihn möglicherweise erst nach dem zweiten Teil lesen sollte.

Diese Bemerkung ist aber nicht in dem Sinne mißzuverstehen, daß der erste Teil nur für den engeren Kreis von wissenschaftlichen Psychologen gedacht sei. Unsere Bemühung zielte im Gegenteil darauf, jedem ernsthaft Interessierten den Zugang zur Welt der Archetypen zu ermöglichen und ihm den Weg dazu so leicht zu machen, wie es nur irgend anging. Aus diesem Grunde haben wir in die Darstellung des ersten Teils eine Anzahl von Schemata eingefügt, welche, wie die Erfahrung gelehrt hat, einer großen Zahl von Menschen – keineswegs allen – das Verständnis der Zusammenhänge außerordentlich erleichtern.

Es handelt sich aber bei unserer Darstellung nicht um irgendeinen Archetyp, sondern um einen ganz speziellen, nämlich den des Großen Weiblichen oder, enger gefaßt, den der «Großen Mutter».

Dieses Buch, dem ein kleiner Band mit Einzelarbeiten über das gleiche Thema und ein ebenfalls in diesen Zusammenhang gehörender Kommentar zu Apuleius' Amor-und-Psyche-Märchen vorausgegangen ist, ist der erste Teil einer «Tiefenpsychologie des Weiblichen», um deren Darstellung der Verfasser sich fortlaufend bemüht. Die Erforschung der weiblichen Psyche in ihrer Eigenart ist eine der notwendigen und wichtigsten Aufgaben, die sich dem Tiefenpsychologen stellt, dem in seiner Arbeit die schöpferische Gesundung und Entwicklung des Einzelmenschen am Herzen liegt.

Die gleiche Bedeutung hat diese weibliche Problematik aber für den Kulturpsychologen, der erkannt hat, daß die Gefährdung der heutigen Menschheit zu einem Teil gerade auf der einseitig-patriarchalen Bewußtseinsentwicklung des männlichen Geistes beruht, welcher nicht mehr durch die «matriarchale» Welt der Psyche im Ausgleich gehalten wird. In diesem Sinne ist die Darstellung der archetypisch-psychischen Welt des Großen Weiblichen, die in unserer Arbeit versucht wird, auch ein Beitrag zur Grundlegung einer künftigen Kulturtherapie.

Die abendländische Menschheit muß notwendigerweise zu einer Synthese gelangen, in welcher die – in ihrer Isolierung ebenfalls einseitige – weibliche Welt fruchtbar mit einbezogen wird. Erst dann kann auch die Entwicklung der psychischen Ganzheit des Einzelmenschen möglich werden, die dringend nötig ist, wenn der abendländische Mensch psychisch den Gefahren gewachsen sein soll, die sein Dasein von innen und von außen bedrohen.

Die Entwicklung jedes Einzelmenschen zu einer psychischen Ganzheit, in der sein Bewußtsein schöpferisch mit den Inhalten des Unbewußten verbunden ist, ist das tiefenpsychologische Erziehungsideal der Zukunft. Erst diese Ganzwerdung des Einzelnen ermöglicht ein fruchtbares Lebendigsein der Gemeinschaft. Wenn in gewissem Sinne ein gesunder Körper die Basis für einen gesunden Geist und eine gesunde Psyche ist, ist noch mehr ein gesunder Einzelner die Basis für eine gesunde Gemeinschaft. Diese allzuoft verkannte Grundtatsache des menschlichen Zusammenlebens gibt der psychologischen Arbeit am Einzelnen nicht ihre Würde und ihren Sinn – diese hat sie ohnehin –, aber ihre kulturtherapeutische und soziale Bedeutung. Die anscheinend un-aktuelle und von der Wirklichkeit des täglichen Menschen fernabliegende Beschäftigung mit der archaischen Welt der Archetypen bildet nicht nur die Grundlage für jede Psychotherapie. Sie eröffnet dem Menschen ein Weltbild, mit dessen Erfahrung er sich nicht nur selber in ein Größeres verwandelt, sondern auch einen neuen Zugang zum Leben und zum Ganzen der Menschheit erhält. Die Assimilierung der archetypischen Welt der Menschheit führt zu einer inneren Form der Humanisierung, die, weil sie nicht Bewußtseinswissen, sondern eine Erfahrung des ganzen Menschen ist, sich vielleicht einmal als tragfähiger erweisen wird als die nicht tiefenpsychologisch fundierte Form des Humanismus, die wir bisher kannten. Eines der entscheidenden Symptome dieser Humanisierung scheint mir die Entwicklung eines psychologischen Gewissens im Einzelnen und in der Gemeinschaft, ohne welches eine zukünftige Entwicklung der gefährdeten Menschheit nicht mehr denkbar ist.

Erstes Kapitel

DIE STRUKTUR DES ARCHETYPS

Wenn die analytische Psychologie von dem Urbild oder dem Archetyp der «Großen Mutter» spricht, bezieht sie sich auf kein konkret in Raum und Zeit vorhandenes, sondern auf ein inneres, in der menschlichen Psyche wirksames Bild. Der symbolische Ausdruck dieses psychischen Phänomens sind die von der Menschheit in ihren Bildnereien und in ihren Mythen dargestellten Figuren und Gestalten der großen weiblichen Gottheit.

Das Auftreten dieses Archetyps und seine Wirksamkeit ist durch die ganze Menschheitsgeschichte zu verfolgen, denn in den Riten, Mythen und Symbolen der frühen Menschheit ist er ebenso nachzuweisen wie in den Träumen, Phantasien und schöpferischen Gestaltungen des gesunden und kranken Menschen unserer Zeit.

Um zu verdeutlichen, was die analytische Psychologie unter «Archetyp»[1] versteht, haben wir seine Dynamik oder emotionale Komponente, seine Symbolik, seine inhaltliche Komponente und seine Struktur zu unterscheiden.

Die Dynamik, die vom Archetyp ausgehende Wirkung, äußert sich unter anderem in energetischen Prozessen innerhalb der Psyche, die sich sowohl im Unbewußten wie zwischen dem Unbewußten und dem Bewußtsein abspielen. Diese Wirkung erscheint in positiven und negativen Emotionen, in Faszinationen und Projektionen, aber auch in Angst, dem Gefühl des Überwältigtseins des Ich und in manischen Erhobenheits- ebenso wie in Depressionszuständen. Jede die Gesamtheit der Persönlichkeit erfassende Stimmung ist Ausdruck der dynamischen Wirkung eines Archetyps, unabhängig davon, ob diese vom Bewußtsein des Menschen angenommen oder abgelehnt wird, ob sie unbewußt bleibt oder das Bewußtsein ergreift.

Die Symbolik des Archetyps ist die Art seiner Sichtbarwerdung in spezifischen psychischen Bildern, die vom Bewußtsein wahrgenommen werden und die für jeden Archetyp andere sind. Aber auch die verschiedenen Aspekte der Archetypen erscheinen in voneinander abweichenden Bildern. So manifestiert sich der furcht-

[1] Jolande Jacobi, Komplex, Archetyp, Symbol. In: *Schweiz. ZS für Psychologie*, Bern 1945, Bd. IV (Festnummer).

bare Aspekt eines Archetyps in anderen Bildern als sein belebender und «gütiger» Aspekt. Aber die Furchtbarkeit des einen Archetyps, der schrecklichen Mutter, drückt sich auch in anderen Symbolen aus als zum Beispiel die des schrecklichen Vaters.

Unter inhaltlicher Komponente des Archetyps verstehen wir seinen vom Bewußtsein zu erfassenden Sinngehalt. Wenn man davon spricht, daß ein archetypisches Bild des Unbewußten verarbeitet oder assimiliert wird, dann bezieht sich diese Verarbeitung – wenn wir von dem emotionalen Charakter absehen – auf seine inhaltliche Komponente.

Die Struktur des Archetyps dagegen ist das komplizierte Gefüge der psychischen Ordnung, welche Dynamik, Symbolik und Sinngehalt umfaßt, und deren Zentrum und unfaßbare Einheit der Archetyp bildet[2].

Die Dynamik des Archetyps äußert sich hauptsächlich darin, daß er unbewußt, aber gesetzmäßig und unabhängig von der Erfahrung des Einzelnen die Verhaltensweise des Menschen bestimmt. «Als Bedingung a priori stellen die Archetypen den psychischen Spezialfall des dem Biologen vertrauten ‚pattern of behaviour' dar, welches allen Lebewesen ihre spezifische Art verleiht[3].» Diese dynamische Komponente des Unbewußten hat für den Einzelnen, der von ihr dirigiert wird, zwingenden Charakter und ist immer von einer starken emotionalen Komponente begleitet.

Das heißt, mit der Konstellierung eines Archetyps ist stets auch ein bio-psychisches Ergriffensein verbunden. Dieses kann sich sowohl in einer Änderung des Triebcharakters und der Instinkte äußern wie in der Leidenschaft, Affektivität und auf höherer Ebene dem Gefühlston, von dem die Persönlichkeit, auf die der Archetyp wirkt, erfaßt wird. Die dynamische Wirkung des Archetyps reicht aber über die unbewußte Instinktwirkung hinaus und setzt sich als eine unbewußte Willensbestimmung der Persönlichkeit fort, die ihre Stimmungslage, ihre Neigungen, Tendenzen und schließlich auch ihre Auffassungen, Intentionen und Interessen, ihr Bewußtsein und die spezifische Art und Richtung ihres Geistes entscheidend beeinflußt[4].

Der unbewußt wirkende Inhalt tritt dem Bewußtsein, wenn er wahrgenommen wird, in der symbolischen Gestalt eines Bildes entgegen. Denn: «Ein seelisches Etwas kann ja notwendigerweise nur dann zu einem Bewußtseinsinhalt, das heißt vorgestellt werden, wenn es Vorstellbarkeit, das heißt eben Bildhaftigkeit, besitzt[5].»

[2] Diese Formulierung ist keine Definition, denn die paradoxe Natur des Archetyps ist nicht definierbar. Für ihn gilt die gleiche Symbolik wie für die Gottheit, die auch als Zentrum und Peripherie eines Kreises beschrieben, aber nicht definiert werden kann.

[3] Carl Gustav Jung, Versuch zu einer psychologischen Deutung des Trinitätsdogmas. In: *Symbolik des Geistes*, Zürich 1953, S. 374, Anm.

[4] Daß diese dynamische Wirkung des Archetyps in der psychischen Erkrankung, insbesondere der Psychose, aber auch in der Neurose eine entscheidende Rolle spielt, kann uns hier nicht beschäftigen.

[5] Jung, Geist und Leben. In: *Seelenprobleme der Gegenwart*, Zürich 1931, S. 334.

Deswegen scheinen schon die Instinkte, die Dominanten der Psyche, deren Bedeutung für die psychologische Ganzheit größer ist als die anderer unbewußter Inhalte, mit Bildvorstellungen gekoppelt zu sein. Der Bild-Symbolcharakter hat in der Psyche die Aufgabe zu erfüllen, so stark auf das Bewußtsein zu wirken, daß es «auf alle Fälle» von ihm beeindruckt wird. So muß zum Beispiel ein psychisches Bild, welches das Augenmerk des Bewußtseins auf sich lenken soll, um eine Flucht auszulösen, so auffällig sein, daß es seinen Eindruck in keiner Weise verfehlen kann. Die Eindrücklichkeit, Bedeutsamkeit, energetische Besetzung und Numinosität des archetypischen Bild-Symbols entspricht also dem Gewicht, das der Instinkt für das ursprüngliche Dasein des Menschen besitzt. Dabei bezeichnen wir als «numinos[6]» die Wirkung von Wesen und Kräften, welche vom Bewußtsein des Primitivmenschen als faszinierend, schrecklich, überwältigend usw. erfahren und die deswegen von ihm einem unbestimmt Transpersonalen und Gotthaften zugeschrieben werden.

Die Repräsentation der Instinkte im Bewußtsein, das heißt ihr Sichtbarwerden im Bild, gehört zu den wesentlichen Bedingungen des Bewußtseins überhaupt[7], und die Entstehung des Bewußtseins als eines lebenswichtigen psychischen Organs hängt entscheidend mit dieser Spiegelung des unbewußten psychischen Vorganges in ihm zusammen. Dabei ist diese Grundkonstellation selber ein *Produkt* des Unbewußten, das auf diese Weise das Bewußtsein konstelliert und nicht nur eine «Tätigkeit» des Bewußtseins selbst. Deswegen sagt Jung: «Man könnte das Urbild passend als Anschauung des Instinktes von sich selbst oder als Selbstabbildung des Instinktes bezeichnen[8].»

So gehören die Instinktebene des Triebs und die Bildebene des Bewußtseins trotz ihrer anscheinenden Gegensätzlichkeit zusammen, denn: «Der Mensch findet sich mindestens als ein zu etwas Getriebenes und zugleich als ein etwas sich Vorstellendes vor[9]», und der Archetyp «ist eben nicht nur Bild an sich, sondern zugleich auch Dynamik[10]».

Die Bildebene aber, auf der der Archetyp dem Bewußtsein sichtbar wird, ist die des Symbols, in dem sich die Aktivität des Unbewußten, soweit sie bewußtseinsfähig wird, manifestiert[11].

Die Symbol-Bilder sind als archetypische Vorstellungen von dem «Archetypus an sich» zu unterscheiden[12]. Der «Archetypus an sich» ist «ein unanschaulicher Faktor, eine Disposition, welche in einem gegebenen Moment der Entwicklung des

[6] Rudolf Otto, *Das Heilige*, München 1932.

[7] Erich Neumann, *Ursprungsgeschichte des Bewußtseins*, Zürich 1949.

[8] Jung, Instinkt und Unbewußtes. In: *Über psychische Energetik und das Wesen der Träume*, Zürich 1948, S. 273f.

[9] Jung, Theoretische Überlegungen zum Wesen des Psychischen. In: *Von den Wurzeln des Bewußtseins*, Zürich 1954, S. 566.

[10] Ebenda, S. 574.

[11] Jung, *Psychologische Typen*, Zürich 1921, Def. «Symbol». Vgl. auch Jacobi, Komplex ..., a. a. O.

[12] Jung, Theoretische Überlegungen ..., a. a. O., S. 577.

menschlichen Geistes zu wirken beginnt, indem er das Bewußtseinsmaterial zu bestimmten Figuren anordnet[13]».

Deswegen sagt Jung von den Archetypen, sie seien «vorbewußt vorhanden und bilden vermutlich die Strukturdominanten der Psyche überhaupt, vergleichbar dem unanschaulichen, potentiellen Vorhandensein des Kristallgitters in der Mutterlauge[14]». Der «Archetypus an sich» ist ein bewußtseinstranszendentes Kernphänomen, dessen «ewige Präsenz[15]» unanschaulich ist. Aber er dirigiert nicht nur wie ein magnetisches Kraftfeld auf dem Wege über die Instinkte als pattern of behaviour das unbewußte Verhalten der Persönlichkeit, sondern er erscheint auch als *pattern of vision* im Bewußtsein in der Anordnung des psychischen Materials als Symbol-Bilder.

Wir bezeichnen die Symbole, die zu einem Archetyp gehören, als seine Symbolgruppe oder auch als den zu ihm gehörenden Symbol-Kanon. Eine Schwierigkeit besteht aber darin, daß diese Zuordnung nicht eindeutig ist. Denn im Unbewußten sind die einzelnen Archetypen nicht gegeneinander isoliert, sondern sie befinden sich im Zustande der Kontamination, der völligen wechselseitigen Durchdringung und Verschmelzung[16]. Diese Kontamination ist um so größer, je schwächer das unterscheidende Bewußtsein ist, und sie läßt in dem Maße nach, in dem das Bewußtsein sich entwickelt, differenziert und – was das gleiche ist – deutlichere Unterscheidungen zu machen imstande ist.

Der Differenzierung des Bewußtseins entspricht also ein differenzierteres In-Erscheinung-Treten des Unbewußten, seiner Archetypen und Symbole[17]. Wir erhalten deswegen mit sich entfaltendem Bewußtsein eine Reihe von Erscheinungsformen des Unbewußten, die von der absoluten «Unanschaulichkeit» des «Archetyps an sich» über die schwer bestimmbare Bildparadoxie seines ersten Auftauchens, bei welchem gegensätzliche und sich anscheinend ausschließende Bilder nebeneinander auftreten, zum Sichtbarwerden des «Urarchetyps» führt.

Der Begriff des «Urarchetyps» bedarf als Pleonasmus einer Entschuldigung. Wir wenden den Begriff des Archetypus in dem Sinne an, wie ihn Jung in seinen letzten Schriften[18] deutlich gemacht hat, nämlich als einen Strukturbegriff im Sinne «ewiger Präsenz». Da sich uns aber für das Verständnis der Geschichte des Bewußtseins und für die psychotherapeutische Praxis gerade eine Differenzierung des Archetyps im Sinne seiner «Entwicklung» innerhalb der Psyche als bedeutungsvoll herausgestellt hat, legen wir mit der Bezeichnung «Urarchetyp» das Gewicht auf den genetischen Aspekt und definieren damit den Archetyp, wie er in der Frühphase des menschlichen Bewußtseins vor der Differenzierung in die einzelnen Archetypen in

[13] Jung, Trinitätsdogma, a. a. O., S. 374.
[14] Ebenda, Anm.
[15] Jung, *Psychologie und Alchemie*, Zürich 1944, S. 303.
[16] Jung, Archetypen des kollektiven Unbewußten. In: *Von den Wurzeln des Bewußtseins*, a. a. O., S. 52.
[17] Neumann, *Ursprungsgeschichte* ..., a. a. O., S. 348f.
[18] Besonders in: Theoretische Überlegungen ..., a. a. O.

Archetyp des „Weges"

Erscheinung getreten ist. Der Prozeß der «Differenzierung» der archetypischen Phänomene, den wir in der «Ursprungsgeschichte des Bewußtseins» als «Aufspaltung der Archetypen» bezeichnet haben, führt dazu, daß aus der komplexen Unübersichtlichkeit einzelne Archetypen heraustreten und eine zusammenhängende archetypische Gruppe bilden.

Parallel zu dieser Entwicklung verläuft das Deutlichwerden von Symbolen und ihre Ordnung. Die Symbole sind die zu seiner latenten Unsichtbarkeit gehörende manifeste Sichtbarkeit des Archetyps. Während im Urarchetyp verschiedenste, entgegengesetzte und für das Bewußtsein sich ausschließende Symbole nebeneinander vorhanden sein können, wie positive und negative, männliche und weibliche, treten sie später auseinander und ordnen sich nach dem Gegensatzprinzip. — Dialektik

Die Symbole besitzen wie der Archetyp selber eine dynamische und eine inhaltliche Komponente. Sie ergreifen die Ganzheit der menschlichen Persönlichkeit, die von ihnen erregt und fasziniert wird, und ziehen das Bewußtsein an, das sie zu deuten sucht.

Die inhaltliche Komponente des Symbols setzt das Bewußtsein in Bewegung, welches, durch das Symbol beunruhigt, ihm sein Interesse zuwendet, um es zu verstehen. Das Symbol ist also, abgesehen von seiner dynamischen Wirkung als «Energietransformator[19]», auch ein «Bewußtseinsbildner», der die Psyche zur Verarbeitung des unbewußten Inhaltes oder der unbewußten Inhalte drängt, die im Symbol enthalten sind[20]. Diese Verarbeitung mündet in der Bildung von Anschauungen, Orientierungen und Begriffen durch das Bewußtsein, die zwar ursprünglich dem Sinngehalt des Symbols und damit dem kollektiven Unbewußten, dessen Teil der Archetyp ist, entstammen, nun aber auch unabhängig von ihrer Genese eine eigene Existenz und Gültigkeit beanspruchen[21]. Semant. Problem

Nehmen wir als Beispiel den Archetyp des «Weges». In der Urgeschichte tauchte, soweit wir wissen zum erstenmal, dieser Archetyp beim Eiszeitmenschen auf. In einem weitgehend noch unbewußten Ritual führte diese Frühmenschen der Weg in Höhlen von Bergen, in deren verborgenen und schwer erreichbaren Innern von ihnen Heiligtümer mit Tierbildern angelegt wurden, von deren Erlegung ihre Existenz abhing.

Die magisch-sakrale Bedeutung dieser Bilder ebenso wie der Berghöhlen steht heute außer Zweifel. Ebenso aber ist es klar, daß der «schwere und gefährliche Weg», auf dem diese Heiligtümer sehr oft nur erreichbar waren, mit zu der rituellen Wirklichkeit der Bergtempel gehört, als die wir diese Höhlen heute verstehen[22].

Auf späterer Kulturstufe und bei entwickelterem Bewußtsein wird dieser Arche-

[19] Jung, *Über psychische Energetik* . . ., a. a. O., S. 80.

[20] Neumann, *Ursprungsgeschichte* . . ., a. a. O., S. 392.

[21] Ernst Cassirer, *Die Philosophie der symbolischen Formen*, 3 Bde., Berlin 1923–1931. Bd. II: *Das Mythische Denken.*

[22] Neumann, Zur psychologischen Bedeutung des Ritus. In: *Kulturentwicklung und Religion* (Umkreisung der Mitte, Bd. I), Zürich 1953, S. 9f.

typ des Weges zum bewußten Ritual-Weg, der zum Beispiel in der Anlage der Tempel – von den Tempeln Ägyptens bis zum Boro Budur Ceylons – den Verehrenden zwingt, einen rituellen Weg von der Peripherie bis zum Zentrum, dem Heiligtum, zu gehen und so das Weg-Ritual zu vollziehen. Die Prozessionen der Frommen aller Völker gehen auch heute noch diesen Kollektivweg des Rituals zum Heiligtum. Der Leidens-Weg Christi ist eine weitere und andere Form dieses Archetyps, in ihm wird der Schicksalsweg zu dem der Erlösung, und mit seinem bewußten Ausspruch «Ich bin der Weg» erreicht dieser Archetyp des Weges eine neue, nun schon ganz innerliche und symbolische Stufe. Diese bestimmt alle «Nachfolge»-haltungen, in denen der christlich-innere Weg «nachgegangen» wird. Aber darüber hinaus ist im Bewußtsein des modernen Menschen und in seiner weltanschaulichen Orientierung dieses Symbol des archetypischen Weges allgemein wirksam geworden. Wir sprechen nicht nur mit Selbstverständlichkeit von einem «inneren Wege der Entwicklung», sondern auch noch die Begleitsymbole der «Orientierung» und «Orientierungslosigkeit» gehören in diesen Zusammenhang, ebenso wie die Ausdrücke, daß man dieser oder jener weltanschaulichen, politischen, künstlerischen oder sonstigen «Richtung» angehöre. Allen diesen Prägungen unserer Sprache liegt in Wirklichkeit der Archetyp des «Weges» zugrunde, dessen pattern das zunächst unbewußte Verhalten des Menschen bestimmt, der an ein sich sakral richtendes Ziel zu gehen hat.

Die Schwierigkeit, die Struktur eines einzelnen Archetyps darzustellen, beruht unter anderem darauf, daß sich der Archetyp und das Symbol auf einer Vielfalt von Ebenen nebeneinander und oft gleichzeitig durchsetzen. Die Phänomenologie der archetypischen Wirksamkeit reicht vom unbewußten instinktiven Getriebensein des in der Gruppe enthaltenen primitiven Individuums bis zu der Position von Begriffen und Glaubenshaltungen im Weltanschauungssystem des modernen Einzelnen.

Eine Unzahl von Gestalten, Symbolen und Bildern, Anschauungen, Aspekten und Begriffen, die sich ausschließen und überdecken, ergänzen und anscheinend unabhängig voneinander auftauchen, die aber alle mit dem *einen* Archetyp, zum Beispiel mit dem der Großen Mutter, zusammenhängen, drängt sich einem Betrachter auf, der sich vermißt, begreifen oder gar darstellen zu wollen, was ein Archetyp oder dieser Archetyp sei. Obgleich diese Vielheit letzten Endes «Variationen über ein Grundthema[23]» sind, ist ihre Verschiedenheit so groß, sind die gegensätzlichen Elemente, die in ihnen vereinigt sind, so vielfach, daß man in Ergänzung zu seiner «ewigen Präsenz» von einer symbolischen Polyvalenz des Archetyps sprechen muß.

Die Manifestation des Archetyps als symbolischer Ausdruck des Unbewußten läßt sich in seiner Beziehung zum Menschen von zwei Seiten aus formulieren, die in Gegensatz zueinander zu stehen scheinen, in Wirklichkeit aber zusammen gehören. Der Archetyp manifestiert sich «spontan», oder aber er steht in einer kompensatorischen Beziehung zu dem Bewußtsein des Menschen, in dem er erscheint. Wenn

[23] Jung, *Von den Wurzeln...*, a. a. O., S. 576.

der Archetyp als Spontanausdruck des Unbewußten auftritt, wirkt er unabhängig von der psychischen Situation des Einzelnen und der Gruppe als autonome Größe, welche die aktuelle Situation bestimmt. Am deutlichsten ist das bei den Einbruchsphänomenen, wie der Psychose, in denen das archetypische Phänomen unvorhersehbar und mit der Fremdartigkeit des «ganz Anderen» einbricht, ohne daß genügend adäquate Beziehungen zwischen dem Einbrechenden und dem Opfer des Einbruchs herstellbar sind.

Aber sogar hier lassen sich wenigstens teilweise verständliche Zusammenhänge zwischen der Art und dem Inhalt der Psychose und der Persönlichkeit des Ergriffenen nachweisen.

Das heißt aber, die archetypische Manifestation ist nicht unbezogen, sondern wird – so müssen wir ergänzend formulieren – durch die Ganzheitskonstellation des kollektiven Unbewußten bestimmt. Sie ist nicht nur von der Rasse, dem Volk und der Gruppe, von der Geschichtszeit und der aktuellen Situation, sondern schließlich auch von der Situation des Individuums abhängig, in dem sie auftritt.

Wenn wir von der Bewußtseins-Unabhängigkeit und Spontaneität des Archetyps und des Symbols sprechen, bezieht sich das darauf, daß das Ich als Zentrum des Bewußtseins nicht aktiv und wissentlich am Entstehen und Auftauchen des Symbols oder des Archetyps beteiligt ist, das heißt, daß das Bewußtsein kein Symbol «machen» oder einen Archetyp erleben «wollen» kann[24]. Das schließt aber keineswegs die Bezogenheit des Archetyps oder des Symbols auf die Ganzheit der Persönlichkeit und auch auf das Bewußtsein aus. Denn die Manifestationen des Unbewußten sind eben nicht nur Spontanausdruck unbewußter Prozesse, sondern auch Reaktionen auf die Bewußtseinssituation des Menschen, die, wie uns das vom Traum her am geläufigsten ist, kompensatorisch zum Bewußtsein verlaufen. Das heißt aber, das Erscheinen der archetypischen Bilder und Symbole wird auch durch die individuelle, typologische Struktur, durch die Situation des Einzelnen, die Haltung seines Bewußtseins, sein Alter usw. mitdeterminiert.

In dem Maße, in dem die Individualisierung der Menschheit fortschreitet, müssen wir zum Verständnis der archetypischen Reaktion die Einmaligkeit der individuellen Situation berücksichtigen, zum Beispiel, wenn wir die Beziehung eines Künstlers wie Leonardo da Vinci zum Archetyp untersuchen[25]. Je mehr es sich aber um einen Spontanausdruck des kollektiven Unbewußten handelt und je kollektiver die Konstellation des Unbewußten ist – wie in der frühen Menschheit –, desto mehr können wir, wenn wir zum Verständnis einer archetypischen Struktur gelangen wollen, auf das Wissen um die Situation des Einzelnen verzichten.

[24] Auch bei der Ausnahme, der Entstehung des «vereinigenden Symbols» (Jung, *Psychologische Typen*, a. a. O., Def. 51), ist zwar eine Aktivität des Ich und des Bewußtseins vorhanden, aber auch hier «macht» das Ich nichts, sondern ist nur an der Konstellation des Unbewußten mitbeteiligt.

[25] Vgl. Neumann, Leonardo da Vinci und der Mutterarchetyp. In: *Kunst und schöpferisches Unbewußtes* (Umkreisung der Mitte, Bd. III), Zürich 1954.

Weil innerhalb der Menschheit gleichbleibende tiefenpsychologische Zusammenhänge nachweisbar sind, und weil in gewissem Umfange eine Zuordnung der psychischen Phänomene zu den Stadien der Bewußtseins-Entwicklung, welche die Menschheit in ihrer Geschichte durchschritten hat, durchführbar ist, ist der Versuch, die Strukturanalyse eines einzelnen Archetyps zu unternehmen, möglich.

Der Terminus «Große Mutter» als Teilaspekt des «Großen Weiblichen» ist eine späte abstrahierende Zusammenfassung, die bereits ein entwickeltes spekulatives Bewußtsein voraussetzt. So erscheint die Bezeichnung des Großen Weiblichen als «magna mater» erst relativ spät in der Geschichte der Menschheit. Ihre Verehrung aber und ihre Darstellung läuft diesem Terminus um Jahrzehntausende voraus. Aber sogar bei dieser relativ späten Bezeichnung ist es deutlich, daß die Zusammenstellung der Worte «Mutter» und «Groß» nicht eine solche von Begriffen, sondern von emotional gefärbten Symbolen ist. «Mutter» weist hier nicht nur auf ein Abstammungsverhältnis, sondern auch auf eine komplexe psychische Situation des Ich, und in gleicher Weise drückt der Terminus «Groß» den symbolischen Überlegenheitscharakter aus, den die archetypische Gestalt allem Menschlichen und sogar allem Kreatürlichen gegenüber besitzt. Wenn in Ägypten die Göttin Toeris «Die Große» heißt, ist das deswegen der symbolische Ausdruck für die unpersönliche Anonymität des Archetyps, analog zu der Goetheschen Pluralbildung «Die Mütter».

Bevor sich innerhalb der Menschheit die Phänomene zu der menschlichen *Gestalt* der Großen Mutter zusammenschließen, finden wir eine Fülle spontan auftauchender Symbole, die zu ihrem noch unausgeformten und gestaltlosen Bild gehören. Diese Symbole – hauptsächlich Natursymbole aus allen Naturreichen – sind gewissermaßen signiert mit dem Bild des Großen Mütterlichen, das in ihnen lebt und mit ihnen identisch ist, sei es nun Stein oder Baum, Teich, Frucht oder Tier. Allmählich werden sie mit der Gestalt der Großen Mutter als Attribute verbunden und bilden den Symbolkreis, der die archetypische Figur umgibt und sich im Ritus und im Mythos manifestiert.

Ein derartiger Kreis von Symbolbildern aber umgibt nicht *eine* Gestalt, sondern eine große Vielheit von Figuren, von «Großen Müttern», die als Göttinnen und Feen, Dämoninnen und Nixen, Holden und Unholden in den Bräuchen und Riten, Mythen, Religionen und Märchen innerhalb der Menschheit Manifestationsformen des einen Großen Unbekannten sind, der «Großen Mutter», dem zentralen Aspekt des Großen Weiblichen.

Ein wesentliches Merkmal des «*Urarchetyps*» besteht darin, daß er gleichzeitig positive und negative Eigenschaften und Eigenschaftsgruppen in sich verbindet. Diese coincidentia oppositorum des Urarchetyps, seine die Gegensätze enthaltende Zwei- und Vieldeutigkeit ist für die Ursprungssituation eines Unbewußten charakteristisch, das vom Bewußtsein noch nicht in seine Gegensätze auseinandergelegt worden ist. Diese paradoxe, Gutes und Böses, Freundliches und Furchtbares verindende Gleichzeitigkeit des Göttlichen erfährt der Frühmensch als Einheit, während im Laufe der Bewußtseinsentwicklung die gute Göttin und die böse Göttin meist als voneinander verschiedene Mächte verehrt werden.

Zu einem noch unterscheidungsunfähigen Bewußtsein und Ich gehört der Urarchetyp, dessen Wirkung und Manifestation um so mächtiger und verwirrend eindrucksvoller ist, je mehr Gegensätze in ihm miteinander verbunden sind. Weil zu viele sich widersprechende Momente und Symbole im Urarchetyp in eins fallen, ist seine Natur paradox, er ist unanschaulich und undarstellbar.

Deswegen übersteigt in der Frühphase des Bewußtseins die Numinosität des Archetyps die menschliche Darstellungsfähigkeit so sehr, daß sie zunächst jede Gestaltung ausschließt; und wenn der Urarchetyp später in der Imagination des Menschen Form annimmt, ist seine Darstellung oft monströs, ungeheuerlich und unmenschlich. Jetzt entstehen die chimärenhaften, aus verschiedenen Tieren und aus Tier und Mensch zusammengesetzten Wesen, wie die Greifen, Sphinxe, Harpyien usw., aber auch derart monströse Gebilde wie phallische und bebärtete Mutterfiguren. Erst für ein Bewußtsein, das sich distanzieren kann und das gelernt hat, feiner zu reagieren und differenzierter wahrzunehmen und zu unterscheiden, löst sich die im Urarchetyp herrschende Vermischtheit aller Symbole auf, und die Symbolgruppen und Symbolkreise, die für einen Archetyp oder für eine Gruppe zusammengehörender Archetypen charakteristisch sind, werden erkennbar. Im Laufe langer Entwicklungszeiten werden die inneren und äußeren Traditionskräfte so stark, daß die archetypischen Anschauungsbilder schließlich eine Geformtheit erreichen, die eine Gestaltung von Sakralbildern innerhalb der Menschheit ermöglicht.

Bei dem Versuch, die Struktur des Archetyps der «Großen Mutter» oder des «Großen Weiblichen» an Hand einer größeren Zahl von Abbildungen darzustellen, werden wir den Umfang unserer Betrachtung sehr weit fassen müssen. Denn nur die Amplifikation, die Methode der vergleichenden morphologischen Psychologie, welche aus den verschiedensten Bezirken der Religionsgeschichte, Archäologie, Vorhistorie, Ethnologie usw. die analogen Materialien zur Deutung heranzieht, ist imstande, zu einem Verständnis der Archetypen und der einzelnen Symbole zu gelangen. Die symbolische Selbst-Darstellung des Archetyps, die, durch das Medium des Menschen gegangen, uns aus teils unbewußt, teils bewußt gestalteten Bildwerken anspricht, ist aber unser eigentlicher Gegenstand.

Die Archetypen des kollektiven Unbewußten erscheinen, wie Jung seinerzeit entdeckt hat[26], in den «mythologischen Motiven», die in gleicher oder analoger Art zu allen Zeiten und bei allen Völkern auftreten und ebenso spontan – ohne irgendein Wissen des Bewußtseins – aus dem Unbewußten des modernen Menschen auftauchen können.

Da wir die Kenntnis dieser grundlegenden und für die moderne Tiefenpsycholo-

[26] Jung, *Wandlungen und Symbole der Libido*, Leipzig und Wien 1912.

gie entscheidenden Entdeckung nicht voraussetzen können, müssen wir an einem Beispiel diesen Tatbestand illustrieren und im übrigen auf das umfangreiche Werk Jungs hinweisen, in dem die Entdeckung des kollektiven Unbewußten den zentralen Platz einnimmt. Wir entnehmen der Einfachheit halber dieses Beispiel wörtlich dem Aufsatz von Jung «Die Struktur der Seele[27]». Jung schildert, wie er eines Tages einen geisteskranken Mann auf dem Korridor der Anstalt zum Fenster hinaus und zur Sonne blinzeln sah und wie der Kranke dabei den Kopf merkwürdig hin und her bewegte.

«Er nahm mich sofort beim Arm und sagte, er wolle mir etwas zeigen, ich solle blinzeln und in die Sonne sehen, dann könne ich den Sonnenpenis sehen. Wenn ich den Kopf hin und her bewege, so bewege sich auch der Sonnenpenis, und das sei der Ursprung des Windes. Diese Beobachtung machte ich etwa 1906. Im Laufe des Jahres 1910, wo ich mit mythologischen Studien beschäftigt war, fiel mir ein Buch Dieterichs in die Hände, eine Bearbeitung eines Teiles des sogenannten Pariser Zauberpapyrus. Das Stück, das er bearbeitete, hält Dieterich für eine Liturgie des Mithraskultes. Es besteht aus einer Reihe von Vorschriften, Anrufungen und Visionen. Eine dieser Visionen wird folgendermaßen wörtlich beschrieben: ‚Ähnlicherweise wird sichtbar sein auch die sogenannte Röhre, der Ursprung des diensttuenden Windes. Denn du wirst von der Sonnenscheibe wie eine herabhängende Röhre sehen. Und gegen die westlichen Regionen, als ob es ein unendlicher Ostwind wäre. Wenn aber dem anderen Wind nach den östlichen Regionen hin das Los zufällt, so wirst du in ähnlicher Weise die Wendung des Gesichts dorthin sehen.‘

Das für Röhre stehende griechische Wort αὐλός bedeutet ein Blasinstrument und in der Verbindung αὐλός παχύς bei Homer ‚ein dicker Blutstrom‘. Offenbar bläst ein Windstrom durch die Röhre aus der Sonne.

Die Vision meines Patienten vom Jahre 1906 und der erst 1910 edierte griechische Text dürften wohl genügend getrennt sein, so daß sogar die Vermutung einer Kryptomnesie seinerseits und einer Gedankenübertragung meinerseits ausgeschlossen ist. Man kann den offenkundigen Parallelismus der beiden Visionen nicht leugnen, man könnte aber behaupten, es sei eine rein zufällige Ähnlichkeit. In diesem Fall dürften wir also weder Verbindungen mit analogen Vorstellungen noch einen innern Sinn der Vision erwarten. Diese Erwartung erfüllt sich aber nicht, denn die mittelalterliche Kunst hat diese Röhre in gewissen Gemälden sogar abgebildet als eine Art Schlauch, der in der conceptio immaculata vom Himmel herunter unter die Röcke der Maria kommt. In ihm fliegt der Heilige Geist in Form einer Taube herunter zur Befruchtung der Jungfrau. Der Heilige Geist ist in der Urvorstellung, wie wir aus dem Pfingstwunder wissen, ein gewaltiger Wind, das πνεῦμα – ‚der Wind wehet, wo er will‘ – τί πνεῦμα πνεῖ ὅπου θέλει. Animo descensus per orbem solis tribuitur: Vom Geiste gilt, daß er durch den Kreis der Sonne heruntersteigt – diese Anschauung ist ein Gemeingut der gesamten spätklassischen und mittelalterlichen Philosophie[28].»

Dieses Beispiel mag genügen, um zu verdeutlichen, daß der Archetyp ein mythologisches Motiv ist und daß er von «ewiger Präsenz» als Inhalt des kollektiven –

[27] Jung, Die Struktur der Seele. In: *Seelenprobleme* ..., a. a. O., S. 143ff.

[28] Die früheste uns bekannte Form dieser archetypischen Vorstellung finden wir – wie so oft – in Ägypten, und zwar in der Vereinigung des Sonnengottes Ra, der dort als Schöpfergestalt par excellence auftritt, mit Amon, dem «Lebens-Atem», zu der Gottfigur «Amon-Re». Vgl. dazu besonders Henry Frankfort, *Kingship and the Gods*, Chicago 1948, S. 160f.

allgemein menschlichen – Unbewußten in der Theologie Ägyptens wie in den hellenistischen Mithrasmysterien, in der christlichen Symbolik des Mittelalters wie in den Visionen eines modernen Geisteskranken auftauchen kann.

Der Archetyp ist nicht nur eine Dynamis, eine dirigierende Kraft, die, wie in der Religion, die Psyche des Menschen beeinflußt, sondern er entspricht auch einer unbewußten «Konzeption», einem Inhalt. Im Symbolbild des Archetyps teilt sich etwas als Sinnzusammenhang mit, das erst von einem entwickelten Bewußtsein mit großer Mühe begrifflich gefaßt werden kann. Deswegen gilt auch für das moderne Bewußtsein noch der Satz Jungs: «Das Mythologem ist die ureigentliche Sprache dieser psychischen Vorgänge, und keine intellektuelle Formulierung kann auch nur annähernd die Fülle und Ausdruckskraft des mythischen Bildes erreichen. Es handelt sich um Urbilder, die darum auch am besten und treffendsten durch eine bildhafte Sprache wiedergegeben werden[29].» Diese «bildhafte Sprache» ist die Sprache des Symbols, die ursprüngliche Sprache des Unbewußten und der Menschheit.

Wie wir an anderer Stelle[30] ausgeführt haben, apperzipiert der Frühmensch – und wie er das Kind – die Welt «mythologisch», das heißt, er erfährt die Welt vorwiegend durch die Prägung von archetypischen Bildern, die er auf die Welt projiziert. Das Kind erfährt an seiner Mutter zunächst den Archetyp der Großen Mutter, die Wirklichkeit eines allmächtigen numinosen Weiblichen, von dem es in allem und jedem abhängt, nicht aber die objektive Wirklichkeit seiner persönlichen Mutter, diese bestimmte historisch-individuelle Frau, als welche ihm, wenn sein Ich und sein Bewußtsein weiter entwickelt sind, die Mutter später erscheint. Ebenso erfährt der Frühmensch nicht wie der moderne Mensch «Wetterlagen», sondern göttliche oder gottähnliche Schicksalsmächte, von denen sein Schicksal abhängt und deren Verhalten mit dem seinen auf irrationale, magische oder religiös-ethische Weise verbunden ist. Man denke an den Regen und seine oft über Leben und Tod bestimmende Fruchtbarkeitsbedeutung. Regengebete, Regenprozessionen usw. sind bis heute Ausdruck dieser mythologisch apperzipierenden Mentalität, welche das Leben der Frühkultur fast völlig dirigiert hat.

Das menschliche Leben wird anfangs in weit höherem Maße vom Unbewußten als vom Bewußtsein bestimmt, es wird mehr von den archetypischen Bildern als von Begriffen, mehr von Instinkten als von Willensentschlüssen des Ich dirigiert, und der Mensch ist mehr Teil seiner Gruppeneinheit als einzelnes Individuum. Ebenso erlebt er die Welt anfangs nicht als eine vom Bewußtsein gesehene, sondern als eine vom Unbewußten erfahrene Welt[31]. Das heißt, er apperzipiert die Welt nicht mit Hilfe der Funktionen des Bewußtseins, als Objekt-Welt, welche die Tren-

[29] Jung, *Psychologie und Alchemie*, a. a. O., S. 44.

[30] Neumann, *Ursprungsgeschichte* ..., a. a. O., S. 54f.

[31] All dies gilt in etwas abgeschwächtem Maße auch noch für den modernen Menschen, in welchem diese Art des Funktionierens zwar zurücktritt, aber nicht etwa aufgehört hat, zu existieren.

nung von Subjekt und Objekt voraussetzt, sondern er erfährt sie mythologisch, in archetypischen Bildern, in Symbolen, die ein spontaner Ausdruck des Unbewußten sind, mit deren Hilfe sich die Psyche in der Welt orientiert und welche als mythologische Motive die Mythologien der Völker konfigurieren.

Das besagt, die Symbole sind nicht auf das individuelle Ich bezogen, wie die Bewußtseinsfunktionen, sondern auf die Ganzheit des psychischen Systems, die Bewußtsein und Unbewußtes umfaßt. Aus diesem Grunde sind im Symbol nicht nur bewußte und unbewußte Elemente enthalten, sondern wir finden neben Symbolen und Symbolelementen, welche das Bewußtsein relativ schnell verarbeiten kann, immer auch solche, die nur im Verlaufe von langen Entwicklungen oder überhaupt nicht assimiliert werden können und die irrational und bewußtseinstranszendent bleiben[32].

Die Bewußtseinsunabhängigkeit des natürlichen Symbols äußert sich auch darin, daß es den Charakter des Unbewußten, dem es entstammt, in seiner eigenen Struktur repräsentiert. Während zu den Merkmalen des Bewußtseins die Trennung in Ich und Du, in Subjekt und Objekt gehört, kehren im Symbol die Grundmerkmale der «Ursprungssituation» des Unbewußten wieder. Rationale und irrationale, bewußte und unbewußte, der Innen- und der Außenwelt entstammende Elemente fallen in ihm nicht nur zusammen, wie der Terminus «Symbol» besagt, sondern erscheinen in ihm auch in einer ursprünglichen und natürlichen Einheit.

Die symbolische Bildrepräsentation durch das Unbewußte ist der schöpferische Quellpunkt des menschlichen Geistes in allen seinen Verwirklichungen. Nicht nur das Bewußtsein und die Begriffe seines philosophischen Weltverständnisses entstammen dem Symbol, sondern ebenso Religion, Ritus und Kult, Kunst und Brauchtum. Aber weil der symbolbildende Prozeß des Unbewußten der Ursprungsort des menschlichen Geistes ist, ist auch die Sprache, die mit der Entstehung und Entwicklung des menschlichen Bewußtseins fast identisch ist, anfangs immer Symbolsprache. So sagt Jung: «Was ein archetypischer Inhalt immer aussagt, ist zunächst *sprachliches Gleichnis*. Spricht er von Sonne und identifiziert mit ihr den Löwen, den König, den vom Drachen bewachten Goldschatz und die Lebens- oder ‚Gesundheitskraft' des Menschen, so ist es weder das Eine noch das Andere, sondern das unbekannte Dritte, das sich mehr oder weniger treffend durch alle diese Gleichnisse ausdrücken läßt, das aber – was für den Intellekt stets ein Ärgernis bleiben wird – unbekannt und unformulierbar bleibt[33].»

Dieses Beispiel verdeutlicht noch einmal, was wir unter mythologischer Apperzeption verstehen, aber es illustriert auch die Tendenz des Symbols, mit Hilfe von Überschneidungen, Überblendungen und Verwebungen gegensätzliche Elemente zu verbinden und die verschiedensten Lebensgebiete miteinander in Kontakt zu

[32] Jung, *Psychologische Typen*, a. a. O., Def. 51.

[33] Jung und Karl Kerényi, Das göttliche Kind. Zur Psychologie des Kind-Archetypus. In: *Einführung in das Wesen der Mythologie*, Amsterdam und Leipzig 1942, S. 114f.

bringen. Das Symbol weist hin, deutet an und erregt. Auf diese Weise setzt es das Bewußtsein in Bewegung und bringt es dazu, alle Bewußtseinsfunktionen zur Verarbeitung zu verwenden. Denn eine nur begriffliche Verarbeitung des Symbols erweist sich als völlig unzureichend. Gefühl, Intuition und Empfindung werden ebenfalls mehr oder weniger stark vom Symbol ergriffen. Dabei wirkt das Symbol beim primitiven und beim heutigen Menschen in verschiedener Richtung.

Während die Symbolwirkung die Bewußtseins-Überbetonung des modernen abendländischen Menschen ausgleicht, ist sie beim Frühmenschen nicht nur bewußtseinsstärkend, sondern geradezu bewußtseinsbildend. Durch das Symbol erhebt sich die Menschheit aus der Frühphase der Gestaltlosigkeit, mit der Bildlosigkeit und Blindheit einer nur unbewußten Psyche, zur Phase der Gestaltung, deren Bildhaftigkeit eine wesentliche Voraussetzung für die Entstehung und Entwicklung des Bewußtseins ist[34].

[34] Neumann, *Ursprungsgeschichte* ..., a. a. O., S. 390.

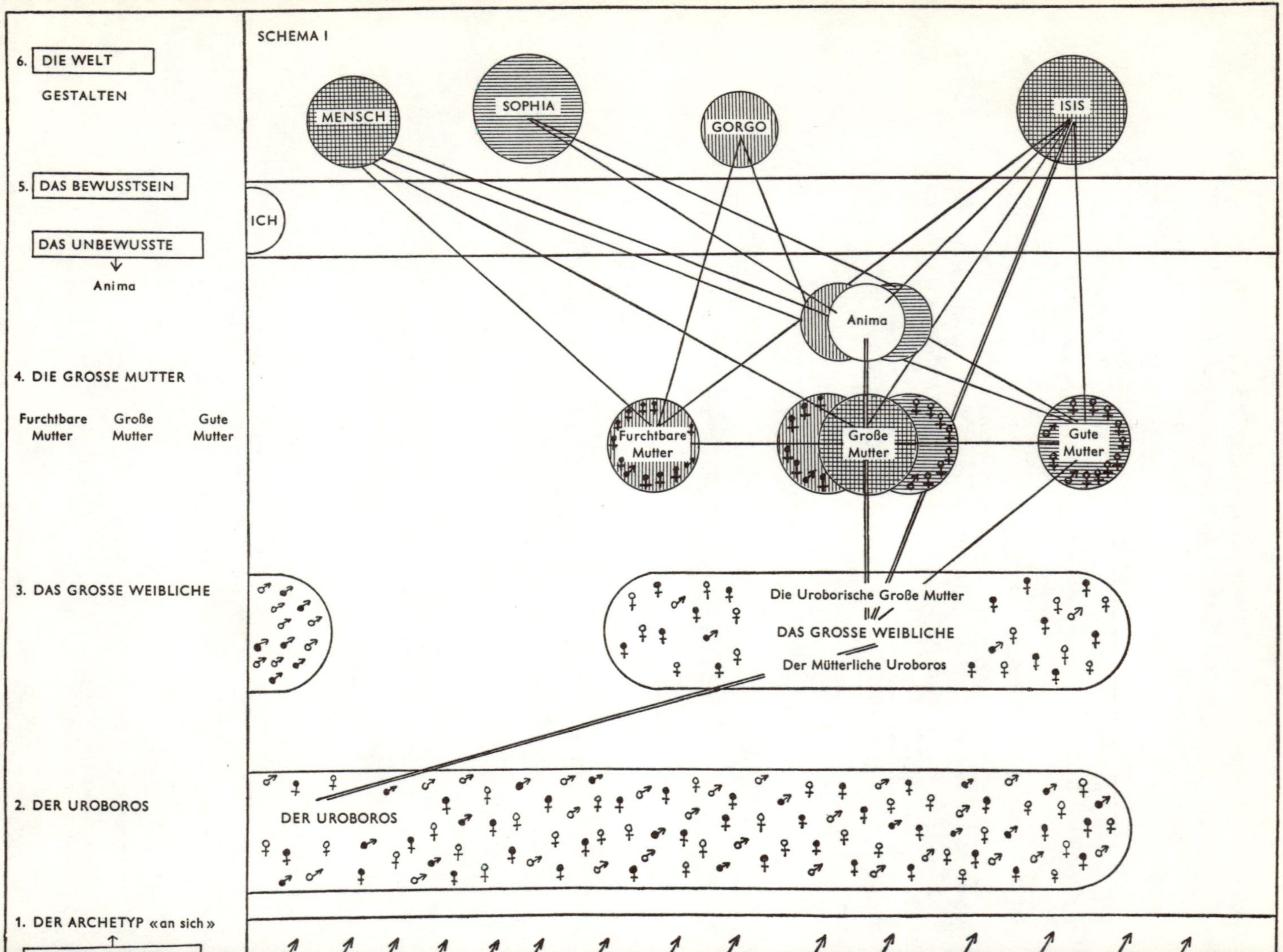
SCHEMA I
6. DIE WELT
GESTALTEN
5. DAS BEWUSSTSEIN
DAS UNBEWUSSTE
Anima
4. DIE GROSSE MUTTER
Furchtbare Mutter
Große Mutter
Gute Mutter
3. DAS GROSSE WEIBLICHE
2. DER UROBOROS
1. DER ARCHETYP «an sich»
MENSCH
SOPHIA
GORGO
ISIS
ICH
Anima
Furchtbare Mutter
Große Mutter
Gute Mutter
Die Uroborische Große Mutter
DAS GROSSE WEIBLICHE
Der Mütterliche Uroboros
DER UROBOROS

Zweites Kapitel

DAS GROSSE WEIBLICHE UND DIE GROSSE MUTTER

Wir versuchen diesen Prozeß der Gestaltwerdung im ersten Schema zu verdeutlichen, indem wir die Entwicklung vom Uroboros über das Große Weibliche zur Großen Mutter und zu den weiteren Differenzierungen skizzieren.

Zur Erklärung müssen wir einige zum Verständnis dieses Schemas notwendige Grundbegriffe vorausschicken. Der Uroboros, das Bild der sich in den Schwanz beißenden Kreisschlange, ist, wie an anderem Ort ausführlich dargestellt wurde[1], das Symbol des psychischen Anfangszustandes und der Ursprungssituation, in der das Bewußtsein und das Ich des Menschen noch klein und unentwickelt sind. Als Symbol des gegensatzenthaltenden Ursprungs ist er das «Große Runde», in dem positive und negative, männliche und weibliche, bewußtseinszugehörige und bewußtseinsfeindliche und unbewußte Elemente miteinander vermischt sind. In diesem Sinne ist der Uroboros auch ein Symbol der Ungeschiedenheit des Chaos, des Unbewußten und der Totalität der Psyche, die vom Ich als Grenzerfahrung erlebt wird.

Die uroborische Ganzheit, die auch als Symbol der miteinander vereinigten Ur-Eltern erscheint, aus denen sich später die Figuren des Großen Vaters und der Großen Mutter herauslösen, ist somit das vollkommenste Beispiel des noch undifferenzierten «Urarchetyps». Seine Bildparadoxie und Symbol-Polyvalenz tritt zwar in dem einfach scheinenden Symbol der Kreisschlange nicht in Erscheinung, wird aber sofort deutlich, wenn man versucht, die unerschöpfliche Vielheit der in ihm enthaltenen symbolischen Bedeutungen auseinanderzulegen[2].

[1] Neumann, *Ursprungsgeschichte*..., a. a. O., Kapitel «Die Große Mutter», S. 53ff.

[2] Die frühesten in der Menschheit auftauchenden Symbole sind die einfachsten, die wir als «abstrakt» zu bezeichnen geneigt sind, wie der Kreis, das Kreuz usw. Sie stehen der Unanschaulichkeit der «Archetypen an sich» am nächsten und sind als vor-konkrete und vor-bildhafte Form des Anfangs zu verstehen, deren Einfachheit elementar und nicht abstrakt ist. Im Laufe der psychischen Entwicklung füllt sich ihre schematische Struktur immer mehr mit Sinngehalt, aber im weiteren Verlaufe der Bewußtseins-Entwicklung werden sie fortschreitend entemotionalisiert, um schließlich als abstrakte Zeichen des Bewußtseins erfahren zu werden. Es ist, als ob der Geist-Aspekt des Archetyps die erste

Als Anfangssymbol steht der Uroboros zwischen dem gestaltlosen, rein wirkungsmäßigen Phänomen des «Archetyps an sich» und den bereits spezifizierten Gestalten des Urarchetyps, zum Beispiel denen des «Großen Weiblichen» oder des «Großen Männlichen». Dabei sind die Übergänge zwischen dem «Uroboros» und dem Urarchetyp des «Großen Weiblichen» wie die zwischen dem Urarchetyp des «Großen Weiblichen» und dem Archetyp der «Großen Mutter» fließend. Denn der Grad der Vermischung der Archetypen miteinander und der Schwierigkeit, die noch fast formlosen Gestalten voneinander zu unterscheiden, nimmt in dem Maße zu, in dem wir tiefer in das kollektive Unbewußte eindringen, je älter das Symbol und je unentwickelter das Bewußtsein der Persönlichkeit ist, in deren Psyche es auftritt. Wenn wir von einem «mütterlichen Uroboros» sprechen, bedeutet das, der Akzent liegt für das «Große Weibliche» dieser Phase mehr auf dem Uroborischen und das Mütterliche ist nur nebenbetont. Dagegen sprechen wir von einer «uroborischen Großen Mutter», wenn die archetypische Gestalt des Uroboros durch die Gestalt der Großen Mutter zwar hindurchschimmert und in ihrer eigentümlichen Symbolik und Wirkungsart erkennbar ist, aber die gestalthafte Wirklichkeit der «Großen Mutter» dominiert.

Um die Beschreibung des Urarchetyps in eben dem Maße «unbegrifflich» zu lassen, wie es seiner psychischen Wirklichkeit entspricht, zeichnen wir in das Schema nicht Symbole, Eigenschaften und Verhaltensweisen usw. ein, sondern begnügen uns damit, in ihm «männliche» und «weibliche», «positive» und «negative» Attribute zu unterscheiden, wobei die weißen «positive», die schwarzen «negative» Attribute andeuten und für männlich und weiblich die gebräuchlichen Zeichen verwendet werden[3].

Zum Verständnis unseres ersten Schemas ist weiterhin der Begriff der «Projektion[4]» wesentlich. Wie im kinematographischen Apparat ein im Rücken des Zuschauers befindliches Bild ihm vorne auf der «Projektionsebene» der Leinwand erscheint, werden Inhalte des Unbewußten zunächst indirekt «projiziert», als Inhalte der «Welt außen» und nicht direkt als Inhalte des Unbewußten erfahren. So gilt ein «Dämon» nicht als Teil des Menschen, dem er erscheint, sondern als ein Wesen, das in der Welt außen vorhanden ist und wirkt.

Neben dieser «äußeren» existiert auch eine «innere Projektionsebene», auf der sich die Inhalte des Unbewußten spiegeln. Sie werden zwar als «innere» Phänomene keiner Außenwelt zugeordnet, aber auch sie behalten, wie im Traum, ihren Projektionscharakter. Deswegen erscheint auch die Traumwelt dem Traum-Ich als ein Außen, und die Inhalte der «inneren Projektionsebene» sind de facto «psychi-

Tiefe wie die letzte Höhe der menschlichen Bewußtseins-Entwicklung in gleicher Weise umfaßt, indem von ihm dieselben Zeichen am Beginn als Symbole für die noch unartikulierte und vorgestaltliche Vielheit, am Ende für eine abstrahierte und nachgestaltige Begrifflichkeit verwendet werden.

[3] Da die Symbolik dessen, was als «weiblich» zu bezeichnen ist, ein wesentliches Thema des ganzen Buches ist, kann sie nicht definitorisch an den Anfang gestellt werden.

[4] Jung, *Psychologische Typen*, a. a. O., Def. 43.

sche Inhalte», die vom Traum-Ich als Fremdinhalte und in Projektion erfahren werden.

Das Schema I gliedert sich in drei Schichten: das Unbewußte, das Bewußtsein und die Welt. Wir wenden uns zunächst dem in fünf Ebenen dargestellten Unbewußten zu.

1. Ist die unanschauliche Wirklichkeit und Wirksamkeit des «Archetypus an sich».

2. Der Uroboros. Dargestellt ist seine eine (rechte) Hälfte, da uns nur die Entwicklung seiner weiblichen Seite interessiert. Er enthält als Beispiele seiner symbolischen Polyvalenz vier Symbol-Elemente, an denen unser Schema die Entwicklung darzustellen sucht: männlich positiv ♂, weiblich positiv ♀, männlich negativ ● und weiblich negativ ♀. Sie alle wirken ungeordnet nebeneinander, das heißt, das zur Ursprungs-Situation gehörende kleine Ich erfährt weiblich mütterlich Schützendes (♀) und gleichzeitig tötend Aggressives (●); es kann an dem selben «Objekt», das Träger des Uroboros-Symbols ist, unabhängig davon, ob dies eine Gottheit oder eine Person ist, sowohl weiblich Einschluckendes (♀) wie auch sein Bewußtsein und Ich tatkräftig Stützendes (♂) erfahren. Die Vermischtheit aller Elemente führt zur «Unanschaulichkeit» der Situation, die vom Bewußtsein nicht adäquat erfaßt werden kann, und äußert sich in der Bild-Paradoxie der Symbole. (Die Zahl der Elemente ist ohne Bedeutung.)

3. Eine Differenzierung in «Das Große Weibliche» und «Das Große Männliche» ist eingetreten[5]. Das Große Weibliche hat Züge des «mütterlichen Uroboros» und der «uroborischen Großen Mutter». In ihm sind wesentlich die Elemente des Weiblichen (♀ ♀), aber ordnungslos und deswegen für ein erlebendes Ich unvoraussehbar und unerfaßbar enthalten. In diesem «Urarchetyp» des Weiblichen gibt es neben den überwiegenden weiblichen auch positive und negative männliche Determinanten (♂●).

4. Aus dem Urarchetyp ist die konfigurierte Gestalt der «Großen Mutter» herausgetreten, in der eine Ordnung der Elemente sichtbar geworden ist. Sie ist dreigestaltig, als gute, furchtbare und gut-böse Mutter. Die guten weiblichen (und männlichen) Elemente konfigurieren die «Gute Mutter», die ebenso wie die «Furchtbare Mutter», welche die negativen Elemente enthält, auch selbständig aus der Einheit der Großen Mutter sich herauslösen kann. Die dritte Gestalt ist die der «Großen Mutter», welche gut-böse ist und die Vereinigung positiver und negativer Attribute gestattet.

Große Mutter, Gute Mutter und Furchtbare Mutter bilden eine zusammengehörende «archetypische Gruppe[6]».

[5] Die entsprechende Entwicklung des «Großen Männlichen» zum Großen Vater usw. soll hier nicht verfolgt werden.

[6] Die Schicht der Anima in ihrem positiven und negativen Aspekt, deren Figur sich aus der Gestalt der Großen Mutter herausgelöst hat, wird weiter unten behandelt.

5. Die fünfte Schicht unseres Schemas ist die Ebene des zwischen die Welt und das Unbewußte eingeschalteten Bewußtseins. Zu ihr gehört das Ich als Zentrum des Bewußtseins-Systems. Das Ich kann die archetypischen Konstellationen des Unbewußten direkt oder indirekt schauen und erfahren. Direkt, indem es sie auf der inneren Projektionsebene als psychische Bilder wahrnimmt, indirekt, indem es sie in ihrer Projektion auf die Welt erlebt. Der moderne Mensch mit seinem reflektierenden Bewußtsein spricht von einer direkten psychischen Erfahrung, wenn ein Inhalt der Psyche, zum Beispiel ein Archetyp, im Traum, in einer Vision oder in der Phantasie auftaucht. Um eine indirekte psychische Erfahrung handelt es sich für uns dann, wenn ein an sich psychischer Inhalt als zur Außenwelt gehörig erfahren wird, zum Beispiel ein Dämon als lebender Geist eines Steines, eines Baumes usw.[7].

6. Die sechste Schicht unseres Schemas ist außerpsychisch, da wir sie als «Welt» bezeichnen. Unser Ausschnitt bezieht sich aber auf die Welt nur, soweit sie als äußere Projektionsebene, auf der die projizierten inneren Bilder erfahren werden, auftritt.

Die indirekte Erfahrung der archetypischen Bilder durch das Bewußtsein erfolgt in der «Welt» besonders an Gestalten oder an Personen (die an Situationen, an Einzelobjekten, an Symbolen usw. bleibt hier unberücksichtigt). Unter der Erfahrung an «Gestalten» verstehen wir vorzugsweise die Erfahrung von «Gottheiten». Wir haben dies an drei weiblichen Gottheiten dargestellt: an der ägyptischen Isis, an der vorgriechisch-griechischen Gorgo und an der Sophia, der Weisheit, einer hellenistisch-jüdisch-christlichen Figur.

Die Götter-Gestalten werden von der Persönlichkeit als «außen», das heißt als das, was das normale Ich als «wirklich» bezeichnet, erlebt. So ist für die Griechen der Olymp und seine Götterwelt «außen» und «Welt», nicht wie für uns «innere» psychische Wirklichkeit des Griechentums. Daß die «Gestalten», psychologisch gesehen, Projektionsgebilde des Innen-Raumes sind, wird im Schema durch die Striche angedeutet, welche sie mit den archetypischen Strukturen im Unbewußten verbinden. So ist die schlangenumflatterte Schreckensfigur der Gorgo, deren Anblick zu Stein erstarren macht, eine Projektion der «Furchtbaren», die Sophia eine solche der «Guten» Mutter. Die Gestalt der Isis aber, welche Züge der furchtbaren mit solchen der guten Mutter in sich vereinigt, entspricht dem Archetyp der Großen Mutter. Darüber hinaus sind in ihrer Figur Andeutungen des Urarchetyps des «großen Weiblichen» und des «Uroboros» nachweisbar[8].

Neben den außermenschlichen «Gestalten» erfolgt die indirekte Erfahrung des

[7] Für das naivere und unreflektierende Bewußtsein des Frühmenschen gilt diese Unterscheidung nicht, oder sie hat sogar umgekehrte Vorzeichen. Als direkte Erfahrung gilt für den eindeutig extravertierten Standpunkt des Primitivmenschen das Auftauchen zum Beispiel eines Gottes in der «Wirklichkeit außen». Dagegen wird sein Erscheinen im Traum oder in der Vision als indirekte Erfahrung geringer gewertet, wenn der Gott «nur» im Traum, nicht aber «von Angesicht zu Angesicht» erscheint.

[8] Vgl. Neumann, *Ursprungsgeschichte* ..., a. a. O., Index s. v. «Isis».

Archetyps auch an Personen, auf welche die Archetypen projiziert werden. Die den Gestalten entsprechenden Beispiele sind im Schema im Welt-Raum mit den römischen Zahlen I, II, III angegeben. So entspricht I im Personalbereich der Gorgo, die aber in der Projektion auf eine Frau erfahren wird, welche nun in einer Angstneurose Schrecken erregt und erstarren macht. In gleicher Weise hat man sich bei II und III Personen vorzustellen, an denen der Projizierende unbewußt die Gestalten der Sophia beziehungsweise der Isis erlebt. Derartige Projektionsphänomene sind, wie die moderne Tiefenpsychologie entdeckt hat, für die Normalentwicklung ebenso wie für die Entstehung psychischer Erkrankungen und für ihre Therapie von entscheidender Bedeutung.

Die Strukturanalyse des Archetyps der Großen Mutter ist natürlich ein zentrales Anliegen einer Psychologie des Weiblichen überhaupt, und wenn wir den Versuch machen, die archetypische Entwicklung zu verdeutlichen, ist es in gleichem Maße notwendig, das, was wir unter «weiblich» verstehen, näher zu erläutern.

Drittes Kapitel

DIE BEIDEN CHARAKTERE DES WEIBLICHEN

Wir unterscheiden zwei Charaktere des Weiblichen, deren Ineinander-, Miteinander- und Gegeneinanderspielen zum Wesen des Weiblichen überhaupt gehört, nämlich den weiblichen *Elementar-* und den weiblichen *Wandlungs-Charakter*.

Die Darstellung des Weiblichen an Hand dieser beiden Charaktere ist ein Versuch, sowohl die Eigenerfahrung des Weiblichen an sich selbst wie auch die Erfahrung des Männlichen am Weiblichen einheitlich zu interpretieren.

Das Problem der persönlichen Gleichung, das besagt, daß jede Aussage durch die persönliche Psychologie des Aussagenden, seine unbewußten Bedingtheiten, seine Vorurteile usw. in Frage gestellt wird, ist bei Aussagen über das Gegengeschlecht besonders zu berücksichtigen. Gerade hier spielt das Projektionsphänomen eine besondere Rolle, weil die gegengeschlechtlichen Instanzen der eigenen Psyche, die Anima beim Manne und der Animus bei der Frau[1], als Wirklichkeit des Gegengeschlechtes erlebt werden.

Das Vorhandensein gegengeschlechtlicher innerer Instanzen, die jede menschliche Struktur psychologisch als hermaphroditisch erscheinen läßt, ermöglicht aber auch gerade eine innere «Eigenerfahrung» des Gegengeschlechts. Der Mann besitzt ebenso eine, wenn auch zunächst unbewußte innere Erfahrung des Weiblichen, wie die Frau eine solche des Männlichen[2]. Eine weitere Objektivierung der Erfahrung vom anderen Geschlecht ergibt der in der Moderne möglich gewordene lebendige Umgang mit diesem, der besonders dem Psychologen Einblick in die Tiefenstruktur auch des Gegengeschlechts gestattet.

[1] Jung, *Die Beziehungen zwischen dem Ich und dem Unbewußten*, Darmstadt 1928, S. 117ff.

[2] Dies wird deutlich, wenn die Kultursituation durch die psychologische Dominanz des *einen* Geschlechts geprägt wird, wie im Matriarchat oder im Patriarchat. Wir finden dann, daß im Patriarchat, wie an anderem Ort dargestellt wurde, trotz der Verschiedenheit der Psychologie bei Mann und Frau die männliche Position des Bewußtseins und seine Entwicklung auch für die moderne Frau gilt, die ein zeitgenössisches Bewußtsein entwickeln kann und entwickelt hat. Ebenso gilt umgekehrt, daß in einer Situation, in der die Psychologie des Matriarchats dominiert, die weibliche Psychologie des «matriarchalen Bewußtseins» auch für den Mann wirksam wird.

Die Fragwürdigkeit der Aussage über das Gegengeschlecht fällt aber in hohem Maße dann fort, wenn das Material, auf das sie sich stützt, wie bei der Strukturanalyse des Großen Weiblichen, weitgehend aus dem kollektiven Unbewußten stammt. Die Objektivität und Unbeeinflußbarkeit dieser Tiefenschicht durch den menschlichen Beobachter ist so groß, daß sie einer Verzerrung durch die Unzulänglichkeit des Beobachtenden nur relativ geringen Spielraum läßt. Auch wenn unsere Interpretation allen den Einwänden ausgesetzt ist, welchen ein in jedem Fall subjektiver Standpunkt unterliegt, ist doch die Fülle des dargebotenen Materials der Garant einer wenigstens relativen Objektivität.

Als *Elementarcharakter*[3] bezeichnen wir den Aspekt des Weiblichen, in dem es als das «Große Runde», als großes Enthaltendes, die Tendenz hat, das aus ihm Entstehende festzuhalten und wie eine ewige Substanz zu umfassen. Alles aus ihm Geborene gehört zu ihm, bleibt ihm untertan, und auch wenn das Einzelne selbständig wird, relativiert das Große Weibliche diese Selbständigkeit zu einer unwesentlichen Variante des immer Seienden, das es selber ist.

Bachofen hat diesen Elementarcharakter in unübertrefflicher Weise als Merkmal des Matriarchats gekennzeichnet, und seine Entdeckungen behalten, wenn sie psychologisch und nicht soziologisch verstanden werden, bleibenden Wert.

Der Elementarcharakter des Weiblichen wird überall da evident, wo wir es mit einem kleinen, noch unentwickelten Ich und Bewußtsein zu tun haben und das Unbewußte dominiert. Deswegen hat der Elementarcharakter fast stets die Determinante des «Mütterlichen». Das Ich, das Bewußtsein, der Einzelne sind ihm gegenüber, unabhängig davon, ob sie männlich oder weiblich sind, kindlich, unselbständig und abhängig. Als Funktion ist das hervorstechende Merkmal des Elementarcharakters das «Enthalten». Außerdem äußert er sich positiv im Schutzgeben, Nähren und Wärmen, negativ im Verstoßen und Entbehrenmachen.

Der Elementarcharakter, obgleich er in sich ebenso zweideutig und relativ ist wie der Wandlungscharakter, das heißt, so wie dieser einen «guten» und einen «bösen» Aspekt hat, ist die Grundlage für die konservative, stetige und gleichbleibende Seite des Weiblichen, die im Mütterlichen überwiegt.

In der Beziehung zwischen dem Ich und dem Unbewußten ist eine «psychische Gravitation» zu beobachten als Tendenz des Ich, in den ursprünglichen unbewußten Zustand zurückzukehren[4]. Diese Tendenz ist umgekehrt proportional zu der Stärke des Ich und des Bewußtseins. Je stärker das Bewußtsein energetisch geladen

[3] Wenn wir vom «Charakter» des Weiblichen sprechen, dann handelt es sich dabei um zweierlei. Einmal um einen «Charakter des Weiblichen», der in seiner Projektion erfahren wird, zum Beispiel an der Gottheit, der Welt, dem Leben. Daneben aber ist der «Charakter» gleichzeitig eine Eigenschaft der Psyche und entspricht psychischen Strukturen und Prozessen, die wir interpretieren und zum Verständnis des mythologisch symbolischen Sachverhalts heranziehen müssen. In der Explikation lassen sich diese beiden Aspekte nicht immer auseinanderhalten, besonders weil die Autonomie des «Charakters» wie die eines Komplexes oder einer Person wirkt und auch so dargestellt werden muß.

[4] Neumann, *Ursprungsgeschichte* . . ., a. a. O., S. 300.

ist, und je mehr freie Libido dem Ich als Wille und Interesse zur Verfügung steht, desto geringer ist die Wirkung der Trägheitstendenz, welche der Ausdruck der psychischen Gravitation ist. Je schwächer aber das Bewußtsein und das Ich ist, desto augenfälliger wird die Kraft der psychischen Gravitation, den unbewußten Zustand wiederherzustellen. Dabei können das Ich und das Bewußtsein in der Entwicklung noch nicht stark genug sein, um der Gravitation zu widerstehen – wie beim Frühmenschen und beim Kinde –, oder aber sie können durch eine Schädigung, durch Krankheit, Müdigkeit oder durch andere Konstellationen, in den Zustand der Anfälligkeit geraten sein.

Energetisch gesprochen, handelt es sich um Spannungsverhältnisse zwischen den Ladungen der Systeme Bewußtsein und Unbewußtes und zwischen ihren Inhalten. Auch hier gilt das Prinzip der Anziehung durch die größere Masse, die im Psychischen als stärkere energetische Ladung auftritt. Die Entwicklung des Bewußtseins tendiert dahin, ein selbständiges und relativ geschlossenes System zu bilden, in dessen Zentrum der Ich-Komplex steht. Bei genügend starker Ladung des Bewußtseins hält sich ein Inhalt in ihm; der Inhalt ist bewußt und bewußtseinsfähig. Bei einer Entladung des Bewußtseinssystems und bei Absinken seiner Feldspannung aber folgen seine Inhalte der Anziehung durch die energetisch stärker geladenen Inhalte des Unbewußten, die Komplexe und die Archetypen: der Inhalt wird wieder unbewußt. Somit haben wir eine energetische Situation, in der sich Einzelinhalte als Komplexe in einem psychischen Feld bewegen, das durch die Ladung der Inhalte und ihre Richtung bestimmt wird. Derartige Verhältnisse werden aber in der Psyche nicht nur als dynamische Prozesse, sondern auch als symbolisches Geschehen sichtbar.

Eine psychische Depression ist durch ein «abaissement du niveau mental» charakterisiert, durch einen «Libidoverlust» des Bewußtseins, der sich in Lust- und Initiativelosigkeit, in Willensschwäche, Müdigkeit, Unfähigkeit zur Konzentration und zur Arbeit und in «negativen» Inhalten äußert, wie Gedanken an Tod, Mißerfolg, in Lebensmüdigkeit, in Selbstmordneigungen. Dieses psychische Geschehen wird aber oft auch sichtbar. Es erscheint zum Beispiel in der bekannten Symbolik des «Verschlungenwerdens» des Lichtes, der Sonne, des Mondes oder des Helden durch die Finsternis, die als Nacht, Abgrund, Hölle, Ungeheuer usw. auftritt. Eine tiefenpsychologische Analyse deckt dann auf, daß es sich um den Einbruch eines Archetyps handelt, wie die furchtbare verschlingende Mutter, deren psychische Attraktion kraft ihrer energetischen Ladung so groß ist, daß ihr die Ladung des Ich-Komplexes nicht gewachsen ist, so daß er «absinkt» und «verschlungen» wird.

Eine Gegenbewegung kann sich nun symbolisch so darstellen, daß sich der vom Ungeheuer verschlungene Held ein Stück von dessen Herzen abschneidet und es so tötet. Dieser symbolische Prozeß entspricht einer Bewußtmachung auf der Bildebene. Das Entsprechende spielt sich auf der Bewußtseinsebene ab, wenn es durch die «Aufspaltung des Archetyps[5]» zu einer Bewußtmachung durch das Ich kommt,

[5] Ebenda, S. 343f.

indem das Bewußtsein Teile der archetypischen Inhalte «versteht» und sie sich damit einverleibt. Auf diese Weise wird das Ich gestärkt und das Bewußtsein erweitert. Es entzieht dem Archetyp auf diese Weise nicht nur die Libido, die es an ihn verloren hatte, sondern entnimmt darüber hinaus dem «abgeschnittenen» oder «abgespaltenen» Teil des Archetyps neue Libido, indem es ihn «verarbeitet», das heißt verdaut.

Nicht zufällig ist in den angeführten Symbol-Beispielen das Bewußtsein mit der Figur des männlichen Helden, das verschlingende Unbewußte mit der des weiblichen Ungeheuers identisch. Wie wir an anderer Stelle ausgeführt haben[6], ist diese Zuordnung generell; bei beiden Geschlechtern wird das aktive Bewußtseins-Ich durch eine männliche, die Ganzheit des Unbewußten durch eine weibliche Symbolik charakterisiert.

Das Phänomen der «psychischen Gravitation», das heißt die natürliche Trägheitstendenz innerhalb der Psyche, welche Inhalte des Unbewußten unbewußt bleiben und solche des Bewußtseins unbewußt werden läßt, bildet zusammen mit dem symbolischen Phänomen der vorwiegenden Weiblichkeit des Unbewußten dem Bewußtsein gegenüber die Grundlage für das, was wir «Elementarcharakter des Weiblichen» genannt haben.

Der Elementarcharakter des Weiblichen und seine Symbolik drückt psychologisch-energetisch die ursprüngliche Situation der Psyche aus, die wir deswegen auch als matriarchal bezeichnen. In ihr dominiert das psychisch Unbewußte in seiner Ganzheit über alle Einzelinhalte und Einzeltendenzen. Diese Einheit des Unbewußten bestimmt alle psychischen Prozesse in so hohem Maße, daß auch das Ich, das ein Einzelkomplex der Psyche ist, in dieser Phase noch zu keiner Eigenständigkeit kommen kann; immer wieder sinkt es, der psychischen Gravitation folgend, ins Unbewußte zurück oder kreist als Trabant um das Zentrum, das als Archetyp des Großen Weiblichen erscheint.

Am leichtesten wird diese Konstellation verständlich, wenn wir uns die im psychologischen Sinne relativ starke Tier-Ähnlichkeit des Frühmenschen vergegenwärtigen. (Dabei können wir diese Phase historisch nicht datieren, wissen aber, daß sie ohne Zweifel existiert hat.) Die weitgehende Instinkt- und Trieb-Bestimmtheit der Lebewesen dieser Stufe bedeutet, daß sie im wesentlichen als Teil der Spezies existieren und in unserer symbolischen Terminologie noch völlig unter der Herrschaft der «Großen Mutter» stehen. Erst allmählich entsteht innerhalb der Entwicklungsgeschichte der Ansatz der Individualität, die als Ich mit einem zunächst noch schwachen und nur momentweise auftauchenden Bewußtsein verbunden ist.

Da das Ich aber das Zentrum des Bewußtseins ist, besagt diese Situation, daß auch das Bewußtsein in dieser Phase in hohem Maße von der Direktive des Unbewußten abhängig ist. Der Konflikt, aber auch die lebendige Spannung zwischen dem Unbewußten und dem Ich-Bewußtsein, kann erst dann einsetzen, wenn dieses Ich-Be-

[6] Ebenda, S. 56.

wußtsein innerhalb der Menschheitsentwicklung relativ stark und selbständig geworden ist.

Im Gegensatz zum Elementarcharakter ist der *Wandlungscharakter* des Weiblichen der Ausdruck einer anderen grundlegenden psychischen Konstellation. Beim Wandlungscharakter ist das dynamische Element der Psyche betont, das im Gegensatz zur konservativen Tendenz des Elementarcharakters das Bestehende zur Bewegung, zur Veränderung und eben zur Wandlung bringt[7]. In der psychischen Entwicklung steht der Wandlungscharakter der Psyche, der auf das Weibliche projiziert wird, zunächst unter der «Vorherrschaft» des Elementarcharakters und tritt erst allmählich in seiner Eigenprägung aus dessen Übermacht heraus. Der Wandlungscharakter ist schon in der Grundfunktion des Mütterlich-Weiblichen, beim Aufbau des Kindes ebenso wie beim Gebären, deutlich wirksam. Auch die Funktion des Nährens läßt sich in gleicher Weise dem Elementar- wie dem Wandlungscharakter zusprechen, je nachdem die Tendenz zur Erhaltung des Bestehenden oder die zur Erweiterung und Veränderung zu betonen ist. Beide Charaktere schließen sich aber von Anfang an nicht aus, sondern durchdringen und verbinden sich in vielfacher Weise miteinander, und nur in seltenen und extremen Konstellationen finden wir den einen Charakter isoliert. Obgleich aber beide meist gleichzeitig vorhanden sind, handelt es sich fast immer um die Dominanz des einen über den anderen.

Der Elementarcharakter als totale Herrschaft des «Großen Runden» besagt, daß dieses sich anfangs auch den Wandlungscharakter integriert. Selbst wo es zur Wandlung kommt – und vom ersten Beginn ist Leben mit Wandlung verbunden –, biegt der Elementarcharakter das sich Wandelnde und Gewandelte in den ihm eigenen Kreis ewiger Gleichheit zurück.

Die Bezogenheit zum Geborenen im Elementarcharakter wird als unauflösliche Bindung zwischen Mutter und Kind festgehalten. Diese participation mystique zwischen Mutter und Kind ist die Ursprungssituation des Enthaltens. Sie ist der Beginn der Beziehung des «Großen Weiblichen» zum Kind, und sie bestimmt ebenso die «Beziehung» des mütterlichen Unbewußten zum kindlichen Ich und Bewußtsein, solange diese beiden Systeme nicht voneinander getrennt sind[8].

Das Lebensgefühl jedes Ich-Bewußtseins, das sich den Mächten gegenüber als klein erfährt, wird beherrscht von dem Übergewicht des allen Wandel in sich einschließenden «Großen Runden», mag dieser Archetyp nun außen als Welt oder Natur oder innen als Welt des Schicksals und des Unbewußten erfahren werden. Der weibliche Elementarcharakter, der in dieser Phase noch den Wandlungscharak-

[7] Die Abhebung des Wandlungscharakters von den im Unbewußten wirkenden Kräften, die unter dem Symbol des Männlichen auftreten, kann erst an späterer Stelle erfolgen.

[8] Rein psychologisch besagt das, daß die Konstanz des Psychischen dominant ist und alle Variations- und Wandlungsprozesse immer wieder in die ursprüngliche Situation zurückkehren, welche als Basis für die Prozesse der Wandlung gedient hatte. In allen traditionsgebundenen psychischen Zuständen finden wir deswegen immer wieder im Hintergrund die Wirkung des weiblichen Elementarcharakters unter anderem als Dogma, als Kirche usw.

ter in sich enthält, ist «welthaft», ihm untersteht das natürliche Dasein mit allen seinen gesetzmäßigen Veränderungen. Das zentrale Symbol dieser Konstellation ist die Einheit des Lebens im Wandel der Jahreszeiten und in der Verwandlung des Lebendigen in ihm. Das, was Bachofen als Todescharakter des Stofflich-Mütterlichen beschrieben hat, ist Ausdruck dieser archetypischen Vorherrschaft der Natur und des Unbewußten über das Leben und ebenso über das unentfaltet kindliche oder das jünglingshaft ohnmächtige Ich und Bewußtsein. Das «Große Weibliche» gebiert und dirigiert in dieser Phase nicht nur das Leben als Ganzes und das Ich als Einzelnes, sondern nimmt auch alles aus ihm Geborene in seinen Ursprungs- und Todesschoß wieder zurück.

Die dynamische Bewegung innerhalb dieses «Großen Runden», die zum Wandlungscharakter des Weiblichen gehört, nimmt in dieser ersten Phase noch keine eigene Form und Gestalt an. Sie stellt als Bewegung nur die Wandlung innerhalb der Kreisschlange des Uroboros her, denn der Uroboros des Anfangs ist ja nicht nur das Runde, sondern auch das in sich rollende Rad und die Schlange, die zugleich gebiert, zeugt und verschlingt.

Psychologisch besagt das, daß bei der Dominanz des Elementarcharakters alle Wandlungsprozesse noch innerhalb des Unbewußten ablaufen, und daß selbst, soweit es schon zum Beginn der Bildung einer Bewußtseins- und Ichqualität gekommen ist, diese nur für kurze Zeit eine Eigenexistenz besitzt und dann wieder ins Unbewußte rückaufgelöst wird[9].

In dem Maße aber, in dem sich die Persönlichkeit differenziert und aus dem Nurunbewußt-Sein heraustritt, wird auch der Wandlungscharakter selbständig und kommt als solcher zur Erfahrung. Der Wandlungscharakter wirkt drängend und zur Entwicklung treibend, er bringt Bewegung und Unruhe. Deswegen wird er vom Bewußtsein ebensowenig nur als positiv wie der Elementarcharakter nur als negativ erfahren. Beide Charaktere sind Träger der Ambivalenz, die für das «Große Weibliche» wie für die Große Mutter typisch ist, und die darüber hinaus ein ursprüngliches Merkmal jeden Archetyps ist.

Obgleich der Elementar- ebenso wie der Wandlungscharakter auch projiziert als eine Qualität der Welt erfahren wird, erscheint er doch vorwiegend als psychische Qualität des Weiblichen. Dabei haben wir aber die Erfahrung des Wandlungscharakters durch den Mann von der Eigenerfahrung des Weiblichen zu unterscheiden. Das Weibliche erlebt seinen Wandlungscharakter zunächst naturhaft und unreflektiert in der Schwangerschaft, in der Bezogenheit zum Wachstum des Kindes und in der Geburt. Die Frau ist dabei Organ und Instrument der Wandlung ihrer

[9] Mythologisch manifestiert sich diese Konstellation z. B. in der Dominanz der Jahreszeiten, dem festen Schicksalslauf der Sterne oder in der fatalistischen Ausgeliefertheit an numinose Mächte und Götter, von denen das menschliche Leben in entscheidender und fast unabänderlicher Weise abhängt. Die aktive Magie als Anstrengung des menschlichen Ich, Bewußtseins und Willens stellt dagegen bereits einen entscheidenden Versuch dar, diesen Ring der Bestimmtheit zu durchbrechen und die Eigenexistenz des Menschlichen, besonders des menschlichen Ich-Bewußtseins, zu etablieren.

eigenen Struktur ebenso wie der des Kindlichen in ihr und außer ihr. Daher ist für das Weibliche der Wandlungscharakter – auch der seiner eigenen Wandlung – von Anfang an mit dem Problem der Du-Beziehung verbunden.

Die Wandlungsmysterien des Weiblichen sind zunächst Blut-Wandlungsmysterien, die das Weibliche zur Erfahrung der eigenen Schöpferischkeit führen, und von denen das Männliche numinos beeindruckt wird[10]. Dieses Phänomen hat seine Wurzeln in der psycho-biologischen Entwicklung. Die Wandlung vom Mädchen zur Frau ist viel stärker betont als die entsprechende Entwicklung vom Kinde zum Manne beim Knaben. Die Menstruation, das erste Blutwandlungsmysterium des Weiblichen, ist ein in jedem Sinne wichtigerer Einschnitt als der erste Samenerguß des Männlichen. Dieser wird selten erinnert, während die Menstruation überall mit Recht als Schicksalsmoment des weiblichen Lebens gilt.

Die Schwangerschaft ist das zweite Mysterium des Blutes. Nach der primitiven Auffassung wird der Embryo von dem Blute der Mutter aufgebaut, das, wie das Aufhören der Menstruation verrät, in der Zeit der Schwangerschaft nicht nach außen tritt[11]. Das Weibliche erfährt in der Schwangerschaft eine Verbindung von Elementar- und Wandlungscharakter.

Schon der Aufbau des Kindes wird in einer korrespondierenden Veränderung der weiblichen Persönlichkeit erfahren. Wenn aber mit der Geburt die Wandlung der Frau zur Mutter beendet ist, setzt sich damit auch eine neue archetypische Konstellation in Bewegung, die das Leben des Weiblichen bis in seine Tiefen hinein umformt.

Nahrung geben, Schützen, Wärmen und Festhalten sind die Funktionen, in denen sich der Elementarcharakter des Weiblichen dem Kinde gegenüber auswirkt, wobei auch hier die Bezogenheit die Voraussetzung der eigenen Wandlungserfahrung ist. R. Briffault[12] hat bekanntlich die Beziehung der Mutter zum Kinde und das auf ihr aufgebaute Verhalten der weiblichen Gruppe als Grundlage des sozialen Lebens und damit der menschlichen Kultur angesehen. Diese sehr gut gestützte Hypothese erhält weitere Beweiskraft durch die Feststellung der Biologie, daß die Spezies Mensch die einzige ist, in welcher der Säugling des ersten Lebensjahres als «Embryo außerhalb des Mutterschoßes» anzusehen ist. Das besagt, daß er innerhalb eines wesentlich durch die Mutter bestimmten sozialen Milieus sein extrauterines Embryonalleben beendet[13]. Dieser Umstand erhöht die Bedeutung der Mutter für das Kind und verstärkt die Beziehung der Mutter zum Kind, dessen embryonale Abhängigkeit zur Basis ihrer unbewußten und bewußten mütterlichen Fürsorge wird.

Nach der Geburt kommt es zu dem dritten Blut-Mysterium des Weiblichen, dem

[10] Neumann, Über den Mond und das matriarchale Bewußtsein. In: *Zur Psychologie des Weiblichen* (Umkreisung der Mitte, Bd. II), Zürich 1953.

[11] Robert Briffault, *The Mothers*, 3 Bde., London und New York 1927, Bd. II, S. 444.

[12] Ebenda, Bd. I, S. 195f.

[13] Adolf Portmann, *Biologische Fragmente zu einer Lehre vom Menschen*, Basel 1944, S. 68ff.

der Wandlung des Blutes in die Milch, das die Grundlage für die Urmysterien der Nahrungswandlung ist[14].

Neben diesen Erfahrungen des Weiblichen, in denen es den Wandlungscharakter an seiner eigenen Körperlichkeit erlebt, stehen solche, bei denen sich der Wandlungscharakter in der Beziehung zum Du auswirkt. Das Männliche erfährt diese Seite des Weiblichen direkt und indirekt als provozierend, in Bewegung setzend und zur Wandlung zwingend. Dabei ist es gleichgültig, ob eine positive oder negative Faszination und ob Abwehr oder Anziehung durch das Weibliche die Wandlung des Männlichen veranlassen. Das schlafende Dornröschen und die gefangene Prinzessin ebenso wie die aktive Inspiration und die dem Neuen zur Geburt helfende Kraft des Weiblichen sind Exponenten des Wandlungscharakters, der zu seiner reinsten Form in der Gestalt der Anima kommt. Die Anima[15], die «Seelenfigur», die das Männliche am Weiblichen erfährt, ist als seine eigene innere Weiblichkeit und Seelenhaftigkeit eine Instanz der Psyche des Mannes selber. Dabei ist aber die Anima – worauf Jung von Anfang an hingewiesen hat – ebensosehr durch die personale und archetypische Erfahrung, die das Männliche am Weiblichen macht, mitgeformt. Deswegen ist die Anima-Figur des Mannes, die im Mythos und in der Kunst aller Zeiten ihren Ausdruck gefunden hat, eine Quelle echter Erfahrung vom Wesen des Weiblichen und nicht nur der Manifestationsort von Projektionen des Männlichen auf die Frau.

Wir haben auf die Zuordnung zwischen dem Selbständigwerden des Ich und des Bewußtseins, dem Deutlichwerden der archetypischen Figuren und ihrer Differenzierung gegeneinander bereits hingewiesen. Die Herauslösung der Anima-Figur aus dem Mutterarchetyp ist ein Vorgang, dessen Bedeutung auch der Herauslösung des Wandlungscharakters aus dem Elementarcharakter entspricht.

Wenn wir im folgenden die Beziehung des Männlichen zur Anima als Prototyp der Beziehung des Bewußtseins zum Wandlungscharakter des «Großen Weiblichen» anführen, dann besagt das keineswegs, daß diese Beziehung nur für den Mann Gültigkeit habe. Die wenn auch spezifisch andersartige Beziehung des Weiblichen zum Wandlungscharakter wird im zweiten Teil in dem Abschnitt über die Eleusinischen Mysterien Gegenstand unserer Betrachtung sein.

Die Anima ist die bevorzugte Trägerin des Wandlungscharakters[16]. Sie ist das Bewegende und zur Wandlung Treibende, dessen Faszination das Männliche zu allen Abenteuern der Seele und des Geistes, des Tuns und des Schaffens in der Innen- und Außenwelt drängt, verführt und ermutigt.

Mit der Herauslösung eines «Seelischen», der Anima, aus dem Großen Weiblichen, dem Unbewußten, verändert sich nicht nur die Beziehung des Ich zum Un-

[14] s. u. S. 268 f.

[15] Vgl. Jung, *Die Beziehungen* ..., a. a. O., S. 117ff., und: *Psychologische Typen*, a. a. O., Def. 48.

[16] Wir wählen die Bezeichnung Anima-Charakter für den Wandlungscharakter, weil die Figur und Funktion der Anima in der Analytischen Psychologie vielfältig dargestellt worden ist und das Verständnis des Wandlungscharakters durch diese Befunde angereichert werden kann.

bewußten und die des Mannes zum Weiblichen, sondern auch die Wirkungsweise des Unbewußten in der Psyche nimmt neue und schöpferische Formen an[17]. Während der Elementarcharakter des Großen Weiblichen schließlich immer wieder durch sein Übergewicht zur Auslöschung des Ich und des Bewußtseins im Unbewußten führt, wirkt der Wandlungscharakter der Anima faszinierend, aber nicht auslöschend, er bringt die Persönlichkeit zur Bewegung, zur Veränderung und schließlich zur Wandlung. Auch dieser Prozeß ist mit Gefahr, oft sogar mit Todesgefahr, verbunden, aber wenn er wirklich zum Untergang des Ich führt, handelt es sich immer um eine Dominanz der «Großen Mutter» oder gar des mütterlichen Uroboros über die Anima, das heißt um eine unvollständige Ablösung der Anima vom Mutterarchetyp[18].

Auch die Animafigur hat eine positive und eine negative Seite, sie bewahrt die ambivalente Struktur des Archetyps und bildet wie die «Große Mutter» eine Einheit, in der positive, negative und ambivalent ausgeglichene Konstellationen nebeneinander stehen.

Wenn eine Persönlichkeit vom Wandlungscharakter des Großen Weiblichen erfaßt wird und mit ihm in Konflikt gerät, besagt das psychologisch, daß sie bereits über eine gewisse Eigenständigkeit als Ich und als Bewußtsein verfügt. Eine derartige Konstellation ist nicht mehr nur naturhaft, sondern bereits spezifisch menschlich. Während, solange das Ich und das Bewußtsein unselbständig sind, der Wandlungscharakter im Elementarcharakter enthalten ist und der Wandlungsprozeß – wie der des Embryonallebens – konfliktlos, als schicksalsmäßige und naturhafte Gegebenheit verläuft, sieht es beim Konflikt der Persönlichkeit mit dem Wandlungscharakter des Großen Weiblichen so aus, als ob – mythologisch formuliert – dem Weiblichen daran liege, daß das Ich als Partner erhalten bleibt. Die Anima bereitet dem Ich-Helden – wie z. B. in unendlich vielen Märchen – eine «Prüfung», die er zu bestehen hat.

Aber auch da, wo die Wandlungsnatur des Weiblichen als negatives, feindlich abwehrendes und provozierendes Element der Persönlichkeit gegenübertritt, zwingt sie sie zur Anspannung, Veränderung und Steigerung. Auf diese Weise wird die höchste Anstrengung des Ich herausgefordert und die Fähigkeit zur schöpferischen Wandlung direkt und indirekt «stimuliert»[19]. Dabei ist der Wandlungscharakter natürlich nicht als bewußte Intention des Weiblichen zu verstehen, wie er im mythologischen Bild erscheint; diese Bewußtheit erlangt er im Weibli-

[17] Neumann, *Ursprungsgeschichte* ..., a. a. O., S. 215ff., und: *Ein Beitrag zur seelischen Entwicklung des Weiblichen. Ein Kommentar zu Apuleius' Amor und Psyche*, Zürich 1952.

[18] Derartige Mischsituationen sind aus Gründen, die hier nicht dargestellt werden können, häufig für den schöpferischen Menschen charakteristisch. (Vgl. Neumann, Leonardo da Vinci, a. a. O.) Die Romantik ist völlig von dieser Konstellation beherrscht, in der der Mutterarchetyp als kollektives Unbewußtes die Seelenfigur überschwemmt hat und mit seiner Faszination zum uroborischen Inzest der Todessehnsucht oder zum Wahnsinn führt.

[19] Alles dies gilt sowohl für die männliche wie für die weibliche Persönlichkeit, deren bewußtes Ich dem Unbewußten gegenüber ja meist auch als männlich auftritt.

chen nur spät und in seiner höchsten Form. Aber auch die unbewußte Wirksamkeit des weiblichen Wandlungscharakters veranlaßt das Männliche zur Leistung und Wandlung. Auch wo die «Prüfung» durch das Weibliche nicht bewußt geplant ist, wie in vielen Mythen und Märchen, ist sie der Beziehung des Männlichen zum weiblichen Wandlungscharakter immanent.

Aber die Animafigur wirkt trotz der großen Gefahr, die mit ihr verbunden ist, nicht in dem Sinne furchtbar wie die Große Mutter, der nichts an der Selbständigkeit des Individuums und des Ich liegt. Sogar wenn die Anima anscheinend negativ ist und eine Vergiftung des männlichen Bewußtseins, eine Gefährdung durch Rausch usw. «beabsichtigt», auch dann ist noch das Umschlagen ins Positive möglich, denn bei ihr bleibt die Möglichkeit des Besiegtwerdens immer offen. In dem Augenblick, wo die Zauberin Kirke, welche die Menschen in Tiere verwandelt, der überlegenen Figur des Odysseus begegnet, tötet sie sich nicht wie die Sphinx, deren Rätsel Ödipus gelöst hat, sondern fordert ihn auf, das Bett mit ihr zu teilen.

Die vielen Prinzessinnen, deren Rätsel gelöst werden sollen, töten zwar die dazu unfähigen Partner. Aber sie tun dies nur, um sich dem Sieger gerne zu schenken, dessen das Rätsel lösende Überlegenheit sie selber erlöst, die dieses Rätsel sind. Mit anderen Worten, auch die «tödlich» scheinende Anima enthält die positive Möglichkeit des Wandlungscharakters.

Das Unbewußte als Elementarcharakter des Großen Weiblichen ist ganz «an sich» und «in sich», wie zum Beispiel die Spontanprozesse des kollektiven Unbewußten, die auch bei der Geisteskrankheit nachweisbar sind. Das heißt, die Prozesse des Unbewußten verlaufen hier unbezogen auf die menschliche Persönlichkeit, in der sie sich abspielen. Der Kranke «hat» in Wirklichkeit nicht die Visionen usw., sondern sie ereignen sich in ihm wie ein autonom-naturhafter Prozeß. Die Struktur des Wandlungscharakters ist bereits auf eine die Spontaneität des Bewußtseins einschließende Persönlichkeit bezogen. Sie bezieht sich auf eine mögliche zukünftige Konstellation der Gesamtpersönlichkeit und vermittelt einen Inhalt oder eine Erfahrung, welche für die künftige Entwicklung der Persönlichkeit lebenswichtig ist. Die prospektive, voraussehende Funktion des Unbewußten ist im Wandlungscharakter der Anima, die dem Ich als ein Nicht-Ich gegenübertritt, es anzieht und in ihren Bann schlägt, person- und gestalthaft geworden. Diese Faszination erfährt das Ich aber zunächst nicht direkt und bezogen auf seine eigene Psyche, sondern indirekt, projiziert als eine Forderung oder einen Anreiz von außen, dessen Träger beim Manne meist eine Animafigur ist. Die Wirkung der seelengeleitenden Animusfigur auf das Weibliche ist entsprechend.

Die für die matriarchale Situation und für das «Große Weibliche» charakteristische Anonymität des Unbewußten ist in der Selbständigwerdung der Anima überwunden. Das im Animacharakter Gestalt gewordene Weibliche hat sich von der uroborischen Gestaltlosigkeit und Un-Menschlichkeit, der Frühmanifestation des

Großen Weiblichen, am weitesten entfernt. Es ist die dem Bewußtsein und dem Ich nächste Figur, die das Weibliche in der männlichen Psyche annehmen kann.

Diejenigen Frauen, in welchen der Elementarcharakter dominant ist, sind nur kollektiv auf den Partner bezogen, sie sind nicht individuell mit ihm als Persönlichkeit verbunden und erfahren nur eine archetypische Situation an ihm. So bezieht sich zum Beispiel die Frau im Patriarchat auf den Mann als archetypischen Vater, der Kinder zeugt, ihr Sicherheit – und zwar vorzugsweise wirtschaftliche – für sich und ihre Brut gewährleistet und ihr eine soziale Persona-Stellung in der Gemeinschaft verschafft.

Die Frau, in welcher der Wandlungscharakter dominiert, stellt dagegen entwicklungsmäßig eine höhere oder besser spätere Form des Weiblichen dar. In ihr ist der matriarchale Charakter des Weiblichen, in dem die Beziehung zum Partner ebenso wie die zum Ich und zum Individuum noch unentwickelt ist[20], überwunden. Denn wenn der Wandlungscharakter des Weiblichen in der Eigenerfahrung der Frau bewußt wird und sie nicht nur sein unbewußter Träger ist, sondern ihn in sich realisiert hat, dann überwiegt in ihr die Bezogenheit zur individuellen Persönlichkeit des Partners, das heißt, sie ist zu einer echten Beziehung fähig.

Im Schema I haben wir ferner versucht, die psychologische Entwicklung weiter darzustellen. Die Entwicklung vom Uroboros bis zum Auftreten der Gestaltgruppen der Großen Mutter wird jetzt noch eine Stufe weiter geführt. Gleichzeitig aber wird sie dadurch differenziert, daß wir die zwei Charaktere des Weiblichen einführen, wobei die vertikalen Linien den Elementar-, die horizontalen den Wandlungscharakter bezeichnen.

Die Große Mutter steht zwischen dem «Großen Weiblichen», das selber noch als mütterlicher Uroboros die Nähe zum Urgrund verrät, und der Anima, die bereits Teil der Persönlichkeit ist, und die so zwischen dem kollektiven Unbewußten und der Einmaligkeit des Individuums die Mitte hält.

Zur Vereinfachung haben wir darauf verzichtet, die Projektion der Anima auf Gestalten und Personen einzuzeichnen. (Daß der Wandlungscharakter ein Grundcharakteristikum des Weiblichen ist, haben wir im Schema dadurch angedeutet, daß er in der Großen Mutter, aber auch schon im Großen Weiblichen enthalten ist.)

Das ganze Schema entspricht also psychologisch der Differenzierung von psychischen Strukturen, die als Charaktere von Anfang an vorhanden und wirksam sind, aber erst im Laufe der Entwicklung sichtbar werden. Ihre Differenzierung geht dabei Hand in Hand mit einem Dominanzwechsel vom Elementar- zum Wandlungscharakter, dem wieder eine stärkere Strukturierung der Persönlichkeit als Ich und als Bewußtsein entspricht[21]. Während anfangs zur Undifferenziertheit der Per-

[20] Daß und wann in der Entwicklung der modernen Frau auch diese Phase relativ überwunden werden muß, wird in der später vorzulegenden *Psychologie des Weiblichen* ausgeführt werden.

[21] Aus diesem Grunde finden wir die Psychologie des weiblichen Wandlungscharakters vorwie-

sönlichkeit die Undifferenziertheit des Unbewußten als Großes Weibliches (Uroboros) gehört, werden mit der Instanzenbildung[22] und Formung der menschlichen Psyche auch die beiden Charaktere des Großen Weiblichen sichtbar. Dabei ist es evident, daß die «Charaktere» Auffassungsformen des betrachtenden Bewußtseins sind, welche ihr Fundament in der Symbolik des Großen Weiblichen finden, aber die nicht als «Struktur» vorhanden sind, wie die psychischen Instanzen, das Selbst, der alte Weise oder der Schatten. Die Instanzen sind personal gefärbte Teilstrukturen der Psyche, die Charaktere Ordnungsprinzipien des Bewußtseins, die psychischen Richtungen entsprechen.

Wir verfügen jetzt für die Interpretation des Großen Weiblichen über eine größere Anzahl charakterisierender Grundmerkmale. Während wir bisher sagen konnten, eine Gestalt oder Person habe uroborischen Charakter, sie trage Züge der Großen Mutter, der furchtbaren oder der guten, tritt jetzt noch das Merkmal hinzu, daß einmal der Elementar-, ein anderes Mal der Wandlungscharakter überwiegt.

So kann eine Göttin «gute Mutter» sein mit einer Dominanz des Elementarcharakters, umgekehrt kann sie Züge der furchtbaren Mutter tragen, aber die Tendenz des Wandlungscharakters kann in ihr überwiegen. Beide Charakteristika sind für die Situation des Ich und des Bewußtseins bedeutsam. Die «gute Mutter» kann einem infantilen Ich zugeordnet und dann für eine negative Entwicklungssituation typisch sein. Das gültige Beispiel dafür ist die Knusperhexe aus dem Grimmschen Märchen von Hänsel und Gretel, deren Häuschen an der Außenfront zwar aus Pfefferkuchen und Süßigkeiten besteht, die aber in Wirklichkeit eine Kinderfresserin ist. Umgekehrt kann die furchtbare Mutter mit einer Tendenz zum Wandlungscharakter, mit einer Richtung zur Anima verbunden sein und ihr Auftreten eine positive Entwicklung einleiten, in der das Ich zur Vermännlichung und zum Drachenkampf, zu einer positiven Entwicklung und Wandlung getrieben wird. Für diese Konstellation ist neben vielem anderen der Mythos von Perseus typisch, in dem die Tötung der furchtbaren Mutter die Voraussetzung für die Befreiung der Andromeda ist[23].

Das Nebeneinander, Gegeneinander und Miteinander der beiden Grundcharaktere ebenso wie ihr Dominanzwechsel läßt sich auf allen Stufen der Entfaltung des Großen Weiblichen nachweisen. Aber ein und dasselbe Symbol, das den Mittelpunkt der Symbolik des Großen Weiblichen und in immer neuen Variationen das Zentrum seiner Manifestationen bildet, umschließt beide Charaktere, nämlich das Symbol des Gefäßes.

gend in der abendländischen Entwicklung verwirklicht. In ihr wird die Beziehung des Männlichen zur Anima zum Schicksal (Vgl. Neumann, Leonardo da Vinci ..., a. a. O.). In rein patriarchalen Kulturen, wie in Indien, bleibt der mütterliche Elementarcharakter des Weiblichen dominant.

[22] Vgl. Jung, *Die Beziehungen* ..., a. a. O., und Neumann, *Ursprungsgeschichte* ..., a. a. O., S. 373ff.

[23] Neumann, *Ursprungsgeschichte* ..., a. a. O., S. 234ff.

Viertes Kapitel

DIE ZENTRALSYMBOLIK DES WEIBLICHEN

Das Kernsymbol des Weiblichen ist *das Gefäß*. Von Anbeginn an und bis zu den spätesten Stadien der Entwicklung finden wir dieses archetypische Symbol als Inbegriff des Weiblichen. Die symbolische Grundgleichung Weib = Körper = Gefäß entspricht der vielleicht elementarsten Grunderfahrung der Menschheit vom Weiblichen, in der das Weibliche sich selber erlebt, in der es aber auch vom Männlichen erlebt wird.

Die Erfahrung des Körpers als Gefäß ist allgemein menschlich und nicht auf das Weibliche beschränkt. Das, was wir als «Stoffwechselsymbolik» bezeichnet haben[1], ist der Ausdruck dieses Phänomens vom Gefäßcharakter des Körpers.

Alle grundlegenden Lebensfunktionen, besonders aber natürlich die des «Stoffwechsels», spielen sich an dem Gefäß-Körperschema ab, dessen «Innen» ein Unbekanntes ist. Seine Eingangs- und Ausgangszonen sind von besonderer Bedeutung, denn so wie Nahrungs- und Getränkaufnahme Nach-Innen-Nahmen in dieses unbekannte Gefäß hinein sind, wird in allen schöpferischen Funktionen, die von der Schlackenausscheidung und vom Samen bis zum Atem und zum Wort reichen, aus diesem Gefäß heraus «geboren».

Alle Körperöffnungen: Augen, Ohren, Nase, Mund, (Nabel), After, Genitalzone sind als Orte des Austauschs zwischen Innen und Außen, ebenso wie die Haut, beim Frühmenschen numinos betont. Sie sind deshalb auch als «Schmuck»- und Schutzzonen ausgezeichnet und spielen in der künstlerischen Selbstabbildung des Menschen als Idole eine besondere Rolle[2].

Das Körpergefäß in seiner konkreten Leiblichkeit, dessen Innen immer dunkel und unbekannt bleibt, ist die Wirklichkeit des Individuums; in ihm wird die ganze Instinktwelt des Unbewußten erfahren. Das beginnt mit der elementaren Hunger-und-Durst-Erfahrung des Säuglings, die ihn von innen her, aus dem Dunkel des Körpergefäßes, beunruhigt wie jeder Drang, jeder Schmerz und jeder Trieb. Dabei hat

[1] Neumann, *Ursprungsgeschichte* ..., a. a. O., S. 41ff. und S. 311ff.

[2] Ludwig Klages, *Der Geist als Widersacher der Seele*, 3 Bde., Leipzig 1929–1932, Bd. III.

das Ich wie das Bewußtsein typischerweise seinen Sitz im Kopf, von dem die fremden aus dem Inneren des Körpergefäßes stammenden Wirkungen apperzipiert werden.

Die archetypische Körper-Gefäß-Gleichung ist für das Verständnis des Mythos und der Symbolik, darüber hinaus aber für das Verständnis des Weltbildes des Frühmenschen von grundsätzlicher Bedeutung. Aber die Bedeutung der Körper-Gefäß-Gleichung beschränkt sich nicht auf die Übergangsstellen nach außen, durch die alles, was aus dem Körper heraustritt, ein «Geborenes» ist, die Haar-Vegetation ebenso wie der Atem-Wind. Gerade auch das Innen dieses Gefäß-Körpers ist mit einer zentralen Symbolik verbunden.

Das Körper-Innere ist archetypisch mit dem Unbewußten identisch, dem «Ort» der psychischen Prozesse, die sich für den Menschen «in» ihm und «im Dunkeln» abspielen, das – wie die Nacht – ein typisches Symbol des Unbewußten ist.

Die Gefäßsymbolik des die Seele in sich enthaltenden Körpers ist auch noch beim modernen Menschen lebendig. Auch wir sprechen noch von unserem «Innen» als von der inneren Welt, von inneren Werten usw., wenn wir seelische oder geistige Inhalte meinen, als ob sie «in» uns, in unserem Körpergefäß, enthalten seien und aus ihm «heraus» kämen. In Wirklichkeit befinden sich aber die Inhalte des kollektiven Unbewußten in ebendem Sinne «außen» wie die Objektwelt; wir können sie mit demselben Recht als «außerhalb» und als «oberhalb» wie als «unterhalb» von uns oder als «in uns» ansetzen. So projiziert die Menschheit von je einen Teil der archetypischen «Innen»-Welt in den «Himmel», einen anderen in die «Hölle». Aber charakteristischerweise bleibt trotz diesen Projektionen die Bezogenheit auf das Bild des Körpergefäßes, «in» dem der Inhalt lebt, deutlich erhalten.

Diese Bezogenheit zum Körper-Gefäß äußert sich vorzüglich in zwei Formen. Einmal darin, daß das Außen als ein *Weltkörpergefäß* erlebt wird. So wenn ein «unbewußter Inhalt», den die mythologische Apperzeption als kosmische Himmelsgröße, als Gott, als Stern erfährt, «im Bauch» der Himmelsfrau gesehen wird. Dann ist der Inhalt zum Beispiel der kriegerisch affektive Nergal-Mars[3], den wir als Aggressionstrieb bezeichnen, einerseits ein «Außen» als Stern und kosmische Größe, aber er gilt zugleich als ein Innen, er befindet sich im Bauch der Himmelsmutter. Diese symbolisch-paradoxe Doppelnatur des Projizierten entspricht genau der psychologischen Wirklichkeit, die unser Bewußtsein formuliert, wenn es sagt, es handle sich um einen «kollektiven», *außer*personalen Inhalt, der aber gleichzeitig ein *In*-halt der Psyche, nämlich des kollektiven Unbewußten, sei.

Der Frühmensch, der, ohne sich dessen bewußt zu sein, seinen Ort im Weltmittelpunkt einnimmt, von dem aus er alles auf sich und sich auf alles bezieht, erfüllt die ihn umgebende Welt mit den Bildern seines Unbewußten. Dabei projiziert er sie auf drei Regionen an der Innenfläche des ihn rings umgebenden Weltgefäßes.

[3] Nergal ist der babylonische, Mars der ihm und dem griechischen Ares entsprechende römische Kriegsgott.

Diese drei Regionen, in denen ihm die Bilder seines eigenen Unbewußten als Bilder der Welt sichtbar werden, sind: der Himmel über ihm, die Erde, auf der er zusammen mit allem Lebendigen lebt, und das, was er als dunkeln Raum «unter» sich erfährt, die Unterwelt als Erd-Inneres.

Während die erste Bezogenheit auf das Körper-Gefäß-Symbol in seiner kosmischen Projektion auf die Welt als ein Welt-Körper-Gefäß besteht, äußert sich die zweite, nicht minder wichtige, in der Zuordnung von bestimmten kosmischen Größen, Weltgegenden, Sternbildern, Göttern, Dämonen zu den Regionen und Organen des Körpers. Diese Zuordnung wird vom Primitivmenschen derart allgemein durchgeführt, daß die Welt-Körper-Entsprechung geradezu als ein Gesetz des primitiven Weltbildes gelten kann.

Dieses mit der Außenwelt verbundene magisch-seelische Körperbild des Frühmenschen ist nicht nur bestimmten Mächten zugeordnet, sondern auch Farben, Regionen, Pflanzen, Elementen usw. Die auf diese Weise hergestellte «participation mystique» der Welt mit bestimmten Körperregionen und Organen äußert sich in einer gegenseitigen magischen Abhängigkeit[4], indem ebenso Einflüsse von dem mythischen Weltort auf den Menschen und seine Körperzonen ausgehen, wie umgekehrt die Körperzonen des Menschen und die zu ihm gehörenden Substanzen diesen mythischen Weltort magisch beeinflussen können[5].

Das Körperschema als Archetyp des Urmenschen, in dessen Ebenbild die Welt geschaffen wurde, finden wir in Ägypten wie in Mexiko, in Indien wie in China, in der Gnosis wie in der Kabbala[6]. Während das moderne Bewußtsein diese Vorgänge als Projektionen, als ein Außen-Erleben archetypischer Bilder, interpretiert, lebt der Frühmensch als Mitte dieses psycho-physischen Welt-Seelen-Raumes, in dem Außen und Innen, Welt und Mensch, Mächte und Dinge in einer unauflöslichen Einheit miteinander verbunden sind.

Das Symbol dieser psychischen Ursprungssituation ist die Kreisschlange, der Uroboros[7], der als «Großes Rundes», als Kugel, in seiner noch undifferenzierten Ganzheit auch die große Höhle und das große Gefäß ist, welches als Welt das Dasein des Frühmenschen in sich enthält und so zum Großen Weiblichen wird, in welchem die Gefäßsymbolik und der Elementarcharakter dominieren[8].

[4] Wir gebrauchen hier den Levy-Brühlschen Begriff der participation mystique in der erweiterten Form, die er in den Schriften C. G. Jungs angenommen hat, und der dann in seiner psychologischen Bedeutung für die Erfassung der «Ursprungsgeschichte des Bewußtseins» ausgeführt worden ist. Vgl. hierzu den entsprechenden Begriff der «consubstantiality» in Frankfort, *Frühlicht des Geistes, Wandlungen des Weltbildes im alten Orient*, Zürich 1954.

[5] So erklärt sich ein Teil der Wirkung von magischen Substanzen, wie Speichel, Urin, Kot, Haar, Schweiß usf.

[6] Vgl. dazu Neumann, *Ursprungsgeschichte* ..., a. a. O., S. 38f., den Begriff der «magischen Anatomie» bei Theodor Danzel, *Magie und Geheimwissenschaft*, Stuttgart 1924, und Cassirer, a. a. O.

[7] Neumann, *Ursprungsgeschichte* ..., a. a. O., S. 19ff.

[8] Die männlichen Komponenten, die im Uroboros ebenfalls enthalten sind, und mit denen wir uns später noch zu beschäftigen haben werden, stehen symbolisch in keinem Zusammenhang mit dem Gefäß-Charakter des Großen Runden.

So finden wir als archetypisches Symbol vieler Weltschöpfungen das Ei. Als das die Gegensätze Enthaltende ist es zum Beispiel schwarz-weiß geteilt, mit dem Himmel als oberer, der Erde als unterer Hälfte, das Ei der Orphik, dessen symbolische Bedeutung Bachofen[9] erhellt hat.

Aus verständlichen Gründen wird nun aber gerade das Weibliche als das Gefäß par excellence erfahren. Die Frau als Körpergefäß ist der natürliche Ausdruck der Erfahrung, daß das Weibliche das Kind in sich trägt, und daß der Mann im Sexualakt «in» sie «eingeht».

Weil die Identität der weiblichen Persönlichkeit mit dem enthaltenden Körper-Gefäß, in dem das Kind geborgen ist, zur Grundlage des weiblichen Daseins gehört, ist das Weibliche nicht nur das Gefäß, das, wie jeder Körper, in sich etwas enthält, sondern das Weibliche ist ursprünglich für sich selber ebenso wie für das Männliche das «Lebensgefäß an sich», in dem sich das Leben bildet, und das alles Lebendige aus sich heraus und in die Welt hinein gebiert und entläßt.

Natürlich wird besonders der Elementarcharakter des Weiblichen am Gefäßsymbol erfahren. Denn es ist als Großes Rundes das Gefäß als Enthaltendes, Bewahrendes und Festhaltendes. Aber darüber hinaus ist es auch das nährende Gefäß, welches Ungeborenes wie Geborenes mit Nahrung und Trank versorgt.

Erst wenn man den Umfang der Grundfunktionen des Weiblichen einmal erfaßt hat, das, abgesehen von seiner Lebens- und Geburts-, auch noch die «Nahrungsfunktion» und die des Wärmespendens, die des Schützens und der Beschirmung besitzt, kann man verstehen, welcher Bedeutungs- und Symbolmittelpunkt das Weibliche ist, und daß ihm vom Beginn an der Charakter des «Großen Weiblichen» anhaftet. Dieser «Größe» des Weiblichen entspricht, daß das Enthaltene, Geschützte und Genährte, Gewärmte und Festgehaltene immer ein Kleines, Wehrloses, ein Anhängendes und auf Leben und Tod dem Großen Weiblichen Ausgeliefertes ist. Nirgends vielleicht ist es so evident, daß ein Menschliches als «Großes» erfahren werden muß, wie bei der Mutter. Jeder Blick auf einen Säugling und auf ein Kind wiederholt und bestätigt ihre Erscheinung als «Große Mutter» und als «Großes Weibliches». Ihre numinose Überlegenheit konstelliert die charakteristische Situation gerade des menschlichen Säuglings im Gegensatz zu jedem Tier, das nach der Geburt in ungleich höherem Maße selbständig und eigen-ständig ist.

Während bei den Tieren mit der Geburt sofort eine Art Sinnes-Bewußtsein in Erscheinung tritt, entsteht das Bewußtsein des Menschen innerhalb der ersten Lebensjahre, und sein Auftreten wird mitgeprägt durch die soziologische Gebundenheit des Säuglings an die Gruppe, insbesondere aber an ihren übermächtigen Repräsentanten: die Mutter[10].

Wenn wir die Körper-Welt-Gleichung des Frühmenschen in ihrer ersten und

[9] Johann Jakob Bachofen, *Versuch über die Gräbersymbolik der Alten* (Gesammelte Werke, Bd. IV), Basel 1954. Siehe Index s. v. «Ei».

[10] s. o. Kap. 3

unspezifischen Form mit der symbolischen Grundgleichung des Weiblichen, Weib = Körper = Gefäß, verbinden, dann kommen wir zu einer symbolischen Universalformel der menschlichen Frühzeit, die lautet:

Weib = Körper = Gefäß = Welt.

Diese Grundformel ist die Formel der matriarchalen Lebensstufe, das heißt einer Menschheitsphase, in der das «Große Weibliche» in seinem Übergewicht über das Männliche, das Unbewußte über das Ich und über das Bewußtsein dominiert.

Wir wollen zunächst versuchen, die matriarchale Symbolik des Großen Runden in ihrem welterfüllenden Umfang an dem Gefäß-Symbol und der Fülle seiner symbolischen Zusammenhänge darzustellen. In der Zusammenschau wird es uns dann eher möglich sein, die schicksalshafte Bedeutung des Großen Weiblichen in seiner konkreten Wirklichkeit, wie sie uns in den Mythen und Riten, den Bildern und Glaubenshaltungen der Frühmenschheit entgegentritt, zu erfassen.

Dabei ist nicht zu vergessen, daß «Frühmenschheit» ebenso wie «matriarchale Stufe» keine archäologischen oder historischen Größen sind, sondern psychologische Wirklichkeiten, deren Schicksalsmacht auch noch in den psychischen Tiefen des heutigen Menschen lebendig ist. Die Gesundheit und Schöpferischkeit jedes Menschen hängt weitgehend davon ab, ob sein Leben und sein Bewußtsein mit dieser Schicht des Unbewußten in Frieden auszukommen vermag oder in Feindschaft mit ihr sich verzehrt.

Wir versuchen auch hier eine Orientierung an einem Übersichtsschema (Schema II). Im zweiten Teil, der die Entfaltung der Struktur des Großen Weiblichen und die Illustrierung durch das Bildmaterial bringen wird, werden wir die schematische Grundorientierung ausfüllen und ergänzen[11].

Im Mittelpunkt des Schemas befindet sich das große Gefäß des weiblichen Körpers, wie wir es auch als wirkliches Gefäß kennen[12]. Seine Haupt-Symbol-Elemente sind der Mund, die Brust und der Schoß. Daneben haben wir der Einfachheit halber einen Bezirk als «Bauch» herausgehoben, der die Ganzheit des enthaltenden Gefäß-Körpers symbolisiert, und als Inbegriff des «Innen» das dafür zuständige Organ-Symbol, das Herz, eingezeichnet.

Wir beginnen mit dem Territorium des Bauches, das den Gefäß- und Elementarcharakter des Enthaltenden am augenfälligsten repräsentiert; zu ihm gehört der Schoß als Symbol des Eingangs in diese Region. Die tiefste Stufe dieser Welt des Bauches ist das Reich der Unterwelt, die im «Bauch» oder im «Schoß» der Erde enthalten ist. Teile dieses Bezirkes sind nicht nur die Dunkelwelt des Unterirdischen als Hölle und Nacht, sondern auch die Symbole von Schlucht, Schlund und

[11] Da die von uns skizzierte Symbolik archetypisch ist, läßt sie sich in Mythen und Riten, in Märchen und in der Kunst aller Zeiten ebenso wie in der Religion und in der Folklore der ganzen Welt nachweisen, was aber natürlich nicht im Rahmen dieser Arbeit geschehen kann.

[12] Vgl. Tafeln 22, 23, 26–28, 33, 34 usw. und Abb. 19, 24, 31, 32, 50 usw.

Abgrund ebenso wie von Tal und Tiefe, die in unzähligen Riten und Mythen die Rolle des Schoßes der zu befruchtenden Erdregion spielen[13].

Auch die Höhle in ihrem Zusammenhang mit dem Berg, der den Gefäß-Bauch- und Erdcharakter in sich vereinigt, gehört zu dem dunklen Territorium der Erd-Unterwelt. Die gleiche Bedeutung wie der Berg und die Erde haben auch Fels und Stein[14].

Deswegen finden wir neben der Berggeburt die aus dem Stein und neben der Verehrung des Berges als der Großen Mutter die Verehrung der ihn – und sie – repräsentierenden Steine.

Der Elementarcharakter des Großen Weiblichen enthält aber keineswegs nur positive Züge. So wie die «Große Mutter» nicht nur die gute, sondern auch die furchtbare Mutter ist, ist das Große Weibliche nicht nur das Leben-Gebärende und -Schützende. Als Enthaltendes ist es auch das Festhaltende und Zurücknehmende, eine Gottheit des Lebens und des Todes zugleich. Wie das Symbol des schwarz-weißen Welt-Eies aussagt, enthält das Große Weibliche die Gegensätze, und die Lebendigkeit der Welt wird gerade dadurch garantiert, daß Erde und Himmel, Nacht und Tag, Tod und Leben in ihm miteinander verbunden sind.

Zum Elementar- und Gefäßcharakter gehört die Erde nicht nur als Unterwelt und Hölle, sondern auch als Grab und als Höhle. Die Höhle ist ebenso Lebensraum wie Todesstätte, der Gefäßcharakter des Großen Weiblichen birgt nicht nur das Ungeborene im Gefäß des Leibes und nicht nur das Geborene im Gefäß der Welt, sondern es nimmt auch das Gestorbene zu sich zurück in das Gefäß des Todes, in die Höhle oder den Sarg, das Grab oder die Urne.

Wenn wir die Bauch-Symbolik des Gefäßes weiter verfolgen, haben wir Symbole, in denen die Funktion des Enthaltens dominiert, von denen, in welchen die Schutz-Funktion im Vordergrund steht, zu unterscheiden. Die Symbolik des Enthaltens herrscht in dem vegetativen Symbol der Frucht, zum Beispiel des Granatapfels und des Mohns, in denen die Fülle von Kernen das Enthaltensein betont. Aber auch die Hülsenfrucht und – abstrakt – das Füllhorn sind hierfür charakteristisch ebenso wie in der animalischen Welt zum Beispiel das Schwein, der Tintenfisch, die Muschel und die Eule. Der Akzent liegt beim Schwein auf der Fruchtbarkeit, bei der Muschel auf der Schoßform, beim Tintenfisch und der Eule auf der Uterusform des Körpers. Unter den Kultursymbolen dieses Symbolbezirks erwähnen wir die Gefäße, besonders das Faß, aber auch Schachtel, Korb, Tasche, Kiste, Trog und Sack.

[13] Vgl. II. Teil.

[14] Fels und Stein sind «dasselbe» wie der Berg, kraft des pars-pro-toto-Gesetzes, das in allem in participation mystique miteinander Verbundenen herrscht und nach dem überall da, wo ein unbewußtes Miteinander-Identischsein zwischen Personen und Objekten besteht, sich eine Verbindung und Bewirkung auch durch Teile der Personen oder der Objekte herstellen läßt. Weil in jedem Teil die Ganzheit dessen enthalten, wirksam und bewirkbar ist, dem der Teil angehört, läßt sich der Mensch verzaubern, dessen Fingernägel sein Feind besitzt, und das Wild magisch beeinflussen, dessen Bild sich in der Macht des das Wild jagenden Menschen befindet.

Auch ein anderer Symbolkreis ist in diesen Zusammenhang, bei dem der weibliche Muttercharakter des Enthaltenseins betont ist, eingefügt, nämlich der von Nest, Wiege, Bett, Schiff, Wagen und Sarg. Diese Symbolgruppe bildet – abgesehen von ihrer Verbindung zum Holz, die wir noch besprechen werden – einen Übergang zu den Symbolen, in welchen die Schutzfunktion die des Enthaltens überwiegt. Diese immer noch zum Elementarcharakter des Gefäßes gehörende Funktion wird besonders deutlich im «Berg», der im Deutschen symbolisch mit sich bergen, sich verbergen und mit Geborgenheit ebenso wie mit Burg zusammenzustellen ist. Auch im Berg als «Grabhügel» ist diese Funktion des Schützens und Bewahrens enthalten.

Die bergende Höhle als Teil des Berges stellt entwicklungsgeschichtlich die Naturform der Kultursymbole dar, die als Tempel und Temenos, als Hütte und Haus, als Dorf und Stadt ebenso wie als Gatter, Zaun und Mauer Schützendes und Abschließendes bedeuten, wobei immer das Tor und die Türe den Schoß des mütterlichen Gefäßes bilden.

Nebengeordnet, aber keineswegs weniger bedeutsam sind die Kultur-Symbole des Schutzes, die ebenfalls zum weiblichen Gefäßcharakter gehören, nämlich die Hülle als Hemd, Kleid, Mantel und Schleier, als Netz und schließlich als Schild. Zur Wurzel hel = bergen gehören charakteristischerweise etymologisch Höhle, Hölle, Hel (die germanische Todesgöttin), hohl, Halle, Hülle, Hülse und Helm.

Die beiden folgenden Symbolgruppen sind dadurch charakterisiert, daß in ihnen der Wandlungscharakter betont ist, obgleich der Elementarcharakter noch überwiegt. Ihre typische Zwischenstellung zwischen den Symbolgruppen, in denen eindeutig der Elementar- oder der Wandlungscharakter dominiert, wird auch darin deutlich, daß die eine Gruppe mehr dem Bauchzentrum des weiblichen Gefäßes zuzuordnen ist, die andere sich von der Brustregion ableitet. Bei beiden Gruppen handelt es sich um Kultur-, nicht um Natursymbole; die Bedeutung jedes dieser Symbole läßt sich durch die gesamte Menschheitsgeschichte verfolgen.

Die erste Gruppe, die zum Gefäßcharakter des Bauches gehört, führt vom Topf über den Kessel und den Ofen zur Retorte. In ihr überwiegt der formale Elementarcharakter des Großen Runden, aber daneben ist das Schöpferische des Uterus und die Möglichkeit der Wandlung in ihm mitbestimmend[15]. Wenn nicht die Bezogenheit auf das, was sich «in» ihnen abspielt, gleichzeitig das Geheimnis der Wandlung enthielte, wären diese Symbole nur enthaltendes Gefäß und würden in nichts den Elementarcharakter überschreiten.

Die andere, von der Brust des Weibgefäßes abzuleitende Reihe besteht aus den Symbolen: Gefäß, Schale, Becher, Kelch, Gral. Sie verbindet den Elementarcharakter des Enthaltens mit dem des Nährens. Dadurch, daß die Symbole dieser Reihe ihrer Natur und Form nach in ebendem Maße offen sind wie die der anderen Reihe

[15] Über den Zusammenhang dieser Symbole mit den Urmysterien des Weiblichen und mit der frühesten Menschheitskultur vgl. II. Teil.

geschlossen, ist die Natur des Gebens, Spendens und Darreichens betont. Der Wandlungscharakter dieser Symbole bezieht sich auf die Ernährung eines schon geborenen, im Kindheitsstadium befindlichen oder eines bereits selbständigen Ich. Aus diesem Grunde, ebenso wie aus dem der Formqualität, gehört diese Reihe zum Symbolkreis der Brust. Der Wandlungscharakter ist also auch symbolisch einer «höheren» Zone des Körpergefäßes zuzuordnen als der Elementarcharakter[16], nämlich der Brust, dem Herzen und dem Mund.

Aber auch bei den Symbolen des Wandlungscharakters ist die Verbindung mit dem Elementarcharakter des Weiblichen und mit den Symbolen der Schoß- und Bauchregion fast immer erhalten. In echter Entsprechung zur Symbolik des Körpergefäßes baut sich das Obere auf dem Unteren auf und ist ohne Zusammenhang mit ihm nicht zu denken. Die Wandlung erhebt sich von der unteren Stufe und umfaßt diese mit. Sie ist, gesehen von der matriarchalen Welt, niemals freischwebendes und wurzelloses «oberes» Geschehen, wie sich das der abstrakte männliche Intellekt typischerweise vorstellt.

Zu den Natur-Elementen, die ihrem Wesen nach mit der Gefäßsymbolik verbunden sind, gehört neben der Erde auch das Wasser. Dieses enthaltende Wasser als Urschoß des Lebens, aus dem in unzähligen Mythen das Lebendige geboren wird, ist «unteres» Wasser oder Wasser der Tiefe als Untergrundwasser und Meer, als See und Teich.

Dies mütterliche Wasser ist aber nicht nur enthaltend, sondern es ist auch nährend und wandelnd, da alles Lebendige mit dem Wasser als der Milch der Erde sein Dasein aufbaut und erhält. Da die Symbol-Zuordnung des Wassers zur Brust und nicht nur zum Schoß möglich und natürlich ist, kann der Regen als Milch der Himmelskuh wie umgekehrt das Erdwasser als Milch des Erdleibs auftreten, denn die milchgebenden Muttertiere, besonders Kuh und Ziege als Zentralsymbole dieses Nahrungsbezirks, existieren als welthaft kosmische Größen ebenso oben wie unten.

Weil das Wasser in seiner elementaren Undifferenziertheit oft noch uroborisch ist und neben den mütterlichen auch männliche Elemente enthält, sind fließende und sich bewegende Wasser – wie die Ströme – hermaphroditisch und männlich und werden als Befruchter und Beweger verehrt.

Wo das matriarchal Weibliche dominiert, ist neben dem Kindcharakter des von ihm Geborenen oft noch eine doppelgeschlechtliche Symbolik wirksam, in der die uroborische Natur der Ungeschiedenheit erhalten ist.

Aber auch dann, wenn das geborene Wasser als männlich gilt, behält das aus der Tiefe des Erdmutter-Gefäßes Geborene den Charakter des Sohnhaften, und es ist

T. 6 [16] Die Akzentuierung der Brust für den Wandlungscharakter kann sich auch in einem betonten Zurücktreten der Brüste ausdrücken, wenn der Elementarcharakter des Nährenden zugunsten des Wandlungscharakters der «kleinen Brüste» abgelehnt wird. Auffälligerweise finden wir derartiges schon bei den frühesten Figuren der Vorzeitmutter.

für den matriarchalen Bezirk typisch, daß der Sohn von der Großen Mutter beherrscht wird, die ihn – auch in seiner männlichen Bewegung und Aktivität – bei sich festhält.

Zum Reich des Erd-Wassers gehören nicht nur der Teich und der See, sondern auch die Quelle. Während beim Brunnen der Gefäß- und Elementarcharakter des Weiblichen noch deutlich ist – nicht zufällig ist er im Märchen oft genug das Tor in die Unterwelt der Erde, und zwar gerade in den Bezirk der Erdmutter[17] –, ist in der Quelle der aufsteigend durchbrechende Charakter des «Geborenwerdens» und der schöpferischen Bewegung stärker betont als der des Enthaltenseins, aber auch bei ihr bleibt symbolisch ihre Verbundenheit mit der mütterlichen Erde bestimmend.

Dieser «Kind»-Charakter, um zusammenfassend eine Fülle derartiger Zusammenhänge zu bezeichnen, eignet einer großen Anzahl von Symbolen aus dem Bezirk des Großen Weiblichen. Alles, was aus dem Dunkel seines Gefäß-Innern stammt, gilt als seine Geburt und sein Kind, und daß das Große Weibliche über all dies herrscht, konstelliert die Einheit der matriarchalen Welt, ihren Zusammenhang und ihre Schicksalsmacht.

Die Große Erd-Mutter, die alles Leben aus sich entstehen läßt, ist vorzugsweise die Mutter alles Pflanzlichen. Die Erdfruchtbarkeitsrituale und -mythen der ganzen Welt fußen auf diesem archetypischen Zusammenhang. Die Mitte dieses vegetativen Symbolbezirks ist *der Baum*. Als fruchttragender Lebensbaum ist er weiblich, gebärend, wandelnd und nährend, ebenso wie die Blätter, Äste und Zweige in bezug auf ihn enthalten und abhängig sind. Der Schutzcharakter des Bergens wird im Baum-«Dach» deutlich, das die Nester und Vögel in sich birgt. Aber außerdem ist der Baum auch als Stamm ein Enthaltendes, «in» dem sein Geist wohnt wie die Seele im Körper. Die weibliche Natur des Baumes bestätigt sich noch dadurch, daß der Baumwipfel ebenso wie der Stamm gebären kann, wie neben vielen anderen Beispielen die Geburt des Adonis beweist. *T. 104*

Aber der Baum ist daneben auch der Erdphallus, das männlich aus der Erde Herausragende, in dem der Zeugungscharakter den des Geborgenseins und des Enthaltenen überwiegt. Dies gilt besonders bei Bäumen, die, wie die Zypressen, im Gegensatz zu den weiblich betonten Wipfeln der Frucht- und Laubbäume ihrer Form nach stamm-betont und phallisch sind. Diese phallische Natur des Baumes, welche den enthaltenden Gefäßcharakter nicht ausschließt, wird am deutlichsten beim «Stammbaum» und dem Umkreis des «Stamm»-Wortes: «Stamm» mit entstammen, ab-stammen, Stamm-halter usw. In diesem Sinne ist der Pfahl und der Pfeiler phallisch-männlich, aber auch enthaltend-weiblich. Ein schönes Beispiel dieser «Doppelsymbolik» ist die indische Plastik des Phallus, «in» dem der Shiva oder aber die Shakti enthalten sind. Auch beim ägyptischen Djed-Pfeiler des Osiris[18] kann die uroborische Natur hindurchscheinen, ebenso wenn der Pfeiler, zum Bei-

[17] Z. B. in «Frau Holle». *Grimms Märchen*, 2 Bde., Manesse-Verlag Zürich, Nr. 24.
[18] Neumann, *Ursprungsgeschichte* ..., a. a. O., Index s. v. «Djed-Pfeiler».

spiel als Aschera, Symbol der Großen Mutter ist. So ist auch der Djed-Pfeiler des Osiris als Sarg, als Baum-Lade, die den Toten enthält, mütterlich-weiblich. Die Symbolik von Baum, Stamm, Pfeiler und Pfahl wird unter anderem auch durch die Natur des Holzes bestimmt, das als ὕλη nicht nur Gewachsenes ist, sondern auch als der Stoff, die materia, aus der alles entsteht, Elementarcharakter besitzt.

Der Akzent, den ein Symbol trägt, ist weitgehend von der matriarchalen oder patriarchalen Kultursituation abhängig, in welcher die Symbole eingebettet sind. So wird im Patriarchat bei dem Symbol der «materia» der Charakter der «mater» entwertet und damit das «Materielle» im Gegensatz zum Ideellen – das zur Vater-Mann-Seite gerechnet wird – als etwas Geringwertiges angesehen. Ebenso wird das Symbol der ὕλη nicht als Grundlage der Wirklichkeit des gewachsenen Lebens verehrt, sondern wird zum trägen, in allen gnostizierenden Religionen, vom Christentum bis zum Islam, negativ dämonisierten «Stoff», dem die göttliche Geist-Seite des männlichen νοῦς gegenübersteht.

Während selbst der männlich-phallische Baum in der matriarchalen Welt nicht seinen Erd-Abhängigkeitscharakter verliert, kennt die patriarchale Welt in Indien ebenso wie in der Kabbala und im Christentum einen Baum, dessen Wurzeln «oben», im patriarchalen Himmel, sind. Die «widernatürliche» Symbolik eines solchen Geistbaumes hat natürlich ihren echt patriarchalen Sinn. Aber wir stoßen hier auf die Paradoxie, daß der männliche Geist sich der dem Unbewußten entstammenden Natursymbole bedienen muß, wenn er nicht wie in der Mathematik eine rein abstrakte Welt zu konstruieren imstande ist. Damit aber gerät er in Widerspruch zu der Naturgewachsenheit der Symbole, die er denaturiert oder vergewaltigt. Die leidenschaftliche Feindlichkeit dem Natursymbol gegenüber ist ebenso wie die Widernatürlichkeit eines Symbols – wie die aus Adam entnommene Eva – ein Kennzeichen des patriarchalen Geistes. Aber selbst dieser Umwertungsversuch scheitert meistens, wie eine Analyse dieser Symbolik nachweisen könnte, weil sich der matriarchale Charakter des Natursymbols immer wieder durchsetzt[19].

Aber ebenso wie der Baum als Haus oder Wipfel positiv Stätte der Geburt sein kann, ist er auch, entsprechend der ambivalenten Struktur des Großen Weiblichen, dem er entstammt, Stätte des Todes. Er ist es als Baumwipfel, in dem die Leiche geborgen wird, als Stamm, der die Leiche einschließt, wie der Erikabaum den Osiris, oder als in die Erde gelegter Sarg, wobei sich beim Sarg die Natur des zurücknehmenden Erdschoßes mit dem des umhüllenden Holzes verbindet. Hierhin gehören die Varianten des Todesbaumes als Hängebaum, als Galgen, als Kreuz und als Pfahl.

Die im Elementarcharakter des Weiblichen so deutliche Ambivalenz des Archetyps bleibt auch im Wandlungscharakter erhalten. Sie tritt erst auf der Stufe zu-

[19] Es wäre ein interessanter und für die Geistesgeschichte der Psychologie fruchtbarer Versuch, die der Philosophie zugrunde liegende archetypische Symbolik zu verfolgen und die Ablösung der ursprünglichen Symbolik durch eine entgegengesetzte akzentuierte Begriffswelt in ihr zu untersuchen.

rück, die wir als Geist-Wandlung bezeichnen und bei der wir als Neues eine Synthese finden, in der das ursprüngliche Gegensatzprinzip überwunden wird.

Das Gebiet der Wandlungssymbolik wird in hohem Maße durch das numinoseste aller Wandlungsmysterien bestimmt, das Wachstum. Beim Blutwandlungsmysterium[20] scheint das Geheimnis des Weiblichen auf der animalischen Ebene zu liegen, aber auch da gilt der Satz Platos: «In Schwangerschaft und Erzeugung geht nicht das Weib dem Lande, sondern das Land dem Weibe als Beispiel voraus[21].» Weil die Erde als schöpferischer Aspekt des «Großen Weiblichen» über das Vegetative herrscht, liegt bei ihr das Geheimnis der tieferen und ursprünglicheren Form der «Schwangerschaft und Erzeugung», auf der erst alles Animalische fußt. Aus diesem Grunde spielen sich an der Erde und ihren Wandlungen die höchsten und wesentlichsten Mysterien des Weiblichen ab[22].

Das Phänomen des Wachstums entfaltet sich in einer derartigen Fülle von Farben und Formen, daß wir auch heute noch vom archetypischen Numen der Vegetation ergriffen sind, auch wenn es uns nicht mehr kultisch-sakral, sondern ästhetisch-künstlerisch ergreift.

In dauernder Wandlung wird aus dem unscheinbaren und «verwesenden» Samen das Gestreckte der auskeimenden Blätter und des Halmes, der steigenden Kraft, die aus dem Länglichen die Gedrängtheit der Knospe und aus dieser die ausbrechende Vielfältigkeit und Vielfarbigkeit der Blüte heraustreibt. Dieser Prozeß der Wandlung von Form und Farbe, in dem sich aus dem Farblosen des Samens das Grün und Gold der Blätter und Halme und aus ihnen die Farbenpracht der Blüte entfaltet, gipfelt dann in der Umkehrung, in der aus der Duftstrahlung der Blüte die konzentrierte Reifung der Frucht wird mit ihrer wieder unendlichen Wandlung von Form, Farbe, Konsistenz, Geschmack und Geruch. Dieses rätselhafte Geschehen beginnt unter der Erde und vollendet sich mit Hilfe des Wassers im Luftraum, reift im Feuer der Sonne und ist der Einwirkung unsichtbarer Kräfte ausgesetzt, die der Frühmensch in Erde und Wasser, in den Himmelskräften von Nacht und Tag, in den Sternen, dem Mond, der Sonne und in ihrem Wandel in den Jahreszeiten erlebt.

Dieses Übermaß des Vegetativ-Lebendigen umflutet den Menschen in Urwäldern und Steppen, auf Bergen und in Tälern. Überall wächst es, unter der Erde als Wurzel und Knolle, auf unerreichbaren und auf erreichbaren Bäumen als Meer der

[20] s. o. S. 45.

[21] Plato, *Sämtliche Werke* in 2 Bänden. Übersetzt von F. Schleiermacher, Wien 1925. Siehe Bd. II, Menexenus.

[22] In den Ackerbau-Kulturen als Wachstums-Kulturen tritt das Bild der «Großen Mutter» und das soziologische Matriarchat in den Vordergrund. Das besagt aber nur, daß das Große Weibliche in dieser Phase zu einer größeren – aber auch einseitigen – Deutlichkeit kommt. In Wirklichkeit reicht es tiefer hinab und höher hinauf. Die archetypische Struktur der Großen Mutter läßt sich beim Jägertum der Steinzeit ebenso wie in der Moderne nachweisen, und zwar unabhängig von der sozialen Struktur, die in viel höherem Maße, als es heute schon bewußt geworden ist, durch die psychisch-archetypischen Konstellationen innerhalb der Gruppe mitbedingt wird.

Früchte, auf dem Feld und im Gehölz als Kraut und als Beere, als Nuß und als Pilz, als Blatt und als Kern. Auch diese Ur-Welt ist Welt des Großen Runden und der Großen Mutter. Sie ist die Schutzspendende, die dem Menschen als gute Mutter mit Früchten, Knollen und Körnern die Nahrung gibt, ihn aber auch mit Gift verdirbt und in der Dürre, in der sie sich vom Lebendigen zurückzieht, verhungern und verdursten läßt.

In dieser Urwelt des Pflanzlichen, von ihr abhängig und in ihr verborgen, lebt die Gefahr und Heil bringende Welt der Tiere. Unter der Erde als Schlange und Gewürm, unheimlich und gefährlich, im Wasser lebendig als Fisch, als Reptil und als Wasserungeheuer, in der Luft fliegend und auf der Erde hüpfend. Brüllend und zischend, milchgebend und zerreißend erfüllt diese animalische Welt den vegetativen Raum, in ihm eingenistet wie der Vogel im Baum.

Und auch diese Welt ist in Wandlung, berstende Eier und krabbelnde Junge, in Erde zerfallende Leichen und aus Sumpf und Schlamm entstehendes Leben. Überall Mütter und saugende Junge, geboren werdend, wachsend, sich verändernd, fressend und gefressen, tötend und wieder sterbend. Aber all dies Vernichtende, Wilde und Todesängstliche der animalischen Welt wird überschattet von der Großen Mutter als dem Großen Weltbaum, der diese Welt der Tiere, welcher der Mensch sich zugehörig fühlt, überdacht, birgt und ernährt. In geheimnisvoller Wahrheit läßt der Mythos aus der vegetativen Welt die animalische wie auch die der Menschen herauswachsen, die so auch nur als ein Teil des Weltbaums alles Lebendigen erscheint.

«Gleich wie Blätter im Walde, so sind die Geschlechter der Menschen.
Blätter verweht zur Erde der Wind nun, andere treibt dann
Wieder der knospende Wald, wann neu auflebet der Frühling:
So der Menschen Geschlecht: dies wächst, und jenes verschwindet[23].»

Dieses Gleichnis des Glaukos hat Bachofen immer wieder als charakteristisch für das Lebensgefühl, die Naturweisheit und die Naturtrauer des Matriarchats angeführt. «Die Blätter des Baumes entstehen nicht aus einander, sondern alle gleichmäßig aus dem Stamm. So auch die Geschlechter der Menschen nach der Anschauung des Mutterrechts ... Das Gezeugte gehört dem mütterlichen Stoffe, der es gehegt, der es ans Licht geboren hat und nun ernährt. Diese Mutter aber ist stets dieselbe, in letzter Linie die Erde, deren Stelle das irdische Weib in der ganzen Reihenfolge der Mütter und Töchter vertritt[24].»

Wie archetypisch diese Zusammenhänge sind, geht daraus hervor, daß in der Dichtung aller Zeiten dieselben Bilder mit den gleichen Inhalten verbunden wiederkehren, so daß man die Dichtung der Welt nach Archetypen ordnen könnte, de-

[23] Homer, *Ilias*. Deutsch von Hans Georg Meyer, Berlin 1921. Gesang VI, 145–149.

[24] Diesen Zusammenhang des Matriarchats mit Glaukos bestätigt die Bachofens unkundige moderne Wissenschaft. Siehe A. W. Persson, *The Religion of Greece in Prehistorie Times*, Berkeley und Los Angeles 1942. Index s. v. «Glaucus».

ren Ausdruck sie ist. Wir führen nur ein Beispiel aus der modernen Dichtung an, in welchem die gleiche matriarchale Grundsituation lebendig ist wie in dem Satz Homers. Mit Leichtigkeit ließen sich Beispiele aus der Dichtung aller Völker finden.

Dirge in Woods.

A wind sways the pines,
    And below
Not a breath of wild air;
Still as the mosses that glow
On the flooring and over the lines
Of the roots here and there.
The pine-tree drops its dead;
They are quiet, as under the sea.
Overhead, overhead
Rushes life in a race,
As the clouds the clouds chase;
    And we go
And we drop like the fruits of the tree,
    Even we,
    Even so[25].

Wachstum und Wandlung als Inbegriff des Lebendigen tritt, soweit es unter der Herrschaft des Großen Weiblichen steht, häufig unter dem tragischen Aspekt der Vergänglichkeit auf. Das Einzelne, das Individuum, vergeht, und sein Tod ist nichtig gegenüber der gleichbleibenden Fülle stets neu geborenen Lebens. Aber dieser tragische Aspekt als Ausdruck der Übermacht des Großen Runden über das von ihm Geborene und, psychologisch, der des Unbewußten über das Bewußtsein, ist nur der Ausdruck der *einen*, unteren, erdhaft dunklen Seite des großen Welt-Eies. Das Große Runde enthält aber neben dem irdischen einen himmlischen Teil[26], und innerhalb seiner Welt existiert nicht nur eine Wandlung nach unten, zum Sterblichen und zur Erde, sondern auch eine Wandlung nach oben hin, zum Unsterblichen und zum Licht-Himmel.

[25] George Meredith, *A Reading of Earth*, London und New York 1888, mit dem Hinweis von F. Harris auf Goethes Gedicht: «Über allen Wipfeln ist Ruh.» Es ließe sich nachweisen, daß ein großer Teil aller Natur-Lyrik, besonders der Romantik, zu den Ausdrucksformen des Archetyps der Großen Mutter gehört, von dem hier gesprochen wird.

[26] Das Verständnis Bachofens bleibt seltsamerweise an dieser Stelle patriarchal-christlich befangen. Von der grundsätzlichen Entdeckung der Entwicklung vom Matriarchalen zum Patriarchalen und vom Mond zur Sonne geblendet, gelang es ihm nicht, den ganzen Umfang des matriarchalen geistigen Bereichs zu erfassen. Dieser Bereich wird von ihm als stofflich und lunar entwertet. Diese Auffassung ist ebenso verständlich und ebenso abzulehnen, wie die ihr entsprechende psychologische, welche das Bewußtsein zuungunsten des Unbewußten preist und diesem überordnet. In beiden Fällen – die ja im Grunde miteinander identisch sind – handelt es sich in Wirklichkeit um zwei Systeme, von denen das zweite und spätere – Sonne, Patriarchat, Bewußtsein – nicht ohne das erste und grundlegende – Mond, Matriarchat, Unbewußtes – existieren kann und die beide nicht die letzten Wandlungsmöglichkeiten erschöpfen.

SCHEMA II

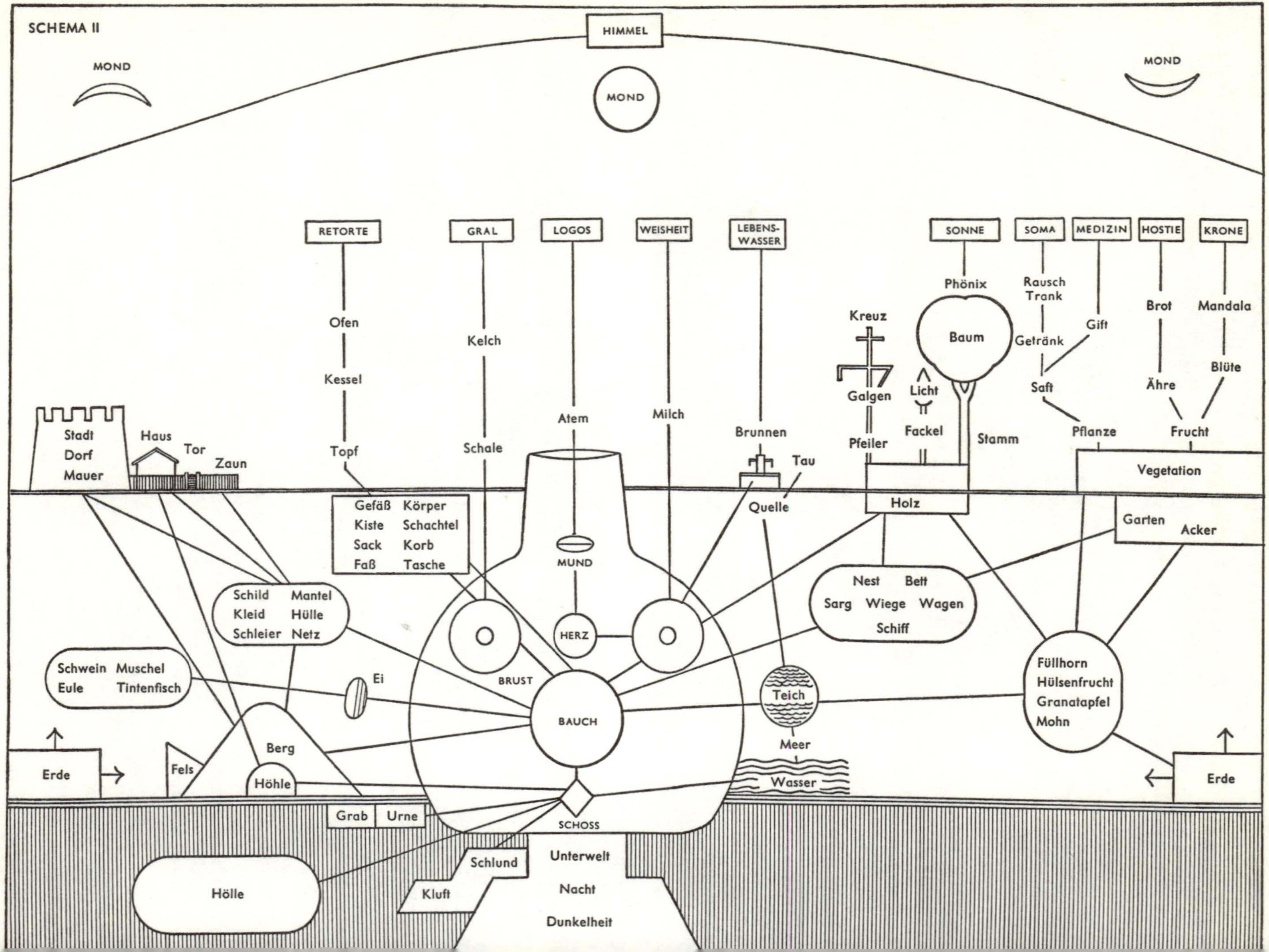
HIMMEL
MOND
MOND
MOND
RETORTE
Ofen
Kessel
Topf
GRAL
Kelch
Schale
LOGOS
Atem
MUND
HERZ
WEISHEIT
Milch
LEBENS-
WASSER
Brunnen
Tau
Quelle
Kreuz
Galgen
Pfeiler
Licht
Fackel
SONNE
Phönix
Baum
Stamm
Holz
SOMA
Rausch
Trank
Getränk
MEDIZIN
Gift
Saft
Pflanze
HOSTIE
Brot
Ähre
KRONE
Mandala
Blüte
Frucht
Vegetation
Garten
Acker
Stadt
Dorf
Mauer
Haus
Tor
Zaun
Gefäß
Körper
Kiste
Schachtel
Sack
Korb
Faß
Tasche
Schild
Mantel
Kleid
Hülle
Schleier
Netz
Schwein
Muschel
Eule
Tintenfisch
Ei
BRUST
BAUCH
Nest
Bett
Sarg
Wiege
Wagen
Schiff
Teich
Meer
Wasser
Füllhorn
Hülsenfrucht
Granatapfel
Mohn
Erde
Fels
Berg
Höhle
Grab
Urne
SCHOSS
Erde
Hölle
Schlund
Kluft
Unterwelt
Nacht
Dunkelheit

Fünftes Kapitel

DIE WANDLUNGSMYSTERIEN

Die Wandlungsmysterien des Großen Weiblichen sind Prozesse, in denen ein Stoffliches oder Naturhaftes die Grundlage des Geschehens bildet, das aber nicht nur zu einer quantitativen Veränderung des Stoffes, sondern auch zu seiner qualitativen Wandlung führt, in der ein Neues und Höchstes erreicht wird, das mit dem Symbol des «Geistes» verbunden auftritt[1].

Für die Eigenerfahrung des Matriarchats gilt, wie wir sagten, die Gleichung Gefäß = Körper = Frau = Welt. Auch das Mysterienphänomen der Wandlung, in dem «Geist» entsteht, ist das Produkt dieses Großen Runden als seine Licht-Essenz, seine Frucht und sein Sohn. Denn das matriarchal Geistige verleugnet nicht die Herkunft vom mütterlichen Wurzelboden, dem es entstammt. Das Geistige tritt hier nicht wie in der apollinisch-solar-patriarchalen Konzeption als «Sein an sich», als pure Existenz, in absoluter Ewigkeit auf, sondern es bleibt «sohnhaft», indem es sich als historisch Entstandenes, als Kreatur, erfaßt und so seine Erd- und Muttergebundenheit nicht überspringt.

Aus diesem Grunde ist das vorzügliche Geist-Symbol des matriarchalen Bezirks der Mond in seiner Zugehörigkeit zur Nacht und zur Großen Mutter des Nachthimmels. Der Mond gehört als die Lichtseite der Nacht zu ihr, er ist ihre Frucht und ihre Erhöhung als Licht, als Ausdruck ihrer wesensmäßigen Geist-Natur[2].

Tag und Sonne gelten als Geburt des Großen Weiblichen, das als dunkle Nacht und als Morgen die Mutter der hellen Seite ist. So ist in Ägypten das Zeichen für

[1] Im Gegensatz zu den weiblichen Mysterien haben die Wandlungsmysterien des Großen Männlichen Überfallscharakter, bei ihnen sind Einbrüche und Umbrüche plötzlicher Art das Entscheidende. Deswegen ist der Blitz das charakteristische Symbol für sie. Zu der Verbindung von Zügen weiblicher und männlicher Mysterienwandlung und zum Übergang vom matriarchalen zum patriarchalen Akzent der Wandlung vgl. das Kapitel: «Osiris oder die Wandlung», in: Neumann, *Ursprungsgeschichte* ..., a. a. O.

[2] Dabei ist daran zu erinnern, daß die wissenschaftliche Tatsache, daß der Mond «nur» das Sonnenlicht «spiegelt», kein ursprünglicher Wissensbesitz der Menschheit ist, sondern erst relativ spät in das Menschheits-Bewußtsein eingetreten ist. Vgl. hierzu und zum Folgenden Neumann, *Über den Mond* ..., a. a. O.

Tag und Sonne dasselbe, aber die Stunden werden nach den Sternen, der Monat nach dem Mond berechnet[3], das heißt, die Zeit, als Tag und Nacht Umfassendes, wird nicht auf die Sonne bezogen. Aber obgleich Tag und Sonne im matriarchalen Bezirk der Gegensatz zur Nacht sind, stellen nicht sie die Geistseite des Dunkels dar. Das Große Runde schließt Helles und Dunkles, Tag und Nacht, oder besser, Nacht und Tag in sich ein, aber die Priorität kommt der Nacht zu, wie Bachofen überzeugend nachgewiesen hat. In der ganzen Welt scheint die Mondmythologie der Sonnenmythologie vorhergegangen zu sein. Wir wissen aber andererseits auch, daß in der menschlichen Psyche die Ganzheitserfassung ursprünglich immer vor der Erfahrung der Einzelheiten aufgetreten ist. So erklärt sich Preuss' Satz, «daß die Auffassung des Nachthimmels und des Taghimmels als Ganzes früher sei als die der Gestirne, weil das Ganze als ein einheitliches Wesen aufgefaßt wurde und die religiöse Vorstellung, die sich an die Gestirne knüpft, diese häufig mit dem ganzen Himmel vermischte, also nicht von der Gesamtauffassung frei werden konnte[4]».

So wird die Ganzheit des Tageshimmels ursprünglich als das Primäre, welches die Sonne als Teil in sich enthält, aufgefaßt. Auch hier müssen wir uns von der wissenschaftlichen und keineswegs augenfälligen Kenntnis unseres Bewußtseins frei machen, die Sonne «mache» den Tag und die Helle des Tages. Diese Behauptung steht in deutlichem Gegensatz zu der naiven Erfahrung der Sinne, daß es auch bei bewölktem Himmel hell ist. Die Sonne gilt ursprünglich ebenso als Lichtkörper des hellen Tages- wie der Mond als Lichtkörper des dunklen Nachthimmels. Aus diesem Grunde gibt es für den Frühmenschen ebensowenig *die* Sonne wie *den* Mond. So wie der Mensch einen jungen, einen vollen, einen sterbenden und einen gestorbenen Mond kennt, bezieht er sich auf die Ostsonne des Morgens, die Zenitsonne des Mittags und die Westsonne des Abends wie auf verschiedene Individualitäten. Die Lichtseite des Mondes und des Sternhimmels ist aber durch ihre Gegensatznatur zum Dunkel für die Menschheit viel einprägsamer als das Tageslicht und die Sonne. Deswegen wird der Mond im Ganzheits-Zusammenhang mit dem Hintergrund, vor dem er auftaucht, erfahren. Er ist die Licht-Frucht des Nachtbaumes und der Nacht, so wie die Flamme diejenige der hölzernen Fackel und die farbige Frucht die Lichtgeburt des aus dem Dunkel der Erde auskeimenden Samens ist.

Die Lichtkörper sind archetypisch immer Symbole der Bewußtseins- und Geistseite der menschlichen Psyche. Deswegen ist ihre Stellung in den Mythologien, Religionen und Riten charakteristisch für die psychischen Konstellationen, welche in der Gruppe herrschen, die diese Mythologien usw. aus ihrem Unbewußten an den Himmel projiziert hat. In diesem Sinne sprechen wir vereinfachend von einer Zuordnung der Sonne zum patriarchalen und des Mondes zum matriarchalen Bewußtsein.

Die Mond-Geist-Seite des Matriarchats ist nicht der «unmaterielle und unsicht-

[3] Hermann Kees, *Der Götterglaube im alten Ägypten* (Mitteilungen der Vorderasiatisch-Ägyptischen Gesellschaft, Bd. VL), Leipzig 1941, S. 225.

[4] Konrad T. Preuss, *Die geistige Kultur der Naturvölker*, Leipzig 1923, S. 9.

bare Geist», dessen sich das Patriarchat rühmt: «Während die Weiblichkeit, ihrer Natur nach, es nicht vermag, die Stofflichkeit abzustreifen, wird der Mann ihr ganz entrückt und zur Unkörperlichkeit des Sonnenlichts erhoben[5].»

Von diesem patriarchalen Aspekt aus, der sagt: «Der Sieg des Mannes liegt in dem geistigen Prinzip[6]», wird der Mond, wie das Weibliche, zu dem er gehört, entwertet. Er ist «nur» seelisch, «nur» die höchste Form einer irdisch-stofflichen Entwicklung, die im Gegensatz zu einem «rein Geistigen» steht, welches in seiner apollinisch-platonischen und jüdisch-christlichen Form zur losgelösten Begrifflichkeit des modernen Bewußtseins geführt hat. Dieses moderne Bewußtsein aber bedroht die Existenz der abendländischen Menschheit, denn die Einseitigkeit der männlichen Entwicklung hat zu einer Hypertrophie des Bewußtseins auf Kosten des ganzen Menschen geführt. Deswegen ruht das vom abstrahierenden Kollektiv-Bewußtsein der Menschheit destillierte Wissen in der Hand von irdischen Vertretern der Männlichkeit, die als Menschen keineswegs geeignet scheinen, das «reine, unkörperliche Sonnenprinzip» zu inkarnieren. Umgekehrt ist der Licht- und Weisheitscharakter, der dem Großen Weiblichen zukommt, nicht einfach als «nur seelenhaft» zu bezeichnen.

Das patriarchale Bewußtsein geht von einem Standpunkt aus, in dem der Geist das primär und apriorisch Ewige, das Vorgegebene, ist. Dazu sagt Bachofen, nachdem er die dreistufige Entwicklung vom Tellurisch-Erdhaft-Stofflichen über das Lunar-Seelische zum Geistig-Sonnenhaften darstellt: «Jetzt kann die dritte Stufe als erste, ursprüngliche aufgefaßt werden. Was zuletzt zum Bewußtsein kam, wird nun zum Ersten, die Sonne zur Urmacht, aus der die beiden tieferen Stufen durch sukzessive Emanation hervorgehen.» Es tritt ein, was Aristoteles[7] als Gesetz jeder Entwicklung aufstellt. Was zuletzt wird, erscheint keineswegs als das Letzte, vielmehr als das Erste und Ursprüngliche. «Denn das im Werden Nachfolgende ist der Natur nach das Erste, und das dem Entstehen nach Letzte ist zuerst[8].»

Uns interessiert hier nicht die philosophische Diskussion dieser Aussage, sondern ihre psychologische Grundlage. Ausgehend von dem Endprodukt des Entwicklungsprozesses, dem Bewußtsein, mit dem sich das Männliche identifiziert, kommt es zur Ableugnung des genetischen Prinzips, das gerade das Grundprinzip der matriarchalen Welt ist. Es kommt somit, mythologisch gesprochen, zum Muttermord und zur patriarchalen Umwertung, in welcher der mit dem Vater identifizierte Sohn sich zum Ursprung macht, aus dem das Weibliche, wie Eva aus der Rippe Adams, geistiger und widernatürlicher Weise zu entstehen habe.

Die Notwendigkeit und die relative innere Berechtigtheit dieses Standpunktes für ein Bewußtsein, und insbesondere für ein männliches Bewußtsein, ist nicht zu

[5] Bachofen, *Das Mutterrecht*, 2 Bde. (Ges. Werke Bde. II und III), Basel 1948, Bd. I, S. 412.
[6] Ebenda, Bd. II, S. 600.
[7] Aristoteles, *De animalibus historia*, hg. von L. Dittmeyer, Leipzig 1907, Buch II, Kap. 1.
[8] Bachofen, *Mutterrecht*, a. a. O., Bd. I, S. 412.

bestreiten[9], aber er ist in seiner radikalen Einseitigkeit nur zu verstehen vor dem Hintergrund des grundsätzlich entgegengesetzten, ebenso notwendigen und ebenso berechtigten Prinzips der matriarchalen Welt.

In dieser matriarchalen Welt tritt die Geistwelt des Mondes, der Grundsymbolik des Großen Weiblichen entsprechend, als Geburt auf, und zwar als – Wiedergeburt. Überall, wo wir dem Symbol der Wiedergeburt begegnen, handelt es sich um ein matriarchales Wandlungsmysterium, und zwar auch dann, wenn seine Symbolik oder Interpretation patriarchal getarnt ist.

Da wir den Symbolkreis der Geistwandlung im zweiten Teil besprechen werden, können wir uns hier mit einigen wenigen Hinweisen begnügen. Wir kehren damit wieder zu unserem Schema (Schema II), und zwar zu dessen oberer Zone, zurück.

Die Wandlungssymbolik wird überall da sakral, wo über den reinen Naturwandlungsprozeß hinaus ein Eingriff durch den Menschen erfolgt, der die Natur-Wandlung überhöht, so daß in diesem Prozeß nicht nur die Natur oder das Unbewußte aktiv ist, sondern auch die menschliche Persönlichkeit, die durch ihre Aktivität immer auch in den Wandlungsprozeß einbezogen wird.

Während die höchste Form dieser gesteigerten Naturwandlung der Integrationsprozeß der schöpferischen menschlichen Persönlichkeit ist, gehören doch auch teilhaftere Formen des kulturellen Wandlungsgeschehens hierhin. Derartige Prozesse sind die Urmysterien des Weiblichen, welche für uns am Anfang der menschlichen Kultur stehen. In allen derartigen Mysterienformen, wie der Nahrungs- und Trankbereitung, der Anfertigung der Kleider, der Gefäße, des Hauses usw., werden Naturdinge und von der Natur Gewandeltes durch den Eingriff des Menschen zu einer erhöhten Form der Wandlung gebracht.

Eine derartige «Wandlung» ist nämlich ursprünglich kein «technisches» Geschehen, wie es unser säkularisiertes Bewußtsein sieht, sondern ein Mysterium. Deswegen hat die mit diesen Urmysterien verbundene Symbolik stets einen über das bloß Wirkliche hinausgehenden Geist-Charakter.

So führt eine Wandlungsreihe von der Frucht zum Saft und über den Gärungsprozeß zum Rauschtrank, dessen Geist-Mond-Charakter im Unsterblichkeitsgetränk von Soma, Nektar, Met usw. erscheint. Ebenso steigt eine andere Reihe aus dem Naturreich der Pflanzen auf zur Essenz der Gifte und der Medizin, in der die Geistseite der Schöpfung sich durchsetzt, und über die ebenfalls der Mond und letzten Endes die Große Mutter herrscht. Die Medizinen als Heilmittel ebenso wie die Gifte sind numinose Inhalte, die auf mysteriöse Weise erworben und tradiert werden. Die Übermittler und die Verwalter dieser Seite des Großen Weiblichen – ursprünglich fast immer Frauen – sind sakrale Figuren, Priesterinnen.

Der Geistwandlungscharakter ist am deutlichsten im Rauschtrank, im Gift und in der Medizin. Daß die Menschheit ihre Natur durch die Einnahme derartiger

[9] Neumann, *Ursprungsgeschichte* . . ., a. a. O., S. 429.

Stoffe gewandelt fühlt, gehört zu ihren einprägsamsten Erfahrungen. Eine derartige Wandlung wird aber sinnvollerweise nicht als etwas Körperliches, sondern als etwas Geistiges erlebt. Krankheit und Vergiftung, Rausch und Heilung sind seelische Prozesse, die überall in der Menschheit auf ein unsichtbar bewegendes Geistprinzip bezogen werden, durch dessen Einwirkung die Persönlichkeit gewandelt wird.

Gerade die alltäglichen Erfahrungen von Hunger und Sättigung, Durst und Entdurstung, Erfrischung und Genuß und nicht die Ausnahmeerfahrungen von Rauschtrank, Gift und Medizin bilden die Grundlage für die Mysterienerfahrung von der Wandlung durch die Nahrung, die allen diesen Phänomenen zugrunde liegt. Auch die Veränderung der naturhaften Nahrung durch das Feuer und die entsprechenden Prozesse der Kochung, Backung, Röstung gehören hierhin. Sie alle sind entscheidende Kulturerrungenschaften der Menschheit, ja sie machen den Menschen eigentlich erst zu einem Kulturwesen.

Auch diese Kulturentwicklung aber wird durch Mysterien in Bewegung gesetzt, die zum Geheimnisbezirk des Weiblichen gehören. Das Auffällige und Charakteristische der matriarchalen Wandlungsmysterien ist, daß sie immer «inkorporiert», immer in gewisser Weise mit dem Stoff verbunden bleiben. Der Stoff ist in dieser Wandlung zwar ein überhöhter, sublimierter und essentieller Stoff, er ist «Quintessenz» geworden, aber er überschreitet nicht den Bezirk der Herrschaft des Großen Weiblichen.

Diese Stoffwandlung wird am deutlichsten in der alchemischen Wandlung der menschlichen Persönlichkeit. Aber bevor sie als seelische Eigenerfahrung in den Mysterien auftritt, wird sie in der Projektion auf die belebte Natur erfahren. Deswegen erscheint eine Fülle dieser Geistwandlungssymbole des Naturreiches als Mysteriensymbole. So überhöht sich das Kraut zum Korn und wird gewandelt zum Brot und zur Hostie, das Holz zu Flamme und Licht. Die Blüte wird zur Krone und zum Mandala und wie Baum, Fels und Berg, Ohr, Seite und Haupt zur Stätte «höherer», geistiger Geburt. Das Gefäß aber, in dem eine solche Geistgeburt stattfindet, erscheint als magisches Gefäß und als Wandlungsgefäß, als Taufgefäß, als Gral und schließlich als alchemische Retorte.

Auch die für den matriarchalen Bezirk abstraktesten Symbole behalten ihren Beziehungscharakter zur Gefäß-Körper-Symbolik des Großen Weiblichen. Die Weisheit wird Milch der Weisheit, so bleibt sie Nahrung und bewahrt nicht nur ihren Blut-Milch-Wandlungscharakter, sondern auch ihre Verbundenheit mit der schöpferischen Geburt durch das Große Weibliche. Ebenso behält das Lebenselixier den Charakter des Natursymbols, und das «höchste Gut» tritt auf als Unsterblichkeits-Kraut oder -Frucht, als Rauschtrank oder als Lebenswasser, als Edelstein oder als Perle, als Blüte oder als Kern.

Die Welt des Geistes als eines Geborenen, als eines Produktes der schöpferischen Natur selber, symbolisiert sich endlich am abstraktesten in der Form, die vom Mund zum Atem, zum Hauch und schließlich zum Wort, zum Logos, führt, dem

Geistsymbol, dessen Sohn-Charakter im Logos des Philo und dann im Christentum welthistorisch geworden ist.

Wir haben aus diesem Grund in unserem Schema diese Reihe bis zur Mitte des Großen Weib-Körper-Gefäßes, dem Herzen, hinuntergeführt. Zwar wurde die Atem-Logosreihe, wie eine große Anzahl anderer Symbole und Symbolreihen, später patriarchal okkupiert, aber sie verrät überall ihre matriarchale Herkunft. So heißt es im ägyptischen Mythos, in einer Phase, deren patriarchaler Akzent die matriarchale Ursituation schon völlig umgewertet hat: "The Demiurg who creates all the Gods and their Kas is in his heart and in his tongue[10]." Hier ist zwar bereits die abstrahierende Geisttendenz des Männlichen erkennbar, die in der mosaischen Schöpfungslehre durch das Wort ihren deutlichsten Ausdruck gefunden hat, aber als ihre Grundlage ist immer noch die Ursituation sichtbar, in der das Wort als Essenz der göttlichen Körper-Ganzheit, des Großen Runden, «geboren» wird, und in der es heißt: "My heart, my mother; my heart, my mother! My heart of transformations[11]."

Keineswegs ist die matriarchale Welt, wie Bachofen will, nur die des unteren Stoffes, des irdisch Vergänglichen und des Dunklen. In den Wiedergeburtsmysterien erfolgt gerade die Lichterhöhung und Unsterblichwerdung auch des Einzelnen. Dieser Einzelne wird durch die Geist-Mutter eingeweiht, wie noch bis zu den Eleusinischen Mysterien deutlich ist, und seine Wiedergeburt erfolgt als Lichtgeburt an den nächtlichen Himmel. Als Stern strahlt er in der Nacht, als unsterblicher Gott oder als Heros, und bleibt so vereinigt mit der Großen Nachtmutter, sei es, daß er als Lichtkind in ihrem Dunkelbauch leuchtet, als Lichtpunkt an ihrem Nachtmantel erstrahlt oder als Teil ihres Lichtbaumes ihre Nachtwelt erhellt. Auch als Unsterblichen entläßt sie ihn nicht – genau so wenig wie der Große Vater, der im himmlischen Mandala seine Unsterblichen um sich versammelt.

Wenn wir die Ganzheit des Symbolbezirks übersehen, der vom Gefäßcharakter des Großen Weiblichen bestimmt ist, erkennen wir, daß das Weibliche als «das Schöpferische an sich» in seinem Elementar- und in seinem Wandlungscharakter das Ganze der Welt umfaßt. Diese Ganzheit in ihrer ursprünglichen Einheit ist die der Natur, aus der alles Leben entspringt, sich entfaltet und als höchste Wandlungsform die des Geistes annimmt.

Die Welt des Matriarchats ist in dem umfassenden Sinn geozentrisch, der besagt, daß das Faßbare und Sichtbare der Wirklichkeit die Ursprungswelt auch der höchsten Erscheinungsformen, nämlich der in ihr entstehenden geistigen Phänomene, ist. So wird in der matriarchalen Welt das Weib als Gefäß nicht vom Manne und nicht aus dem Manne gemacht oder für seine Zeugungszwecke verwendet, sondern

[10] Alexandre Moret, *The Nile and Egyptian Civilization*, übersetzt von M. R. Dobie, London 1927, S. 376.

[11] *The Book of the Dead.* An English Translation of ... the Theban Recension by Sir E. A. Wallis Budge, 2. verb. Ausgabe, London 1949, Kap. 30, S. 147.

umgekehrt läßt dieses Gefäß, das den Geheimnischarakter des Schöpferischen besitzt, das Männliche in sich und aus sich entstehen. Bachofen hat mit Recht darauf hingewiesen, daß der Mann im Matriarchat als Sämann erfahren wird, aber er hat nicht die Radikalität dieses Bildes durchschaut, in dem der Mann nur ein Instrument der Erde und der Samen, den er sät, Erd-Samen, nicht aber «sein» Samen ist. Die Gültigkeit dieser Situation ist noch in einer Schilderung aus Afrika lebendig, die wir Frobenius[12] verdanken: «Am gelockerten Boden angelangt, schreitet der Mann mit langem Pflanzstock voran und stößt ein Saatloch nach dem anderen in die Erde. Sein Weib geht hinter ihm. Aus der nun seitlich auf die Hüfte gestemmten Kürbisschale greift sie eine Handvoll nach der anderen und wirft sie in die Öffnungen des Erdreiches. Die ersten Körner wirft sie aber nicht mit eigener Hand. Sie drückt sie dem Kind in die kleine Faust und läßt sie aus dieser ins Ackerland fallen. Der Mann sieht sich dabei nicht um. Die Frau läßt er schweigend und fast scheu gewähren.»

Das Große Gefäß zeugt in sich seinen eigenen Samen, es ist urzeugerisch, parthenogenetisch, und braucht das Männliche nur als Eröffner, als Pflüger und als Verbreiter des Samens, welcher der weiblichen Erde entstammt. Dieser Same aber ist die Geburt der Erde, er ist die Ähre, die gleichzeitig das Kind ist, in Afrika ebenso wie in den Eleusinischen Mysterien. (Umgekehrt postuliert später das Patriarchat in der gleichen Einseitigkeit, der Same des Männlichen sei das Schöpferische, das Weibliche als Gefäß nur der Durchgangs- und Nahrungs-Ort dieses Samens.)

Wenn wir zusammenfassen, was wir über die archetypische Struktur des Großen Weiblichen an den zwei Schemata bisher zu illustrieren versucht haben, so hatte das erste Schema den genetischen Aspekt einer archetypischen Entwicklung aufgezeigt, die Differenzierung der Gestalt der Großen Mutter, und auf der Untersuchung des Elementar- und des Wandlungscharakters fußend, der Anima-Figur. Im zweiten Schema wurde die umfassende Bedeutung des Gefäßes als zentrales Symbol der matriarchalen Welt skizziert.

Unsere nächste Aufgabe, diese Befunde in einer dynamisch lebendigen Gesamtschau zu vereinigen, muß sich notwendigerweise wieder an einem Schema orientieren, da die überwältigende Fülle der Daten, Symbole, Bilder und Gestalten sonst unüberschaubar ist.

Gerade weil die Anordnung der Materialien des zweiten Teils nicht systematisch durchzuführen ist, müssen wir eine größere Anzahl abstrahierender Orientierungen, mit denen wir die Illustrierung durch den zweiten Teil nicht belasten wollen, vorwegnehmen. In diesem Sinne haben wir jetzt die «Funktionskreise» des Großen Weiblichen darzustellen.

[12] Leo Frobenius, *Das sterbende Afrika, die Seele eines Erdteils* (Veröffentlichung des Forschungsinstitutes für Kulturmorphologie), Frankfurt a. M. 1928, S. 290.

Sechstes Kapitel

DIE FUNKTIONSKREISE DES WEIBLICHEN

Das Struktur-Schema (Schema III) des Großen Weiblichen wird durch zwei Achsen und vier Kreise bestimmt. Die beiden Achsen entsprechen den Charakteren des Weiblichen, die mit M bezeichnete dem Elementarcharakter – in ihr überwiegt der Akzent des Mütterlichen –, die mit A bezeichnete Achse entspricht dem Wandlungscharakter, in ihr erscheint die Dominanz der Anima.

Beide Achsen haben einen positiven und einen negativen Pol, die positiven Pole liegen oben, die negativen Pole unten. Die M-Achse entspricht also der Ausbreitung des Elementarcharakters, dessen negativer unterer Pol die furchtbare Mutter (M —), sein oberer positiver die gute Mutter ist (M +). Analog finden wir auf der A-Achse die Ausbreitung des Wandlungscharakters von dem negativen unteren (A —) bis zum oberen positiven Anima-Pol (A +).

Die Aufgabe des Schemas kann nicht die sein, ein totes Koordinatensystem aufzuzeichnen, innerhalb dessen zugeordnet wird, sondern sie besteht darin, die archetypische Unanschaulichkeit und Dynamik in der Bewegung der archetypischen Entfaltung zu einer quasi-Anschaulichkeit zu bringen.

Aus diesem Grunde haben wir den Versuch gemacht, das Achsenschema der Charaktere des Weiblichen mit einem Kreisschema seiner Entfaltungen zu verbinden. Die Funktionen, Begriffe und Begriffssymbole, die wir den einzelnen «Punkten» des Schemas zuordnen, sind alle als «Konzentrationsgebiete» von psychischen Prozessen aufzufassen, für welche jene gewissermaßen nur die Überschrift abgeben. In Wirklichkeit gehört zu jeder solchen Funktion ein entsprechender Bezirk von Symbolen, Phänomenen und Verhaltens- und Leidensweisen, die hier nur angedeutet, nicht aber ausgeführt werden können.

In der Mitte steht als zentraler Kreis der Elementarcharakter des Weiblichen. In ihm dominiert der mütterliche Elementarcharakter über den Wandlungscharakter. Zur Veranschaulichung haben wir die Funktionen des Großen Weiblichen eingezeichnet. Das Zentrum des Elementar-Kreises erfüllt die Funktion des *Enthaltens*. In der Zuordnung zur aufsteigenden Achse, der Verdeutlichung des elementaren M-Charakters, liegt in der Richtung zum positiven M-Pol hin die Funktion des *Gebärens* und *Freigebens* als Basis des Wachstums und der Entwicklung. Ihr gegenüber, in der Richtung zum negativen M-Pol, liegt die Funktion des *Festhaltens*, *Fixierens* und darüber hinaus des *Einfangens*, die ebenso die Gefahr- und Todesseite des Großen Mütterlichen anzeigt wie der Gegenpol seinen Lebens- und Aufbauaspekt.

Schon in dieser Gegensatz-Anordnung symptomatisiert sich der Ambivalenzcharakter des Archetyps. Gebären und Freigeben gehören zur positiven Seite des Elementarcharakters, ihr typisches Symbol ist das *Vegetations-Symbol*, in dem das Wachsende den dunklen Schoß der Erde durchbricht und «das Licht der Welt» erblickt. Diese Freigabe aus dem Dunklen ins Helle charakterisiert den Weg des Lebens ebenso wie den Weg des Bewußtseins. Beide Wege führen immer und grundsätzlich aus der Nacht zum Licht. Das ist *einer* der Gründe für die archetypische Verbindung der Wachstumssymbolik mit der Bewußtwerdung, wobei Erde, Nacht, Dunkel und Unbewußtes im Gegensatz zu Licht und Bewußtsein zusammengehören. Soweit das Weibliche das in ihm Enthaltene an das Leben und an das Licht frei-gibt, ist es die Große und Gute Mutter des Lebendigen.

Andererseits wird die Große Mutter in ihrer Funktion als Fixierende und Nicht-Loslassende einem Lebendigen, das zu seiner Selbständigkeit und Freiheit kommen will, gefährlich. Diese Situation konstelliert wesentliche Phasen der Geschichte des Bewußtseins und seines Gegensatzes zum Großen Weiblichen. Hierhin gehört ein Symbol, das im Mythos und Märchen eine große Rolle spielt, nämlich die *Gefangenschaft*. In dieser Terminologie ist angedeutet, daß das Individuum, welches sich nicht mehr in der ursprünglich-natürlichen Situation des kindlichen Enthaltenseins befindet, die Haltung des Großen Weiblichen als einengend und als feindlich erfährt. Darüber hinaus weist die Funktion des Einfangens auf eine aggressive Tendenz, die ebenso wie die Symbolik der Gefangenschaft zum Hexencharakter der negativen Mutter gehört. *Netz* und *Schlinge* sind die hier zuständigen Symbole ebenso wie die *Spinne* und der *Tintenfisch* mit seinen einfangenden Armen. Die Opfer dieser Konstellation besitzen immer schon ein Stück Selbständigkeit, die gefährdet wird, ihnen ist das Enthaltensein in der Großen Mutter nicht mehr selbstverständlich, sondern sie sind nach unserer Terminologie bereits «Widerstrebende[1]».

Senkrecht zu diesem Abschnitt der M-Achse verläuft der entsprechende Abschnitt der A-Achse. Auch die A-Achse schneidet den Mittelkreis des Elementarcharakters an zwei Punkten. Am Schnittpunkt des positiven Schenkels, der zum A-Pol führt, haben wir die Funktion des *Gebens* eingetragen, differenziert durch die des *Schützens*, *Wärmens* und *Nährens*. Am deutlichsten ist der Elementarcharakter in der Funktion des *Schützens*, bei den Funktionen des Wärmens und Nährens wirkt auch der Wandlungscharakter mit ein.

[1] Neumann, *Ursprungsgeschichte* . . ., a. a. O., Index s. v. «Widerstrebende»; vgl. auch «Hippolytos», «Narziß», «Pentheus» usw.

An der entgegengesetzten Schnittstelle, der des Elementarkreises mit dem zum A-Pol führenden Teil der A-Achse, haben wir die Funktionen des *Verstoßens* und *Entbehren-Machens* eingefügt. Auch diese Funktionen stehen ebenso wie die des Festhaltens und Einfangens unter der Devise: «Und bist du nicht willig, so brauch ich Gewalt». Beide gehören deswegen zu dem dunklen Aspekt des Großen Weiblichen, das sich im Schema vom Zentrum nach unten hin ausbreitet; seinen Tief-Punkt bildet das negative Große Weibliche (W —) mit seiner Differenzierung in den M- und in den A-Pol.

Positiv ist das Verstoßen eine Grundfunktion des Elementar-Mütterlichen, das die erwachsenen Jungen, besonders die männlichen, freigibt und sie in einer bestimmten Phase – wie bei den Tieren – fortbeißt. Im Verstoßen äußert sich deswegen auch ein Stück Wandlungscharakter des Großen Weiblichen, welches das Lebendige zu seiner naturgegebenen Entwicklung kommen läßt – daher die Zuordnung zum Schnittpunkt mit der A-Achse. (In gewissem Sinne handelt es sich um die negative Form des «Freigebens» des Großen Weiblichen, das mit dem Gebären beginnt und zum Aufbau führt.)

Das *Verstoßen* setzt in der Erfahrung des Individuums ein, wenn das Enthaltenwerden aufhört, das heißt auch überall da, wo die *notwendige* Entwicklung zur Auflösung des Enthaltenseins im Uroboros, in der Großen Mutter führt. Diese Konstellation ist die Grundlage für das, was man personalistisch als «*Trauma der Geburt*» bezeichnet hat und zur Ursache alles Übels hat machen wollen. In Wirklichkeit handelt es sich um die existentielle Gegebenheit, daß das Ich und das Individuum, welches aus einer Phase des Enthaltenseins heraustritt, sei es in allmählicher und unmerklicher Entwicklung oder in plötzlicher «Geburt», diese Situation als Verstoßenwerden erfährt. Deswegen finden wir die subjektive Erfahrung der Not, des Leidens und des Ausgesetztseins bei jedem entscheidenden Übergang in eine neue Daseinsphase. Immer wenn eine alte enthaltende Situation sich auflöst oder aufgelöst wird, erfährt das Ich diese Revolution, in der ein altes Daseinsgehäuse gesprengt wird, als Verstoßenwerden von der Mutter[2].

Die Funktion des Verstoßens hängt mit der des «*Entbehren-Machens*», welche im Elementarkreis die Gegenfunktion zum Geben bildet, eng zusammen. Das Entbehren-Machen ist eine Grundfunktion des Elementarcharakters, weil auch der entbehren-machende «*Liebes-Entzug*» die Beziehung alles Seienden zum Großen Weiblichen von Anfang an bestimmt. Dabei tritt Liebesentzug ebenso wie Entbehrenmachen nur auf einer bewußten Stufe als gewollt negative Aktivität des Großen Weiblichen oder der Großen Mutter auf. Da aber alle positiven Daseinselemente, wie Nahrung, Wärme, Schutz, Sicherheit und Geborgenheit, mit dem Bilde des Großen Weiblichen verbunden sind, das ja auch in Wirklichkeit in seiner Beziehung zum Individuell-Kleinen, dem Kinde und Kindlichen, alle diese positiven Inhalte vermittelt, so werden in der Menschheit auch alle Unterbrechungen und

[2] Ebenda, s. v. «Drachenkampf».

Störungen des positiven Stromes, der von der Mutter des Lebendigen ausgeht, alle Not und alles Entbehren, der gleichen Großen Mutter als der «*bösen» und «furchtbaren» Mutter* zugesprochen. Dabei wird es deutlich sein, daß auch hier der zur Veränderung führende Wandlungscharakter des Weiblichen mit wirksam ist.

Die Große Mutter ist nicht nur Spenderin des Lebens, sondern auch des Todes. Der Liebesentzug kann als Entzug aller der Funktionen auftreten, die die positive Seite des Elementarcharakters ausmachen. So entsprechen Hunger und Durst der Nahrung, Kälte der Wärme, Schutzlosigkeit dem Schutz, Bloßheit und Nacktheit der Hülle und dem Kleid, und Not der Sättigung. Stärker als all dies tritt aber oft die *Einsamkeit*, das principium individuationis, als Negativ des Enthaltenseins auf, welches das Grundprinzip der participation mystique, des Verbunden- und nicht Einsamseins, bedeutet[3]. Charakteristisch ist dafür das deutsche Wort «*Elend*», das sowohl Unglück wie Verstoßensein aus der Heimat bedeutet. Aus diesem Grunde gehören neben den bereits erwähnten Begriffssymbolen auch die des Exils und der Wüste in diesen Zusammenhang.

Dieses Entbehren im Dasein kann auch allgemeinste und symbolische Form annehmen. Geburt wird nicht nur als Freigabe zum Leben, sondern auch als Verstoßenwerden aus dem uterinen Paradies erfahren, Bewußtsein nicht nur als fortschreitende und lebenbestätigende Entwicklung zum Licht, sondern auch als Vertreibung aus der nächtlichen Seligkeit des Schlafes im Unbewußten und – wie in allen gnostisch gefärbten Weltanschauungen – als Verlust der ursprünglichen Heimat.

Jenseits dieser existenziellen Situationen, in denen das Große Weibliche negativ erscheint, übernimmt es aber auch aktiv die negative Rolle. Dann verwendet es den «Liebesentzug» als Instrument seiner Macht, als Mittel, seine Herrschaft als «Große Mutter» zu verewigen, um das Geborene nicht zu seiner Selbständigkeit kommen zu lassen. An dieser Stelle geht das Verstoßen und Entbehrenmachen in das Festhalten und sogar Einfangen über, das wir als negative Funktion des Elementarcharakters kennengelernt haben. (Hier kommt es zu einer Verbindung des linken unteren Punktes auf der A-Achse mit dem ihm entsprechenden rechten unteren auf der M-Achse.) Damit haben wir den Funktionsbezirk innerhalb des ersten, des Elementarkreises, abgeschritten.

Wenn wir die M-Achse unseres Schemas weiter bis zum zweiten Kreis, dem Wandlungskreis, verfolgen, so haben wir in der Richtung zum positiven Pol die Funktion: *Aufbauen*, zum negativen Pol die Funktion: *Verringern–Fressen* eingetragen. Beide Funktionen sind Weiterführungen der Grundpunkte auf dem Elementarkreis. Aufbauen entspricht dem tieferen Punkt der Achse: Gebären – Freigeben, und Verringern – Fressen entspricht dem Festhalten – Einfangen des Grundkreises. Aber beide Punkte gehören trotzdem nicht mehr dem Elementarkreis an, sondern liegen auf dem Schnittpunkt der A-Achse mit dem zweiten Kreis, der als

[3] Schönste Beispiele dafür finden wir in den Dokumenten der großen Religionen und bei den Mystikern, deren Ziel das Aufgehen in das Enthaltende der Gottheit ist.

Kreis des Wandlungscharakters der A-Achse entspricht, so wie der erste Kreis der M-Achse.

Der Wandlungscharakter ist auf dem Elementarcharakter aufgebaut, er stellt nicht nur einen anderen Charakter des Großen Weiblichen dar, sondern in gewissem Sinne auch seine höhere Stufe. Oder, um es anders zu formulieren, in diesem zweiten Kreis ist der Elementarcharakter M rezessiv, der Wandlungscharakter A dominant.

So entspricht dem Schnittpunkt der A-Achse mit dem Elementarkreis und der Funktion des Gebens nun der Schnittpunkt der aufsteigenden A-Achse mit dem zweiten Kreis und der Funktion: Wandeln – Steigern. Ebenso haben wir in der negativen unteren Seite des Schemas den Schnittpunkt der absteigenden A-Achse mit dem zweiten Kreis und die Funktion: Wandeln–Auflösen, die dem unteren Schnittpunkt: Entbehrenmachen, korrespondiert.

Der Sinn des Schemas und der Kombination der beiden Achsen mit den Kreisen zeigt sich darin, daß sowohl die Entsprechungen der positiven und negativen Seite des einen Charakters wie ihre Mischungen und ihre Kombinationen mit dem anderen Charakter erkennbar werden. Auf diese Weise wird auch die Veränderung und Veränderungsrichtung der einzelnen Funktionen ablesbar; so wird ein Stück der *inneren Dynamik des Archetyps* wenigstens andeutungsweise faßbar.

So ist zwar schon in der festhaltend-einfangenden Funktion des Großen Weiblichen der Wille, nichts aus seiner Herrschaft zu entlassen, deutlich, aber in der Funktion des Verringerns und Fressens wird er noch stärker und als aggressiv-negativ sichtbar. Andererseits wirkt hier der Wandlungscharakter des Weiblichen mit ein, wenn auch in der Richtung zum Tode und zur Auflösung hin. Deswegen steht dieser Punkt des zweiten Kreises in einer Entsprechung zu dem Schnittpunkt mit der A-Achse und den Funktionen: Wandeln – Auflösen.

Trotzdem bleibt der Unterschied zwischen den beiden Charakteren erhalten, indem die M-Achse des Elementarcharakters mehr die körperlich-stoffliche «untere» Wirksamkeit des Großen Weiblichen, die A-Achse mehr ihre seelisch-geistige «obere» Seite angibt. Die Entwicklung der negativen M-Achse führt vom Verringern, Fressen zur Auslöschung und zum Tode, der gerade der körperliche Tod ist, während die negative Fortführung von: Wandeln–Auflösen auf der A-Achse zum Wahnsinn als zu einem geistig-seelischen Tod und zu einer geistig-seelischen Auslöschung führt.

Analoge Beziehungen finden wir auf der oberen Hälfte des Schemas. Die Funktion des Aufbauens auf der M-Achse, zu der die gesamte Vegetationssymbolik gehört, erhebt sich über die Elementarfunktionen des Gebärens und Freigebens. Obgleich sie in engster Beziehung zu der Funktion der Wandlungssteigerung auf der A-Achse steht – denn jeder Aufbau setzt Wandlung des Elementaren und Steigerung im Sinne einer Höherentwicklung voraus –, ist auch hier die Richtung der M-Achse mehr stofflich-körperlich, die der A-Achse seelisch-geistig.

Über den beiden bisher besprochenen Kreisen, dem Elementar- und dem Wandlungskreis, haben wir als dritten den der *Geistwandlung* eingeführt. Auf diesem dritten Kreis finden wir als Krönung der M-Achse: Geburt-Aufbau, die Frucht als höchste Entwicklungsform des Samens und als Ort seiner physischen Neugeburt. Der im Erdschoß begrabene und aus dem dunklen Innenraum des ihn enthaltenden Gefäßes nach außen tretende Same entfaltet sich im Aufbau und kommt schließlich wieder «zu sich», indem er als erhöhter Same in der Frucht erscheint. Dieses Entwicklungsmysterium erscheint besonders eng verbunden mit der Symbolik der Ähre. Hier wirkt der Wandlungscharakter ein, aber obgleich die Entwicklung auf der M-Achse im Kreis der Geist-Wandlung ihren stofflichen Charakter überwindet, ist ihre Verbundenheit mit dem Elementarcharakter stärker als bei der Entwicklung auf der A-Achse.

Die Entwicklung auf der A-Achse führt auf dem Schnittpunkt mit dem Geistwandlungskreis zur Inspiration. In diesem Terminus haben wir alles Mantisch-Religiös-Prophetisch-Dichterische, das immer und überall in der Menschheit beim Männlichen dem «Anima»-Teil, dem Wandlungscharakter des Großen Weiblichen, zugesprochen wird, in seinem unstofflichen Geistcharakter zusammengefaßt.

Daß der Anima-Wandlungscharakter nicht nur eine Projektion des Männlichen auf das Weibliche ist, sondern einer echten Erfahrung am Weiblichen entspricht, sehen wir aus den Nachweisen Briffaults[4], daß überall in der Welt ursprünglich Frauen Träger des Mantischen sind.

Wenn wir das Symbol des Geistes als Frucht mit dem der Inspiration vergleichen, wird deutlich, warum wir die beiden Phänomene verschiedenen Achsen der weiblichen Struktur zugeordnet haben. Die langsamen Wachstums- und Aufbauprozesse, die zur Frucht als ihrem Ergebnis, Ende und Höhepunkt führen, sind psychologisch andere als die Inspirationen, die zum Wandlungscharakter des Weiblichen gehören, und in denen ein Geistiges überwältigend und plötzlich einschießt. Hier setzt die Beziehung des Weiblichen zu einem Geistig-Männlichen ein, das wir als «patriarchalen Uroboros» bezeichnen, dessen Natur und Wirksamkeit uns hier nicht beschäftigen kann[5], da an dieser Stelle die Grenze des Bezirks erreicht ist, der das «Große Weibliche» vom «Großen Männlichen» trennt.

Wir haben die vier Schnittpunkte der M- und A-Achse mit dem dritten Kreis[6] als Frucht-Geburt, Tod, Inspiration und Wahnsinn charakterisiert. Die oberen Teile der Achsen, die von Aufbauen (M) und Wàndeln – Steigern (A) zur Frucht-Geburt und Inspiration führen, sind sowohl in physischer wie in psychisch-geistiger Beziehung deutlich progressiv und positiv. Dagegen sind die unteren Teile der

[4] Briffault, a. a. O., Bd. II, Kp. 19: "The Witch and the Priestess."

[5] Neumann, Über den Mond ..., a. a. O.

[6] Der dritte Kreis wird im Schema an zwei Kreisen dargestellt, dem Kreis der vier Pole und dem Unterkreis der «Begriffssymbole». Alle diese Zusammenhänge bestimmen nicht nur den Mythos, die phylogenetische Kindheit der Menschheit, sondern auch die Mythologie der Kindheit, das heißt die ontogenetische Kindheit des Einzelnen.

Achsen, die von Verringern – Fressen (M) und Wandeln – Auflösen (A) zu Tod und Wahnsinn führen, regressiv und negativ. Während die obere Seite zur Geburt des Individuums ebenso wie zur Bewußtseins-Bildung, -Erweiterung und -Wandlung führt, tendiert die untere zur Auflösung des Individuums und des Bewußtseins.

Den vier Schnittpunkten der Achsen mit dem Geistwandlungskreis sind vier Arten von Mysterienbezirken des Weiblichen zugeordnet. Als Mysterien bezeichnen wir nicht nur die konkrete und historisch umschriebene Begehung eines Mysterienfestes, wie der Eleusinischen Mysterien, sondern allgemeiner einen psychischen Bezirk, der innerhalb der gesamten Menschheit um einen Archetyp herumgelegt wird und, aus Riten, Mysterien, Vorstellungen, Bräuchen usw. bestehend, ein ganzes Netz unbewußt zusammengehörender Symbole umfaßt.

Zu den «Todesmysterien» am rechten unteren Schnittpunkt gehören nicht nur die Riten der Todes- und Toten-Göttinnen, sondern alle Totenbräuche und Symbole, die mit der Bestattung und Versorgung der Toten zusammenhängen, alle Opfer, die zum Tode führen – zum Beispiel die Fruchtbarmachung der Erde durch Blut –, und damit eine Fülle von Vorstellungen, durch welche die Göttinnen des Krieges und der Jagd in diesen Bezirk einbezogen werden.

Die Mysterien des Todes als Mysterien der furchtbaren Mutter fußen auf ihrer fressend-einfangenden Funktion, die das Leben und das Individuum wieder in sich zurückholt. Hier wird der Schoß zum fressenden Maul, und die Begriffs-Symbole der Verringerung, Zerstückelung, der Zerhackung und der Vernichtung, der Fäulnis und der Verwesung haben hier ihren Ort, der mit Gräbern, mit Friedhöfen und mit negativer Todesmagie verbunden ist. Auch die blutfressende Todesgöttin gehört hierher, deren Hunger nur durch die Schlachtung unzähliger Lebewesen zu stillen ist, sei es, daß sie wie die Kali Indiens durch Tötung von Menschen und von Hekatomben von Tieren befriedigt werden muß, sei es, daß sie als Kriegsgöttin das Blut der Menschen immer wieder fordert oder als Todesgöttin allgemein und ohne Unterschied jedes Lebendige vernichtet.

Dem entgegengesetzten oberen linken M+-Punkt des Aufbaus sind die *Vegetationsmysterien* zugeordnet, von denen wir schon einige erwähnt haben. Sie alle sind eng mit den Fruchtbarkeitsritualen der Großen Mutter verbunden, die mit dem Wachstum und der Vermehrung des Lebens zu tun haben.

Zum rechten oberen A+-Punkt, der unter dem Zeichen der *Inspiration* steht, gehören alle geistig-seelischen Bezirke der Mantik, Prophezeiung usw. Die mantisch-inspirierte, nicht inspirierende, Qualität des Weiblichen ist fast immer mit einer männlich-geistigen Macht, dem «patriarchalen Uroboros», verbunden. Diese Gestalt tritt zunächst transpersonal und anonym auf, wird aber dann als Herr der Frauen zur Gottheit, wie am schönsten in der Figur des Dionysos deutlich wird.

Die ekstatisch orgiastische Natur des Weiblichen, die zum positiven Pol des Wandlungscharakters gehört, äußert sich besonders deutlich in der Beziehung des Weiblichen zu Dionysos. Aber auch ihre Gefahr, die in der Tendenz besteht, zum negativen A-Pol des Wahnsinns umzuschlagen, ist mythologisch in der Beziehung der Frauen zu Dionysos unverkennbar[7].

Die positive A-Achse, welche die seelisch-geistige Entwicklung des Weiblichen trägt, die von den Funktionen des Gebens über das Wandeln – Steigern zu ihrem schöpferischen Höhepunkt führt, dem «weiblichen Geist», gipfelt in Schau und Inspiration.

Zu diesem Bezirk der *Inspirationsmysterien* gehören die Medizin und der Rauschtrank ebenso wie alle – positiven – Anregungs-, Erregungs- und Steigerungsmittel, welche zur Inspiration und zu einer Progression der Persönlichkeit und des Bewußtseins führen.

Die Anführung der prophetischen Phänomene ebenso wie die Erwähnung der delphischen Pythia weist darauf hin, welche kulturelle Bedeutung diesen Bezirken zukommt. Wesentliche Orientierungen der Gruppen und Primitivkollektive haben sich an der intuitiven Fähigkeit der weiblichen Natur vollzogen, der ursprünglich wohl der mantische Bezirk ganz unterstand, und die auch später noch, als die patriarchale Form des Götter- und Priestertums sie verdrängte, ihr mantisches Übergewicht lange Zeit bewahrte.

Im Schamanentum, der primitiven Grundlage der höheren prophetisch-mantischen Form, kommen sich die Bezirke «Schau – Inspiration», die wir dem positiven, und «Wahnsinn – Ekstase», die wir dem negativen Pol der A-Achse zuordnen, überaus nahe. Eine Bewertung dieser Gegensätze als positiv und negativ ist nur in Beziehung auf das Ich-Bewußtsein und auf das Individuum möglich. Wo die Persönlichkeit als Individuum und als Bewußtsein im Wahnsinn zerfällt oder beschädigt wird, wie in vielen Rauschgiftkulten, ordnen wir das Phänomen dem negativen Pol zu. Wo aber das Leben- *und* Ganzheit-steigernde Element überwiegt, beziehen wir die Erscheinungen auf den positiven Pol.

Dieses Problem der Wertung wird besonders deutlich, wenn wir die *Mysterien des «Rausches»*, die Mysterien der Rauschgifte, der Betäubung und der Bewußtseins-Einschränkung zu beurteilen haben, die zum vierten, unteren linken Pol, dem

[7] Der Schau-Inspirationscharakter scheint zunächst, da er gerade mit dem pythischen Apollo verbunden wird, im Gegensatz zu Dionysos zu stehen. Aber dieser Gegensatz ist vordergründig, nicht nur, weil es in Delphi zu einer Versöhnung zwischen Dionysos und Apollo gekommen ist; auch im Delphi Apollos ist die Trägerin des Mantischen die Pythia, d. h. eine Frau. Die ursprüngliche matriarchale Zugehörigkeit der Pythia zum Mondbezirke – und nicht zum Sonnenreich des Apollo – verrät darüber hinaus eine Bemerkung Plutarchs, daß sie nur in der Nacht und im Mondschein inspiriert wurde (Sir Galahad, *Mütter und Amazonen*, München 1932). Die «historische» Verbindung beider Götter ist nur der Ausdruck einer trotz aller Gegensätzlichkeit wesensartigen Verbundenheit. Aufschlußreich ist die Bemerkung Nilssons über den Seher Melampus, der «eng mit der dionysischen Bewegung verbunden» war und gleichzeitig als «Liebling Apollos» bezeichnet wurde. Er beschwichtigte mit Hilfe «apollinischer Mittel» die dionysische Bewegung, und Nilsson meint dazu: «Es sieht wie ein homöopathisches Mittel aus, wenn erzählt wird, daß er die kräftigsten Jünglinge nahm und sie unter Rufen und enthusiastischem Tanz die rasenden Frauen von den Bergen nach Sikya jagen ließ.» Martin Nilsson, *Geschichte der griechischen Religion* (Handbuch der Altertumswissenschaft, Bd. I), München 1941, S. 582.

SCHEMA III

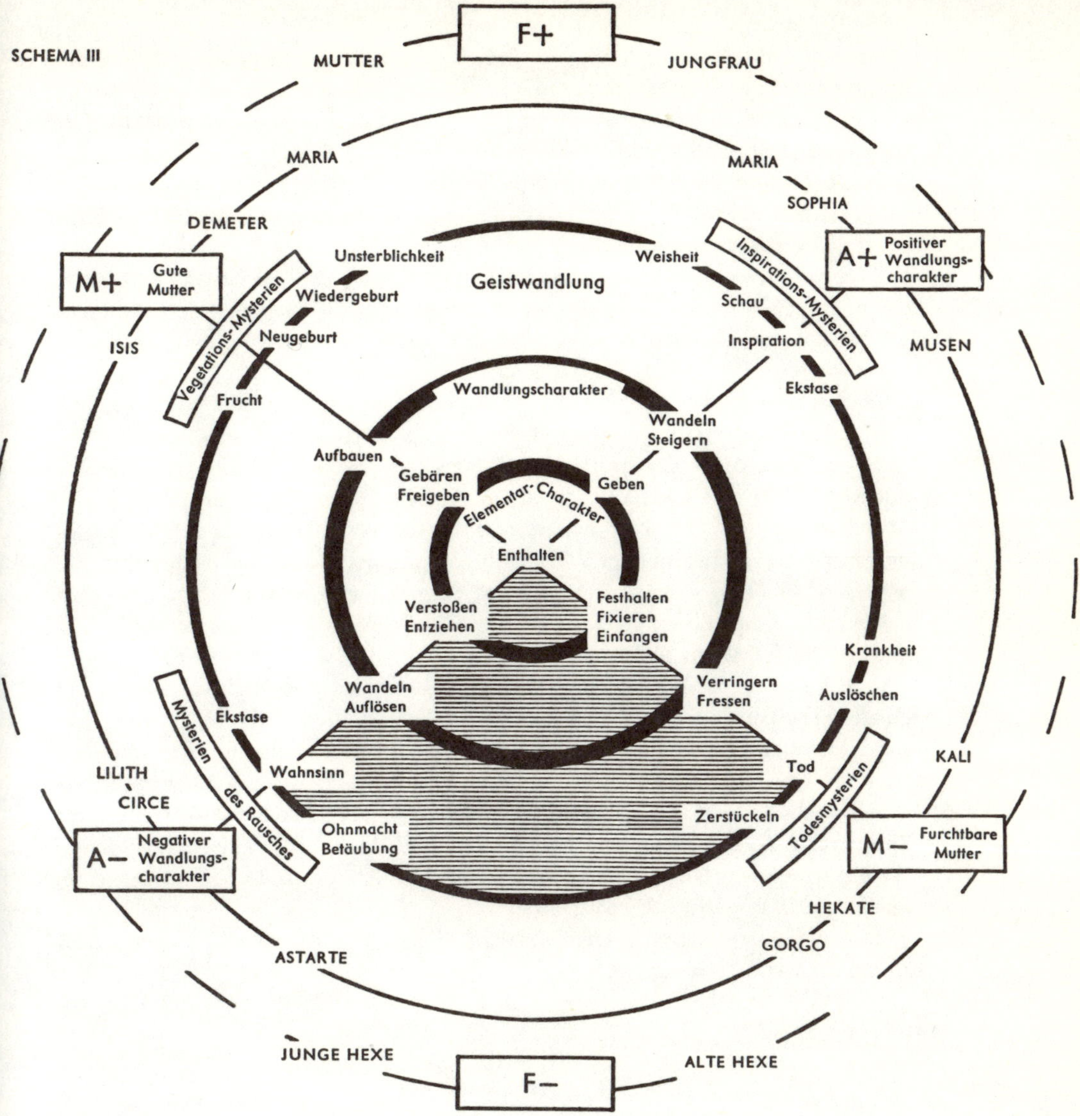

F+
MUTTER
JUNGFRAU
MARIA
MARIA
SOPHIA
DEMETER
A+ Positiver Wandlungscharakter
M+ Gute Mutter
Unsterblichkeit
Weisheit
Geistwandlung
Wiedergeburt
Schau
Inspirations-Mysterien
Vegetations-Mysterien
Neugeburt
Inspiration
ISIS
MUSEN
Frucht
Ekstase
Wandlungscharakter
Wandeln
Steigern
Aufbauen
Gebären
Freigeben
Geben
Elementar-Charakter
Enthalten
Verstoßen
Entziehen
Festhalten
Fixieren
Einfangen
Krankheit
Wandeln
Auflösen
Verringern
Fressen
Auslöschen
Ekstase
Mysterien des Rausches
Wahnsinn
Tod
Todesmysterien
KALI
LILITH
CIRCE
Zerstückeln
Ohnmacht
Betäubung
A– Negativer Wandlungscharakter
M– Furchtbare Mutter
HEKATE
GORGO
ASTARTE
JUNGE HEXE
ALTE HEXE
F–

Minus-Pol der A-Achse, gehören. Sie sind – in bezug auf das Bewußtsein und oft genug auch von der Ganzheit der Persönlichkeit her gesehen – negativ. Andererseits gibt es kaum eine Form der positiven Ekstase und Inspiration, die sich nicht dieser Hilfsmittel bedient. Es kommt also ausschließlich darauf an, ob die Belebung des Unbewußten, um die es sich in jedem Falle handelt, in einer Regression der Persönlichkeit und in einem Bewußtseinsverlust endet, oder ob umgekehrt die vorübergehende Bewußtseins-Einschränkung durch den Rausch oder das Gift zu einer Bewußtseins- oder Persönlichkeitserweiterung führt. Gerade diese Problematik weist darauf hin, daß und warum es sich um zwei Pole ein und derselben Achse, das heißt um zusammengehörige Phänomene handelt, die beide den Wandlungscharakter konstituieren.

Der negative Pol der A-Achse, der auf der Funktion des Wandelns, Auflösens und des Verstoßens und Entbehrenmachens fußt, gehört mehr zum Charakter des geistig-seelischen als des physischen Todes, der bei den Todesmysterien der furchtbaren Mutter so bedeutsam ist, der «alten Hexe» des negativen Pols der M-Achse. Der negative Rauschtrank und das Gift – im Gegensatz zur Medizin – und alles, was zur Betäubung, Verzauberung, Ohnmacht und Auflösung führt, gehört zu diesem Bezirk der Verführung und Verlockung durch die «junge Hexe». In den negativen Mysterien des Rausches und der Betäubung wird die Persönlichkeit und das Bewußtsein «rück-aufgelöst» und gerät über die Vergiftung zur Auslöschung und zum Wahnsinn, durch das negativ-sexuelle Orgiastische ebenso wie durch narkotisierende Gifte und Zaubermittel. Auch hier kommt es zu einer Ekstase, aber sie reduziert und zersetzt die Persönlichkeit, deswegen gehört in diesen Umkreis auch die Krankheit als «negative Behexung» und die Schmerzzufügung als Schwächung, nicht als notwendiger Weg zur Heilung. Auch das Verstoßen und Entbehrenmachen ist eine Funktion dieser auflösenden Kraft des negativen Anima-Weiblichen, dessen Symbol die Verlassenheit ist und die Nacktheit, das Ausgesetztsein in der Not und das Verstoßensein in die Leere.

Aber gerade an diesem extremen Punkt können die negativen Phänomene des A-Pols ins Positive umschlagen.

Siebentes Kapitel

DAS UMSCHLAGSPHÄNOMEN UND DIE DYNAMIK DES ARCHETYPS

Dieses paradoxe Umschlagsphänomen ist von entscheidender Bedeutung. Indem es anscheinend unsere schematische Orientierung aufhebt, bestätigt uns das Umschlagsphänomen gerade die Richtigkeit unserer Anordnung, welche die polyvalente archetypische Struktur des Großen Weiblichen in seiner Dynamik und in der Vielheit seiner Aspekte mit einschließt.

Die vier Pol-Punkte mit dem dritten Kreis unseres Schemas sind keine statischen oder begrifflichen Größen. Daß jeder Pol der Ort einer archetypischen Figur, zum Beispiel der guten und der furchtbaren Mutter, der negativen Anima (vereinfacht: der verführenden jungen Hexe) und der positiven Anima (vereinfacht: der Sophia – Jungfrau) ist, bedeutet, daß jeder Pol psychisch eine starke Anziehung auf das Ich und das Bewußtsein ausübt. Weil der Archetyp eine das Bewußtsein faszinierende und ihm dynamisch außerordentlich überlegene Größe ist, wird das Ich-Bewußtsein, wenn es in die Nähe des Pols gelangt, von diesem nicht nur angezogen, sondern auch leicht überwältigt. Damit kommt es zur Besessenheit durch den Archetyp, zur Auflösung des Bewußtseins und zum Ich-Verlust[1]. Da aber Faszination des Bewußtseins oder gar Bewußtseins-Auflösung besagt, daß die Unterscheidungsfähigkeit des Bewußtseins an den Pol-Punkten aufhört, setzt bei dieser Konstellation die Unterscheidungsfähigkeit von positiv und negativ aus, und das Umschlagen des einen Phänomens in seinen Gegensatz wird möglich. Ohnmacht, Schmerz, Betäubung, Krankheit, Not, Einsamkeit, Bloßheit, Leere und Wahnsinn können also auch Voraussetzungen für das Auftreten der Inspiration und der Schau sein und sich so als Durchgangsstationen eines Weges manifestieren, der über die Gefahr zum Heil, über die Auslöschung des Todes zur Wiedergeburt und Neugeburt führt. Umgekehrt kann das positive Element der Inspiration und des positiven

[1] Dies gilt besonders für die unteren, deswegen als «negativ» erfahrenen und als negativ charakterisierten Pole. Es gilt weniger für die positiven, weil in ihnen, wie wir betonten, eine bewußtseinsfördernde Komponente vorhanden ist, die das Bewußtsein und Ich trotz aller Faszination schützt. Wir sehen auch hier wieder, daß für die Menschheit positiv, bewußtseinsfördernd und progressiv ebenso zusammengehören wie negativ, bewußtseinszerstörend und regressiv.

Außersichseins der Ekstase zum Ich-Untergang, zur Besessenheit und zum Wahnsinn führen.

Gerade die Ekstase, deren bewußtseinsauflösende Wirkung die positive wie die negative Entwicklung der psychischen Situation offenläßt, ist typisch für das Umschlagsphänomen, das in jeder der polaren Situationen möglich ist. *Der Pol ist nicht nur ein Endpunkt, sondern auch ein «Wendepunkt»*.

Wenn ein Ich auf einer der Achsen sich einem der Pole nähert, besteht die Möglichkeit, daß es über diesen Pol hinaus und in seinen Gegensatz hinein gerät. In ihren äußersten Extremen fallen die Gegensätze wieder zusammen oder können wenigstens ineinander übergehen. Diese Erscheinung, die für den unfaßbar paradoxen Charakter des Archetyps typisch ist, bildet gleichzeitig die Grundlage für eine Fülle von Mysterien, Einweihungs- und Geheimlehren, in denen diese psychologische Grundsituation realisiert wird und vom Einzuweihenden erfahren werden soll[2].

Im ersten Kreis des Schemas, dem des Elementarcharakters des Weiblichen, ist der Wandlungscharakter rezessiv, während er im zweiten Kreis, ohne seine Verbindung mit dem Elementarcharakter zu verlieren, dominant wird. Im dritten Kreis kommen die Gegensätze der M- und der A-Achsen zwar an den Polen zu ihrem Extrem, werden aber gleichzeitig dadurch überwunden, daß eine neue Qualität als «*Geistwandlungscharakter*» auftritt, die nicht mehr auf den M- oder den A-Charakter zu reduzieren ist. Wir finden hier nicht mehr die alten «Funktionen», sondern Attribute des Geistwandlungsprozesses, «Begriffs-Symbole», die eine Mischung von symbolisch Unbegrifflichem mit begrifflich Faßbarem darstellen. Mit den Umschlagsphänomenen an den Polen, die den Gegensatz- und Differenzcharakter der Funktionen und Achsen auflösen, ist der vierte, der uroborische Kreis des «Großen Weiblichen» erreicht. Die Charaktere von M und von A ebenso wie ihre positiven und negativen Qualitäten verbinden und vertauschen sich hier miteinander uroborisch, das heißt *jeder der vier Pole* erweist sich durch seine Lage am uroborischen vierten Kreis als ein *Indifferenzpunkt*.

Die Zweidimensionalität des Schemas wird zur körperlichen Dreidimensionalität, wenn man sich vorstellt, daß die Achsen vom Mittelpunkt unseres Schemas als Nordpol nach beiden Seiten fortwachsen und zu Meridianen einer Kugel werden. Dann treffen sich die vier Pole an einem bestimmten Punkt, der dadurch, während die Achsen zwei Kreise bilden, als Indifferenzpunkt am Südpol der Kugel erscheint. Das heißt, jetzt fallen die Pole A + und A — ebenso zusammen wie M + und M —, darüber hinaus aber ist auch der Indifferenzpunkt I mit dem Indifferenzpunkt M identisch. Dieser Indifferenzpunkt am Südpol der Kugel entspricht dem Mittelpunkt im Elementarkreis unseres Schemas, dem Nordpol der Kugel, der die M- und die A-Achse unentfaltet, aber ebenfalls als Indifferenzpunkt, in sich enthält. So erscheint das Große Weibliche als eine Kugel, ihren einen Pol bildet der Mittelpunkt

[2] Neumann, Der mystische Mensch. In: *Kulturentwicklung und Religion*, a. a. O.

des Elementarkreises in unserem Schema, ihren anderen der Indifferenzpunkt, in dem A + und A — mit M + und M — (und W + und W —) zusammenfallen.

Wenn wir dieses «indifferente» «Große Weibliche» nach den Polen, die in ihm zusammenfallen, charakterisieren, haben wir die Figur der *Mutter* (M +), der *Jungfrau* (A +), der *jungen Hexe* (A —) und der *alten Hexe* (M —). Diese paradoxe Einheit entspricht genau dem, was wir im I. und II. Schema als «Das Große Weibliche» darzustellen versucht haben, und die Indifferenz ihrer paradoxen Vielheit entspricht dem, was wir als ihren uroborischen Charakter angedeutet haben.

Die Vielheit der Orientierungen in unserem Schema mag zunächst verwirren, aber bei eingehender Betrachtung ermöglicht das Schema doch eine gewisse Orientierung über die Struktur des Archetyps des Großen Weiblichen, verdeutlicht aber auch gleichzeitig die *dynamische Bewegung in diesem Archetyp und in der Beziehung des Bewußtseins zu ihm.* Die Auseinanderlegung in die Achsen, die Entfaltung in die Kreise, die Anziehung durch die Pole und das Umschlagen der Phänomene im uroborischen Grenzkreis vermittelt verschiedene, aber zusammengehörige Aspekte.

Die Bewegung auf den Achsen wird durch die Bewegung des Ich und des Bewußtseins repräsentiert, die aus dem Elementarstadium des Enthaltenseins (1. Kreis) zu dem der Wandlung (2. Kreis) und schließlich zu der Geist-Wandlung gelangen (3. Kreis). Der vierte Kreis stellt sich dem Ich und dem Bewußtsein als eine Grenzerfahrung dar, die in den Mysterien der Religion, in der Mystik, aber auch in der Entwicklung des modernen Einzelnen[3] eine bedeutsame Rolle spielt. Bei der «Geistwandlung», die für das Geschehen auf dem dritten Kreis charakteristisch ist, handelt es sich immer um Prozesse, welche die ganze Persönlichkeit in einer Richtung, die das Bewußtsein transzendiert, affizieren. In diesem Sinne sind Wahnsinn ebenso wie Schau und Weisheit bewußtseinstranszendente Geistphänomene.

Zur Geistwandlung, das heißt zu einer grundsätzlichen Veränderung der Persönlichkeit und des Bewußtseins, kommt es immer nur durch das entscheidende Auftauchen eines Archetyps. Auch die negative Geistwandlung ist archetypisch bedingt, deswegen ist der Wahnsinn mythologisch nicht einfach Bewußtseins-Verlust und Ent-Geistung, sondern Geistesverwirrung. Dabei kann der Wahnsinn sogar als heilig gelten und positiv als inspiratorische Weihe verstanden werden, weil hinter der Überschwemmung durch den Geist die Welt der Archetypen als schicksalbestimmende Macht auftaucht.

Im Geistwandlungskreis unseres Schemas vereinigt das Große Weibliche nicht nur den Elementar- und Wandlungscharakter schöpferisch in sich, sondern kommt darüber hinaus zum «weiblichen Geist», der höchsten Entwicklungsphase des «matriarchalen Bewußtseins»[4]. Das matriarchale Bewußtsein ist die ursprüngliche Form des Bewußtseins, in dem die Selbständigkeit des Ich-Systems noch nicht so

[3] Siehe Jung, *Psychologie und Alchemie*, a. a. O.; *Psychologie und Religion*, Zürich 1942; *Symbolik des Geistes*, a. a. O.

[4] Neumann, Über den Mond ..., a. a. O.

weit fortgeschritten, seine Offenheit den Prozessen des Unbewußten gegenüber noch erhalten ist. Die Spontaneität des Unbewußten ebenso wie die Rezeptivität des Bewußtseins ist hier größer als bei der Beziehung des für die abendländische Entwicklung typischen relativ losgelösten patriarchalen Bewußtseins zum Unbewußten. Das matriarchale Bewußtsein dominiert meistens bei der Frau, ist üblicherweise beim Manne rückentwickelt, aber beim schöpferischen Menschen, der auf die Spontaneität des Unbewußten eingestellt ist, ebenfalls stark wirksam. Die urtümliche Produktivität des Unbewußten, die für das matriarchale Bewußtsein entscheidend und die im Primitivmenschen und im Kinde lebendig ist, gehört zum Elementarcharakter der M+-Achse. Der Wandlungscharakter der A+-Achse aber ist besonders in der Schöpferischkeit einer Psyche lebendig, bei der die Rezeptivität des männlichen Bewußtseins dem Unbewußten gegenüber erschwert und auf die Anima-Seite, den Wandlungscharakter, angewiesen ist.

Sowohl die Wandlungsphänomene der Psyche, die zur A+-Achse, wie die Wachstumsentwicklung der Prozesse, die aus dem Unbewußten herausführen und die zur M+-Achse gehören, münden in einer Erweiterung und Veränderung des Bewußtseins und der Gesamtpersönlichkeit, die wir als Geistwandlung bezeichnen.

Die Begriffssymbole[5] des oberen Halbkreises der Geistwandlung haben wir zwischen dem Schnittpunkt des Kreises mit der M- und dem mit der A-Achse eingezeichnet. Dabei gehören diejenigen von Neugeburt und Unsterblichkeit zum «Frucht-Geburts»-Pol der M-, Schau und Weisheit zu dem Inspirationspol der A-Achse, und in der Mitte zwischen ihnen stehen die Symbole des Werks und der Erlösung.

In den «Begriffs-Symbolen» des unteren Halbkreises zwischen der A- und der M-Achse überwiegt der negative Charakter so sehr, daß ihre Differenzierung weniger wichtig scheint.

Tod, *Auslöschung* und *Zerstückelung* bilden den Kern des negativen M-Poles, der seinem Elementarcharakter nach ursprünglich immer auch als Opferung und faktische Vollziehung im Ritual wirksam wurde und erst später symbolische Bedeutung annahm. *Schmerz* und *Krankheit* als verzehrend fressende Attribute gehören als Weg zur Schwächung und Tötung ebenfalls in diesen negativen Zusammenhang.

Der andere Pol: *Wahnsinn*, *Ohnmacht*, *Betäubung* ist durch seine Tendenz zur Persönlichkeitsauflösung charakterisiert, die auch dem Wesen der Verzauberung innewohnt. Auch die Not-Komponenten: *Leere*, *Bloßheit*, *Elend* usw. wirken ebenso wie die von *Krankheit* und *Schmerz* auflösend. Ihr Wandlungscharakter führt in diesem Sinne zum «Außer sich sein» und zum Selbstverlust.

Wir haben schließlich in das Schema III auch eine Reihe von Göttinnen eingetragen, deren Zuordnung die Natur und Wirkung der Pole verdeutlicht. Am positiven M-Pol finden wir die Muttergestalt der Demeter, der Herrin der Eleusini-

[5] Selbstverständlich sind Auswahl und Anordnung dieser Begriffssymbole «willkürlich», es handelt sich nur um den Versuch einer Verdeutlichung.

schen Mysterien; aber auch die griechische und außergriechische Artemis ebenso wie die Isis Ägyptens, die Ischtar Babylons und die Kwan-yin des Buddhismus und unzählige andere Göttinnen aller Völker und Zeiten sind Gestaltwerdungen dieses Pols. So entspricht die jüdische Gestalt der Schechinah einer zu diesem Pol gehörenden mütterlichen Komponente in der Gottheit, während die Maria des Christentums außerdem starke Komponenten des A+-Pols, das heißt der Jungfraugestalt, besitzt.

Der A+-Pol der Inspiration ist der Ort der Gott-Jungfrauen und der Musen, welche Auseinanderlegungen einer archetypisch inspiratorischen Gestalt sind. Die jungfräuliche Athene und Artemis sind hierher zu beziehen, aber beide haben auch andere Komponenten. Athene gehört als vorgriechisch-kretische Muttergöttin auch zum M+-Pol, Artemis schließt als «Große Göttin» die Attribute der anderen Pole in sich ein. Kore als Tochter und Teilfigur der Demeter ist ebenso wie Maat, die Gerechtigkeitsgöttin Ägyptens, und die spätere Figur der Sophia oder Weisheit[6] diesem Pol zuzuordnen.

An dem negativen M-Pol stehen alle Göttinnen, deren Natur die der «furchtbaren Mutter» ist, die Kali Indiens, die Gorgo der vorgriechischen Zeit und die Hekate Griechenlands ebenso wie die furchtbare Ischtar, die Isis, die Artemis und die Schar der Unterwelts- und Toten-Göttinnen der Menschheit. Zu diesem Bezirk gehören auch negativ dämonische weibliche Figuren, wie die Erinnyen, Furien und Lamien, die Empusa, die Hexenfiguren usw. Ihre Pluralität deutet meistens an, daß sie zu einer Bewußtseins-Entwicklung der Menschheit gehören, die noch nicht die Phase der Gestaltung erreicht hat, in der sie als Gottheiten auftreten, oder aber es handelt sich um Gestalten, die regressiv, von den herrschenden Götterfiguren verdrängt, zu einer primitiveren und anonymeren vorgestaltigen Form abgesunken sind.

Am negativen Pol der A-Achse finden wir die verlockenden und verführerischen Gestalten der verhängnisvollen Bezauberung, die teils Göttinnen sind, wie Astarte, Aphrodite und Artemis, teils Gespenster, wie die Lilith, die Loreley, und teils personalisierte Formen ursprünglicher Göttinnen, wie Kirke und Medea. Bei ihnen allen ist der zauberische und zum Untergang führende Charakter betont. Deswegen schließen sich ihnen die Gruppen von vor-gestaltigen Nixen, Geistern und Elfen an, die in der Mehrzahl auftreten. Typischerweise finden wir diese Pluralitäts-Gruppen vorwiegend auf der unteren Seite unseres Schemas, der Stelle des Unbewußten und der für diese Gestalten typischen Tendenz zur Regression ins Unbewußte. Im Gegensatz dazu haben die bewußtseinsfördernden Mächte der oberen Hälfte geformte Gestalt.

In den gleichen genetischen Zusammenhang der Entwicklung des Numinosen aus dem Ungestalteten und Bewußtseinfördernden gehört es, daß, wenn ein und

[6] Die «Begriffs-Symbole» werden häufig als Gestalten hypostasiert und «vergöttlicht», um später zu Allegorien und Begriffen zu degenerieren.

dieselbe Gottheit an verschiedenen Polen gleichzeitig auftritt, ihre «untere» und negative Erscheinungsform fast immer die historisch frühere, ihre obere und positive die spätere Manifestation ist.

Das Schema III, dessen Beschreibung wir hiermit beenden, wird zwei entgegengesetzten Kritiken ausgesetzt sein. Auf der einen Seite wird man ihm vorwerfen, daß es als Schema allzusehr vereinfache. Auf der anderen Seite wird es nicht einfach genug erscheinen, weil die in ihm angezeigten inneren dynamischen Wandlungs- und Umschlagselemente das Schematische wieder allzusehr sprengen. Beide Einwände sind berechtigt, beide aber entsprechen der echten Paradoxie, die im Schema gefaßt werden sollte, naturgemäß aber nur unvollständig gefaßt werden konnte. Nur eine Verdeutlichung und Übersicht ist in gewissem Umfang möglich, nicht aber eine Festlegung und Bestimmung. Auch die Begriffe des Schemas sind in gewissem Sinne auch wieder «Symbole», von denen jedes ein ganzes Territorium psychischer Bedeutungen umfaßt, die sich einer scharfen Definition entziehen.

Die Absicht des ersten Teils geht, um es nochmals zu betonen, dahin, die Struktur dessen herauszuarbeiten, was die analytische Psychologie den Archetypus nennt, und sie an dem einen Archetyp des «Großen Weiblichen» zu verdeutlichen. Die konkrete Wirklichkeit dieser archetypischen Welt ist in den Ausprägungen erfaßbar, die sie im menschlichen Leben als Kultbild, und im Ritus, in der Religion und im Brauchtum annimmt, mit denen wir uns im zweiten Teil beschäftigen. Wenn wir jetzt die Entfaltung des Großen Weiblichen in den Schemata, seine Differenzierung in den Charakteren und Achsen, seine Konkretwerdung im Symbolkreis des Gefäßes, sein Umschlagen an den Achsenpolen und seinen Durchgang durch den Indifferenzpunkt rückblickend überschauen, dann mag die echte Lebendigkeit dieser archetypischen Struktur in ihrer Einheit und Vielfalt zugleich ahnungsweise verständlich geworden sein.

In Ergänzung zu diesem Strukturaspekt tritt der genetisch-psychologische Gesichtspunkt, der psychische Stadien der Bewußtseins-Entwicklung unterscheidet und ihnen das historische Material zuordnet. Die psychische Phasenentwicklung stimmt aber mit der menschheitsgeschichtlichen nicht überein, da relative Zuordnung der psychischen Stadien zueinander, wie an anderer Stelle ausgeführt wurde, nicht identisch ist mit zeitlicher Abfolge im Nacheinander des historischen Geschehens.

Die Vorgeschichte Ägyptens wurde von Flinders Petrie in Relationsreihen als «S. D.», sequence-dating, erfaßt, das heißt in Reihen, innerhalb deren man ein «vorher» und «nachher» formulieren kann, ohne dabei eine zeitliche Zuordnung zu kennen. So liegt zum Beispiel S.D.30 zeitlich vor S.D.77, es ist aber nichts darüber ausgesagt, zu welcher datierten Zeit S. D. 30 oder 77 liegen und wie groß der Zeitabstand zwischen ihnen ist.

Ebenso haben wir es bei den archetypischen Stadien mit psychologischen S.-D.-Reihen zu tun. Der Uroboros liegt «vor» dem Stadium Große Mutter, die Große Mutter «vor» dem Drachenkampf, aber eine zeitliche absolute Zuordnung ist nicht möglich, schon deswegen nicht, weil die historische Relativität der einzelnen Geschichtsvölker und Kulturen zu berücksichtigen ist. So ist die kretisch-mykenische Kultur für Griechenland Vor-Zeit der Großen Mutter, deren Kult in dieser Kultur dominant war. Die griechische Mythologie ist weitgehend «Drachenkampf-Mythologie» des selbständig werdenden Bewußtseins, das dann auch für die geistesgeschichtliche Bedeutung Griechenlands zum entscheidenden Faktor wurde. Während die Entwicklung aber in Griechenland ungefähr historisch zwischen 1500 und 500 liegt, hat sich in Ägypten der analoge Prozeß wahrscheinlich lange vor 3300 abgespielt[7].

Die Erscheinungsformen des Archetyps, die ihn illustrieren, können den verschiedensten Epochen, Zeiten und Kulturen angehören, und das Zeugnis einer späten Kultur mag eine Frühphase, das einer frühen eine Spätphase der archetypischen Entfaltung versinnbildlichen. Ebenso können in der Analyse eines Einzelmenschen Symbole und Zusammenhänge künftiger und späterer Entwicklungen schon am Anfang auftauchen und umgekehrt noch in Stadien einer erreichten relativ höheren Vollständigkeit der psychischen Entwicklung infantile und archaische Elemente sich zur Verarbeitung anbieten.

Die wissenschaftlich ordnende und Zusammenhänge in Reihen schematisierende Bemühung unseres Bewußtseins ist immer der abstrahierende Versuch einer Orientierung innerhalb der Wirklichkeit des Lebens. Dieses Lebendige aber mit seinen Wellen und Tälern, Progressionen und Regressionen, Einbrüchen und Vorwegnahmen ist in jedem Augenblick spontan und unfaßbar. Auch da, wo das Psychisch-Lebendige gesetzhaft verläuft, ist seine psychische Gesetzlichkeit so kompliziert und unübersehbar, daß wir nur kleine und kleinste Abschnitte herauslösen, im Experiment erforschen und Ergebnisse vorhersagen können. Faktisch aber, in der Wirklichkeit einer Analyse oder einer analytischen Situation, gewiß aber in der des Lebens, ist jeder Schritt individuell, jeder Traum unvorhersehbar und jede Veränderung nur im allgemeinsten einem Entwicklungsschema zuzuordnen. In der lebendigen Wirklichkeit ist jede Entwicklung überraschend und bei aller inneren Kausalität und Sinnhaftigkeit für das erfahrende und erforschende Bewußtsein neu, einmalig und nicht schematisierbar.

Deswegen ist bei einer tiefenpsychologischen Darstellung niemals mehr erreichbar als eine Mischung von schematisierender Ordnung durch das Bewußtsein und der Einmaligkeit des das Schema füllenden und es übersteigenden Materials. Man wird dabei stets dem Schema seine Wirklichkeitsferne, dem Material, an dem exemplifiziert wird, seine Zufälligkeit vorwerfen können. Beide Vorwürfe mögen in gewissem Umfang berechtigt sein, sie werden aber weder etwas daran ändern, daß sich die psychische Wirklichkeit dem Wunschbild der gesetzmäßigen Darstellbarkeit entzieht, noch aber werden sie verhindern, daß die Totalität des lebendigen Menschen aus einer derartigen, allen Vorwürfen ausgesetzten und ihrer eigenen Unzulänglichkeit bewußten Darstellung trotzdem eine Orientierung am Lebendigen der Psyche gewinnen und für sich fruchtbar zu machen vermag.

[7] Neumann, *Ursprungsgeschichte...*, a. a. O., S. 284f.; Flinders Petrie, *The Making of Egypt*, London und New York 1939, S. 8.

ZWEITER TEIL

«Die ‚Mutter der Gesänge' (Sibalaneuman), die Mutter unseres ganzen Samens, gebar uns im Anfang. Sie ist die Mutter aller Arten von Menschen und ist die Mutter von allen Stämmen. Sie ist die Mutter der Donner, die Mutter der Flüsse, die Mutter der Bäume und aller Arten von Dingen. Sie ist die Mutter der Gesänge und Tänze. Sie ist die Mutter der Welt und der älteren Brüder Steine. Sie ist die Mutter der Feldfrüchte und die Mutter aller Dinge. Sie ist die Mutter der jüngeren Brüder Franzosen und der Fremden. Sie ist die Mutter der Tanzgeräte und aller Tempel und ist die einzige Mutter, die wir haben. Sie ist die Mutter der Tiere, die einzige, die der Milchstraße. Die Mutter selbst war es, die zu taufen begann, sie händigte die Kalkdose (zum Kokaessen) ein. Sie ist die Mutter des Regens, die einzige, die wir haben. Sie allein ist die Mutter der Dinge, sie allein. Und so hat die Mutter ein Andenken in allen Tempeln hinterlassen. Zusammen mit ihren Söhnen, «den Heilbringern» Sintana, Seizankua, Aluanuiko und Kultsavitabauya, hinterließ sie als Andenken Gesänge und Tänze. So haben es die Priester, Väter und älteren Brüder berichtet[1].»

Gesang der Kagaba-Indianer, Columbia

[1] Preuss, *Die Eingeborenen Amerikas* (Religionsgeschichtliches Lesebuch, hg. v. A. Bertholet, Nr. 2), Tübingen 1926, S. 39.

EINLEITUNG ZUM ZWEITEN TEIL

Wenn wir im zweiten Teil den Archetyp des Großen Weiblichen an Hand von Texten und Bildern darzustellen versuchen, stützen wir uns auf die Ordnungs- und Systematisierungsansätze des ersten Teils und verwenden zur Illustrierung des archetypisch-zeitlosen Gefüges Materialien aus allen Epochen und Kulturen.

Das Vergehen gegen die Historie, das darin besteht, daß wir die einzelnen Dokumente und Bilder aus ihrem kulturellen Zusammenhang herausgelöst haben, wird dadurch ausgeglichen, daß wir uns bei der archetypischen Betrachtung auf eine Psycho-Historie beziehen können, nämlich auf Entwicklungsstadien der menschlichen Psyche. Indem wir die Entwicklung des Bewußtseins als das entscheidende Phänomen der Menschheitsgeschichte betrachten, kommen wir zu einer Ordnung der Phänomene, die zwar nicht mit der üblichen Reihe der geschichtlichen Fakten übereinstimmt, aber die uns nötige tiefenpsychologische Orientierung ermöglicht.

Die frühere Auffassung, welche die Geschichte im Sinne einer geraden Linie konstruiert hatte, die von der Vorgeschichte über Altertum und Mittelalter zur Neuzeit geführt hatte, gilt nicht mehr. Sie ist durch ein Geschichtsbewußtsein abgelöst worden, das die einzelnen neben- und nacheinander existierenden Kulturen als Individualitäten auffaßt und nicht als Glieder im Nacheinander einer zusammenhängenden Kette. Eine derartige Betrachtung ermöglicht es, der individuellen Gestalt der Einzelkultur gerecht zu werden, sie ist aber gleichzeitig das Symptom für den Verfall des Ordnungsprinzips, mit Hilfe dessen die europäisch-christliche Menschheit sich bisher als End- und Höhepunkt einer Menschheitsentwicklung angesetzt hatte.

Dadurch, daß die Wirklichkeit einer Allgemein-Menschheit der Erde sichtbar geworden ist, welche die Vielheit der Kulturen, Religionen und Geschichtsepochen umfaßt, ist die naive abendländische Geschichtsbetrachtung unmöglich geworden, für welche der Orient nur als Folie aufgetreten, Asien, Amerika und Afrika aber kaum am Rande sichtbar gewesen war.

Mit der Entdeckung des kollektiven Unbewußten als des gemeinsamen psychischen Fundaments der Menschheit und der tiefenpsychologischen Erkenntnis, daß die Beziehung des Bewußtseins zum Unbewußten das Gepräge einer Kulturstufe und einer Kultur bestimmt, hat der moderne Mensch einen neuen Orientierungspunkt gewonnen. Die Entwicklung des Bewußtseins, die vom fast völlig Enthaltensein im Unbewußten beim Urmenschen bis zur abendländischen Form des Bewußtseins reicht, ist als das eigentliche Anliegen der gesamten Menschheit sichtbar geworden. Für diese Orientierung sind die verschiedenen Kulturen nur Stadien dieser grundlegenden Tendenz des psychischen Lebens, der Entwicklung des Bewußtseins, die sich, ohne das *bewußte* Ziel der Einzelkulturen oder der Menschheitskultur im ganzen zu sein, in jeder Kultur und in jeder Zeit nachweisen läßt.

Die Richtung zum Licht, die C. G. Jung einmal den menschlichen Heliotropismus[1] genannt hat, hat sich auf die Dauer als stärker erwiesen als alle Verdunkelungskräfte, welche das Bewußtsein auszulöschen versucht haben. Einem erweiterten Gesichtspunkt werden fast immer auch Epochen anscheinender Bewußtseins-Regression als entwicklungsnotwendige Durchgangspunkte erkennbar.

Für die psychologische Betrachtung der Menschheitsgeschichte bedeutet also Vorzeit: Zeit der Herrschaft des Unbewußten und der Schwäche des Bewußtseins, Moderne: Zeit eines entwickelten Bewußtseins und einer produktiven Verbindung des Bewußtseins mit dem Unbewußten. Die normative Entwicklung des Einzelmenschen vom Enthaltensein im Unbewußten zur Entwicklung des Bewußtseins erweist sich als Analogie zur Kollektiventwicklung der Menschheit. In dem Koordinatensystem der psychohistorischen Entwicklung können also späte Zeiten psychologisch einen frühen, frühe Epochen einen psychologisch reifen Bewußtseinszustand repräsentieren[2]. So sind die relativ späten Denkmale der Monolithkultur in England und Frankreich psychologisch viel «früher» als ihnen um Jahrtausende vorlaufende Monumente Ägyptens. Oder in einer Epoche der modernen Geschichte können regressive Kollektivtendenzen auftauchen, welche die mühsam erreichte Entwicklung des Einzelnen und des Einzelbewußtseins aufzulösen drohen und ein menschheitsgeschichtlich früheres Stadium wiederherzustellen versuchen.

Die psychologische Entwicklung, die wir – unabhängig von der Geschichtsentwicklung der einzelnen Völker und Kulturen – verfolgen, beginnt mit einer «matriarchalen» Stufe, in welcher der Archetyp der Großen Mutter herrscht und das Unbewußte das psychische Geschehen des Einzelnen und der Gruppe dirigiert. Da es uns auf die Darstellung der archetypisch-seelischen Welt ankommt, hier also auf die des Archetyps der «Großen Mutter» oder allgemein des «Großen Weiblichen», ist die mit diesem Archetyp verbundene psychische Welt der Gegenstand unserer Untersuchung. Ob die Herrschaft dieser archetypisch «weiblichen» Welt mit einer

[1] Die «triebhafte» Tendenz der Pflanze, sich zur Sonne zu drehen.

[2] Eine der Bedingungen derartiger Umkehrungen ist die Möglichkeit der Durchdifferenzierung der frühen kleinen Gruppe und umgekehrt die Primitivierung der späten Gruppe, die durch das Eintreten großer unzivilisierter und undifferenzierter Menschenmassen in den Geschichtsprozeß rekollektiviert wird.

ökonomisch oder politisch hervorragenden Position der Frau verbunden ist oder nicht, ist dabei irrelevant.

Wenn wir den Versuch machen, den Archetyp auch mit der ihm verbundenen und für ihn charakteristischen Symbolgruppe herauszuarbeiten, kann es sich selbstverständlich nur um Hinweise handeln. In Wirklichkeit könnte und müßte die Darstellung und Deutung jedes einzelnen Symbols einen eigenen Band füllen. Weil uns aber gerade an der Synopsis liegt, welche die zugrunde liegende archetypische Einheit sichtbar werden läßt, müssen wir es vermeiden, durch allzu große Materialanhäufungen den Zusammenhang des Ganzen undeutlich werden zu lassen.

Das archetypische Bild der Großen Mutter ist im Einzelnen wie in der Gruppe, im Manne wie in der Frau lebendig. Wenn wir daher bei der Bewußtseins-Entwicklung der Menschheit von einem Vorhergehen der matriarchalen und einem Nachfolgen der patriarchalen Welt sprechen, bezieht sich das nicht auf eine – Bachofensche – Folge verschiedener soziologischer Strukturen[3]. Die Herrschaft des Archetyps der «Großen Mutter» konstelliert die psychische Ursituation, in der das Bewußtsein sich erst langsam entwickelt und in allmählichem Selbständigwerden sich von der Vorherrschaft der unbewußten dirigierenden Prozesse schrittweise frei macht.

Während die Anfänge der psychologisch-matriarchalen Zeit im Dämmer der Vorgeschichte verschwimmen, tritt uns ihr Ende am Beginn der uns bekannten historischen Zeit in großartiger Entfaltung entgegen. Sie wird von der patriarchalen Welt abgelöst, in welcher der Archetyp des Großen Vaters oder des Großen Männlichen mit seiner andersartigen Symbolik, seinen andersartigen Werten und seinen andersartigen Tendenzen die Herrschaft übernimmt.

Die archetypische Betrachtung, welche eine Fülle von symbolischem Material aus den verschiedensten Kulturkreisen und -schichten zu verarbeiten hat, bringt den Psychologen in die Lage, als Nicht-Fachmann sich den verschiedensten Gebieten nähern zu müssen. Bei der unübersehbaren Material-Fülle jedes einzelnen dieser Gebiete und der Unmöglichkeit, sie wirklich gründlich zu erfassen, können sich Fehler und Fehldeutungen im Einzelnen einschleichen. In Wahrheit könnte nur die Zusammenarbeit von Fachwissenschaftlern der Religionswissenschaft, Ethnologie usw. mit einem Tiefenpsychologen das eigentlich gesteckte Ziel erreichen. Die Vorläufigkeit und Problematik einer Zusammenfassung und Darstellung, wie sie hier versucht wird, ist daher augenfällig. Ein solcher Versuch ist auf die Einsicht und Nachsicht des Lesers angewiesen, dem an einer Synthese des Wesentlichen mehr

[3] Bachofen ist durch seine Entdeckung des juristischen Phänomens des Mutterrechtes fraglos in seiner Beurteilung der sozialen Phänomene, der Stellung der Frau, irregeführt worden. Ebenso wichtig ist es aber, daß er trotzdem immer eine kulturell-psychologische Ganzheitsstruktur im Auge gehabt hat, niemals nur soziale oder juristische Verhältnisse. Gerade weil er auf diese Ganzheit der kulturellen Situation und auf ihre Stellung innerhalb der Menschheitsentwicklung ausgerichtet war, hat er – in einem viel größeren Maße, als ihm selber bewußt sein konnte – die psychischen Stufenschichten der Menschheitsentwicklung und ihre Symbolik entdeckt und verfolgt.

gelegen ist als an der Korrektheit jedes Details. Aber ein positives und ausgleichendes Moment ist hier nicht zu vergessen. Die Deutung der Symbolik des Unbewußten beim modernen Menschen – und das Unbewußte bleibt sich in seiner Symbolik gleich – gibt dem psychotherapeutisch arbeitenden Psychologen für die Interpretation kollektiv symbolischen Materials eine wissenschaftlich empirische Grundlage, welche jedem anderen Wissenschaftler, der sich um dieses Material bemüht, notwendigerweise fehlt.

Die Gliederung unserer Darstellung des Großen Weiblichen folgt dem schematischen Aufriß, den wir im ersten Teil entworfen haben. Wir verfolgen die Entfaltung der archetypischen Einheit des Großen Weiblichen vom Elementarcharakter über den Wandlungscharakter bis zu den Mysterien des Geistwandlungscharakters, in denen die Entwicklung der weiblichen Psychologie ihren Höhepunkt erreicht.

Diese künstliche Einteilung soll keineswegs das Hinüber und Herüber der Zusammenhänge verwischen. Es wird im Gegenteil eine unserer Aufgaben sein, Verbindungen, wie die Wiederkehr der gleichen Symbole auf den verschiedenen Stufen und ihre Wandlungen in ihnen, verständlich zu machen. Während die Gliederung die grundlegende Struktur des Archetyps in der Fülle der Bilder und Symbole herauszuarbeiten versucht, sollen die vielfachen Hinweise auf die Querverbindungen und Überkreuzungen die schillernde Mannigfaltigkeit der archetypischen Wirklichkeit verdeutlichen.

Das Auftauchen ähnlicher Symbole und Symbolzusammenhänge überall in der Welt hat oft zu willkürlichen und phantastischen Theorien von Einflüssen, Wanderungen usw. geführt. Eine derartige Konstruktion oberflächlicher «historischer» Beziehungen wird von uns grundsätzlich ebenso vermieden wie die heute so beliebte Reduktion gleicher Erscheinungen auf entsprechende soziologische Grundphänomene. Die Bescheidung auf die phänomenologische Darstellung und ihre psychologische Interpretation bedeutet keineswegs einen Verzicht auf die Herausarbeitung von für die Menschheit wichtigen Entwicklungszusammenhängen. Es scheint aber noch zu früh zu sein, die psychische Geschichte der Menschheit zu schreiben, erst Ansätze und Richtlinien können heute gegeben werden; zu den notwendigen Vorarbeiten gehört es, zunächst den «Blick für das Archetypische» zu schulen. Späteren Arbeiten wird es vorbehalten sein, die Beziehung der Einzelkulturen zu der archetypisch bedingten Phasenentwicklung des Bewußtseins und zu einzelnen archetypischen Dominanzen zu verfolgen.

A
DER ELEMENTARCHARAKTER

Achtes Kapitel

DIE VORZEITGÖTTIN

Mit den auch historisch ältesten Darstellungen der Großen Mutter als Steinzeitgöttin taucht der Archetyp des Großen Weiblichen mit einem Male und in überwältigender Ganzheit und Vollkommenheit in der Welt der Menschen auf. Diese Figuren der Großen Göttin sind, abgesehen von den Höhlenmalereien, die ältesten Kultwerke und Kunstwerke der Menschheit, die wir kennen[1].

Das Vorkommen dieser Figuren in einem Gebiet, das von Sibirien bis zu den Pyrenäen reicht, scheint das Vorhandensein eines einheitlichen «Weltbildes», in dessen Zentrum die große weibliche Göttin steht, vorauszusetzen. Das Phänomen einer derartigen Einheit einer Steinzeitkultur ist unabhängig von der Frage der Herkunft der Figuren, unabhängig auch davon, ob Wanderungen von Urvölkern diese Gestalt von einem Zentrum aus verbreitet haben, oder ob das Entstehen dieser Plastiken an verschiedenen Stellen gleichzeitig vor sich gegangen ist[2].

Die ersten vier Bilder stellen diesen weitverbreiteten Typ der Großen Steinzeitmutter am vollkommensten dar, ihre Kultbedeutung ist unbestritten. Sie sind Beispiele für die Herrschaft des Matriarchalen, ganz unabhängig davon, ob und in welchem Umfang die männliche Gruppe in dieser Epoche – zum Beispiel als Jägergruppe – die Führung auch über die Frauen an sich gerissen hatte. *T. 1, 2*

Für unsere weiteren Ausführungen bleibt es also irrelevant, ob der psychische Träger des Archetyps die Frauen- oder die Männergruppe ist, oder – wie wir annehmen – beide. Der Archetyp der Großen Muttergottheit kann sich in einer patriarchalen, wie umgekehrt der Archetyp der Vatergottheit in einer matriarchalen Gesellschaft ausprägen. Ebenso können im Individuum – etwa bei einem männlichen Neurotiker –, in dem der Mutterarchetyp dominiert, die Charakteristiken der matriarchalen Welt eher zu finden sein als bei einer gesunden Frau.

Unsere Darstellung der archetypischen Welt ist in diesem Sinne idealtypisch. Sie

[1] Es bleibt sich dabei gleich, ob wir annehmen, sie seien zwanzigtausend oder nur zwölftausend Jahre alt.

[2] Vgl. dazu S. 119, Anm. 41.

bezieht ihre Belege aus der männlichen wie aus der weiblichen Psychologie der Gruppe und des Einzelnen. Geschlecht und soziologische Konstellation sind nur imstande, die archetypische Grundstruktur zu variieren, nicht aber, sie wesentlich zu verändern.

Die Steinzeitskulpturen sind in der Weise auf die Geschlechter verteilt, daß nach einer Zusammenfassung auf fünfundfünfzig weibliche im ganzen nur fünf männliche Figuren kommen. Dabei sind die männlichen Jünglingsfiguren untypisch und schlecht ausgearbeitet[3], so daß ihnen zweifellos keine kultische Bedeutung zukommt. Das stimmt damit überein, daß die männliche Gottheit in der Religionsgeschichte erst spät auftritt, und daß sie ihre Würde als Sohn-Gottheit sekundär von der Muttergottheit erhalten hat.

Wir finden bei den Figuren der Vorzeit-Mutter einen entscheidenden Unterschied des Körperbaus, nämlich neben einem untersetzt pyknischen einen schlanken asthenischen Typ. Dieser Unterschied wird besonders bei einer kleinen Statue von Gagarino deutlich[4] im Gegensatz zu der sogenannten «Venus von Willendorf» und zu einer ihr entsprechenden auffälligerweise ebenfalls in Gagarino gefundenen Figur[5].

Es ist mehrfach festgestellt worden[6], daß zwischen den Skelettfunden der Bevölkerung und dem Darstellungstyp der Großen Mutter keine Übereinstimmung besteht. Die verschiedene Darstellungsart der Muttergottheit hat also eine symbolische Bedeutung, die wir verstehen müssen.

T. 1b, c, 2 Die Figuren der Göttin wurden in Frankreich am Eingang magischer Jagdkulthöhlen gefunden, ihr Kult stand im Mittelpunkt des Gruppenlebens, das sich im Eingang derartiger Höhlen abgespielt hat.

Die Gestalten der großen Muttergöttin sind mit ihrer Betonung des Un- und Überpersönlichen Urtypen des weiblichen Elementarcharakters. In ihnen allen dominiert die Symbolik der für den Elementarcharakter spezifischen Gefäß-Fülle. Der Bauch und die Brüste, oft Riesenbrüste, sind als die Zentralregionen des Rumpfgefäßes dieser Weiblichkeit das «Einzig-Wirkliche». Die Fruchtbarkeit des Weiblichen hat in diesen Figuren einen ebenso vormenschlichen wie übermenschlichen Ausdruck gefunden. Der Kopf ist gesichtslos und der Körpermitte zugeneigt, die Arme sind nur angedeutet, auch sie betonen die Körpermitte. Die riesenhaften Oberschenkel und Schenkel enden in schmalen Beinausläufern, die, selbst wenn die Füße abgebrochen sind, auch ursprünglich überaus schwach gestaltet waren und keineswegs Träger des riesigen Leibgefäßes sind. In der wunderbaren Figur von
T. 1c Lespugne, in der die Brüste mit dem Bauch, den Schenkeln und dem Schoßdreieck ein einziges Fruchtbündel bilden, ist diese symbolische Fülle des Elementar-

[3] A. Bohmers, *Die Aurignac-Gruppe*, Berlin 1942.
[4] G. Rachel Levy, *The Gate of Horn*, London 1948, Tafel VIe.
[5] Ebenda, Tafel VId.
[6] Bohmers, a. a. O.; Levy, a. a. O., S. 58.

charakters noch stärker sichtbar als in der naturalistischen und deswegen weniger symbolischen Venus von Willendorf. *T. 1a*

Es handelt sich bei den unförmigen Figuren der Großen Mutter um Abbilder der schwangeren Fruchtbarkeitsgöttin, die überall in der Welt als Herrin der Schwangerschaft und Geburt gilt, und die als Kultobjekt nicht nur der Frauen, sondern auch der Männer, das archetypische Symbol der Fruchtbarkeit und des bergenden, schützenden und nährenden Elementarcharakters darstellt[7].

Zwar existiert zwischen den Steinzeitbildern des Großen Weiblichen in Europa und seiner Darstellung im Vorderen Orient eine große Lücke, aber die Entdeckungen von Tell Halaf haben entsprechende weibliche Figuren in frühester vorgeschichtlicher Zeit, dem 5. bis 4. Jahrtausend, nachgewiesen. «Es sind meist plastische Darstellungen von nackten bemalten Frauen mit kaum angedeutetem Kopf, aber, in Übereinstimmung mit der frühen Aurignac-Tradition, mit übertriebener Darstellung von Brüsten, Bauch, Gesäß und Schamgegend[8].» Die Fülle der Tierfiguren, die zu diesen Gestalten gehört, bestätigt, daß dieses über die Geburt herrschende Große Weibliche die Mutter alles Lebendigen ist, der Menschen ebenso wie der Tiere[9].

Die Statik des Elementarcharakters äußert sich bei diesen Figuren in der Integration der Arme, der Aktivelemente des Handelns und der Bewegung, in dem Block des Rumpfgefäßes und in dem häufigen Zurücktreten der Kopfpartie, die, klein und gesichtslos, gewissermaßen nur einen Ausläufer der betonten Rumpfpartie bedeutet. Ein weiteres Merkmal dieser Figuren ist die überdimensionale Breite und Fülle der Gesäßpartie.

Es wäre falsch, die «Steatopygie» auf die Zugehörigkeit zu bestimmten Völker- und Rassentypen zu reduzieren[10]. Gerade dieses Merkmal der «Großen Mutter der Vorzeit» ist überaus weit verbreitet und findet sich auch da, wo wir nichts vom Vorkommen afrikanischer oder Hottentottenrassen wissen. Auch hier führt die psychologische Interpretation tiefer und weiter.

Auf die Unmöglichkeit, diese archetypischen Figuren der Muttergottheit von einem bestimmten «Sexualgeschmack» der Männer abzuleiten, ist genügend oft hingewiesen worden. Dagegen besteht zweifellos ein umgekehrter und komplizierterer Zusammenhang, nämlich eine Abhängigkeit der männlichen Sexualität von der im Unbewußten wirksamen archetypischen Figur des Weiblichen. Überall

[7] William Foxwell Albright, *From the Stone Age to Christianity*, Baltimore und London 1940, S. 92. *T. 3*

[8] Ebenda, S. 98.

[9] Daß der weibliche Körpertyp, der ursprünglich zur Großen Mutter und den sie vertretenden Priesterinnen gehörte, in späteren patriarchalen Zeiten säkularisiert und sexualisiert wurde, ist durchaus wahrscheinlich und möglich, es handelt sich dabei aber um eine Verfalls-, nicht um eine ursprüngliche Erscheinung. Die «dicke Frau» als begehrtes Sexualobjekt, Haremsfrau, Prostituierte usw. ist ein bis in die Moderne reichender archaischer Rest des Mutterkomplexes beim Mann (E. Fuchs und A. Kind, *Die Weiberherrschaft in der Geschichte der Menschheit*, 3 Bde., München 1913, Bd. I). So kehren diese archaischen Bilder der Großen Mutter auch in der Psychose des modernen Menschen wieder. *T. 7b, 3a*

[10] Levy, a. a. O., S. 58.

da, wo die übermäßig dicke unförmige Frau als weibliches Sexualobjekt herrscht, ist auf eine – unbewußte – Herrschaft des Mutterarchetyps in der Psyche des Mannes zu schließen[11].

Die Sexualbetonung der Gesäßpartie ist aus den Fruchtbarkeitsritualen, welche die magische Vermehrung der Tiere bezwecken ableitbar. Im Paläolithikum waren, ebenso wie noch heute bei primitiven Völkern, Fruchtbarkeitsrituale üblich, in denen die Tierbegattung mit ihrem Koitus von hinten eine zentrale Rolle spielt. Es handelt sich bei diesen Riten nicht um eine personale Sexualkomponente des Mannes, sondern um ein unpersönliches, aus dem Zusammenhang verständliches, symbolisches Verhalten. Auch die personalen Sexualtendenzen der Individuen sind in höherem Maße, als uns noch bewußt ist, von unbewußten archetypischen Bildern abhängig, welche zunächst den Geist und das Verhalten des Kollektivs, später das Verhalten erkrankter und atavistisch fixierter Einzelner bestimmen[12]. So gibt es eine ganze Anzahl von Hinweisen dafür, daß die matriarchale oder patriarchale Dominanz des unbewußten Weltbildes auch die Lage der Partner beim Geschlechtsverkehr bestimmt. Ob das Weibliche als Erde unten, das Männliche als Himmel oben liegt oder umgekehrt, ist abhängig von archetypischen Bedingungen der jeweiligen Kultur. Die Wirkung derartiger archetypischer Gegebenheiten und die Abhängigkeit des Sexualverhaltens von ihnen läßt sich beim modernen Menschen noch in seinen Neurosen, Perversionen und Psychosen, aber auch bis in das durchschnittliche normale Sexualverhalten hinein verfolgen[13].

Die Steatopygie, die Betonung der Gesäßpartie, in den Darstellungen der Frühkulturen ist körpersymbolisch zu verstehen[14]. Das Große Weibliche wird häufig sitzend, und zwar auf der Erde sitzend, dargestellt. Diese «Seßhaftigkeit», bei der das Gesäß den Gegensatz zu den Füßen bildet, den Symbolen des Sich-frei-Bewegens auf der Erde, stellt eine besonders enge Verbindung zur Erde dar, wie sich noch in der Symbolik der Sprache nachweisen läßt. Besitzen, Besitz ergreifen und besessen sein sind Terminologien, in denen der symbolische Charakter des Sitzens deutlich wird. Auch daß man vom Sitz und Wohnsitz eines Stammes spricht als von der Erdregion, von der er herstammt, oder wo er «ansässig» geworden ist, gehört in diesen Zusammenhang. Im Ritual und Brauchtum hat das Sich-auf-etwas-Setzen die Bedeutung von «in Besitz nehmen».

Schon seine Schwerbeweglichkeit und Unförmigkeit zwingt das Große Weibliche zu einer Seßhaftigkeit, in der es wie ein Hügel oder Berg zur Erde gehört, welche es

[11] Siehe Anm. 9.

[12] Die auch beim modernen Neurotiker vorkommende Tendenz, derartig unförmige weibliche Typen sexuell vorzuziehen oder im Sexualakt vorzugsweise eine derartige Haltung einzunehmen, greift auf die archetypische Situation zurück, in der das Unpersönliche des Weiblichen ebenso wie die persönliche Unbezogenheit des Männlichen auf dieses Weibliche betont ist.

[13] Vgl. Anm. 9, S. 101.

[14] Selbstverständlich führt eine derartige – wenn auch unbewußte – körpersymbolische Betonung des Weiblichen dann auch möglicherweise zur Bevorzugung derartiger weiblicher Typen und – eventuell – zu ihrer «Züchtung».

besitzt, deren Teil es ist und die sich in ihm verkörpert. Auch wo die Große Mutter steht, zieht sie ihr Schwergewicht nach unten, zur Erde, die in ihrer Fülle und Unbeweglichkeit der Sitz des Menschengeschlechts ist. Das sitzende Große Weibliche ist die ursprüngliche Form der «thronenden Göttin» und darüber hinaus des Thrones selbst.

Als Mutter und als Erdfrau ist die Große Mutter der «Thron an sich», und charakteristischerweise ist der «Schoß» des Weiblichen nicht nur das Genitale, sondern die breite Schenkelfläche der sitzenden Frau, auf der das Kind, das diesem Schoß entsprungen ist, sitzt und thront. Auf den Schoß genommen werden ist ebenso wie an die Brust genommen werden ein symbolischer Ausdruck für die Adoption des Kindes und auch des Mannes durch das Große Weibliche. Nicht zufällig ist der Name der größten Muttergöttin der frühen Kulte: «Isis», der Sitz, der Thron, dessen Symbol sie auf ihrem Haupte trägt; und der König, der die Erde, die Muttergöttin, «in Besitz nimmt», tut dies, indem er im wahren Sinne des Wortes auf ihrem Schoße sitzt. *T. 4*

Die sitzende und thronende Muttergöttin lebt im Sakralgebilde des Thrones. Der König kommt zur Macht, indem er den «Thron besteigt» und so seinen Platz auf dem Schoße der Großen Göttin, der Erde, als ihr Sohn einnimmt. So finden wir weitverbreitet einen Thron-Kult[15], in welchem der Thron, der ursprünglich die Gottheit selber war, als «Sitz der Gottheit» verehrt wurde.

Ursprünglich stand an Stelle des Throns der Berg, der in sich die Symbole der Erde, der Höhle, der Masse und der Höhe verbindet, die unbeweglich-seßhafte Gottheit, welche sichtbar über die Erdlandschaft herrscht. Der Berg ist zunächst die numinose Gottheit als Bergmutter, später wird es der Sitz und Thron, auf dem das sichtbare oder unsichtbare Numen sitzt, noch später der «leere Thron», auf dem sich die Gottheit «niederläßt». Der Bergsitz als Thron der Großen Göttin, der Frau vom Berge, ist ein späteres Stadium der Entwicklung, seine schönste Darstellung hat er wohl in dem bekannten kretischen Siegel, auf dem die Muttergottheit oben auf dem Berge steht und von dem sie anbetenden Jüngling verehrt wird. *Fig. 62*

Die Symbolik der weiblichen Gottheit als Hügel und Berg finden wir noch spät im Orient, wo der Hieros Gamos zwischen Himmel und Erde auf dem Berge oder dem ihn symbolisierenden Stufenturm, wie in Babylon, statthat. Dort verbindet sich der herabsteigende männliche Himmels-, Wolken-, Blitz-, Donner- und Regengott mit der weiblichen Erdgöttin, die der Berg ist oder auf dem Berge ihren Sitz hat. Auch die Priesterin, welche die Göttin vertritt, empfängt in der Kapelle auf der Bergspitze den Gott.

[15] Wolfgang Reichel, *Über vorhellenische Götterkulte* Wien 1897, (nach Hoernes-Menghin, *Urgeschichte der bildenden Kunst in Europa*, Wien 1925), leitet den Thronkult aus dem Orient ab, Felsenthrone finden sich in Lydien und Phrygien, in Griechenland, in Rhodos und Thera; Nachbildungen der großen Thronstühle kommen unter anderen in Gräbern von Tiryns, Mykenä, Menidi und Nauplia vor. Neben Thronkulten der klassischen Zeit finden wir Thronstühle verbunden mit dem Totenkult auch in Sizilien und Etrurien.

Später wird der Thron zum Sakralsymbol der in den Hintergrund getretenen Großen Mutter, welchen der König «besitzt». In unserer patriarchalen Zeit wird der Ausdruck eine Frau «besitzen» für den Geschlechtsverkehr mit ihr gebraucht, durch den der oben liegende Mann die Frau – aus keineswegs rational verständlichen Gründen – zu seinem Eigentum zu machen glaubt. Der Ausdruck verrät aber noch die ursprünglichere und prägenitale Form der Besitznahme, in der das Männliche die Erde, den Besitz, vom Weiblichen dadurch erhält, daß es von diesem als Sohn auf den Schoß genommen wird. Die von der matriarchalen Symbolik stammende Betonung des Thrones ist bis zur heutigen Zeit so bedeutsam, daß Hocart mit Recht sagt: "The throne has become so important, that we speak of a king ascending the throne, meaning that he succeeds to the Kingship[16]." Unsere Auffassung von der Mutterbedeutung des Thrones bestätigt sich dann noch, wenn es von der Krönung des indischen Königs heißt, daß die Wiedergeburt des Königs, die mit Hilfe seines Krönungs- und Bekleidungsrituals durchgeführt wird, darin gipfelt, daß der König den Thron besteigt: "The King is made to sit on a throne which represents the womb[17]."

Abb. 1. «INSELFIGUR»

Kalkstein, bei Sparta, etwa 15. (?) Jahrh. v. Chr.

Die Bedeutung des Thrones und des Sessels als des hervorgehobenen erhöhten Sitzes wird besonders im Gegensatz zu der hockenden oder liegenden Stellung deutlich, welche der frühe Mensch normalerweise einnahm. Eine Erinnerung an die menschliche Form des mütterlich aufnehmenden Sessels und Lehnstuhls hat sich bis zur heutigen Zeit darin erhalten, daß wir bei ihm von Armen und Beinen ebenso wie vom Rücken reden. Daß die Urbilder des Mutter-Thrones und des Thrones als Mutter zusammen mit dem auf ihm sitzenden oder «thronenden» Kinde noch in
T. 5 den Tiefen des modernen Menschen leben, geht aus einer Plastik von Henry Moore hervor, welche alle diese Elemente enthält.

[16] Arthur Maurice Hocart, *Kingship*, London 1927, S. 97.
[17] Ebenda, S. 92.

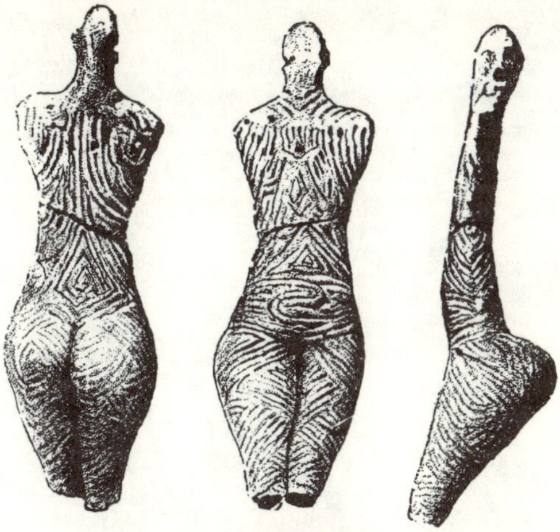

Abb. 2. TONFIGUREN

Rumänien, prähistorisch

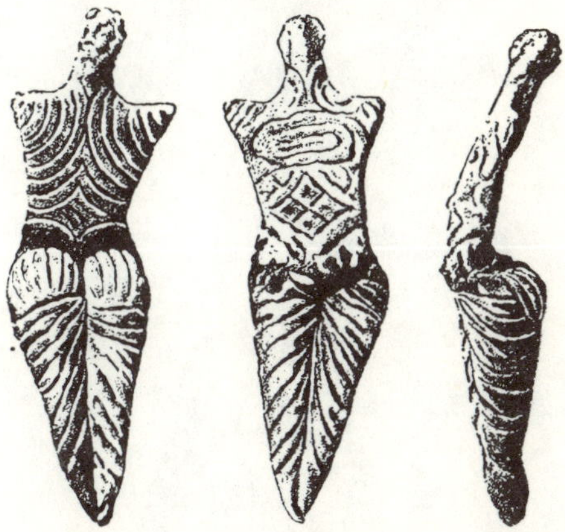

Weibliche Figuren mit übermäßig betonter Gesäßpartie finden wir – abgesehen *T. 7a*
von Peru – gerade auf dem Balkan. Die Figur aus Griechenland, eine sogenannte
«Inselfigur», verbindet diese Körpermerkmale mit dem der Tätowierung. Analoge *Fig. 1*
Figuren sind auf den griechischen Inseln gefunden worden[18], und die steinzeitlich *T. 24*
primitiven Figuren von Rumänien ebenso wie aus Thrakien entstammen der glei- *Fig. 2; T. 6*
chen psychischen Schicht. Alle diese Gestalten gehören gleichen archetypischen

[18] Hoernes, a. a. O., S. 367 Anm.

Abb. 3. KRETISCHE FRAU

Fresko, Griechenland, späte helladische Periode

Grundformen an, deren Ausbreitung über Syrien[19], Kreta und Mesopotamien bis *Fig. 3; T. 3–11* nach Indien[20] reicht. *T. 15*

Neben diesen Darstellungen, bei denen eine Betonung der Gesäßpartie auffallend häufig vorkommt, stehen andere nackte Göttinnen-Figuren, bei denen das Geschlechtsdreieck besonders hervorgehoben ist. Ihre Verbreitung ist vom vordynastischen Ägypten über Syrien, Palästina, Mesopotamien und Kleinasien nach *T. 6, 8, 9, 10–14* Troja und – abgesehen von den ägäischen Inseln, Zypern und Kreta – bis nach *T. 16, 17, 23* Südeuropa hin zu verfolgen.

Diese Gruppe überschneidet sich mit einer anderen, für welche nicht nur das Geschlechtsdreieck, sondern auch das «Halten der Brüste» charakteristisch ist, das *T. 8, 9, 10, 12a, 13, 20* heißt, bei welcher der Fruchtbarkeits- und Sexualcharakter betont ist. Auf späten Plastiken der indischen Großen Mutter, deren geschwungene Breithüftigkeit die Gestaltung des Weiblichen in der ganzen indischen Plastik beherrscht, ist die Genitalzone der Großen Mutter meistens verhüllt dargestellt[21], wobei allerdings der *T. 15* von der frühesten Zeit an dargestellte Schamgürtel, der noch in den spätesten indischen Idolen wiederkehrt, diese Zone ebenfalls deutlich betont. Wie frühe Siegel beweisen, war aber anfangs auch in Indien die nackte und genitalbetonte Große Mutter als Herrin der Sexualität und der Fruchtbarkeit bekannt[22].

Die Darstellung der großen Vorzeitgöttin beschränkt sich keineswegs auf die Betonung von Körperzonen und Körperpartien. Wohl sind Brüste, Gesäß, Geschlechtsdreieck Träger wichtiger symbolischer Betonungen, aber wir dürfen darüber niemals das Ganze der Gestalt und die Art der Integration dieser Zonen in ihr vergessen. Das, was wir die «Polyvalenz des Archetyps» genannt haben, wird gerade in diesen frühen Figuren deutlich, aus denen sich erst im Laufe der Entwicklung die einzelnen Typen der Göttinnen herausdifferenziert haben, welche durch verschiedene und auch gegensätzliche Betonung von Zonen und Symbolen charakterisiert werden.

So finden wir in der Frühzeit oft eine Einheit von in ihrer Gegensätzlichkeit überraschenden archetypischen Merkmalen. Viele Figuren zeigen zwar nur den Elementarcharakter mit der Überbetonung des Genitales und der Brüste, den Symbolen des Gebärens und Nährens, aber wir finden auch solche, bei denen die Betonung des Gefäßcharakters und der Bauch-Genital-Gesäßzone neben einer deutlichen *Unter*betonung der Brustregion steht. Hier erscheint der Gegensatz im *T. 1c, 6* Weiblichen selber in dem paradoxen Formgegensatz von oben und unten, und die gebärende Mutterseite unten ist mit der damit kaum zu vereinbarenden Andersartigkeit eines jungfräulich-vorweiblichen Oben verbunden. Am deutlichsten äußert sich dieser Gegensatz schon ganz früh an der Göttin von Lespugne, bei der *T. 1c*

19 Levy, a. a. O., Tafel VIIIa und b.

20 Heinz Mode, *Indische Frühkulturen und ihre Beziehungen zum Westen*, Basel 1944, Illustr. 16a und b.

21 Ebenda.

22 Heinrich Zimmer, *The Art of Indian Asia: Its Mythology and Transformations*. Vervollständigt und hg. von Joseph Campbell, 2 Bde., New York 1955, Bd. I, Tafel A8, oben rechts.

sich ein Weiblich-Oberes zu sich selber als dem Rumpfgefäß tragender Fruchtfülle herabbeugt, wobei dieses Weiblich-Obere eine andere, wie wir sagen würden, seelischere Qualität hat als das strotzend körperliche Weibliche unten.

Die unendliche Zartheit des Oberkörpers und des mädchenhaften Kopfes, welcher sich über den eigenen Leib beugt, in dem der Elementarcharakter des Mütterlichen in geradezu ausschweifender Fülle ausbricht, betont den uns bekannten Gegensatz zwischen dem statischen Elementarcharakter des Mütterlichen und dem dynamischen Wandlungscharakter des jungen Weiblichen rein stilistisch.

Selbstverständlich handelt es sich dabei um den Ausdruck einer unbewußten, im Künstler wirkenden Tiefenschicht, nicht um eine bewußte inhaltliche oder formalkünstlerische Problematik. In der Verbindung der, in der Seitenansicht besonders deutlichen, fast blattartigen Schmalheit und Unkörperlichkeit des oberen Teils mit der fruchthaften Körperlichkeit des Rumpfes in einer Figur manifestiert sich vorbildlich die typische Zuordnung von Elementarcharakter und «unten», von Wandlungscharakter und «oben» am Körperbild des göttlichen Archetyps.

T. 16 Entsprechend finden wir bei der sumerischen «schlangenköpfigen» Gottheit überschlanke Figuren mit Kind und stark betonter Genitalzone; die überbetonte Schmalheit hängt hier wohl mit der Schlangennatur dieses Weiblichen zusammen.

An diesen Beispielen wird deutlich, wie undurchführbar die Trennung in einen *soziologisch ableitbaren* «sensorischen» und in einen ihm entgegengesetzten «ima-
T. 17 ginativen» Stil ist[23]. Die obere Hälfte der Göttin von Lespugne ist «imaginativ» und abstrahierend im Gegensatz zu der «sensorischen» materialistischen Unterpartie. Der unsere Darstellung bestimmende Gegensatz von Elementarcharakter und Wandlungscharakter des Weiblichen ist strukturpsychologisch gegeben. Eine derartige Gegensatzverbindung ist typisch für eine Frühzeit, die wir als uroborisch bezeichnen, weil der Uroboros das Symbol der gegensatzverbindenden psychischen
T. 6 Anfangssituation ist. Auch in dem primitiven Göttinnen-Idol aus Thrakien finden wir eine Gegensatzverbindung dieser Art.

Die eine Möglichkeit, das numinos Großartige und archetypisch Herausgehobene des Großen Weiblichen darzustellen, findet der Frühmensch in einer expressiven «Übertreibung» der Form, in einer Akzentuierung des Elementarcharakters, in der das Körpergefühl eine entscheidende Rolle spielt. Der das Bildwerk Schaffende und die es verehrende Gruppe sind ohne Zweifel von der Körpernähe, der strotzenden Fülle und massiven Wärme, die von einer solchen Figur ausgeht, fasziniert und angezogen. (Darin liegt die Berechtigung der Bezeichnung «sensorisch» für derartige Bildwerke.) Dabei ist diese Anziehung identisch mit einer unbewußten Regression zum Infantilen, für welche die Göttin zum adäquaten Bild des enthaltenden Elementarcharakters wird.

Im Gegensatz dazu stehen die «abstrakten» Darstellungen, in welchen wir eine Betonung des Wandlungscharakters erkennen. Das früheste Beispiel dieser Art ist

[23] Herbert Kühn, *Die Kunst der Primitiven*, München 1923, S. 11ff.

wohl die Ritzzeichnung einer weiblichen Figur von Predmost. Während der Elementarcharakter zur Plastik drängt, tendiert der abstrahierende Ausdruck des Wandlungscharakters zum Ornamental-Zeichnerischen, das aufs engste mit der Tätowierung, der Körperbemalung, zusammenhängt, welche eine Verwandlung und Vergeistigung des Körperlichen beabsichtigt. *Fig. 4*

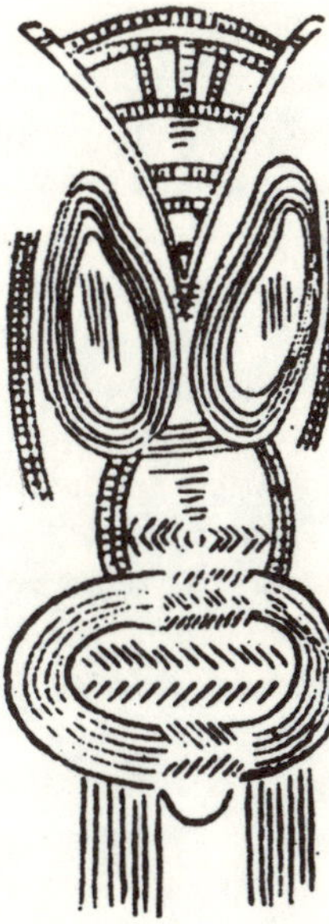

Abb. 4. FRAU

In Elfenbein geritzt, Predmost, Tschechoslowakei, spätes Paläolithikum

Bei der Ornamentierung des Körpers handelt es sich niemals primär um «Schmükkung», sondern immer um eine dynamische Veränderung des Bemalten[24]. Dem lebenden oder toten Objekt wird durch die Bemalung Kraft zugeführt, es wird manahaltig und geladen, das gleiche bedeutet auf der Primitivstufe die Rotfärbung der Plastik, die für eine große Anzahl der Vorzeitgöttinnen nachgewiesen ist.

Die Wandlungsbedeutung der Tätowierung bestätigt sich dadurch, daß sie Ausdruck der erfahrenen Initiation ist. Im gleichen Sinne ist das bemalte Gefäß ursprünglich sakral. Es steht im Gegensatz zum Profangefäß, indem es durch die Ornamentik, die aus bedeutungsvollen Grundsymbolen, wie Spirale, Kreuz, Kreis, Welle usw., besteht, «herausgehoben» ist.

Die thrakische Figur der sitzenden Göttin gehört zu den tonplastischen Idolen *T. 6* der jüngeren Steinzeit[25], deren Fundorte von Westrußland bis zum Balkan und nach Mitteleuropa reichen. Sie entstammen einer matriarchal betonten Kulturschicht, die aller Wahrscheinlichkeit nach mit der ägäischen Kultur und ihren Vor-

[24] Über Gefäß- und Körperbemalung vgl. S. 110.

[25] Hoernes, a. a. O., S. 204f.

läufern in Zusammenhang steht. Der Charakter dieser Figur ist so primitiv, daß wir sie unabhängig von ihrer historischen Datierung einer psychologisch sehr frühen Schicht zuordnen müssen.

Einen Teil ihrer Unheimlichkeit gewinnt diese Plastik durch die in ihr enthaltenen Gegensätze. Die Gefäßform betont das Körperhafte des Elementarcharakters, während die dichte Ornamentik der Tätowierung zu einer Entkörperlichung tendiert, einer – im wörtlichen Sinne – Überdeckung des Körperlichen durch das Symbol. Die winzigen, kaum angedeuteten Brüste verstärken die – unbewußte – Tendenz, das Elementar-Körperliche zu überwinden. Besonders deutlich wird das Abstraktionsmoment, durch welches der Bedeutungs-, Symbol- und Wandlungscharakter des Weiblichen akzentuiert wird, dadurch, daß die Schoßpartie nicht fruchthaft und schwanger hervorgewölbt ist, sondern in dem deswegen ebenfalls ornamental betonten Scham-Dreieck das Symbol der Spirale trägt, deren eines Ende nach oben und deren anderes nach unten sich einrollt.

Damit kommen wir zu einem wesentlich in der abstrahierenden Tendenz wirksamen Inhalt[26]. Eine in dieser Weise dargestellte Göttin ist niemals nur Fruchtbarkeits-, sondern immer auch Todes- und Totengöttin. Sie herrscht als Erd-Lebensmutter über das aus ihr aufsteigend Geborene und über all das, was in sie ein- und zurücksinkt. Darum trägt diese – in einem Grab gefundene – thrakische Göttin auf dem Schoß die miteinander verbundene auf- und absteigende Spirale als Herrin des Lebens und des Todes.

Die «Abstraktion» ist der symbolische Ausdruck dafür, daß das stoffliche Element, die materielle Seite, zurücktritt oder auf ein Minimum reduziert wird, und die abstrahierende Darstellung ist der symbolische Ausdruck eines Konfliktes zwischen Körperlichem und Unkörperlichem und einer Wandlung, die vom Körperlichen zum Unkörperlichen tendiert.

Ein Nicht-Körperliches wirkt hier in einer Dynamik, die in einem gewissen Gegensatz zum Wirklich-Stofflichen steht. Es kann aber auch in seiner Distanzhaltung und seinem Anders-Sein als ein von der Wirklichkeit Abgezogenes, von ihr Abstrahiertes, oder als ein von ihr wie eine Quintessenz Ausgezogenes erscheinen. Dieses Geist-Seelische, das auf der Primitiv-Stufe überdies das Wesentliche, Symbolische, Ideehafte, Prinzipielle, Transpersonale und Begriffliche in sich vereinigt, ist das in der Abstraktionstendenz Wirksame.

Dabei ist es unwesentlich, ob dies Geistig-Seelische als etwas der Körperwelt Vorhergehendes oder ihr Nachfolgendes erfahren wird. Die «Geist»-Seele, die das Lebendige belebt und das Tote verläßt, gehört zur Region des Vorweltlichen und Vorkörperlichen.

In der sogenannten primitiven und archaischen Kunst, besonders bei den Masken, findet man eine Fülle von Abstraktions-Momenten, die in diesem primitiven

[26] Es versteht sich von selbst, daß dieser Terminus nicht besagt, es handle sich dabei um einen bewußten Abstraktionsprozeß.

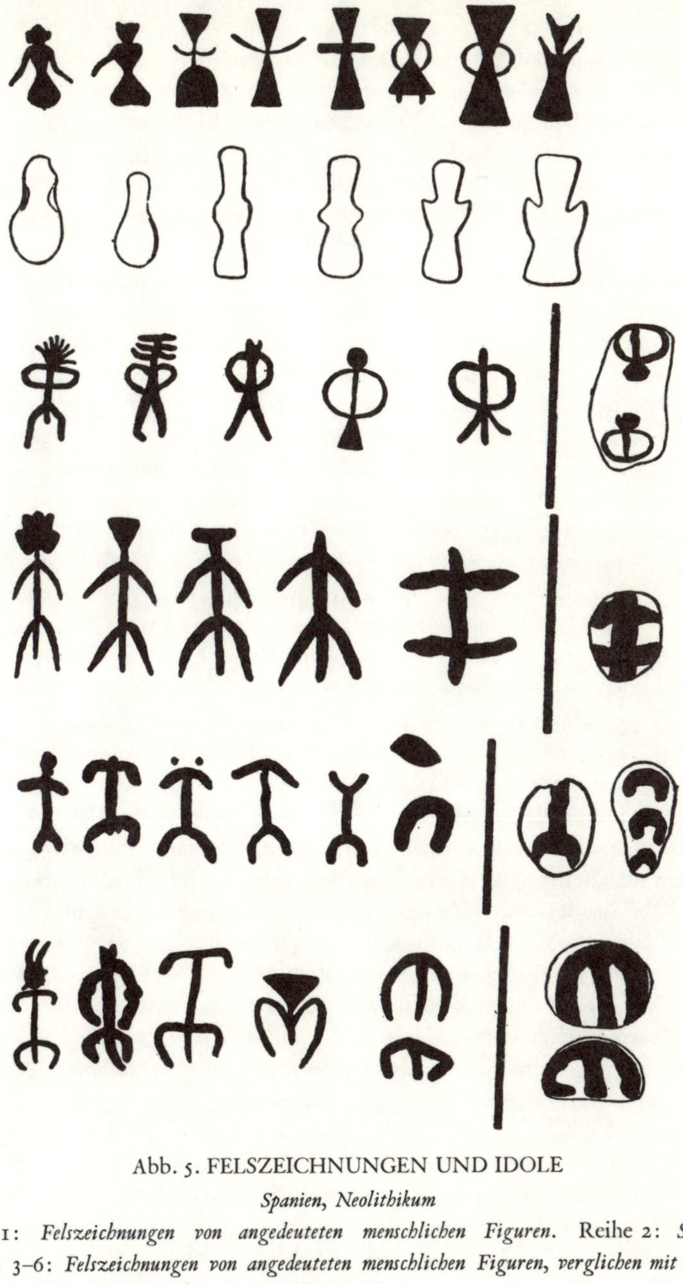

Abb. 5. FELSZEICHNUNGEN UND IDOLE

Spanien, Neolithikum

Reihe 1: *Felszeichnungen von angedeuteten menschlichen Figuren.* Reihe 2: *Steinidole.* Reihen 3–6: *Felszeichnungen von angedeuteten menschlichen Figuren, verglichen mit ähnlichen Mustern auf bemalten Kieselsteinen aus Südfrankreich*

Sinne «Geist»-Charakter besitzen. Das Nebeneinander von naturalistisch-realen und von abstrahierend-imaginativen Elementen im gleichen Kunstwerk beweist, daß es sich um eine sinnerfüllte Tendenz der unbewußten Darstellung, nicht aber um einen von äußeren Determinanten abhängigen «Stil» handelt.

T. 18, 19 Wenn man die beiden Benin-Köpfe unserer Abbildungen[27] vergleicht, ist der eine trotz aller Stilisierung ein wunderbar realistischer Kopf, dagegen ist das andere Haupt, das einen spirit darstellt, mit einem Netz von Symbolen überzogen, die wie eine Tätowierung das Körperliche ent-wirklichen. Obgleich es sich um plastisch gearbeitete Symbole handelt, ist auch hier die Abstrahierungstendenz deutlich sichtbar.

Die «abstrahierende» Darstellung versucht das Numinose nicht wie bei den wirklichkeitsentsprechenden Formen der Plastik durch expressive Übertreibung der Realitätszüge, sondern durch eine imaginative und im Prinzip andersartige innerliche Schau auszudrücken. Wir haben es hier zweifellos mit dem gleichen Gegensatz zu tun, der uns später bei der Psychologie des modernen Menschen als Gegensatz zwischen der extravertierten und der introvertierten Einstellung des Bewußtseins[28] entgegentritt. Natürlich wäre es grundfalsch, deswegen auf eine entsprechende typologische Struktur des Künstlers oder der Gruppe rückschließen zu wollen. Aber wir haben festzustellen, daß derartig entgegengesetzte psychische Auffassungs- und Darstellungsarten von Anfang an existieren und nicht nur die voneinander abweichende Gestaltung verschiedener Objekte bestimmen, sondern auch an der Prägung der gleichen Plastik beteiligt sein können.

Der Gegensatz sensorisch und imaginativ kehrt in der Unterscheidung des Organischen vom Geometrischen oder Abstrakten in der Kunst wieder. Wenn die geometrische Kunst aber als «unsympathetic» und als «life-denying» charakterisiert worden ist[29], dann handelt es sich dabei in gewissem Sinne um ein Mißverstehen dieser Richtung. Die Betonung der «geistigen», das heißt natur*bewegenden*, nicht aber natur*gebundenen* Dynamik ist nicht lebensfeindlich, oft allerdings objektunabhängig. Die Nähe des lebensunabhängigen Geistes zu den Geistern und den Toten macht das Mißverständnis verständlich, aber die Geister-, Toten- und Ahnenwelt ist zwar numinos, doch für den Frühmenschen nicht «unsympathetic» und «life-denying». Der Umgang mit diesen Mächten steht im Zentrum der Kulte und Rituale der Menschheit gerade darum, weil ihre Wirkung lebensfördernd und lebenssteigernd ist, wenn sie in Religion, Kunst und Fest adäquat angegangen werden.

Das Große Weibliche, das die Wirklichkeit der Welt und der Erde mit fruchtbarer Fülle belebt, wird ebenso sinnvoll durch eine naturhafte und sensorische Formgebung charakterisiert, wie umgekehrt die Darstellung seiner Herrschaft

[27] Vgl. Leon Underwood, *Bronzes of West Africa*, London 1949, Tafeln 26 und 27.
[28] Jung, *Psychologische Typen*, a. a. O., Def. 19 und Def. 34.
[29] Herbert Read, *The Meaning of Art*, Harmondsworth 1949, S. 58 und S. 88.

über die Toten- und Geisterwelt Formen bevorzugt, in denen die Naturferne, Geisthaftigkeit und der Distanzcharakter zum Natürlich-Wirklichen betont ist[30]. Die sensorische Fülle der Welt ist ebenso das Objekt der extravertierten, wie der

Abb. 6. HERMAPHRODITISCHES IDOL

Ton, Jugoslawien, Bronzezeit

abstrakte Charakter der Toten-Geister-Welt das Objekt der introvertierten Einstellung, wobei wir Extraversion vereinfachend wie beim Kinde mit Empfinden, Introversion mit Intuition in eins setzen. Zusammengefaßt steht bei der extravertierten Einstellung die Erfahrung der Welt und ihre Objektwirklichkeit im Vor-

[30] Während der eine Pol also die weibliche Gottheit als Elementar-Materiell- und Naturhaft-Wirkliches ist, ist der andere Pol der, in dem vom Stofflichen immer mehr abstrahiert wird und der Geist schließlich als «reiner» Geist pure Dynamik ohne ein stoffliches Substrat wäre. Dieser Pol ist aber nicht mehr innerhalb des «Großen Weiblichen» zu finden; er gehört zu der spezifischen Wirkungsform des «Großen Männlichen», wie es sich schließlich am vollkommensten in der Welt des patriarchalen Geistes manifestiert.

Zwischen diesen beiden extremen Polen vermittelt der Wandlungscharakter des Weiblichen getreu seiner Anima-Funktion. Der Wandlungscharakter kann seine Vermittlungsfunktion dabei ebenso als Anima zwischen der männlich en Bewußtseinswelt und der Elementarwelt des Unbewußten ausüben wie, inkarniert als Prophetin, zwischen der Geist-Welt des patriarchalen Uroboros (vgl. I. Teil S. 79) und der elementaren Wirklichkeit der faktischen Welt.

Abb. 7. ZYLINDRISCHES AUGENIDOL

Kalkstein, Spanien, Neolithikum

Abb. 8. AUGENIDOLE

Geschnitzte Kuhknochen, Spanien, Neolithikum

dergrund, bei der introvertierten Einstellung die psychische Reaktion, welche der Mensch an der Welt erlebt.

Alles das, was die «abstrahierende» imaginative Einstellung erfährt, entspricht einem inneren Geschehen als Erfahrung des Seelischen, des Geistes und der Geister. Ihr adäquater Ausdruck ist daher außenweltsfremd, und alles Abstrakte, Symbolische, Schauerliche, Groteske und «Phantastische» tritt als Ausdrucksmittel dieser innerlich erfahrenen Wirklichkeit auf.

Der Gegenstand der «abstrakten» Darstellung ist das «numinos ganz Andere». *T. 32*
Dabei ist zwischen einer Schematisierung, welche von der Gestaltfülle zum «Zeichen» führt, und der abstrakt-numinosen Darstellung einer Figur nicht immer zu unterscheiden. Wenn man die Form der spanischen Felsmalereien und Idole aus *Fig. 5*
dem Endpaläolithikum betrachtet, die Obermaier zusammengestellt hat, dann wirkt die Geometrisierung dieser Figuren durchaus nicht nur im Sinne einer abkürzenden Vereinfachung, sondern sie wirkt ebenso als konzentriertes Symbol.

Zu den «grotesk» numinosen Darstellungen gehören auch die der hermaphro- *Fig. 6*
ditischen Symbolfiguren, deren uroborische Natur die Gegensätze in sich enthält, von denen wir ein ebenso primitives wie ausdrucksstarkes Beispiel zeigen[31].

Abb. 9. TODESGÖTTINNEN

Reliefs in Kalksteinhöhlen, Frankreich, Neolithikum

Auch die sogenannten «Augenidole»[32] gehören hierher. Bei der unheimlich nu- *Fig. 7, 8*
minosen Wirkung, die von ihnen ausgeht, von «zersetzender Gesichtsdarstellung» zu sprechen, mag zwar formal richtig sein, geht aber an der wesentlichen Intention dieser imaginativen Werke durchaus vorbei. Das gleiche gilt, wenn von einem auf die Augenregion «reduzierten» und «schematisierten» ägäischen Prototyp der weiblichen Gottheit gesprochen wird[33].

Die Vermutung, es handle sich bei dem häufigen Vorkommen dieser Bilder an Grabstätten um die Darstellung einer «primitiven Todesgottheit», bestätigt unsere *T. 20*
These vom Zusammenhang der imaginativ abstrahierenden Darstellung mit den Grab- und Totenriten. «Reduktion» und «Schematisierung» bedeutet eben nichts Formales, sondern symbolisiert – im Gegensatz zum Füllecharakter weiblicher

[31] Vgl. Hoernes, a. a. O., S. 53.
[32] Ebenda, S. 213.
[33] Ebenda, S. 214.

Lebenswirklichkeit – die Zurückführung auf das Geist-Wesentliche der Toten-Geisterwelt.

T. 21 Die imaginativ-abstrakte Form der zyprischen Fruchtbarkeitsgöttin aus der
Fig. 9; T. 22 zweiten Hälfte des 2. Jahrtausends ebenso wie die viel spätere neolithische Felsmutter aus Frankreich weisen wieder als Bilder der Toten-, Erd- und Fruchtbarkeitsgöttin auf die Verbundenheit des Numinos-Imaginativen mit dem Geister-

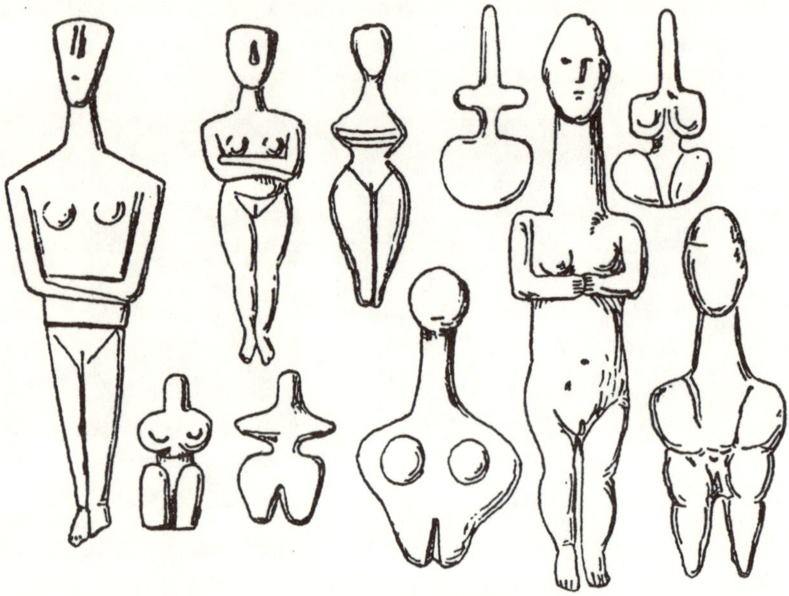

Abb. 10. SITZENDE UND STEHENDE FIGUREN DER GÖTTIN

Aus Amorgos, Naxos und Kreta, vormykenisch

und Totenreich hin. Ebenso deutlich ist die numinose wirkungssteigernde Ab-
Fig. 10 straktionsform bei der späteren prämykenischen Steinplastik[34].

Im Gegensatz zu diesen abstrahierenden Körperformen finden wir besonders im vordynastischen Ägypten, am Beginn der Menschheitsgeschichte, Figuren, welche in ihrem Körpertyp der Vorzeitmutter weitgehend entsprechen. Die sitzende, über-
T. 25 breithüftige plastische Figur einer «Dienerin» repräsentiert eine ganze Anzahl gleichartiger Figuren[35].

T. 24 [34] Die Cellofigur der zykladischen weiblichen Idole ist so auffällig, daß man versucht wird, die weibliche Formgebung vieler Instrumente auf ihre Symbolform hin zu untersuchen und in unsere Zusammenhänge einzuordnen.

[35] E. Holländer, *Aeskulap und Venus*, Berlin 1928; Petrie, a. a. O., Tafel IV, 39 und 40, VIII, 55.

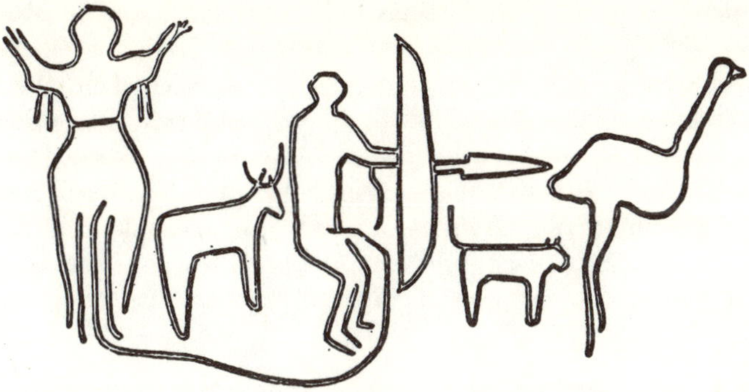

Abb. 11. STEINZEICHNUNG

Algerien, Paläolithikum

Um etwas ganz anderes aber handelt es sich bei der großen Gruppe weiblicher Figuren, die unserer Meinung nach Darstellungen der «Göttin mit den erhobenen Armen» sind. Zu Unrecht hat man diese Figuren, weil sie eine verstärkte Gesäßpartie zeigen, als Dienerinnen afrikanischer Sklavenrassen deuten wollen. Über eine von ihnen schreibt Breasted[36]: *T. 26*

"Skin decorated with numerous zigzag, chevron and animal designs. Feet and hands lacking probably from beginning. Scharff[37] thinks such figures are in dancing attitude and as such are the earliest known attempt to represent the human figure in a specific activity."

Erst wenn man diese frühesten Gestalten mit der Unzahl anderer zusammenstellt, welche die gleiche feierliche Armhaltung zeigen, wird ihr ursprünglich religiöser Charakter evident. Die erste naheliegende Deutung, derartige Figuren als Betende anzusehen, ist keineswegs unmöglich. Die sich mit der Großen Mutter identifizierenden Priesterinnen ebenso wie die Betenden werden diese gleiche Haltung eingenommen haben. Damit ist aber noch nichts über die eigentliche Bedeutung dieser so universal verbreiteten Geste ausgesagt, welche für das Große Weibliche charakteristisch ist.

Die «spezifische Aktivität» der erhobenen Arme ist fraglos religiös, ob wir sie nun als betend und rufend oder als magisch beschwörend verstehen. Primär ist aller Wahrscheinlichkeit nach die «magische Bedeutung» der Armhaltung, die später als die des Gebets beibehalten wurde, wobei ja fast in jedem Gebet die ursprünglich magische Intention, welche die oberen Mächte in Bewegung setzen und beeinflussen soll, noch erhalten ist.

Die Gestalt der Göttin mit den erhobenen Armen zeigt sich fast überall, wo überhaupt die archetypische Figur des Großen Weiblichen auftaucht. Wir finden sie

[36] James Henry Breasted, *Egyptian Servant Statues*, New York 1948, Illustr. 82, Text S. 89.

[37] A. Scharff, Ägypten. In: W. Otto, *Handbuch der Archäologie*, Teil VI, Bd. I, München 1939, S. 445.

Fig. 5 schon auf den frühesten steinzeitlichen «Abkürzungen». Auf dem paläolithischen
Fig. 11 Felsbild, wo der jagende Mann mit einer die Arme hebenden weiblichen Gestalt magisch, von Genitale zu Genitale, verbunden ist, ist sie ein deutlicher Ausdruck der zauberischen Funktion des Weiblichen. Auch bei der Malerei auf einem sehr frühen ägyptischen Gefäß handelt es sich wahrscheinlich wie in dem ebenfalls
Fig. 12 afrikanischen paläolithischen Bild um einen Jagdzauber. Die weiblichen Figuren sind auch in diesem Falle breithüftig und gesäßbetont, außerdem erheblich größer als die Figuren der neben ihnen stehenden Männer. Dies ist wie bekannt der Ausdruck für das «Große Wesen», sei es ein Gott oder später der Große Einzelne als König.

Abb. 12. VASENZEICHNUNG: FRAUEN MIT ERHOBENEN ARMEN

Ägypten, vielleicht 4. Jahrtausend v. Chr.

Unsere Deutung dieser Figuren wird durch eine Bemerkung Raphaels bestätigt[38]:

> "The clay figure of a woman with upraised arms that played a part in the cult of the dead as far back as Amratam times cannot be regarded as representing a dancer, because in a design on a vase in the Brooklyn Museum (New York) there are two men supporting the upraised arms, holding the woman directly under the armpits, in order to enhance the effectiveness of the posture and to prolong it."

Die Interpretationen Raphaels mögen im einzelnen häufig allzu spekulativ sein, sein Nachweis, daß es sich bei diesen Figuren um solche der «Großen Mutter» handelt, ist zweifellos geglückt[39]. Eine völlige Entsprechung zu der magischen Unterstützung der Arme (s. o.) findet sich in der Bibel[40], wo diese Armhaltung Moses' den Sieg über die Amalekiter entscheidet.

Zweierlei Deutungen dieser Armhaltung sind möglich, und beide kommen

[38] Max Raphael, *Prehistoric Pottery and Civilization in Egypt*. Übersetzt von N. Guterman, New York 1947, S. 140f.

Fig. 13 [39] Auch die Verbindung der Armhaltung dieser Gestalten mit dem schützenden Ka-Zeichen ist deutlich, obgleich die Armhaltung der weiblichen Figuren, die auf einen Kreis zielt, von der Haltung mit nur «gehobenen Armen» möglicherweise zu unterscheiden ist.

[40] *Exodus* XVII, 8–13.

schließlich auf eines hinaus. Die eine Deutung betont den magischen Charakter der Haltung, die dementsprechend von Priestern oder Priesterinnen der Großen Gottheit oder von betenden Menschen, die sich mit ihr in Verbindung setzen wollen, eingenommen wird. Die andere Deutung nimmt an, es handle sich um die Haltung der «Epiphanie», des Momentes, in dem die Gottheit erscheint, die hier dargestellt wird. Für beide Deutungen lassen sich gute Gründe anführen.

Auf dem ägyptischen Gefäß ist die Haltung der «Großen Frauen» mit ihren erhobenen Armen deutlich die einer Beschwörung. Wahrscheinlich hatten die Priesterinnen entweder am Beginn oder während des ganzen Unternehmens der Män- *Fig. 12*

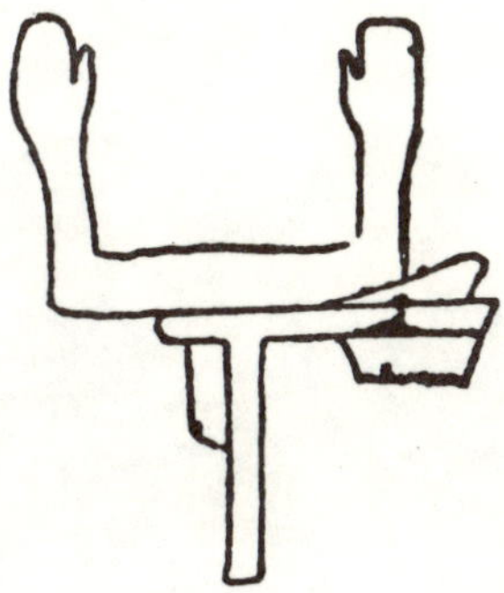

Abb. 13. ÄGYPTISCHES KA-SYMBOL

ner, der Jagd oder des Kampfes, diese magisch wirksame äußere und innere Position einzunehmen. Reste dieser Auffassung finden wir in den zahlreichen Tabus der Frauen, von deren magischer Wirkung der Erfolg der Männer auf ihren Jagd- und Kriegszügen abhängt.

Dafür, daß die Priesterinnen der Großen Mutter oft «in ihrem Gleichnis» gebaut werden, was nötig war, um sie echt «darzustellen», haben wir, wenn wir von den *T. 56* Gestalten der kretischen Hochkultur absehen, den besten Beweis aus Malta. Die Schläferinnen von Malta zeigen, daß das Ideal der Körperfülle auf zartesten Beinen sich über Jahrtausende hin erhalten hat[41]. Die Große Göttin der Vorzeit ist nicht *T. 3* wie später nur untere und Erdmutter, sondern sie ist ebenso die Herrin des Oberen

[41] Die Frage, ob diese relativ späten, ans Ende des Neolithikum zu setzenden Figuren afrikanisch oder kretisch-mykenisch beeinflußt sind, ist für uns unwichtig, da der Begriff des «Einflusses» für den archetypischen Aspekt unzuständig ist. Nur da, wo eine psychische Resonanz vorhanden ist, wirkt ein «Einfluß», wenn aber diese psychische Bedingung lebendig ist, kommt es immer auch zu Spontanmanifestationen der Konstellation, die ein lebendiges Mit- und Gegeneinander der Einflüsse verarbeitet und oft sogar ins Urtümlichere verwandelt (vgl. das oben über die Schematisierung und den Zerfall Angeführte). Alle Thesen und Beweisführungen, die Einflüsse, Wanderungen usw. nachzuweisen versuchen, müssen sich auch die Gegenfrage stellen, warum solche Einflüsse angeblich von weitest abgelegenen Gegenden her wirken sollen, während benachbarte Kulturen und Kulturverbindungen ohne Einfluß aufeinander geblieben sind.

und des Himmels, besonders aber des schicksalsträchtigen Nachthimmels. Ihr großartiges «Dastehen» mit den erhobenen Armen oder der Rundhaltung der Arme verrät ebenso wie ihre stolze Frontalposition, daß sie keineswegs bittend nach oben sich wendet, eher handelt es sich um die Epiphanie ihrer Allmacht, die das obere Schicksals-Magie Wirkende mit einbezieht und seiner mächtig ist.

Die Frontalstellung einer Figur beweist fast immer, daß es sich um ein Numinoses handelt, welches «erscheint» und als ein zu Verehrendes sichtbar wird. Das *Fig. 14* zeigt sich vielleicht am schönsten in dem Bild der kretischen Göttin, die vor den Verehrenden steht. Wir kennen diese Göttin mit der Doppelaxt in den erhobenen Händen auch von anderen Darstellungen[42]. Hier ist sie gerade auf die Erde herabgekommen, worauf die «Stromlinien» des Hintergrundes hinweisen[43].

Abb. 14. KRETISCHE GÖTTIN VOR ANBETERN

Palast, Knossos, 2. Jahrtausend

Ebenso wie zwischen der Gottheit und der sie darstellenden Priesterin eine Identität vorhanden ist, besteht eine solche zwischen der Haltung der göttlichen Epiphanie und der Anbetung des Göttlichen[44], so daß die angebetete Göttin und der anbetende Mensch die gleiche Haltung annehmen. Deswegen können wir ja so oft nicht unterscheiden, ob es sich um ein Bild der Göttin, ihrer Priesterin oder einer anbetenden Figur handelt.

[42] Vgl. S. 117ff. und S. 121.

[43] A. W. Persson (*The Religion of Greece in Prehistoric Times*, Berkeley und Los Angeles 1942, S. 26 und S. 73f.) hat darauf aufmerksam gemacht, daß die Wellenlinien auf den Ringen die Abgrenzung der Himmelsregion bedeuten. In gleichem Sinne muß man hier die Verbindung der Wellenlinien mit der herabsteigenden Göttin interpretieren.

[44] In den vielen Darstellungen der Anbetung, bei der das Antlitz gebeugt oder in die gefalteten Arme gesenkt wird, ist das anders.

Die Gebetshaltung mit erhobenen Armen und Händen ist nicht nur für Ägypten typisch[45], sondern weit verbreitet[46]. Daß die gewinkelte Armhaltung häufig nicht Anbetung, sondern göttliche Epiphanie bedeutet, läßt nicht nur das Bild der «kretischen Göttin[47]» erkennen; auch die primitive Göttinfigur des Heiligtums von *Frontispiz* *Fig. 14*

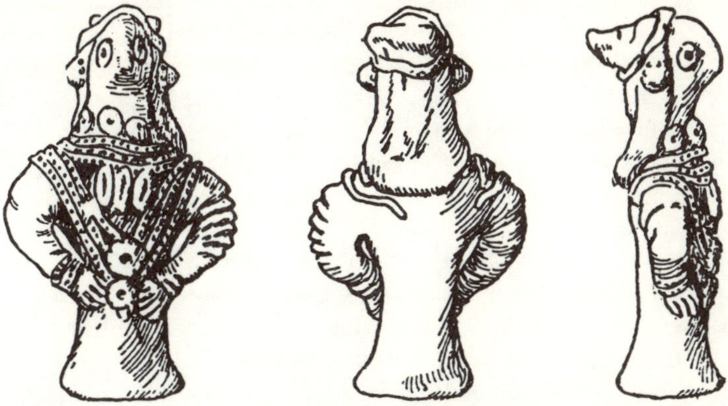

Abb. 15. WEIBLICHE FIGUR

Ton, Belutschistan, prähistorisch

Gournia[48] zeigt diese Haltung ebenso wie viele andere Darstellungen aus Mykenä[49], Troja[50], Zypern[51] und Griechenland. Bei dem Gefäß aus Troja und bei dem Hallstattgefäß[52] sind die Henkel als nach oben gerichtete Arme gestaltet, was die Kultbedeutung dieser Stücke evident macht[53]. Persson beweist gerade an Hand dieses Zuges, daß es sich um die Epiphanie der kretischen Großen Göttin handelt[54]. Die gleiche Haltung nimmt die Große Göttin in Indien ein[55]. *T. 27b, 28a* *T. 27a*

Diese Geste der Epiphanie eignet der Großen Mutter, wenn sie auf der Erde steht wie in Ägypten, wenn sie vom Himmel herabkommt wie in Kreta, aber auch, wenn sie aus der Erde nach oben aufsteigt. *T. 26, 154, 155* *Fig. 14*

Schon bei der vor-griechischen Göttin, deren unterer Teil wie eine Glocke oder ein Podest ungegliedert ist, muß man an die Figur der Gaia denken, der Erdmutter, *T. 24b, 136*

[45] Breasted, a. a. O.
[46] Friedrich Heiler, *Das Gebet*, München 1923, S. 101f.
[47] Nilsson, *Geschichte* ..., a. a. O., Tafel XIV, 4c.
[48] Ebenda, Tafel I.
[49] Kühn, a. a. O., Illustr. 81.
[50] Hoernes, a. a. O., S. 361.
[51] Mode, *Indische Frühkulturen* ..., a. a. O., Kap. II, Anm. 20.
[52] Hoernes, a. a. O., S. 483.
[53] Vgl. S. 133.
[54] Persson, a. a. O., S. 64.
[55] Mode, *Indische Frühkulturen* ..., a. a. O., Illustr. 36.

T. 28a, 28b deren Schoßregion mit der Erde, dem unteren Territorium der Fruchtbarkeit, zusammenfällt. *Fig. 15* Dasselbe gilt für die indischen «Büsten»[56] der Großen Mutter, deren Unterkörper in der Erde steckt. Den gleichen Archetyp finden wir fast zwei Jahrtausende *T. 29* später in einem Bild der Ungeheuer nährenden Erde, bei dem allerdings ein gelehrtes Wissen um die Figur der antiken Gaia nicht auszuschließen ist.

Daß der Archetyp der Großen Mutter mit den erhobenen Armen im Unbewußten auch des modernen Menschen lebendig ist, erweist unser Bild eines Geistes- *T. 30a* kranken[57]. Es ist eine archaische Göttinnenfigur mit der archetypischen Bedeckung des Hauptes, auch sie offenbar steatopygisch und überaus breithüftig, die Genitalpartie von tanzenden schwarzen kleinen Dämonen umgeben, das Gesicht deutlich tätowiert. Sie steht vor einem dunkelblauen Nachthintergrund, unter ihren Füßen ein gelb-grünliches Etwas (der Mond?).

Aber auch der abstrakt-imaginative Typ der Muttergöttin findet sich in der Moderne, zum Beispiel in Kinderzeichnungen. Die große Figur des Mutterarchetyps, die im Unbewußten eines Kindes aufgetaucht ist, war als Darstellung eines *T. 30b* «Schiffes» gedacht. Der unbewußte Zusammenhang von Schiff und Mutterarchetyp wird uns später beschäftigen, auf unserem Bilde ist ebenso wie auf dem Bild des Geisteskranken der Ausdruck der Großen Mutter wesentlich durch die erhobenen Arme mitbedingt.

So ist die Vorzeitgöttin in ihrer Einheit von weiblichem Elementar- und Wandlungscharakter «von ewiger Präsenz». Überall da, wo in der Psyche eines Menschen diese ursprüngliche Einheit, aus welchen Gründen auch immer, belebt wird, konstelliert sich, unabhängig von Zeit und Raum, ihr archaisches Bild von neuem.

[56] Stuart Piggott, *Prehistoric India*, Harmondsworth 1950, S. 108, Illustr. 9.
[57] Hans Prinzhorn, *Bildnerei der Geisteskranken*, Berlin 1922, Tafel XIV.

Neuntes Kapitel

DER POSITIVE ELEMENTARCHARAKTER

Im Mittelpunkt des weiblichen Elementarcharakters, in dem die Frau enthaltend und schützend, nährend und gebärend ist, steht das Gefäß[1], das sowohl Attribut als auch Symbol des weiblichen Wesens ist. «Das Tongefäß, weiterhin das Gefäß überhaupt, ist ein altes sehr bezeichnendes Attribut der Frau, welches ihr in diesem Falle substituiert und überdies noch beigegeben wird. Es ist eines der primären Arbeitsgeräte der Wasser holenden, Früchte einsammelnden, kochenden Hausgenossin des Mannes, deshalb dann ein Symbol der weiblichen Gottheit[2].» *T. 2*

Wir beginnen mit dem Hinweis auf zwei Ton-Idole, primitive Bilder der weiblichen Gottheit aus Hissarlik-Troja, von denen es heißt: «Von der zweiten Stadt an wird das ganze Gefäß als dämonische Gestalt gebildet, unter deren Schutz man den Inhalt des Gefäßes und das Heil seines Besitzers stellt. Wer sollte aber diese dämonische Gestalt sein, als die göttliche Stadtherrscherin, die Berggöttin selbst[3].» Ferner gehören hierhin zwei Gestaltungen aus einer anderen Zeit und Landschaft, eine Gesichtsurne und eine Kultfigur mit Gefäß aus Osteuropa[4]. *Fig. 16, 17* *T. 31a, 31b*

Vorformen der zahlreichen prämykenischen Gesichtsurnen Trojas finden sich in neolithischen Ansiedlungen Thessaliens und Serbiens[5], aber wie die entsprechenden Gefäße aus Posen und Brandenburg, aus Westpreußen und aus anderen Teilen der Welt beweisen, handelt es sich um eine archetypische, nicht um eine traditions- und kulturgebundene Form der Darstellung. Dabei ist es für uns unwesentlich, ob z. B. für die troischen Gestaltungen die Betonung des Gesichtes und des weiblichen Geschlechtes, für die pommerellischen die des Halsschmuckes und des Gürtels typischer ist[6]. *Fig. 20*

Der Gefäßcharakter des Weiblichen wird häufig auch durch eine Verdoppelung

[1] Vgl. I. Teil, Kap. 4.
[2] Hoernes, a. a. O., S. 362.
[3] Ebenda.
[4] Ebenda, S. 531; Eckart von Sydow, *Die Kunst der Naturvölker und der Vorzeit*, Oldenburg 1926.
[5] Hoernes, a. a. O., S. 359.
[6] Ebenda, S. 530.

des Gefäßes betont, indem das als Gefäß gestaltete Weib ein zweites Gefäß trägt. *Fig. 16* So ist der charakteristische Kopfschmuck der weiblichen Göttin und Priesterin nur eine Weiterbildung des im Ritual häufig auf dem Kopf getragenen Gefäßes. Das auf dem Kopf oder vor den Leib gehaltene Gefäß, das auch bisweilen neben der Frau *T. 33a* steht, ist meistens als Sakralgefäß zu verstehen, das im Ritual der weiblichen Gottheit eine bedeutsame Rolle spielt[7].

Abb. 16. GESICHTSURNE

Roter Ton, Troja, IV. Schicht

Der Gefäßcharakter wird auch so dargestellt, «daß ein Gefäß keine weiteren Abzeichen (Gesichtszüge, Brüste usw.) hatte, sondern daß bloß ein kleines Gefäß als Attribut an demselben angefügt war[8]».

Für die primitiven Frauen-Gefäße ist das Fehlen des Mundes – das schon für die Vorzeitgöttin typisch war – ein symbolisch bedeutsamer Zug.

Der Mund als fressendes, zerreißend-verschlingendes Symbol der Aggression ist

[7] Siehe bei Hoernes, a. a. O., Illustrationen von Troja, Österreich, Deutschland, Zypern, Italien, Spanien, Rumänien, Rußland usw. (S. 198, 361, 451, 497, 507 usw.).

[8] Ebenda, S. 362.

für den gefährlichen «negativen Elementarcharakter» des Weiblichen charakteristisch. Deswegen müssen wir uns fragen, was sein so häufiges Fehlen für den Elementarcharakter bedeutet. Der Charakter der Fülle gehört zu den positiven Urerfahrungen des Weiblichen als Gefäß, das Nahrung gibt. Deswegen sind seine Brüste betont, während der numinose Charakter in den dominierenden Augen zum

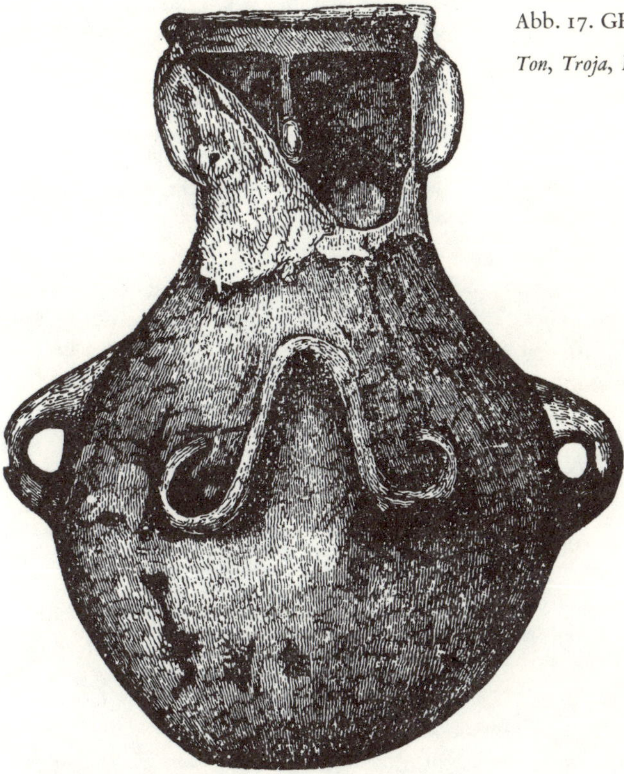

Abb. 17. GESICHTSURNE

Ton, Troja, III. Schicht

Ausdruck kommt, welche zusammen mit dem die Nase einbeziehenden Augenbrauenbogen so stark zum Vogelcharakter dieser Gestaltungen beitragen[9].

Dem körperlichen Gefäßcharakter des Unteren steht der geistige Augen-Charakter des Oberen gegenüber[10]. Aber ein Sprechendes, ein seelischen Ausdruck ver-

[9] Interessant für die archetypische Grundlage dieses Zuges ist die Erfahrung, daß Säuglinge, wie das Experiment überraschenderweise gelehrt hat, auf die faltenlose Stirn und den Augenbrauenbogen positiv reagieren, der Charakter und Ausdruck des Mundes aber ohne Bedeutung für sie ist. Siehe Adolf Portmann, Mythisches in der Naturforschung. In: *Eranos-Jahrbuch 1949*, XVII.

[10] Dieser Charakter des «Oberen», der im Kopf und seiner Vergrößerung durch den Kopfschmuck schon von frühester Zeit an deutlich betont ist, wird uns später noch beschäftigen. *T. 56, 87*

mittelnder Mund fehlt. Das Große Weibliche ist dem Kindlich-Menschlichen gegenüber noch stumme Existenz. Der Mund als Organ des Nach-Innen-Nehmens ist für das alles in der Fülle seines Gefäßes besitzende Weibliche unnötig, denn es ist nicht – soweit es «gut» ist – ein Fressendes, sondern ein von seinem Reichtum Gebendes.

Der deutlichste Ausdruck dieses Nach-außen-Gebens sind die Brüste, die das Weibliche als Nährendes bestimmen. Nach der griechischen Tradition wurde die erste «patera» (Schale) an der Brust Helenas geformt[11]. Wie das Mysterium der Gefäßbereitung mit dem weiblichen Mysterium des Blut-Milch-Wunders verbunden ist, mag ein Beispiel aus der Welt der Primitiven erläutern:

> "The Zuni women make from old their pitchers in the shape of a female breast. The nipple is left open to the last, and the sealing of it is performed with the solemnity of a religious rite, and with averted eyes. Unless this ritual were observed, the women would be barren or their children would die in infancy[12]."

Diese «Abwendung» des Blickes durch das schöpferische Weibliche von dem Moment der Vollendung, in dem nicht der Mensch, sondern das schöpferische Numen selber «das letzte Wort» hat, verrät die typische Art der Verbundenheit des Weiblichen mit dem Wesen des Schaffensprozesses, in welchem die «Verhüllung» und das Schweigen eine besondere Mysterienbedeutung hat[13].

Die archetypische Erfahrung vom Weiblichen als dem All-Nährenden und Überall-Nährenden wird in der Vervielfachung des Brustmotivs deutlich. Am schönsten
T. 34 erscheint diese Vervielfachung in dem peruanischen Gefäß, dessen Brüste nach allen Seiten ragen[14], aber auch die alte europäische Buckel-Keramik zeigt das archetypische Brustmotiv des Weiblichen[15].

Hoernes erläutert die technische Entwicklung dieser Gefäße folgendermaßen:

> Infolge Einwirkung der Metalltechnik auf die Gefäßbildnerei wurden die flachen Rundfiguren plastisch und erhoben sich zu zitzenförmigen Vorsprüngen. Als Übergangsform erscheinen Gefäße mit Buckeln, auf denen sich Spiralzeichnungen befinden[16].

Er betont die Ähnlichkeit eines Buckelgefäßes aus Siebenbürgen mit einem solchen aus Kreta[17]. Rundfigur, Spirale, Zitze, Buckel mit Spirale, Buckel – diese Reihe bedeutet uns nicht nur eine historische Entwicklung, sondern zeigt überhaupt, unter welchen Symbolen das Brustmotiv am Gefäß auftauchen kann. Das heißt nicht etwa, daß überall, wo an einem Gefäß eine Rundfigur oder eine Spirale sich findet, das Brustmotiv vorhanden ist, aber es weist darauf hin, daß die Halb-

[11] Briffault, a. a. O., Bd. I, S. 473.

[12] F. H. Cushing, *A Study of Pueblo Pottery* (Vierteljährl. Bericht des ethnologischen Büros), Washington 1886, S. 512ff.

[13] Neumann, Über den Mond . . ., a. a. O.

[14] Siehe Walter Lehmann, *Mexikanische Kunst* (Orbis pictus, Bd. VIII), Berlin 1921, Illustr. 3.

[15] Sydow, a. a. O., unten S. 495 über portugiesische Keramik. Ebenso über ungarische, österreichische usw.

[16] Hoernes, a. a. O., S. 415, Illustr. 2.

[17] Ebenda, S. 414.

kugel der Brust oft mit dem Lebensmotiv der Spirale verbunden und die Doppelspirale ebenso wie der Doppelkreis häufig ein Symbol der Brüste ist[18].

Zum Motiv der Brüste gehört die Symbolik der Milch und der Kuh. Die Göttin als Kuh und als Herrin der nahrunggebenden Herde findet sich als einer der frühesten historischen Kultinhalte, von denen wir wissen, bei der mesopotamischen Bevölkerung nach der Al'Ubaid-Periode.

> "The sacred herd, such as is known to have supplied the temple dairy farm with 'the holy milk of Ninkhursag' at Lagash, is returning from pasture, to be met by the young calves who spring from their byre exactly as Homer describes: 'At the sight of their mothers the calves skip so wildly that their pens can no longer hold them; they break loose, lowing all the while and gambolling[19].' The religious intention of the scene becomes clearer when it is remembered that all through historic times the infancy of kings and priests was nourished on this milk, that even an Assyrian text refers to it in these words[20]:
> 'Little wast thou, Assurbanipal, when I delivered thee to the Queen of Nineveh,
> Weak wast thou, when thou didst sit upon her knees,
> Four teats were set in thy mouth.'
> Thus the Goddess of the pastures was herself the Cow, and is in fact so designated in an incantation for the help of women in travail[21]."

Das Brüstemotiv taucht überall da auf, wo der Archetyp der das Kind säugenden Mutter im Kult erscheint. Aber derartige Kulte sind nur Brennpunkte, an denen die archetypische Wirksamkeit der Bilder des Großen Weiblichen in das Bewußtsein der Menschen durchgebrochen ist und ihr Leben und ihre Kultur bewußt bestimmt[22].

Wie notwendig eine Schärfung des Blickes für derartige Zusammenhänge ist, mag daran deutlich werden, daß das kretische Idol von Hagia Triada, das eindeutig aus einem Bezirk der Großen Muttergottheit stammt, mit den Worten beschrieben *Fig. 18*
worden ist: «Das eine Idol hat einen sehr hohen mit Warzen besetzten Unter-

[18] Wenn wir uns des serbischen Idols der Muttergöttin erinnern, bei dem sowohl der Mund wie *T. 20*
die Brüste geometrisierend durch ein stern- oder sonnenartiges Symbol dargestellt waren, werden wir verstehen, wie leicht sich ein ursprüngliches Weib-Gefäß ornamental «zersetzen» kann, so daß wir dann nur noch ein Gefäß mit Ornamentik vor uns haben, ohne daß die weibliche Gestalt, die es ursprünglich symbolisierte, noch erkennbar ist. In diesem Sinne könnten die Gefäße mit «Augen»- oder «Sonnen»-Ornamenten des Mondseetypus (Hoernes, a. a. O., S. 331, von Nord-, Mittel- und Südeuropa; S. 353, von Norditalien; S. 341, Illustr. 1 und 6, von Zypern; S. 307, Illustr. 4–8, von Transylvanien) ebenfalls in den Zusammenhang des Gefäßes als Frau gehören. Aber eine Entscheidung darüber wird bei den vielfachen Möglichkeiten der Entstehung des ornamentalen Gefäßschmuckes nicht zu treffen sein. Vgl. aber zum Problem des Zerfalls o. S. 115f.

[19] Homer, *Odyssee*, 10. Gesang, Verse 410–414 (zit. aus der Übersetzung von T. E. Shaw, 1932, S. 146).

[20] H. R. Hall und C. L. Wooley, *Ur Excavations*, London 1927, S. 142.

[21] Levy, a. a. O., S. 97.

[22] Auch wenn andersartige Determinanten das Bewußtsein des Menschen und seine Kultur beherrschen, kann sich die Wirkung des Archetypus durchsetzen. So braucht z. B. die sogenannte «Buckelkeramik» keineswegs mit einem Mutterkult verbunden gewesen zu sein, obgleich sich die Symbolik des Brustgefäßes mit ihren emotionalen unbewußten Zusammenhängen – aus uns unbekannten Gründen – in ihr durchgesetzt hat.

teil[23]»! Es handelt sich mit Sicherheit um ein Symbol der «nährenden» Göttin als der nährenden Erde. Sonst steckt dieser Gaia-Typ der Großen Mutter meist bis zur Hälfte *in* der Erde und ragt nur als Büste aus ihr heraus. Als Beispiel für den Typ der Erdmutter erinnern wir an das kretische Gefäß von Mallia[24]. In die gleiche Reihe
T. 28b gehören die trojanischen Idole, deren zweites die Brustbetonung mit der Erhebung

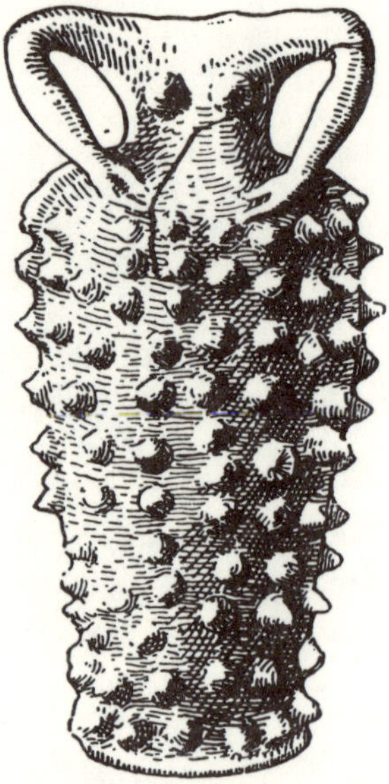

Abb. 18. WEIBLICHES IDOL

Ton, Hagia Triada, Kreta, späte III. minoische Periode

T. 27a der Henkelarme verbindet, dazu tritt ein weiteres, bei dem die Brüste durch eine
Fig. 17 geschwungene Linie angedeutet sind. Die gleiche Abbreviatur fanden wir, verdop-
Fig. 19 pelt, auf dem seltsamen voretruskischen Grabstein von Bologna.

«Oben stehen zwei Rosetten wie Augen eines Gesichtes, darunter folgt ein Querstrich und weiter an Stelle des Mundes eine Tierfigur. Eine fernere Rosette bezeichnet die Mitte des Leibes (den Nabel); den Raum darunter füllen in der Mitte zwei hängende Doppelvoluten und je zwei von rechts und links gegen die Mitte gekehrte Tierfiguren[25].»

Die in der Erde stehende Grabstele stellt eine Figur dar, welche mit dem «Lebenszentrum», dem Schoß, aus der Erde herausragt. Über ihm nährt ein Doppelpaar von Brüsten die Tiere rechts und links. Unzweifelhaft handelt es sich um eine Darstellung der großen vielbrüstigen Mutter als Herrin und Ernährerin der animalischen Welt. Ihre klassische Form hat sie in der Diana von Ephesos, aber auch in
T. 35 Mexiko gibt es eine Vertreterin dieses Großen Weiblichen, die Göttin der Agave,

[23] Nilsson, *Geschichte* ..., a. a. O., S. 265, Anm. 2.

[24] Siehe darüber Charles Picard, Die Große Mutter von Kreta bis Eleusis. In: *Eranos-Jahrbuch 1938*, VI.

[25] Hoernes, a. a. O., S. 462.

die Mayauel, welche den Namen trägt: «die Frau mit den vierhundert Brüsten[26]». Und wie die mexikanische Göttin ursprünglich eine Himmelsgöttin ist[27], so zeigt auch der obere «Augen-Abschnitt» die Göttin von Bologna als «himmlische» Herrin, wobei es gleich ist, wie wir die beiden polaren kosmisch oberen Symbole lesen, welche die Augen bilden. Das eine Symbol ist mit dem Lebenssymbol des Schoß-

Abb. 19. GRABSTEIN IN WEIBLICHER FORM

Umgebung von Bologna, prähistorisch, umbrisch

Nabel-Zentrums identisch und könnte als Venusstern gedeutet werden. (Himmelskörper, Sonne und Mond, als Augen der Himmelsgottheit, sind besonders aus der ägyptischen Mythologie bekannt.)

Allwissenheit, Allessehenkönnen und Vieläugigkeit als Symbole des Göttlichen gehören zu einem archetypischen Bild, in dem die Sternlichtwelt des Nachthimmels als Augen der Gottheit erscheint[28]. Die Zusammengehörigkeit der oberen und der unteren Region ist für die Herrschaft der Großen Mutter in ihren verschiedensten Phasen charakteristisch. Sie ist Herrscherin der Totenwelt als Grabesgottheit, gleichzeitig aber beherrscht sie die Himmelswelt, deren Leuchten ihre Augen sind. Ebenso ist die Große Mutter als göttliches Wassergefäß Herrin der oberen Wasser, *T. 33b*
des Regens, und der unteren Wasser, der aus dem Schoß der Erde aufquellenden

[26] Siehe Lewis Spence, *The Religion of Ancient Mexico*, London 1945, S. 116.

[27] s. u., «Negativer Elementarcharakter», S. 283.

[28] Über diese himmlische Luminosität als Projektion einer Luminosität des Unbewußten vgl. C. G. Jung, Der Geist der Psychologie, a. a. O., S. 401 ff.

Bäche und Ströme. Wie G. E. Smith[29] nachgewiesen hat, ist diese Auffassung besonders deutlich in Ägypten. In den Hieroglyphen ist das Wassergefäß, das Symbol der Himmelsgöttin Nut, das Symbol der Weiblichkeit und stellt auch in den Zeichen für «weibliches Genitale» und für «Frau» das Symbol des weiblichen Prinzips dar[30].

T. 36 Als Himmelskuh nährt das Große Weibliche die Erde mit seinem Milchregen, und als Uterus ist es das Gefäß, das bei der Geburt «gebrochen wird» und das Wasser ausströmen läßt wie die Erde, die wassergebärende Gottheit der Tiefe. Deswegen ist die Jungfrau nicht nur ein verschlossener Brunnen, sondern auch eine «versiegelte Quelle»[31].

Erst wenn man die «mythologische Apperzeption» des Frühmenschen begreift, der alles ihn emotional Anrührende symbolisch erfährt, versteht man den unmittelbaren Zusammenhang der Symbolgleichungen Milchgebendes-Durststillendes-Regengebendes-Wassergefäß und Kuh-Weib-Erde-Wasserquelle-Stromgebärendes und Weib-Himmel-Regengebärendes, wobei das Erd-Wasser zur Bauch-Geburts-Schoß-Region des unteren, das Himmels-Regen-Wasser zur Brustregion des oberen Weiblichen gehört.

So wie das Große Weibliche als Ganzes Symbol des schöpferischen Lebens ist, sind auch die Teile seines Körpers nicht physische Organe, sondern numinose Symbolzentren, Mittelpunkte ganzer Lebensbezirke und -welten. Deswegen ist das «Sich-Darstellen» des Großen Weiblichen, die Zur-Schau-Stellung der Brüste ebenso wie die des Schoßes oder des ganzen nackten Körpers der weiblichen Gottheit, eine Form der göttlichen Epiphanie.

So ist im ganzen kretischen Kulturkreis die Enthüllung der Brüste eine zum Kult gehörende heilige Handlung. Die Göttin ebenso wie die mit ihr identifizierten Priesterinnen zeigen die vollen Brüste, die Symbole des nährenden Lebensstromes[32]. Die gleiche Bedeutung hat der weitverbreitete sogenannte Astartetyp der die Brüste pressenden oder sie zeigenden großen weiblichen Göttin. Im Schlagen der entblößten Brüste als Totenklage um Adonis wird die Brust als das im Tode versagende Lebensprinzip angeklagt. In den aus verschiedenen Jahrhunderten stammen-
T. 33a den Darstellungen des Großen Weiblichen in Zypern läßt sich die Einheit von gefäßtragendem Weib, nährendem und die Brüste zeigendem Weibgefäß deutlich erkennen.

T. 37 Die nackte, frontal gestellte hethitische Göttin, die auf dem Löwen steht und das Kind säugt, hat die numinose Kraft feierlichen Sich-Zeigens, während die ungefähr
T. 38 gleichzeitige oder sogar frühere Gruppe der Isis mit Horus, wenn man von der

[29] Sir Grafton Elliot Smith, *The Evolution of the Dragon*, Manchester 1919.

[30] Francis L. Griffth, *A Collection of Hieroglyphs* (Egypt Exploration Society, Mem. Nr. 6), London 1898.

[31] *Das Hohelied*, IV, 12.

[32] Auch die für die Amazonen charakteristische Zur-Schau-Stellung ist in diesem Sinne als sakral zu verstehen. Siehe Picard, Die Ephesia von Anatolien. In: *Eranos-Jahrbuch 1938*, VI, S. 62.

Hathor-Haartracht absieht, menschlich nahe und persönlich-privat wirkt. Fraglos wird dieser Eindruck durch die nicht frontale Aufnahme verstärkt, aber der Ausdruck des Isiskopfes und die Zartheit, mit der sie den Kopf des Kindes hält, steht in stärkstem Gegensatz zu der unbeteiligten Epiphanie der hethitischen Göttin.

Die archetypische Situation der Mutter-Kind-Beziehung wird am augenfälligsten bei den Darstellungen der Primitiven. So scheint uns das peruanische Gefäß der Mutter mit dem Kind eine der hervorragendsten Darstellungen dieses Archetyps zu sein, wobei der Aspekt der Unheimlichkeit den der Großartigkeit fast überwiegt. Auch bei dieser Figur ist die steatopygische Komponente unverkennbar, und wieder wird die Frau nicht nur als Gefäß dargestellt, sondern darüber hinaus als gefäßtragend und die Brüste haltend. An dieser berghaften Masse, bei welcher der Eindruck des mit der Erde Verschmolzenseins durch das vom Kopf herabfallende Tuch noch verstärkt wird, hängt seitlich irgendwo ein menschliches Wesen, dessen Charakterisierung zwischen Säugling, Greis und Äffchen liegt. Dieses Gigantisch-Weibliche aber, an dem das Kleine hängt, von dem es im wahren Sinne des Wortes ab-hängt, starrt unbeteiligt vor sich hin, großartig und teilnahmslos, in einer Dumpfheit, welche in monumentaler Weise die Gleichgültigkeit der Natur dem von ihr abhängenden Lebendigen gegenüber verkörpert. *T. 40*

Ein anderes ebenfalls peruanisches Gefäß zeigt die Winzigkeit des sich trinkend anklammernden Menschlichen vielleicht noch deutlicher. Beide Gefäße wirken numinos, unabhängig davon, ob es sich um Profan- oder Sakralgefäße handelt. *T. 41*

Auch bei der afrikanischen Plastik ist das Kind winzig und abhängig, auch hier steht neben dem Weiblichen als Begleitsymbol das Gefäß, aber der Ausdruck der Frau ist hier ein gänzlich anderer. Er ist der Triumph einer wilden Mutterschaft, in der die überwältigende und stolze Lust trotz aller Selbsterfülltheit nicht ohne Bezogenheit auf das Kind ist. Hier lebt nicht die zarte und persönliche Bezogenheit der Isis zu ihrem Sohn, aber es ist die königliche Bezogenheit eines lusterfüllt Herrschenden auf das von ihm Geborene, Abhängige und Genährte, in dem das Weibliche als Mutter, Natur, Erde und Lebenspendende sich erfährt und erfahren wird. *T. 39*

Wieder anders und nicht minder großartig stellt sich das Weibliche als Nährendes in der Plastik der Joruba dar. Dieses von den Kindern umspielte, in unerschütterlicher Ruhe thronende Weibliche zeigt deutlich die phallische Form der Brüste. Die in Afrika künstlich herbeigeführte schlaffe Hängebrust wird hier zu einer plastisch-phallischen Wirklichkeit gesteigert, aus welcher die zeugerische Kraft des Lebens in das empfangende Kind einströmt. Dabei wird wie selten die archetypische Symbolik des empfangenden Mundes der zeugerischen Brust gegenüber in ihrer echten und völlig unperversen Bedeutung durchsichtig. *T. 42*

In einer anderen afrikanischen Plastik der Joruba ist der Ausdruck des nährenden Weiblichen trotz der sakralen Betonung – es handelt sich um einen Priesterstab – menschlich und persönlich. Trotzdem entbehrt die Schmalheit und Zartheit dieser *T. 43*

Frau, besonders in der Frontalansicht, nicht der Größe. Die hängenden, länglich prallen Brüste vermitteln den Eindruck des Fruchthaften; das Weibliche ist hier wie ein stilles Gewächs, das überall Frucht trägt, vorne die melonenhaften Brüste, auf dem Rücken das Kind. Die kecke und welterobernde Miene und Haltung dieses Sohnes ist in seinem Sich-Festhalten und Reiten formal noch ganz in dem schützenden Oval enthalten, das von den mütterlichen Knien aufsteigend über die Brüste und das Profil in den Kopfputz zurück und unter dem Kinde absteigend in die Fußsohlen hinabläuft.

Selbst dem Vergleich mit der nicht zum Elementarcharakter des Weiblichen ge-
T. 44 hörenden Figur der Isis-Hathor mit dem König als Horus sind diese afrikanischen

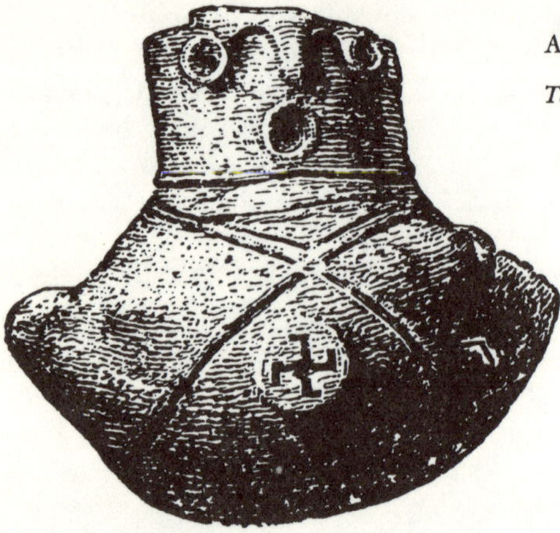

Abb. 20. GESICHTSURNE MIT NABEL

Ton, Troja, V. Schicht

«primitiven» Darstellungen des Großen Weiblichen durchaus gewachsen. In die ägyptischen Figuren ist schon der symbolische Reichtum einer Menschheit eingegangen, der die archetypische Wirklichkeit des Großen Weiblichen im Mythos, im Ritual und in der historischen Konzeption des Königtums zum Bewußtsein gekommen ist. Der König, der Große Einzelne, der Gott unter den Menschen und der Mittler zwischen Oben und Unten – auch er bleibt das Kind der großen Muttergöttin, der Mutter aller Götter, die ihn geboren und wiedergeboren hat und durch die allein er König ist. Die Hörner der Hathor, der nährenden Kuh des Himmels, überragen ihr Haupt, das die Muttersymbole der Schlange und des Geiers königlich schmücken. Sie ist der Thron, auf dem sitzend er das Land Ägypten und damit die Erde und ihre Fruchtbarkeitsmitte besitzt. Mit all diesen Symbolen ist zwar eine Bereicherung und Komplizierung, Detaillierung und Spezifizierung des Urtümlichen in seiner das Wirkliche gestaltenden Kraft eingetreten – aber die Grundsituation ist die gleiche bei der personalen Statue mit dem Horus-Säugling und bei den afrikanischen Plastiken.

So wird das Große Weibliche, das Nahrungspendende, allgemein zum verehrten Naturprinzip, von dem der Mensch in Wohl und Wehe abhängt. Die Muttergöttin, *T. 45* welche die Zwillinge nährt, gilt in diesem Sinne als die Herrin der Gegensätze. Die ewige Erfahrung des Menschen, der dem Leben, der Natur, in dem Maße wehrlos und schutzlos anheimgegeben ist wie der Säugling der Mutter, ist eine der tiefsten Quellen, von denen die immer neue Gestaltung der Mutter-Kind-Figuren gespeist wird. Das heißt aber, es handelt sich bei derartigen Gestaltungen nicht um eine Regression in das Infantile, in welcher der «Erwachsene» kindlich wird, oder die Liebe der Mutter dem Kinde gegenüber als etwas Rührendes «anschaut», sondern in einer echten Identifikation mit dem Kinde erfährt der Mensch die Mutter und das Große Weibliche als ein Symbol des Lebens, von dem er selber, auch als «Erwachsener», abhängt.

Anders ist es mit dem Königsrelief von Abydos. Hier wird ein Neues sichtbar, *T. 4* dessen Bedeutung wir nur am Rande streifen können. Im Auge in Auge des Gegenübersitzens ist in geheimnisvoller Weise das Mutter-Kind-Verhältnis verwandelt. Das zauberische Antlitz der jungen Mutter wendet sich einem Männlichen zu, das zwar immer noch als Sohn auf ihrem Schoße sitzt, jedoch die Zärtlichkeit, mit welcher dieser männliche Kopf von den Händen der Göttin gehalten wird, gilt dem Sohn-Geliebten des Großen Weiblichen, nicht mehr dem Kinde.

Das Weibliche ist aber nicht nur das nährende Brust-, sondern mehr noch das alles gebärende Bauch-Gefäß. Deswegen sprechen wir nicht nur vom Bauch eines Gefä- *T. 48* ßes, sondern – und mit bestem Recht gerade im Hinblick auf unsere Abbildungen – auch von bauchigen Gefäßen. Im Zentrum mancher dieser Gefäße ist ein Rundes, das sowohl den Nabel wie das weibliche Genitale symbolisiert. Es ist die Lebens- *Fig. 20* stelle der Geburt, die hier, wie auch auf Abbildungen der Vorzeitgöttin, ein Lebenssymbol trägt.

Der Nabel als Weltzentrum ist ebenfalls archetypisch. Charakteristischerweise gelten die meisten Heiligtümer der Erde als Welt-Nabel, so der Jerusalemer Tempel[33], Delphi usw. Wesentlich ist, daß auf diese Weise immer unbewußt die weibliche Symbolik der Erde «mitgemeint» wird. Die Erde ist gewissermaßen der Leib der als weiblich erfaßten Wirklichkeit, ihr Zentrum, die Stelle, von der aus die Welt ernährt wird, ist der Nabel[34]. (Vgl. dazu die Figur der mesopotamischen Göttin, die als weißscheinende Licht-Mondgöttin nicht nur leuchtende Augen, sondern auch einen leuchtenden Nabel besitzt.) *T. 49*

Das den Lebens-Nabel tragende Gefäß, das mit den als Arme gestalteten Henkeln zur Gruppe der Göttinnen mit den erhobenen Armen gehört, ist nur eines *T. 27a* der Beispiele für die universal verbreitete Identifizierung der weiblichen Gottheit mit dem «Topf», dem Bauch-Symbol par excellence.

[33] Raphael Patai, *Man and Temple*, London 1947, S. 85 und S. 132.

[34] Die kindliche Auffassung von der Nabel-Geburt entstammt dieser archetypischen Symbolik von dem mit dem Schoß identischen Nabel als weiblichem Lebenszentrum.

Fig. 68 Der großen Göttin, zum Beispiel der Ischtar mit aus dem Rücken sprossenden Zweigen oder Ähren[35], entspricht auf einer Münze von Avados aus der Zeit Gor-*Fig. 21* dians III. ein von zwei Sphinxen flankiertes großes Gefäß, ein Pithos, aus dessen «Schultern», das heißt aus den Übergangsstellen vom «Rumpf» zum «Hals» des Gefäßes, Zweige und Ähren sprossen. Auch in Zypern wurden Göttinnen als Gefäße verehrt und «kernophorai[36]» genannt, aber die Identifizierung der Mutter-Göttin mit dem Gefäß ist nicht etwa auf die altmediterrane Kultur beschränkt.

Abb. 21. SPROSSENDER PITHOS

Münze, Phönizien, 3. Jahrh. n. Chr.

Elliot Smith sagt mit Recht: "The Mother Pot is really a fundamental conception in all religions, and is almost worldwide in its distribution. The pots identity with The Great Mother is deeply rooted in ancient belief through the greater part of the world[37]." So hat Briffault[38] das Vorhandensein der Muttergöttin als Topf außerdem in Peru, in Süd-Indien, wo unter anderen eine Gruppe von sieben Göttinnen in Gestalt von sieben Töpfen verehrt wird[39], in Nord-Borneo und den Philippinen nachgewiesen.

Wenn die heiligen Gefäße nicht nur im Eleusis Griechenlands und bei den Vestalinnen Roms, sondern ebenso im Peru Südamerikas und in Dahomey in Afrika unter der spezifischen Obhut der Priesterinnen stehen[40], dann fußt diese Zuordnung auf der symbolisch und psychologisch fundamentaleren, nach der das Gefäß zu den Ursymbolen und die Gefäßformung und -gestaltung, der Gefäßschmuck und die Gefäßbrennung zu den Urfunktionen des Weiblichen gehört.

[35] Alfred Jeremias, *Handbuch der altorientalischen Geisteskultur*, Leipzig 1913, S. 113, Illustr. 89.
[36] Briffault, a. a. O., Bd. I, S. 474.
[37] Smith, a. a. O., S. 182 und S. 199.
[38] Briffault, a. a. O., Bd. I, S. 474ff.
[39] H. Whitehead, *The Village Gods of South India*, Kalkutta 1916, S. 36.
[40] Briffault, a. a. O., Bd. I, S. 475.

Briffault schreibt dazu:

"The art of pottery is a feminine invention; the original potter was a woman. Among all primitive peoples the ceramic art is found in the hands of women, and only under the influence of advanced culture does it become a man's occupation. In every part of the world where an aboriginal industry of pottery manufacture exists the men have no part in it; as in British Central Africa, it would be little, if at all, short of improper for a man to set about making pots. The art is exclusively in the hands of women throughout North America, Central and South America, and in those parts of the Malay Archipelago and Peninsula, Melanesia and New Guinea, where the art is practised as a native industry. In the Nicobar Islands pottery is made by the women only, and in the Andaman Islands it is made exclusively by the women in the northern island, while in the southern island men also make pots. In the Pamir highlands of Central Asia the women manufacture all the pottery, and their crockery is admired for its artistic taste. In the Nilgiri Hills, among the Khotas, the pottery is made exclusively by the women; and the same is the case among the wild tribes of Burma. Throughout by far the greater part of Africa pottery is made by the women only. Zulu tradition ascribes the making of the first pot to the first woman. Among certain Maitic peoples of Uganda the industry has, under Asiatic influence, been taken up by the men, as also in some parts of the Congo. This, however, is quite exceptional. Out of seventy-eight tribes investigated by the ethnologists attached to the Belgian Congo Museum, the men had no hand whatever in the making of pottery in sixty-seven; the others are exceptions arising from special circumstances which in almost every instance it is easy to trace[41]."

Briffault führt weitere Beispiele und Nachweise an aus dem Kongo, Uganda, Neu-Guinea, Teneriffa, Algier, Tunis, Nubien, den Pyrenäen, den Hebriden, aus Mexiko und Brasilien, von den Pygmäen, den Buschmännern usw. Auch die prähistorische Gefäßkultur gehört zur Domäne der Frau, denn die Gestaltung des Gefäßes ist als ein sakrales schöpferisches Tun eines der «Urmysterien des Weiblichen[42]».

Die sakrale Beziehung der Frau zum Gefäß entstammt einmal dem Symbolgehalt der Form, der uns bereits ausführlich beschäftigt hat, außerdem aber dem Symbolgehalt des Stoffes, aus dem das Gefäß gemacht wird, nämlich dem Ton-Lehm, der zur Erde gehört, welche durch die Partizipation mit allem Weiblichen geprägt ist. Als ein Beispiel unter vielen führen wir die Ecuador-Indianer an, von denen es heißt: "Thus, for instance, the Indian woman has to fabricate the clay vessels and manages these utensiles, because the clay, of which they are made, like the earth itself, is female – that is, has a woman's soul[43]."

Auf dieser symbolischen Grundlage kommt es zu einer sakral betonten Arbeits-

[41] Ebenda, S. 466–470.

[42] s. u. S. 267 ff.

[43] Rafael Karsten, *Blood Revenge, War, and Victory Feasts among the Jibaro Indians of Eastern Ecuador*, Washington 1923, S. 12.

teilung zwischen den Geschlechtern, die immer symbolisch-mythologische, niemals «praktische» Gründe hat. Deswegen ist der Bezirk, der zu den Urmysterien des Weiblichen gehört, tabu und für die Männer gefährlich. "In East Africa, among the Nandi, no man may go near the hut where women are engaged in making pottery, or watch a potter at work. If a man should take a woman's pot and place it on the fire he would be sure to die[44]."

Wir sind von den späteren patriarchalen Religionen und Mythologien her gewohnt, den männlichen Gott als Schöpfer anzusehen, der, wie Chnum in Ägypten oder JHWH im Alten Testament, den Menschen aus Lehm formt. Deswegen heißt der aus Erde (Adamah) gemachte erste Mensch Adam, wozu sich Parallelen in Griechenland, Indien, China und vielen anderen Ländern finden[45]. Aber die ursprüngliche und verdeckte Schicht kennt natürlicherweise ein Weibliches, das schöpferisch ist. Um das Jahr 2000 ist im Mittelmeerbezirk eine Renaissance der Muttergottheit nachgewiesen worden, die um 4000 v. Chr. die herrschende Gottheit gewesen zu sein scheint[46]. So kennen wir von einem babylonischen Fragment eine Geburtsbeschwörung, welche die urtümlichen Züge der Aruru-Ischtar als Töpferin[47] und Schöpferin aus viel älterer Zeit bewahrt hat. Im Gilgamesch-Epos heißt es[48]:

...they kissed her feet,
(saying: "The creatress of mankind) we call thee.
(The lady) of all gods be thy name!"
(They went) to the house of destiny,
(Nin)igiku, (that is) Ea, (and) wise Mama.
(Fourteen w)ombs were gathered together,
To tread upon the clay before her.
(...) said Ea, as he repeatedly recited the incantation.
Ea caused her to recite (the incanta)tion as he sat before her.
(Mama recited) the incantation. After she had recited her incantation,
(...she) threw upon her clay.
(Fourteen pie)ces she pinched off; seven pieces she laid on the right.
Seven pieces she laid on the left; between them she placed a brick.
(...) opened its navel.
(...she) then called the wise women (?),
(Seven a)nd seven wombs; seven created men,
(Seven) created women.
The womb(s), the creatresses of destiny,
They complete them, (yea), them (?)
Them (?) they complete before her.
The forms of the people Mami forms.

[44] Sir Claude Hollis, *The Nandi: Their Language and Folk-Lore*, Oxford 1909, S. 35f.

[45] Jeremias, a. a. O., S. 182f.

[46] Mode, *Indische Frühkulturen* ..., a. a. O., besonders S. 60.

[47] Jeremias, a. a. O., S. 253.

[48] Übersetzung von E. A. Speiser, in: *Ancient Near Eastern Texts relating to the Old Testament*, hg. von James B. Pritchard, Princeton 1950, S. 99f.

In the house of the bearing one the woman in travail shall let the brick lie for seven days.
... from the temple of Man, the wise Mami.
They that are angry (?) let them rejoice in the house of the woman in travail.
As the bearing one gives birth,
May the mother of the child give birth by herself.

Der Aufbau des Gefäßes gehört in ebendem Sinne zur schöpferischen Tätigkeit des Weiblichen, wie der Aufbau des Kindes, das heißt des Menschen, der – wie das Gefäß – mythologisch so häufig aus Erde gemacht wurde.

Abb. 22. WEIBLICHER TORSO

Tempelrelief, Istrien (Jugoslawien), etwa 700 bis 300 v. Chr.

Geheimnis ist immer da, wo ein Rätselhaftes, vom menschlichen Bewußtsein nicht Faßbares, den Menschen in seiner Ganzheit aber tief Ergreifendes, geschieht. In diesem Sinne ist das Schöpferische numinoses Geheimnis, auf dessen Verborgenheit sich dann häufig die «Abwendung» des Menschen bezieht, die später als «Scham» sich selber mißversteht.

Dieses Ur-Schöpferische erlebt das Weibliche offenbar auch in der Gefäßformung, in der es sich als lebensformend erfährt. Am deutlichsten sind derartige Erfahrungen, wenn numinose Gestalt geformt wird, wie im Kult-Gefäß, und wir wissen, eine wie große Rolle das sakrale Gefäß besonders als Träger magischer Wirkung in der Vorzeit gespielt hat[49]. Die wesentlichen Merkmale des weiblichen Wandlungscharakters sind in dieser magischen Bedeutung mit dem Gefäß als Wandlungsgefäß verbunden.

[49] V. Gordon Childe, *New Light on the Most Ancien Near East*, London 1934, S. 74ff.

Ganz in diesem Sinne heißt es von den durch Einweihungsriten Wiedergeborenen: «Das weiße Küken kriecht jetzt aus dem Ei, wir sind wie neugebrannte Töpfe[50].»

Das Weibliche als Schützendes und Bergendes, das im Symbol der Behausung das Leben der Familie und der Gruppe in sich vereinigt, erscheint in den sogenannten Haus-Urnen, Gefäßen, welche in Gestalt der Häuser gebildet sind[51]. Im Weiblichen verbindet sich immer und bis in die Moderne hinein der Gefäßcharakter, ursprüng-

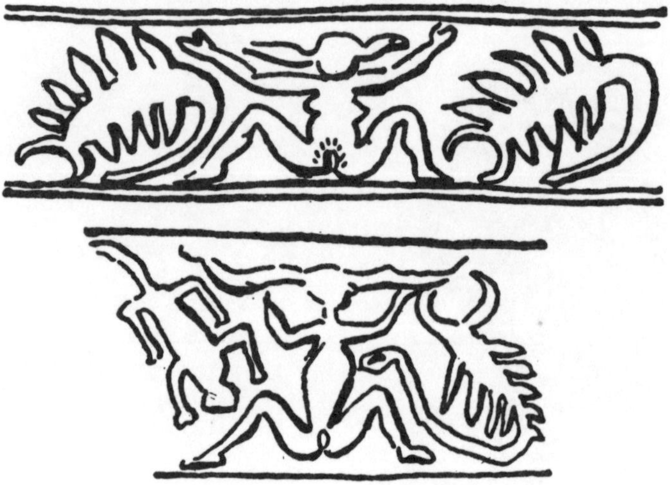

Abb. 23. SIEGELZYLINDER

Ur, Babylonien

lich der Höhle, später des Hauses, und das Innen-Sein, das im Hause geborgen, geschützt und gewärmt Sein mit dem ursprünglichen Geborgensein im Mutterleib.

In seiner empfangenden wie in seiner gebärenden Funktion entzieht sich das Weibliche natürlich in hohem Maße der plastischen Darstellung – denn die Geburtsdarstellungen gehören, soweit sie nur Profan-Darstellungen sind, nicht in unseren Zusammenhang, wenn wir von der einzigartigen Figur aus Istrien absehen, bei der das Weibliche als nährend, schützend und gebärend zugleich sich offen-

Fig. 22 bart[52].

T. 50 Fraglos sakral ist das Bild der gebärenden mexikanischen Göttin, deren positiver Elementarcharakter aber überdeckt ist durch ihre Furchtbarkeit – trägt sie doch die Haut eines Opfers auf sich.

[50] Richard Thurnwald, Primitive Initiations- und Wiedergeburtsriten. In: *Eranos-Jahrbuch 1939*, VII.

[51] Hoernes, a. a. O., S. 525 und Illustr. auf S. 527 und 529.

[52] Ebenda, S. 474.

Bei den Baubo-Figuren von Priene wird der Bauchcharakter des Weiblichen nicht durch das Gefäß symbolisch vertreten, sondern der Bauch der Göttin stellt das numinose Fruchtbarkeitssymbol dar. Während bei der Frontalstellung der Göttin die ganze nackte Weiblichkeit vom Numinosen durchdrungen ist, das als Faszinierendes im Guten und Bösen von ihr ausgeht, wird durch die Beschränkung auf die Bauch- bzw. Schoßpartie das Un-Menschliche und Unheimliche, die radikale Autonomie des Bauches gegenüber den «höheren Zentren» von Herz, Brust und Kopf, *T. 48*

Abb. 24. SIEGELZYLINDER
Lagasch, Babylonien

ausgesprochen und als heilig inthronisiert. Auch hier ist die numinose Kraft des gebärenden Prinzips, nicht die der sexuellen Attraktion betont.

Die thronenden nackten weiblichen Figuren der mykenischen Kulte[53], von denen die Figur aus Delphi[54] einen letzten Ausläufer darstellt, ordnen sich einem Zusammenhang ein, der von Ur[55] bis nach Babylon[56], von Kreta[57] und Ägypten bis nach Indien[58] reicht, und der in Mittelamerika, dessen Entwicklung völlig unabhängig ist, seine genaue Entsprechung hat. *T. 55a* *Fig. 23–25*

Obgleich über die Figur aus Ixtlan nichts Genaueres bekannt ist, stellt sie ohne Zweifel eine Göttin dar[59]. Daß das Sich-Darstellen der gebärenden Frau oder der Göttin als einer Gebärenden und die Darstellung des Schoßes bei gespreizten Beinen ein Ritual-Geschehen ist, beweist die bekannte Szene, in der Baubo sich vor *T. 53*

[53] Picard, *Die Große Mutter* ..., a. a. O., S. 105.
[54] Nilsson, *Geschichte* ..., a. a. O., Tafel XVI, 3.
[55] Mode, *Indische Frühkulturen* ..., a. a. O., Illustr. 174.
[56] Ebenda, Illustr. 168 b.
[57] Ebenda, Illustr. 169.
[58] Ebenda, Illustr. 171.
[59] Gewisse Züge im Ausdruck, aber auch die merkwürdige Schulterpunktierung (Schmucknarbe) verbinden sie mit der Göttin aus dem Besitz Henry Moores. C. A. Burland, *Art and Life in Ancient Mexico*, Oxford 1948, S. 82, Tafel XXXXII.

der trauernden Demeter entblößt, ebenso wie die kultische Entblößung der Hathor[60].

Fig. 25 Die kleine Figur der mit gespreizten Beinen auf einem Schwein sitzenden Isis[61], das mystische Gerät der Leiter im Arm, ist für diesen Zusammenhang überaus charakteristisch. Das Schwein als Symbol des Großen Weiblichen ist allgemein das Opfertier für die Erdgöttin, zum Beispiel als Tier der Demeter und als Opfertier bei den Thesmophorien[62], ebenso wie in Rom. Picard stellt unsere hellenistische Terra-

Abb. 25. ISIS AUF EINEM SCHWEIN

Terrakotta

kotta mit anderen zusammen, auf denen die nackte Isis in gleicher Haltung auf einem umgestülpten Korb sitzt, «dem gleichen Korb der Mysterien, auf dem nach der Urne Lovatelli (in Alexandrien) oder auf dem Sarkophag von Torre Nove auch die bekleidete Demeter ruht[63]».

T. 51 Die Darstellung einer gebärenden Hündin auf einem archaisch griechischen Scaraboid wurde von ihrem Besitzer als Figur einer "theriomorphic representation of Hekate-Artemis" gedeutet[64]. Der Verfasser hat nachgewiesen, daß die Haltung, welche das Genitale exponiert – und welche für eine Gruppe sonst unverständlicher

[60] Herodot, *Neun Bücher der Geschichte*, in: Klassiker des Altertums (1. Reihe, Konrad III, IV), München 1911.

[61] Siegfried Seligmann, *Der böse Blick und Verwandtes*, 2 Bde., Berlin 1910, Bd. II, S. 293.

[62] Picard, *Die Große Mutter* ..., a. a. O., S. 105.

[63] Ebenda, S. 106.

[64] Ich verdanke den Hinweis, ebenso wie die Abbildung und Deutung, dem Verfasser, Dr. R. Reitler. Siehe dazu: A Theriomorphic Representation of Hecate-Artemis. In: *American Journal of Archaeology*, Cambridge (Mass.) 1949, LIII, 29–31.

Tierdarstellungen charakteristisch ist –, der Geburtshaltung einer ganzen Anzahl von Tieren der Hunde-, Katzen- und Pferdegruppe entspricht. Aber er kommt trotzdem zu der endgültigen Deutung: "In view of the most obvious feature common to all these pictures, however, the exposure of the genital region, an interpretation as symbolizations of fertility is more probable than any other one." Hinzuzufügen ist, daß hier, wie übrigens in den meisten als «Geburtsdarstellungen» charakterisierten Abbildungen, das Fehlen des schwangeren Leibes so auffällig ist, daß die Exposition des Schoßes ebenso wie die Überbetonung der Zitzen der Hündin die allgemeinere Deutung auf die Tiergöttin als Symbol der Fruchtbarkeit als sicher erscheinen läßt.

Bei der nackten syrischen Göttin der Siegelzylinder[65], welche den frühen nackten Göttinnen der Euphratkultur nachfolgt, wird die sakrale Bedeutung der Exposition des Schoßes eindeutig. Während die Göttin auf zweien dieser Zylinder die Enden ihres Rockes hebt und ihre Nacktheit zeigt, schlägt sie auf dem dritten ihr Gewand zurück, um sich darzustellen. Auf dem vierten tut sie das nicht, "but the mantle falling over one leg, far from covering nudity, serves only to accentuate it[66]". *T. 54* *T. 54d, 54g* *T. 54e, 54f*

Von besonderer Bedeutung aber ist ein Zylinder, der einen Verehrenden zwischen der nackten Göttin und einer sitzenden göttlichen Figur, die ein Gefäß in der Hand hält, zeigt. Dafür, daß die männliche Gottheit mit dem Gefäß eine Mondgottheit ist, spricht sowohl der ihr dargebrachte Hase, ein archetypisches Mondsymbol[67], wie das ihm zugeordnete Sichelmond-Kreis-Zeichen. Während der Kreis im Halbmond meistens als Verbindung der Sonne mit dem Sichelmond gedeutet wird, handelt es sich dabei wahrscheinlich sehr oft um den mit dem Sichelmond verbundenen Vollmond, um ein Ganzheitssymbol des Mondes. Der Stern dagegen gehört zu der nackten Göttin, neben welcher der Fisch steht, das Symbol der Fruchtbarkeitsgöttin[68], der Göttin der Wasser und Meere. (Die befruchtende Be- *T. 54g*

[65] *Corpus of Ancient Near Eastern Seals in North American Collections*, Bd. I: *The Collection of the Pierpont Morgan Library*, hg. von Edith Porada und Briggs Buchanan, New York 1948, Illustr. 937, 944–946 für Syrien, und 503–505 für Babylon.

[66] Ebenda, S. 124. In diesen Zusammenhang gehören einige der auf diesen Zylindern vorkommenden Symbole, die uns immer wieder als archetypisch begegnen werden. Der Stier als Symbol des Männlichen, auf dem die weibliche Göttin steht (d), ist der befruchtende männliche Partnergott, der als Tier der Göttin unterlegen ist (Neumann, *Ursprungsgeschichte* ..., a. a. O., S. 91). Geier (g) sind bekannte Symbole der Muttergottheit, besonders in Ägypten. Fisch und Hase (g) (John W. Layard, *The Lady of the Hare*, London 1944) sind Fruchtbarkeitssymbole, ebenso wie der Vogel, der wohl als Taube zu deuten ist, wenn wir die entsprechende Zuordnung der Taube zur großen «Liebes-Göttin» Vorderasiens, Indiens, Kretas und Griechenlands berücksichtigen. Stern, Halbmond und «Kreis im Halbmond» (a, b, f, g) weisen als astrale Symbole auf die große Göttin als Herrin des Himmels, besonders des Nachthimmels, welchem archetypisch der Venusstern und der Mond in Europa ebenso wie in Amerika zugeordnet ist. Die Verbindung der nackten Göttin mit dem Sichelmond wird bei einem zu dieser Gruppe gehörenden Siegel deutlich, auf dem er über jedem Ende des gehobenen Gewandes der entblößten Göttin steht. (Siehe Porada und Buchanan, Illustr. 938.) *T. 54*

[67] Layard, *The Lady* ..., a. a. O.

[68] Vgl. Neumann, *Ursprungsgeschichte* ..., a. a. O., S. 86, Index s. v. «Atargatis», «Derketo» usw. *T. 54g*

deutung des Mondes dem Weiblichen gegenüber haben wir als archetypisch mehrfach erwähnt[69].)

Das Gefäß, das die Gottheit auf diesem Siegel hält, entspricht einem mykenischen Goldgefäß[70], und Gefäß ebenso wie Haltung der Gottheit sind mit dem gefäßhaltenden männlichen Gott auf dem tausend Jahre jüngeren Kabirenfragment von
T. 159c Theben identisch.

T. 54g Die Szene stellt wohl eine als Verbindung von Mond und Venus gedachte Befruchtung der Großen Göttin durch die männliche Mond-Gottheit dar, welche im Bezirk des Großen Weiblichen, der das Feld beherrschenden mütterlichen Geiergottheit, stattfindet. Dann würde sich die von Kerényi[71] begonnene Deutung der Kabirenmysterien bestätigen, und diese wären Ausläufer viel älterer matriarchaler Mysterien des Großen Weiblichen in patriarchaler Umdeutung.

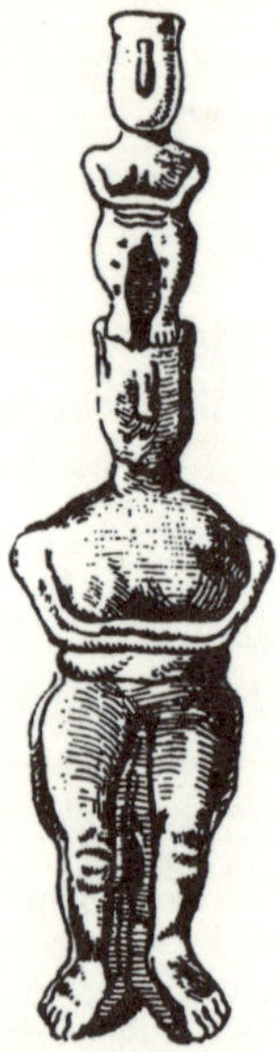

Abb. 26. TOCHTER AUF DEM KOPF DER MUTTER

Kleine Marmorstatue, Ägäische Inseln, etwa 16. Jahrh. v. Chr.

T. 54g Auffälligerweise wird die nackte Göttin hier von zwei bekleideten kleinen Mäd-
T. 54f chen begleitet[72], während ein anderes Mal vor der bekleideten Göttin eine kleine nackte Tochtergöttin steht. Beides deutet auf die Kontinuität eines kultisch-religiösen Zusammenhanges, einer Verbindung von Mutter- und Tochtergöttin hin. Eine derartige Verbindung ist hier ebenso wie in Kreta deutlich, wo auf vielen
T. 146a, 146b Siegeln begleitende «Dienerinnen» oder eben Töchter neben der Göttin stehen.

[69] Briffault, a. a. O., Bd. II, S. 582–592, und Neumann, Über den Mond ..., a. a. O.

[70] Porada und Buchanan, S. 124.

[71] «Mysterien der Kabiren». In: *Die Geburt der Helena*, Albae Vigiliae, Neue Folge, Heft 3, Zürich 1945.

[72] Porada und Buchanan, a. a. O., Illustr. 937.

Diese Verbindung ist dann in den Demeter-Kore-Mysterien von Eleusis[73] zu ihrer bedeutendsten Ausprägung gelangt. Auch die Zykladenfigur[74], welche die Mutter-Tochter-Genealogie als weiblichen Stammbaum darstellt, bei dem die Tochter auf dem Kopfe der Mutter steht, gehört hierher. *Fig. 26*

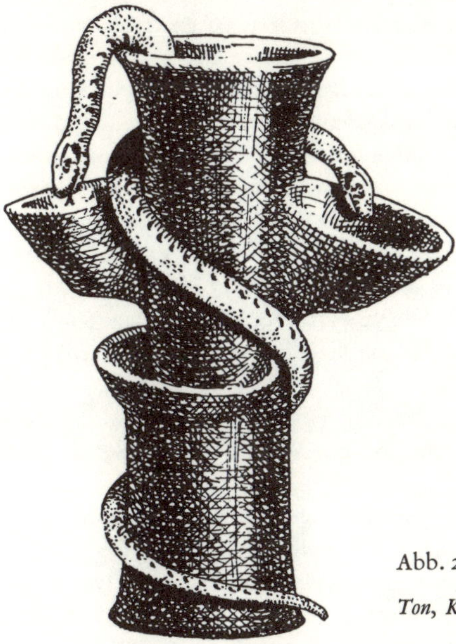

Abb. 27. SCHLANGENGEFÄSS

Ton, Kreta, späte II. minoische Periode

Verständlicherweise erscheint das empfangende Weibliche häufig als empfangendes Gefäß; die Bilder der Frau mit der Schlange deuten fast immer auf diese Beziehung des Weiblichen zum Zeugend-Männlichen hin[75]. Mit am bekanntesten ist die Verbindung des Weibes mit der Schlange in Kreta. Dabei ist das Weibliche einmal das Gefäß oder, in entsprechender weiblicher Symbolik, die Zyste, Schale usw., oder es trägt in menschlicher Gestalt als Göttin oder Priesterin die Schlange in den Armen oder um den Leib geschlungen. In jedem Falle aber geht es mit ihr um wie mit etwas Vertrautem[76]. *Fig. 27* *T. 55b*

[73] Siehe unten S. 287ff.

[74] Hoernes, a. a. O., S. 60.

[75] Die Schlange als Männliches gehört zum Wesen des Großen Männlichen und kann deswegen in unserer Arbeit nicht behandelt werden; es ist aber zu erwähnen, daß die halbschlangenhafte männliche Götterfigur als befruchtende untere Erdkraft nicht nur bei den griechischen Giganten und als dreigewaltiger Nereus oder Python eine Rolle spielt. Ihre vielleicht älteste Darstellung hat sie auf Siegelzylindern der akkadischen Periode (Porada und Buchanan, Illustr. 216–219), wo sie unter anderem mit der Vegetationsgöttin zusammen unter dem Sichelmond auftritt. Vgl. außerdem u. S. 166f, S. 176 und S. 245.

[76] Die Verbindung der weiblichen Gottheit mit der Schlange reicht von Kreta über Eleusis und

Fig. 28 Die Gefäß-Schlangen-Zusammengehörigkeit, die bei den Eleusinischen Mysterien eine wichtige Rolle spielt, wird durch eine spartanische Münze ebenso illustriert wie durch die späte Abbildung einer alchemischen von der Glasschlange umwundenen Retorte, deren weiblicher Gefäßcharakter deutlich ist. Die Verbindung der weiblichen Göttin mit der Schlange zeigen unter vielen anderen auch griechische und römische Darstellungen, ebenso wie die ägyptisierende Skulptur der Atargatis und die Isis. *T. 57* *T. 58–61* *Fig. 29*

Die Schlange ist ein so universales und vieldeutiges Symbol[77], daß wir sie in unserer Arbeit nicht auf allen ihren Bedeutungsstufen betrachten können. Das uroborisch-zwitterige Wesen des Schlangensymbols läßt die Schlange zunächst ebenso oft als weiblich erscheinen wie als männlich. Weil das weibliche Gefäß das schöpferische Gefäß ist, ist der Schoß in der Körpersymbolik der «Heilige Bezirk» an sich, das eigentlich Numinose, als solches aber, wie alles Numinose, zweideutig und doppelsinnig. Zu ihm gehört die Schlange als ein Nebengeordnetes. Wie das Männlich-Phallische tritt sie als Teil des Weiblichen oder als sein Begleiter auf. So ist die Schlange in Kreta und in Indien Attribut der weiblichen Gottheit, gleichzeitig der männlich-phallische Begleiter dieses Weiblichen.

Deutlich wird der Geschlechtscharakter der Schlange erst, wenn die uroborische Phase überwunden ist und sich das Gegensatzprinzip – Schlange und Gefäß – herausdifferenziert hat.

Es genügt für unseren Zusammenhang, die männlich-befruchtende Symbolik in ihrer Beziehung zum Gefäß herauszustellen, die sich durch alle Symbolbezirke ihres Auftretens verfolgen läßt. Als untere Erdschlange der Fruchtbarkeit ist sie ein Teil der Erdgöttin und befruchtet als unterirdisches Wasser ihren Schoß, oder sie repräsentiert das obere und himmlische Wasser, das als Nous-Geistschlange in das Weiblich-Seelische eingeht und es, als heiliger Geist, führend oder verführend befruchtet.

Die zweideutige, Leben und Tod spendende Faszination durch den Schoß der Großen Göttin ist noch in einem Jahrtausende späteren Bild lebendig, auf dem die nackte Venus, in einer das weibliche Genitale symbolisierenden Mandorla, einer Anzahl Männer verschiedenen Alters erscheint, welche als große Liebende bekannt sind. *T. 62*

Aus diesem Renaissancebild der Venus geht deutlich der Wandel der Epochen hervor, der im Laufe der Jahrtausende vor sich gegangen ist. Die Große Göttin ist mit der Entwicklung des Patriarchats zur Liebesgöttin geworden, und die Macht des Weiblichen ist auf die Macht der Sexualität reduziert. Denn fasziniert sind die Männer von dem strahlenden Schoß der Göttin, deren obere Glorie sichtbar, aber unwirksam ist[78].

Demeter-Ceres bis zur Athene, deren Abkunft von der vorgriechisch-kretischen Götterwelt auch durch ihre Begleitschlange bekräftigt wird.

[77] Vgl. Jung, *Symbole der Wandlung*, Zürich 1951. Siehe Index s. v. «Schlange».

[78] Vgl. das letzte Kapitel.

Die Zweideutigkeit des Ganzen, die symbolisch für das nun zweideutig gewordene Weibliche steht, wird durch die seltsamen Begleitgenien der Göttin deutlich. Diese geflügelten Wesen, Spätformen der vogelgestaltigen Seelen, über welche die Große Göttin herrscht, sind Eroten, aber sie haben häßliche Vogelfüße. Was früher in natürlicher Weise zum Vogelkörper gehörte, wirkt jetzt als archaischer Rest, dessen Bedeutung nefast ist. Die gefährliche Vogelfüßigkeit gehört zu den zerreißen-

Abb. 28. AMPHORA MIT SCHLANGEN

Münze, Sparta

Abb. 29. ISIS MIT SCHLANGEN

Münze, Ägypten, 1. Jahrh. v. Chr.

den Attributen des Großen Weiblichen als Sirene und Harpyie[79], welche hier wie so oft an die männlichen Begleitfiguren abgegeben worden ist.

Die Vogelhaftigkeit des Weiblichen erweist zunächst nur dessen Zuordnung zum Himmel. Aber dieses archetypische Symbol besitzt einen positiv lebenspendenden und einen negativ todbringenden Aspekt. So ist die ägyptische Muttergottheit als Geier schützend und bergend und gleichzeitig die todbringende leichenfressende Göttin des Todes. Ebenso haben die Harpyien und Sirenen positive und negative Bedeutung. Auf dem Renaissancebild aber sind die mit Waffen und Vogelfüßen ausgestatteten Genien Symbole der zerreißenden Triebkräfte als Trabanten der golde- *T. 62*
nen Aphrodite, welche die im irdischen Paradies verstrickten Männer verzückt und verdirbt.

Ein Zwischenglied zwischen der sumerischen Großen Göttin und der Renais- *T. 126*
sancegöttin, welche als Venus die negativen Begleiter von sich differenziert hat, bildet das hellenistische Relief, die Darstellung einer Sirene mit Flügeln und Vogel- *T. 63*

[79] Auch dieser Zug reicht weiter zurück. Seine früheste uns bekannte Darstellung finden wir wohl bei einer geflügelten Göttin der Isin-Larsa-Periode in Mesopotamien.

füßen. Dieses nackte weibliche Wesen, das als Incubus auf einem ebenfalls nackten und offenbar träumenden Mann reitet, gehört, wie die dionysischen Symbole des Reliefs deutlich machen, in den Mysterienbezirk. Es handelt sich um die berückend-verführende, orgiastisch-traumhafte Form des Weiblichen[80], deren zweideutiger Charakter für das Ich des Menschen da beginnt, wo die allzugroße Macht und Faszination des Numinosen bewußtseinsauflösend wirkt und deswegen als negativ und destruktiv erfahren wird.

T. 64 Das Bild der Fruchtbarkeitsgöttin von Bali scheint beim ersten Eindruck mit der Betonung des schwangeren Bauches und der phallisch prallen Brüste zur Gruppe der Göttinnen zu gehören, in welchen sich die positive Seite des Großen Weiblichen darstellt. Aber der Ausdruck des Kopfes und besonders des Mundes hat unzweifelhaft etwas dämonisch Negatives und lustvoll Grausames an sich. Ebenso wie die *T. 50, 70* mexikanische Geburtsgöttin und die Gorgo ist sie eine furchtbare Göttin, in welcher der negative Elementarcharakter des Großen Weiblichen erscheint.

[80] Die mesopotamische Göttin, eine Lilith, hat den gleichen negativen Charakter. Siehe Hoernes, a. a. O., S. 60.

Zehntes Kapitel

DER NEGATIVE ELEMENTARCHARAKTER

Körpergefäß und Mutter-Kind-Situation – der positive Elementarcharakter des Weiblichen geht von der nächsten persönlichen und menschlich ewigen Erfahrung aus, und er bewahrt, auch wenn sich sein Projektionsbezirk auf alle Weiten des Himmels und der Erde ausdehnt, immer die Nähe zu den persönlichen Kernphänomenen des weiblichen Lebens.

Der negative Elementarcharakter dagegen erscheint in einem Projektionskranz von Symbolen, die nicht wie die des positiven Elementarcharakters aus der sichtbaren Mutter-Kind-Beziehung hervorgehen. Die negative Seite des Elementarcharakters entstammt vielmehr der Innenerfahrung, und Angst, Grauen und Furcht vor der Gefahr, die das Große Weibliche bedeutet, sind nicht von faktisch-augenfälligen Eigenschaften dieses Weiblichen ableitbar. Wenn wir aber diese negativ psychischen Reaktionen so häufig auf die Furchtbare Mutter bezogen finden, müssen wir uns fragen, worauf diese Urangst der Menschheit beruht, und wie sie zu interpretieren sei.

Wir haben schon mehrfach betont[1], daß es zu den psychischen Grundphänomenen gehört, daß das menschliche Bewußtsein als «männlich» erfahren wird und daß sich das Männliche in spezifischer Weise mit dem Bewußtsein und seiner Entwicklung überall da identifiziert hat, wo es zur Entwicklung einer patriarchalen Welt gekommen ist.

Im Gegensatz dazu wird «das Unbewußte», aus dem das Bewußtsein im Laufe der Menschheitsgeschichte und im Laufe der Einzelentwicklung entsteht, in Beziehung zu diesem Bewußtsein als mütterlich-weiblich erfahren. Das bedeutet nicht etwa, daß alle unbewußten Inhalte symbolisch als «weiblich» erscheinen. Es gibt im Unbewußten männliche wie weibliche Kräfte, Tendenzen, Richtungen, Komplexe, Instinkte, Triebe und Archetypen, ebenso wie es in der Mythologie männliche und weibliche Götter, Dämonen, Geister, Tiere usw. gibt. Aber allgemein erscheint das Unbewußte symbolisch als weiblich, das Bewußtsein als männlich.

[1] Neumann, *Ursprungsgeschichte* ..., a. a. O., S. 56.

Die Phasen der Bewußtseinsentwicklung treten dabei nacheinander als embryonales Enthaltensein im Mütterlichen, als kindliches Abhängen vom Mütterlichen, als Beziehung des Sohn-Geliebten zur Großen Mutter und endlich als heroischer Kampf des männlichen Helden gegen die Große Mutter auf. Die dialektische Beziehung des Bewußtseins zum Unbewußten nimmt die symbolisch-mythologische Form einer Auseinandersetzung zwischen dem Weiblich-Mütterlichen und dem Männlich-Geborenen an, wobei die wachsende Kraft des Männlichen der innerhalb der Menschheitsentwicklung steigenden Kraft des Bewußtseins entspricht.

Da die Herauslösung dieses männlichen Bewußtseins aus dem weiblich-mütterlichen Unbewußten ein schwerer und leidensreicher Kampfweg der Menschheit ist, wird es verständlich, daß und warum der negative Elementarcharakter des Weiblichen nicht etwa einem Angstkomplex der «Männer» entstammt, sondern einer archetypischen Erfahrung der gesamten mann-weiblichen Menschheit Ausdruck gibt. Denn auch die Frau, soweit sie diese Bewußtseinsentwicklung mitmacht, hat ein symbolisch männliches Bewußtsein und kann das Unbewußte als «weiblich-negativ» erfahren.

Die Symbolwirklichkeit der Furchtbaren Mutter nimmt ihre Bilder vorwiegend von der «Innenseite», das heißt, der negative Elementarcharakter des Weiblichen drückt sich in phantastischen und chimärischen, nicht der Außenwelt entstammenden Bildern aus. Das wird dadurch verständlich, daß dieses Furchtbare Weibliche ein Symbol für das Unbewußte ist. Und aus Ungeheuern besteht die Nachtseite des furchtbaren Mütterlichen, sei es in Ägypten oder Indien, Mexiko oder Etrurien, Bali oder Rom. – Aus den Mythologien und Märchen aller Völker, Zeiten und Länder starren uns die Hexen und Vampire, Ghulen und Gespenster bis hinein in die Angstträume unserer eigenen Nächte in furchterregender Gleichartigkeit unheimlich entgegen. Die dunkle Hälfte des schwarz-weiß geteilten Welt-Eis, unter dem das Große Weibliche erfaßt wurde, gebiert als Nacht-Abgrund des Lebens und der menschlichen Psyche ihre Schreckgestalten. Und wenn Welt, Leben, Natur und Seele als gebärendes und nährendes, als schutzgebendes und wärmendes Weibliches erfahren wurden, dann wird auch der Gegensatz dazu am Bild des Weiblichen erlebt, und die Menschheit erfährt Tod und Abgrund, Gefahr und Not, Hunger und Schutzlosigkeit als Preisgegebensein an die dunkle und furchtbare Mutter.

Fig. 30 So wird der Schoß der Erde zum tödlich zerreißenden Maul der Unterwelt, und neben dem zu befruchtenden Schoß und der schützenden Höhle der Erde und des Berges klafft der Abgrund und die Hölle, das dunkle Loch der Tiefe, der fressende Schoß des Grabes und des Todes, der lichtlosen Dunkelheit und des Nichts. Denn dieses Weib, welches das Leben und alles Lebendige der Erde gebiert, ist zugleich auch die alles wieder Fressende und in sich Einschlingende, die ihre Opfer jagt und mit Schlinge und Netz einfängt. Krankheit, Hunger und Not, vor allem aber der Krieg, sind ihre Gehilfen, und die Kriegs- und Jagdgöttinnen aller Völker sind der Ausdruck dafür, wie die Menschheit das Leben als ein blutforderndes Weibliches erlebt.

Dieses furchtbare Weibliche ist die gierige Erde, welche ihre eigenen Kinder frißt und sich mit ihren Leichen mästet, der Totengeier und der Sarg, der fleischfressende Sarkophag, dessen zähnefletschendes Erdmaul gierig den Blut-Samen der Menschen und Tiere aufleckt, von dem befruchtet und an dem gesättigt es wieder neue Geburt auswirft zum Tode und immer wieder zum Tode[2]. *Fig. 31*

Abb. 30. SCHLUND DER ERDE

Aztekisch, aus dem Codex Vaticanus

Am großartigsten hat innerhalb der Menschheit Indien die furchtbare Mutter erfahren und als Kali gestaltet, «die Dunkle, die allesverschlingende Zeit, die knochenbekränzte Herrin der Schädelstätte[3]».

Schon in der frühesten indischen Kultur, den Orten des Zhob-Tales in Nord-Belutschistan, finden wir Figuren der «Furchtbaren Mutter». Von ihnen schreibt Stuart Piggott[4]: *Fig. 32*

> "... hooded with a coif or shawl, they have high, smooth foreheads above their staring, circular eye-holes, their owl-beak nose and grim slit mouth. The result is terrifying, even in a tiny model not more than 2 inches high, and in two from Dabar Kot all pretence is thrown aside and the face is a grinning skull. Whatever may be said of the Kulli figurines, these can hardly be toys, but seem rather to be a grim embodiment of the mother-goddess who is also the guardian of the dead – an underworld deity concerned alike with the corpse and the seedcorn buried beneath the earth."

In dieser Totengöttin haben wir eine der historisch frühesten Formen der gleichen Göttin vor uns, die heute noch in Indien verehrt wird.

«Die Mutter Erde wird hier», wie Zimmer berichtet, «als Durgâ, die ‚Unnahbare' und ‚Gefahrvolle' oder als Pârvati, ‚Tochter des Berges', das ist des Himâlaya, verehrt.

Zu ihrem großen Tempelfest im Frühling – also zur Neubefruchtung der Natur – kommen die Wallfahrer aus der Ebene rings und von den Bergen, die sie im Norden

[2] Über den ambivalenten Charakter der Muttergöttin, den Zusammenhang von Fruchtbarkeitsriten und Blutopfern und über die furchtbare Mutter in Ägypten, Kanaan, Kreta und Griechenland vgl. zusammenhängend Neumann, *Ursprungsgeschichte* ..., a. a. O., *Die Große Mutter*.

[3] Zimmer, Die indische Weltmutter. In: *Eranos-Jahrbuch 1938*, VI, S. 190.

[4] Piggott, a. a. O., S. 126–127.

einschließen. Ein Engländer, der 1871 dem Feste beiwohnte, berichtet, daß täglich etwa zwanzig Büffel, zweihundertfünfzig Ziegen und ebenso viele Schweine im Tempel geschlachtet wurden. Unterm Opferaltar war eine tiefe Grube ausgehoben, mit frischem Sand gefüllt; der Sand sog das Blut der enthaupteten Tiere auf. Er wurde zweimal des Tages erneuert, der blutgetränkte aber ward jeweils in die Erde vergraben: als Fruchtbarkeitsstoff. Alles ging sehr sauber zu, ohne blutige Reste

Abb. 31. EINGANG ZUR TIGERHÖHLE

Udayagiri-Hügel, Indien

und üblen Geruch. Der Lebenssaft, das Blut, sollte der alten Erdgöttin, die alle Nahrung schenkt – der Bergestochter, deren Erdkraft in den himmelragenden Bergen riesenhaft greifbar wird –, erneute Kraft und Fruchtbarkeit für den neuen Erntejahrgang schenken.

Heutzutage ist der Tempel der Kâli am Kâlîghât zu Calcutta berühmt als Hauptort täglicher Blutopfer; er ist wohl das blutigste Heiligtum der Erde. Zur Zeit der großen Pilgerfahrten zum jährlichen Durgâ- oder Kâlîfest (Durgâpujâ) im Herbst werden während der drei Festtage an die achthundert Ziegen geschlachtet – aber der Tempel dient überhaupt einfach als Schlachthaus, denn dem Opfernden verbleibt das Tier, der Tempel nimmt sich nur das Haupt als sinnbildliche Gabe, das Blut aber fließt der Göttin zu. Ihr gebührt ja das Lebensblut aller Wesen als Opfer – es ist ja ihr Geschenk –, darum muß das Tier in ihrem Tempel geschlachtet werden; darum sind Tempel und Schlachthaus eins.

Da geht es freilich fürchterlich und schmutzig zu; im Schlamm von Blut und

Erde werden die Häupter der Tiere wie Trophäen vorm Bild der Göttin zuhauf geschichtet, indes der Opfernde mit dem Leib des Tieres zum Festmahl im Familienkreis nach Hause zieht. Die Göttin will nur das Blut der Opfer, darum ist Enthaupten die Form der Darbringung – da bluten sie schnell und gründlich aus. Daher schneiden sich die Figuren der Geschichten in ‚Hitopadescha' und ‚Kathâsaritsâgara' den Kopf ab; der Kopf meint freilich auch das Ganze, die völlige Aufopferung.

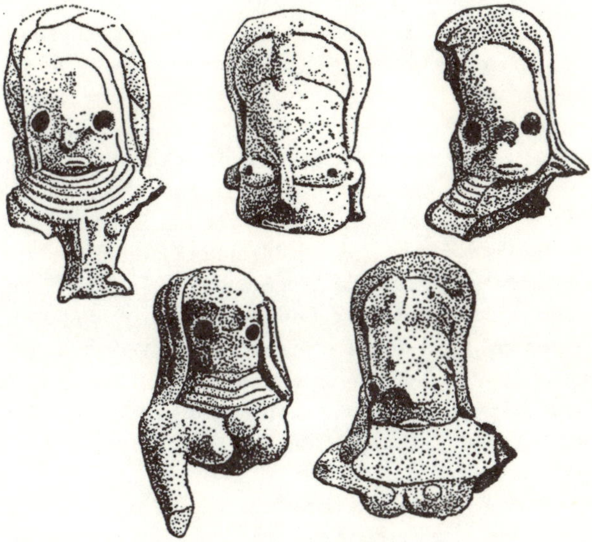

Abb. 32. FIGUREN DER MUTTERGÖTTIN

Ton, Nordbelutschistan, etwa 3000 v. Chr.

In ihrer ‚grauenerregenden Gestalt' (ghora-rûpa) führt die Göttin als ‚Kâli', die T. 65
‚Dunkle', die Schädelschale voll dampfenden Bluts an die Lippe; ihr Schaubild für innere Andacht zeigt sie blutrot gewandet auf einem Boot in einem Meer von Blut stehend: inmitten der Lebensflut, des Opfersaftes, dessen sie bedarf, um in ihrer huldvollen Erscheinung (sundara-mûrti) in unablässiger Zeugung als Weltmutter (jagad-ambâ) neuen Lebensgestalten das Dasein zu schenken, um sie als Weltamme (jagad-dhâtri) an ihren Brüsten zu säugen und ihnen als die ‚Speisevolle' (annapûrnâ) Nahrung zu spenden[5].»

Das unheimlichste der drei Bilder der Kâli ist nicht das, in dem sie umgeben von
der Flammengloriole in grausiger Hockstellung und unmenschlicher Vielarmigkeit T. 66
die Eingeweide frißt, die die Bauchhöhle des Leichnams mit ihrem Maul verbindet, eine tödliche Nabelschnur des Verderbens. Es ist auch nicht das, wo sie, bekleidet

5 Zimmer, Indische Weltmutter, a. a. O., S. 179ff.

mit der Nachtschwärze der Erdgöttinnen und geschmückt mit den abgehackten Händen und Köpfen ihrer Opfer auf dem Leichnam Schiwas steht, ein barbarisches Gespenst primitiver Vorzeit. Beide sind schrecklich genug, aber sie sind durch die
T. 67 Übertriebenheit des Grauenhaften fast unwirklich. Die dritte Gestalt aber wirkt um so unheimlicher, weil sie stiller und weniger barbarisch erscheint. Ihre eine
T. 38 menschliche Hand ist ausgestreckt, und die andere streichelt die Köpfe der Kobras fast ebenso zart wie die Isis das Haupt des Kindes, und die phallischen Tierbrüste sind zwar abstoßend, aber sie erinnern doch an die ihnen so ähnlichen Brüste der
T. 42 afrikanischen Muttergottheit. Die Kobra aber, die als Gürtel die Lenden umschlingt, und deren Haupt mit seiner Haube den weiblichen Schoß – hier in seiner tödlichen Gestalt – andeutet, ist die gleiche Schlange, wie die, welche im Schoß der kreti-
T. 56 schen Schlangenpriesterin sich knäult, den Schlangenrock der mexikanischen Göttin
T. 69, 70 Coatlicue bildet und die Lenden der griechischen Gorgonen umgürtet. Und die grausige Tigerzunge der Göttin zeigt die gleiche blutaufleckende Gier, die feuer-
T. 71 züngelnd zwischen den Hauern und tigergestreiften Brüsten der Rangda-Hexe herabhängt und aus dem zähnestarrenden Maul der Gorgonen herausbleckt.

Unheimlich gleichartig stehen diese Gestalten nebeneinander in einer schwesterlichen Ähnlichkeit, deren zerreißende Fürchterlichkeit es übersehen läßt, ob das eine Mal ein Totenschädel, das andere Mal Schlangenköpfe, ein Nilpferdkopf, ein
Fig. 33 menschenähnliches Antlitz oder ein aus zwei Steinmessern bestehendes Haupt
Fig. 34 von einem Körper getragen wird, der von Schlangen-, Panther-, Löwen-, Krokodil- und Menschenleib-Teilen gebildet ist. Das Un-, Außer- und Übermenschliche dieser Angst-Gestalt ist so groß, daß die Menschheit zum Phantombild greift, um das Schreckliche überhaupt bildlich faßbar zu machen.

All dies aber ist – man vergesse das nie – nicht nur Bild des Weiblichen, sondern es ist überall gerade das des Mütterlichen. Denn immer sind mit dem Tode und Untergang auf eine hintergründige Weise das Leben und die Geburt verbunden. Deswegen ist dieses schreckerregende und furchtbare Weibliche «Die Große», und
Fig. 34, T. 72 so heißt auch die Ta-Urt, das schwangere Tierungeheuer, das Nilpferd und Krokodil, Löwin und Weib zugleich ist. Auch sie ist tödlich und schützend, und grauenhaft-
Fig. 34 sinnvoll streckt die gute Kuh- und Muttergöttin Hathor, die gleichzeitig Kriegs- und Todesgöttin ist und der Menschheit Verderben bringt, ihr Haupt hinter ihr hervor. Beide tragen dieselben Kuhhörner wie die Isis, die das Haupt des Horus an
T. 44 sich drückt.

Im Laufe der späteren Entwicklung zu den patriarchalen Werten, zur Herrschaft der männlichen Licht- und Sonnengötter, wurde das Negative-Große Weibliche verdrängt und ist nur noch als Inhalt der Vorzeit oder des Unbewußten nachzuweisen. So ist die furchtbare Toeris ebenso wie die furchtbare Hathor, Isis, Neith usw. zwar aus ihren «übermalten» Bildern wiederherzustellen, nicht aber direkt sichtbar. Nur die Parallele zu dem beim Totengericht die verurteilten Seelen fressenden
Fig. 35 Untier Amam oder Ammit weist in seiner Ähnlichkeit auf den furchtbaren Aspekt

Abb. 33. DER SÜDLICHE HÖLLENKREIS

Aztekisch, aus dem Codex Borgia

auch der Toeris hin. Von der Amam heißt es: "Her forepart (is that of) crocodiles, her hinderpart (is that of) hippopotamus[6] and her middle (is that of a) lion." Der

[6] Als Api, "the Lady who giveth protection in the form of a hippopotamus" (*The Book of the Dead*, a. a. O., S. 421), ist sie das positive Weibliche, dessen matriarchale Form im alten Ägypten häufig als Nilpferd dargestellt wurde. Später wurde deswegen der patriarchale Sieg des Königs in der rituellen Erlegung des Nilpferdes gefeiert.

weibliche tiermütterliche Charakter dieses vielbrüstigen Wesens ist ebenso deut-
Fig. 36 lich wie bei dem Ungeheuer mit dem furchtbaren Messer, das eines der Tore der Unterwelt bewacht, durch welche die Seele des Toten zu gehen hat.

Die Ammit verschlingt die Seelen, welche beim Totengericht der Mitternacht in der Unterwelt nicht bestanden haben. Aber sie ist jetzt beim Totengericht unter-

Abb. 34. TA-URT UND HATHOR

Aus dem Papyrus von Ani, Ägypten, 16. bis 14. Jahrh. v. Chr.

geordnet, denn die Osiris-Horus-Religion hat mit ihren Mysterien jeder menschlichen Seele, nicht nur, wie ursprünglich, der Seele des Pharao, die Wiedergeburt und den Aufstieg garantiert. Die Sicherheit des magisch geglückten Sonnenweges, der dem Einzelnen nach dem Tode durch die Priester übermittelt wird, hat die Urangst, welche die Ammit darstellt, überdeckt. Ursprünglich aber war sie, ebenso wie bei den Primitiven Malekulas oder in der Hochkultur Mexikos, der furchtbare Ahnengeist der matriarchalen Kultur, in der das Weibliche das von ihm Geborene in sich zurücknimmt.

Die Unterwelt, der Erdschoß als das gefährliche Totenland, durch das der Tote zu gehen hat, sei es, um dort gerichtet zu werden und zu einem Erdland des Heils oder des Unheils zu gelangen, oder aber, um durch dieses Territorium hindurch zu einem neuen und höheren Dasein aufzusteigen, ist eines der archetypischen Symbole des furchtbaren Weiblichen. Es wird in der archetypischen Nacht-Meer-Fahrt der Sonne oder des Helden erfahren, welche die Seele des Abgestorbenen zu bestehen hat.

Abb. 35. AM-MIT BEIM TOTENGERICHT

Aus dem Berliner Papyrus, Ägypten

Wir wollen von diesem mehrfach analysierten Archetyp[7] nur die Grundzusammenhänge angeben. Die Sonne sinkt im Westen und geht dort sterbend in den Schoß der sie verschlingenden Unterwelt ein. Deswegen ist der Westen der Todespunkt, die feindlich zerreißende «Alte im Westen» das Hexenbild des Furchtbaren Weiblichen[8].

Neben der Höhle, dem Gefäß-Leib, ist das Tor als Eingang und Schoß eines der ursprünglichsten Symbole der Großen Mutter. Die Einheit der mit dem Querstein bedeckten beiden Pfeiler, des Dolmen, ist eine der frühesten Darstellungen der Dreiheit des Großen Weiblichen, zu der dann oft als viertes der phallische Einzelpfeiler

[7] Jung, *Symbole der Wandlung*, a. a. O., Index s. v. «Nacht-Meer-Fahrt».
[8] Neumann, *Ursprungsgeschichte* ..., a. a. O., Index s. v. «Schreckliche Mutter».

T. 73a, 73b des Männlichen gehört. Die Geschichte dieser megalithischen Dreiheit als Tor-Schoß, Eingang in die Unterwelt und als Altar- und Opfertisch ist in dem Buch von R. Levy ausführlich dargestellt worden[9].

In den frühesten Kulten Mesopotamiens finden wir die Verehrung des geflügelten Tores im Zusammenhang mit dem knienden Stier, der Göttin mit dem Ge-

Abb. 36. UNGEHEUER VOR DEN TOREN DER UNTERWELT

Aus dem Papyrus von Nu, Ägypten, 16. bis 14. Jahrh. v. Chr.

fäß und dem Mond. Was dieses Symbol bedeutet, ist unbekannt. Ein Fruchtbarkeitsritual ist im Zusammenhang des Stiers mit dem Kuhgatter wahrscheinlich. Das heilige Tor der Göttin erscheint auch als Tor des Geheges, in dem die Kälber
T. 73c geboren und aufgezogen werden. Über dem Tor steht der Pfeiler der Großen Mutter, das Herrschaftszeichen der Großen Mutter-Kuh[10].

So wie der Tempel das weibliche bergende Haussymbol der Großen Göttin als Spätentwicklung der Höhle ist[11], ist das Tempel-Tor als der Eingang in die Göttin ihr Schoß, und die unzähligen Eingangs-, Tür- und Schwellenriten der Menschheit sind Ausdruck dieses numinosen weiblichen Ortes. Die Einzäunung, das Tor, aber auch die Pfeiler, die es bilden, sind Symbole der Großen Mutter:

[9] *The Gate of Horn*, a. a. O., S. 126.
[10] Ebenda, Tafel 10b.
[11] Ebenda, S. 83f.

"The reed-bundle and therefore the looped-post, both fashioned for the insertion of a closing or binding feature to guard the tamed beasts, is the certain symbol of the Mother Goddess as the gate of a sanctuary which is in itself (to judge by the hut-amulets) conceived as her body ('He the Lamb and I the fold'), an idea already perhaps formed in the mind of palaeolithic man[12]." *T. 124* *T. 74*

Das weibliche Prinzip des Dolmen und des Tores ist immer mit der Wiedergeburt durch den weiblichen Schoß verbunden. Das läßt sich nicht nur in der Folklore der Länder nachweisen, wo derartige Dolmen vorkommen und Kranke noch heute durch sie hindurchgezogen werden, sondern auch bei den noch bestehenden primitiven Steinzeitkulturen. Deswegen ist die Bezeichnung des Dolmen in Malekula[13] verbunden mit dem Stamme "to come out from, to be born[14]". Aber der Dolmen ist auch das sakrale Haus, und seine Vergrößerung ist nicht nur der Tempel, sondern überhaupt der «heilige Bezirk».

Der früheste heilige Bezirk der Urzeit ist wahrscheinlich der, in dem die Frauen geboren haben. Er ist der Ort, an dem die «große weibliche Göttin» herrscht, und von dem – wie noch in den späten weiblichen Mysterien – alles Männliche ausgeschlossen ist. Nicht nur, daß überall – bis in die Moderne hinein, von den Ur- und Frühkulturen ganz zu schweigen – der Geburtsort ein Sakralort des weiblichen Lebens war, es ist auch evident, daß er im Mittelpunkt aller Kulte stehen muß, die der großen weiblichen Göttin als Herrin der Geburt, der Fruchtbarkeit – und des Todes geweiht sind. Wenn wir daher in Malekula "the birth enclosure" nicht nur als echtes Gehege finden, innerhalb dessen die Frauen gebären, sondern auch als Gehege um den Ort, an dem die Wiedergeburtsmysterien der Männer gefeiert werden – dann bestätigt dies nur ein allgemeines Gesetz.

So wurde das primitive Gitter[15], der Abtrennungszaun des weiblichen Geburtsbezirks zum Zeichen für den heiligen Bezirk überhaupt und das Geburtsgeschehen vorbildlich für das Wiedergeburtsgeschehen, die Geburt «zum Höheren», in den Himmel, als Stern, Seliger oder Unsterblicher, wobei die Symbolik der Wiedergeburt stets auf die der Geburt zurückgreift.

(Möglicherweise bedeutet deswegen das "winged gate", das geflügelte Tor Sumers, bereits eine Wiedergeburt an den Himmel, der ja immer mit «Geflügeltem» symbolisch verbunden ist.)

Wenn in den späten antiken Mysterien der Einzuweihende seinen gefahrvollen Weg durch die Unterwelt zu bestehen hat, um zur Wiedergeburt zu gelangen, tut

[12] Ebenda, S. 100, mit einem Hinweis auf Einzäunungen auf paläolithischen Wandzeichnungen von La Pasiega in Spanien, die möglicherweise sakrale Bedeutung haben.

[13] Layard, *Stone Men of Malekula: Vao*, London 1942, S. 17, S. 367 und S. 705.

[14] Ebenda, S. 73, S. 389 und S. 423.

[15] Wenn in späteren Entwicklungen die Exogamie besonders in der frühen matrilinearen Ordnung dazu führte, die Männer von «fremd her» zu holen, so waren immer die gebärenden Frauen eine zusammenhängende Gruppe innerhalb der Gemeinschaft, so daß die Abtrennung des Männlichen ebenso wie die Zusammengehörigkeit des Weiblichen bei dem Geburtsgeschehen dadurch noch sinnvoller erscheinen muß.

er dies in Nachfolge der Sonne. So hat bei Apulejus[16] der in die Isismysterien Eingeweihte die zwölf Nachtstunden zu durchschreiten, welche dem ägyptischen Unterweltsweg der Sonnenbarke entsprechen, während Ischtar sieben beziehungsweise vierzehn Tore auf ihrer Höllenfahrt zu durchgehen hat[17].

Auch in einem frühen ägyptischen Totentext, den "chapters of the Pylons[18]", hat die Seele einundzwanzig Tore der Unterwelt zu durchschreiten. Das weist im Gegensatz zur Sonne auf die ältere mit Osiris verbundene Mond-Symbolik. Während die Unterwelt des Osiris aus sieben Hallen oder Arits mit sieben Toren besteht[19], ist sie in dem Ischtar-Text zwar vervielfacht, aber sie bewahrt die Beziehung zur Mond-Sieben, die archetypische Beziehung zur Erd- und Fruchtbarkeitsgöttin. Überall wo in der Unterweltsfahrt die Sieben herrscht, bezieht sie sich auf den Mondhelden. Die Sonnenfahrt des Helden, der die Zwölf zugeordnet ist, wie die patriarchale Mythologie der Sonne mit ihrer Psychologie des Tages und des Bewußtseins, ist später als die – matriarchale – Mondmythologie und die zu ihr gehörende Psychologie der Nacht.

Die sieben Wohnungen der Unterwelt sind sieben Aspekte des Großen Weiblichen, zu dem Osiris, der Mond, als Herr, Sohn und Befruchter des Weiblichen gehört[20]. Deswegen folgt auf das Kapitel CXLVII des Totenbuches, das der sieben Häuser, das Kapitel von den sieben Kühen und ihrem Stier, von dem die Fruchtbarkeit abhängt[21].

Bei jedem der einundzwanzig Tore von Sekhet-Ahure im Hause des Osiris wird die sie bewachende weibliche Gottheit ausführlich charakterisiert, von dem ihr entsprechenden männlichen Gott aber nur der Name genannt. Die Charakterisierungen der weiblichen Gottheiten der einundzwanzig Tore beschreiben in einzigartiger Weise die Gesamtheit der Erscheinungsformen des Großen Weiblichen in seinem vorwiegend furchtbaren Aspekt[22].

1. "Lady of tremblings, with lofty walls, the sovereign lady, the mistress of destruction, who setteth in order the words which drive back the whirlwind and the storm, who delivereth from destruction him, that travelleth along the way. The name of the doorkeeper is ..."

2. "Lady of heavens, the mistress of the world, who devoureth with fire, the lady of mortals, who knoweth mankind."

3. "Lady of the altar, the lady to whom abundant offerings are made, in whom every god rejoiceth on the day of sailing up to Abtu. The name ..."

[16] *Der goldene Esel*, übersetzt von Albrecht Schäffer, Leipzig 1926.

[17] Günther Roeder, *Die Religion der Babylonier und Assyrer*, Jena 1915, S. 142.

[18] *The Book of the Dead*, a. a. O., S. 447ff.

[19] Ebenda, Kap. 144.

[20] Vgl. Neumann, *Ursprungsgeschichte* ..., a. a. O.: «Verwandlung oder Osiris».

[21] Die biblischen sieben mageren und sieben fetten Kühe im Traum des Pharao beziehen sich auf diese Symbolik.

[22] *Book of the Dead*, a. a. O., Kap. 146, "The Chapters of the secret Pylons". Wir zitieren von jedem Pylon nur den Text, der die weibliche Gottheit anruft.

4. "She who prevaileth with knives, the mistress of the world, destroyer of the foes of the still-Heart, who maketh the decree for the escape of the needy from evil hap."

5. "Fire, the lady of flames, who inhaleth the supplications which are made to her, who permitteth not the ... to enter in. The name of ..."

6. "Lady of light, the lady to whom abundant supplication is made; the difference between her height and her breadth is unknown; the like of her hath never been found since the beginning. There is a serpent therupon whose seize is not known; it was born in the precause of Still-Heart. The name ..."

7. "Robe which doth clothe the divine feeble one, weeping for what it loveth and shrouding the body. The name ..."

8. "Blazing fire, the flame whereof (cannot) be quenched, provided with tongues of flame, which reach afar, the slaughtering one, the irresistible one, through whom a man may not pass by reason of the hurt which she doeth. The name ..."

9. "She who is in the front, the lady of strength, quiet of heart, who giveth birth to her lord; whose girth is three hundred and fifty measures; who sendeth forth rays like the *uatch* stone of the south; who raiseth up the divine form and clotheth the feeble one; who giveth (offerings) to her lord every day. The name ..."

10. "Thou who art loud of voice, who raisest up those who cry and who make supplication unto her, whose voice is loud, the terrible one, the lady, who is to be feared, who destroyeth not that, which is in her. The name ..."

11. "She who slaughtereth always, the burner up of fiends, mistress of every pylon, the lady, to whom acclamation is made on the day of darkness. She hath the judgment of the feeble bandaged one."

12. "Thou who invokest thy two lands, who destroyest those who come with flashings and with fire, the lady of splendour, who hearkeneth unto the speech of the lord."

13. "Osiris bringeth his two hands over her and maketh the god Hapi (i. e. The Nile) to send forth splendour out of his hidden places."

14. "Lady of might, who danceth on the blood-red ones, who keepeth the festival of Haker on the day of the hearing of faults."

15. "The fiend, red of hair and eyes, who cometh forth by night and doth fetter the fiend in his lair; may her hands be given to the Still-Heart in his hour, and may (she) advance and go forward."

16. "Terrible one, the lady of the rainstorm, who planteth ruin (?) in the souls of men, the devourer of the dead bodies of mankind, the orderer, and producer, and creator of slaughter."

17. "Hewer-in-pieces in blood, Ahabit (?), lady of hair."

18. "Lover of the fire, pure of slaughterings which she loveth, cutter off of heads, venerated one (?), lady of the Great House, destroyer of fiends at eventide ..."

19. "Dispenser of light during her period of life, watcher of flames, the lady of the strength and of the writing of the God Ptah himself."

20. "She who dwelleth within the cavern of her lord, Clother is her name, she hideth what she hath created, she takes possession of hearts, she swalloweth (?)"

21. "Knife which cutteth, when (its name) is uttered, and slayeth those who advance towards its flames. She hath secret plots and counsels."

Das Weibliche ist, wie wir gesehen haben, das Bauchgefäß als Frau ebenso wie als Erde. So bestimmt es als Unheilsgefäß den Nachtweg der Gestirne durch die Unterwelt, es ist der Bauch des «Walfischdrachens», welcher – wie Jona[23]

[23] Vgl. dazu die schöne Abbildung aus der Biblia pauperum bei Joseph Campbell, *The Hero with a Thousand Faces*, New York 1949 und London 1950, Fig. 5, auf der das Hereinwerfen Josephs in den

– den Sonnenhelden jede Nacht im Westen verschlingt, "the destroyer at eventide".

Das Große Weibliche als furchtbare Erd- und Todesgottheit ist in seiner fressenden Gewalt die Erde, in der das Lebendige verwest. Deswegen ist es als Erdgottheit "the devourer of the dead bodies of mankind", und "the mistress and lady of the tomb[24]". Die Erde ist wie Gaia, die griechische Erdmutter, Herrin des Gefäßes, und gleichzeitig das große Unterweltsgefäß selber, in das die toten Seelen eingehen, *T. 75a* und aus dem sie auch wieder herausschwirren. Im Pithos, dem großen Tongefäß, wurden ursprünglich die Toten beigesetzt, und schon in diesem Brauch hat er die Bedeutung des Unterweltsgefäßes[25]. Deswegen spricht Jane Harrison[26] in diesem Zusammenhang von "ideas familiar to every Greek, that the pithos was a grave-jar, that from such grave-jars souls escaped, etc.".

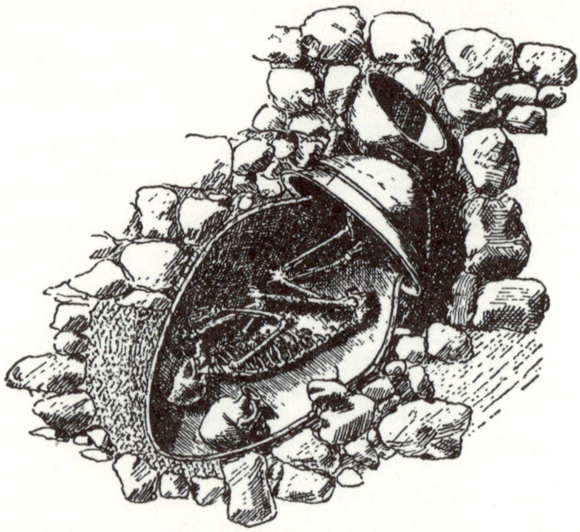

Abb. 37. SKELETT EINES KINDES IN GRABURNE
Fundort bei Nazareth, Israel

Die späten Eleusinischen Mysterien fußen auf dieser Symbolik, die dadurch bereichert wurde, daß die Getreidevorräte in unterirdischen Pithoi aufgespeichert wurden. So hat sich die Frühlingssymbolik des Aufstiegs der Vegetation aus dem Erdgefäß (vergleiche Adonis und Osiris) und die Symbolik der Herausnahme des Kornes zur Saat aus dem «Unterweltsgefäß» gegenseitig verstärkt.

Brunnen, das Verschlingen Jonas' durch den Walfisch und die Beerdigung des Christus nebeneinandergestellt sind.

[24] *The Book of the Dead*, a. a. O., Kap. 144.

[25] Nilsson, *Geschichte* . . ., a. a. O., Bd. I, S. 446.

[26] Jane E. Harrison, *Prolegomena to the Study of Greek Religion*, 3. Aufl., Cambridge 1922, S. 43f.

Die Beerdigung der Toten im Gefäß ist vorgriechisch und in der ganzen Mittel-Bronzezeit der ägäischen Kulte belegt. Sie ist wahrscheinlich von Kleinasien gekommen[27]. Aber daß dieser Brauch im alten Amerika existiert hat und in Südamerika heute noch geübt wird, bestätigt, daß das den Toten aufnehmende Gefäß zur archetypischen Symbolik des Großen Weiblichen gehört. *Fig. 37*

Ein derartiges Gefäß des Todes ist das Urnengefäß, das den Toten als Kind in der Embryonalhaltung in sich zurücknimmt, zum Beispiel in Eleusis (aber auch in viel früherer Zeit in Megiddo), und das Aschengefäß, in dem die Reste der verbrannten Leichname eingesammelt werden.

Die Hausurne als Aschengefäß existiert nicht nur in Italien[28] und als bronzezeitliche Hausurne im Norden, in Mitteldeutschland, Dänemark und bis nach Südschweden[29], sondern auch im als Chassulian bekannten Chalkolithicum Palästinas, dessen Einwohner «die Gebeine ihrer Toten in Hausurnen aufbewahrten, die den Häusern für die Lebenden nachgebildet waren. Dieser Brauch findet sich auch im neolithischen Europa[30]». Haus-Urnen – allerdings nicht als Aschenurnen, was ihre sakrale Bedeutung aber keineswegs ausschließt – gibt es auch in Kreta[31] und in Peru[32].

Eine Variante des Todesgefäßes ist die Blutschale Mexikos, in der die den Opfern herausgerissenen Herzen der Sonne dargebracht werden[33]. Sie gehört zur furchtbaren Mutter, deren Symbol, die Erd-Kröte, auf ihrer Unterseite dargestellt ist. *T. 76*

Der schönste Ausdruck dieses Zusammenhanges der Muttergöttin mit dem Toten sind die ägyptischen Särge, auf deren Boden ein Bild der Göttin Nut, der Himmelsgöttin, den Toten umarmt. Sie ist die wiedergebärende Göttin, aber sie hat auch den Todescharakter als Nachthimmel des Dunkels, das mit dem verschlingenden Dunkel der Erde und mit dem Wasser in eins gesetzt wird[34]. Der düstere Nacht- und Todescharakter der Kleidung dieses Sargbildes mit dem nächtlichen Hathorkopfschmuck ist ebenso eindrucksvoll wie die entblößten Brüste, deren Gestalt denen der Kali Indiens gleicht. Auch sie ist als nächtlich Westliche tötend und fressend. *T. 90, 91* *T. 91a*

Totengöttin ist die furchtbare Mutter auch als Totenvogel, als Geier und als Krähe. So ist der Geier das Symbol einer der ältesten Muttergöttinnen Ägyptens, der Nekbet, die in ihrem guten Aspekt über die Toten der Unterwelt wacht, aber ursprünglich die Leichen zerstückelt wie die leichenfressende Krähe, eine Form der keltischen Göttin-Zauberin Morrigan[35]. Die germanischen Repräsentantinnen

[27] Persson, a. a. O., S. 13ff.; George Thomson, *The Prehistoric Aegean*, London 1949, S. 249f.

[28] Vgl. Gerardus van der Leeuw, *Phänomenologie der Religion*, Tübingen 1933, S. 374f.

[29] Hoernes, a. a. O., S. 525 und Illustr. S. 527 und 529.

[30] Albright, a. a. O., S. 102.

[31] Hoernes, a. a. O., S. 525.

[32] Hermann Leicht, *Indianische Kunst und Kultur*, Zürich 1944, Illustr. 72; Ernst Fuhrmann, *Peru II* (Kulturen der Erde, Bd. II), Hagen und Darmstadt 1923, Illustr. 2 und 3.

[33] s. u. S. 180.

[34] Vgl. den Abschnitt über Mexiko und den über Das Große Runde, S. 176ff. und S. 203ff.

[35] Wolfgang Krause, *Die Kelten* (Religionsgeschichtliches Lesebuch, hg. von A. Bertholet, Nr. 13), Tübingen 1929, S. 22.

dieser tödlich-weiblichen Unheilsschicht sind, wie Ninck nachgewiesen hat, die Walkyren, welche den Helden den Tod bringen[36].

«Sie ist waelgrimme ‚todesgrimm', wie die Glossen das ags. waelcyrge ‚Walkyre' mit dem Namen antiker Kriegs- und Todesdämonen (Erinys, Tisiphone, Alekto, Bellona) wiedergeben. Das entspricht ganz ihrer finsteren Seite im Walkyrenlied und ihrer Gleichsetzung mit dem Raben, dem dunkeln Totenvogel, der waelcasiy ‚leichenauswählend' heißt, ein Ausdruck, der sich mit walkyrge genau deckt. Krähengestaltig fanden wir auch im Norden Hliod, die Wunschmaid Odins in der Völsungensaga[37].»

Während aber das Germanische durch eine seltsame Sehnsucht zum Tode unheimlich bestimmt wird, ist die Haltung Ägyptens eine umgekehrte. Die Angst des Ägypters, die nicht Todes-, sondern Verwesungsangst ist, hat zu den besonderen Bemühungen seines Totenkultes geführt, die Leiche als Mumie zu bewahren und zu etwas Dauerndem zu machen; es ist dieser Wille, welcher den Charakter der ägyptischen Kulte und seiner Kunst einheitlich bestimmt.

Das Kapitel aus dem «Totenbuch» mit der Bitte, den Körper nicht zerfallen zu lassen, gibt uns hier einen bewegenden Einblick. Der Osiris Nu, der Aufseher des Siegels, der Triumphierende, sagt:

«Verehrung Dir, o mein göttlicher Vater Osiris. Ich kam Dich einzubalsamieren, nun balsamiere Du diese meine Glieder ein, denn ich möchte nicht untergehen und ein Ende finden, (ich möchte) sein gleich meinem göttlichen Vater Khepera, dem göttlichen Vorbild von ihm, der nie Verwesung kannte. Komm denn, mach meinen Atem stark, o Herr der Winde, der du die göttlichen Wesen erhöhest, die dir gleichen. Mache mich denn doppelt fest und gestalte mich kräftig, Herr der Begräbnistruhe. Gewähre Du mir, daß ich eingehe in das Land ewiger Dauer, so wie es Dir zusammen mit Deinem Vater Tene geschehen ist, dessen Körper keine Verwesung kannte und der das Wesen ist, das nie Verwesung sah. Ich tat nie, was Du hassest, ich bekannte am lautesten unter denen, die Deinen Ka lieben. Laß meinen Körper nicht zu Würmern werden, sondern erlöse mich, wie Du Dich selbst erlöstest. Ich flehe Dich an, laß mich nicht vermodern, selbst wenn Du zulässest, daß jeder Gott und jede Göttin und jedes Tier und jedes Reptil die Verwesung erfährt, wenn die Seele von ihnen gegangen nach ihrem Tode. Wenn die Seele scheidet (oder zunichte wird), erfährt ein Mensch die Verwesung und die Knochen seines Körpers verfaulen und werden zu Gestank, die Glieder verfallen stückweise, die Knochen zerbröckeln in eine hilflose Masse und das Fleisch wird zur fauligen Flüssigkeit, und er wird zum Bruder des Verfalls, der über ihn kommt, und er verwandelt sich zu einem Würmerhaufen, bis er ganz zu Würmern wird und zu nichts und vernichtet im Angesicht des Gottes Shu, gleich wie jeder Gott und jede Göttin und jedes Federvieh und jeder Fisch es wird ... und jedes Ding, was immer es sein mag ... Laß Leben von seinem Tod[38] (kommen) und lasse nicht zu, daß

[36] Zur Verbindung des Großen Weiblichen mit dem «Schicksal» s. S. 215f.
[37] Martin Ninck, *Wodan und germanischer Schicksalsglaube*, Jena 1935, S. 183f.
[38] D.h. der Tod des Leibes.

der Verfall, von einem Reptil verursacht, mir ein Ende bereite, und laß sie nicht gegen mich kommen in ihren (verschiedenen) Formen. Laß mich nicht dem Schlächter übergeben, der in seiner Folterkammer (?) hauset, der die Glieder tötet und sie verwesen läßt, während (er selber) verborgen ist – der die Zerstörung über viele tote Körper bringt und vom Schlachten lebt. Laß mich leben, daß ich seine Botschaft ausrichte, und laß mich das tun, was er befohlen hat. Laß mich nicht in seine Finger geraten, laß ihn nicht Herr werden über mich, denn ich stehe unter Deinem Befehl, o Herr der Götter.

Verehrung Dir, o mein göttlicher Vater Osiris. Du hast Dein Wesen mitsamt Deinen Gliedern. Du bist nicht der Verwesung anheimgefallen. Du wirst nicht zu Würmern, Du wirst nicht weniger, Du wirst nicht zu Fäulnis. Du hast nicht Verwesung gebracht und Du wurdest nicht zu Würmern. Ich bin der Gott Khepera, und meine Glieder werden leben ewiglich. Ich werde nicht verwesen und ich werde nicht zerfallen und werde nicht zur Fäulnis, ich werde nicht zu Würmern und werde keine Verwesung sehn vor den Augen des Gottes Shu. Ich werde mein Wesen behalten, ich werde mein Wesen behalten. Ich werde leben, ich werde leben; ich werde keimen, ich werde sprossen, ich werde ausschlagen. Ich werde in Frieden erwachen. Ich werde nicht zu Fäulnis, meine Eingeweide werden nicht vergehen. Ich werde kein Unrecht erleiden; mein Auge wird nicht verrotten; die Gestalt meines Gesichtes wird nicht verschwinden; meine Ohren werden nicht taub; mein Kopf wird von meinem Hals nicht abgetrennt; meine Zunge wird nicht fortgeschleppt; mein Haar wird nicht abgeschnitten; meine Augenbrauen werden nicht wegrasiert; und kein Unheil wird über mich kommen. Mein Körper wird gefestigt und wird weder verfallen noch zerstört werden auf dieser Erde.[39]»

Die Gestalt des Furchtbaren Weiblichen beherrscht mit der gleichen archetypischen Symbolik ebenso die vorgriechische wie die frühgriechische Welt.

Der erstarrenmachende Blick der Medusa gehört zum Furchtbarkeitsbezirk der großen Göttin, denn Starr-Sein ist das gleiche wie Tot-Sein. Diese Wirkung des Furchtbaren steht im Gegensatz zur Lebendigkeit des Lebensstromes, der in allem Organischen fließt, und bedeutet psychisch – Versteinerung und Verkalkung. So ist die Gorgo das Gegenbild des Lebensschoßes als Todesschoß oder auch als Nachtsonne. *T. 70, 80*

Der Totenschädel ist nicht nur Symbol des Todes, sondern auch der toten Sonne, *T. 68, 77* die zur Zeit ihres Lebens mit Strahlenhaaren der Kraft begabt ist, während dem verschlungenen Sonnenhelden, der Nachtsonne, im Walfischbauch oder in der Unterwelt die «Haare ausfallen». Die Zusammengehörigkeit von Tod, Glatze, Opfer und Kastration ist für die Geweihten der Großen Mutter, von den kahlrasierten Isispriestern bis zur Tonsur der katholischen Mönche, charakteristisch[40]. Das Schlangenhaar der furchtbaren Göttin dagegen entspricht einer «negativen Strahlung».

[39] Nach der Übersetzung von W. Budge, *The Book of the Dead*, a. a. O., Kap. 154.
[40] Neumann, *Ursprungsgeschichte* ..., a. a. O., S. 74, S. 177.

Abb. 38. ILAMATECUHTLI, TODESGÖTTIN

Aztekisch, aus dem Codex Magliabecchiano

Das Weiblich-Positive des Schoßes erscheint als Mund, deswegen werden dem weiblichen Genitale «Lippen» zugeschrieben, und auf Grund dieser positiven Symbolgleichung ist der Mund als «oberer Schoß» der Geburtsort des Atems und des Wortes, des Logos. Ebenso erscheint auch die zerstörende Seite des Weiblichen, der verderbliche und tödliche Schoß, am häufigsten in der archetypischen Form des zähnestarrenden Mundes. Wir finden diese Symbolik in Afrika, wo der bezahnte *T. 78*
Schoß durch eine fletschende Maske ersetzt ist, und in Peru[41]. Am deutlichsten *Fig. 38*
wird das Motiv der «vagina dentata», des mit Zähnen bewehrten weiblichen Schoßes, in der Mythologie der nordamerikanischen Indianer. Ebenso sitzt in der Mythologie anderer Indianerstämme in der Vagina der furchtbaren Mutter ein fleischfressender Fisch[42], und der Held ist derjenige, welcher die furchtbare Mutter überwindet[43], ihrer Scheide die Zähne ausbricht und sie so zur Frau macht[44].

Auch in Ägypten ist die symbolische Zuordnung des Weiblichen zu den Lippen und des Männlichen zu den Zähnen nachweisbar[45]. Deswegen tritt das negative Männliche als ein Attribut des Weiblichen oft als destruktiv männlicher Begleiter auf, zum Beispiel als Eber. In diesem Sinne erscheinen neben den Zähnen des *T. 75b*
furchtbaren Weiblichen als Symbole des Todes – und nicht nur in dieser Kultur – häufig die Eberhauer[46] oder andere fressende Tiergebisse. So ist die Skylla, der verschlingende Meeresstrudel, wie so viele verlockende und verderbliche Frauengestalten oben als schönes Weib gestaltet, aber ihren Schoß bilden drei Unterwelts- *Fig. 39*
hunde[47]. Schon lange ist die phallische Bedeutung des einen Zahnes der Grajen bekannt[48], der weiblichen Grauengestalten, deren Name «Angst» und «Schreck» ist, die an der Grenze von Nacht und Tod, im fernsten Westen, am Gestade des Urozeans hausen[49]. Ihre Schwestern sind die Gorgonen, die Töchter des Phorkys, des «Grauen», eines Kindes der «Urmeerestiefe», des Pontos. Von ihnen allen stammen schreckliche mythische Ungeheuer. Die Gorgonen, geflügelt, schlangenhaarig und schlangengegürtet, sind mit Eberhauern, Bart und herausgestreckter Zunge uroborische Symbole der Urmacht des weiblich Furchtbaren, Bilder der

[41] s. u. S. 174. Dieses archetypische Symbol taucht auch noch in der Moderne auf, wenn im Traum und in den Phantasien des modernen Menschen die furchtbare Mutter kastrierend als mit Zähnen bewaffneter Schoß erscheint, wobei die Zähne die männliche Qualität des Messers und des destruktiven Männlichen symbolisieren, die zum negativen Weiblichen gehört.

[42] *Standard Dictionary of Folklore, Mythology and Legend*, hg. von Maria Leach, 2 Bde., New York 1949f., s. v. «vagina dentata».

[43] Neumann, *Ursprungsgeschichte* ..., a. a. O., «Muttertötung», S. 177f.

[44] *Standard Dictionary*, a. a. O., loc. cit.

[45] Kees, a. a. O., S. 292.

[46] Über den Kult der Eberhauer siehe auch Layard, *Stone Men* ..., a. a. O.

[47] In der Hand schwingt sie – im Gegensatz zu den positiv schützenden Stella-maris-Figuren der Isis, Madonna und Tara – das Steuerruder der zerschellten Schiffe.

[48] Jung, *Symbole der Wandlung*, a. a. O., Index s. v. «Graeae».

[49] Neumann, *Ursprungsgeschichte* ..., a. a. O., S. 235.

Fig. 40 großen vorgriechischen Muttergottheit in ihrem verschlingenden Aspekt als Erde, Nacht und Unterwelt[50].

T. 80 Die Tiere würgende Gorgo nimmt mit den gespreizten Beinen die gleiche Haltung ein wie die sich exhibitionierenden Göttinnen. Zwar ist hier das Genitale bekleidet und unsichtbar, aber es wird durch das zähnebleckende furchtbare Antlitz vertreten. Die uroborisch mann-weibliche Betonung der Gorgo geht nicht nur aus

Abb. 39. SCYLLA

Gemme, Rom

Abb. 40. HEKATE

Gemme, Rom

den starrenden Hauern ihres Maul-Schoßes hervor, sondern ebenso aus der herausgestreckten Zunge, welche – im Gegensatz zu den weiblichen Lippen – immer phallischen Charakter besitzt. Wir finden diesen archetypischen Zug bei einer Unzahl von Ungeheuer-Darstellungen in der ganzen Welt[51]. Überaus deutlich wird dieser Zusammenhang in Ozeanien, wo in New Zealand die ausgestreckte Zunge das Zeichen der Kraft und der dynamischen Energie ist[52], und auf den Lufu Islands, wo das Sexualorgan "his word" heißt, "an expression which gives to this term its complete meaning as the originating force of all action and also of words[53]".

Überall also, wo das Weibliche als furchtbar auftritt, ist es auch die uroborische Schlangenfrau, das Weib mit dem Phallus, die Einheit von Gebärendem und Zeugendem, von Leben und Tod. Deswegen ist die Gorgo mit allen männlichen Attributen ausgestattet, der Schlange, dem Zahn, den Eberhauern, der hervorgestreckten Zunge und manchmal sogar mit dem Bart.

Als Artemis-Hekate ist die Gorgo in Griechenland auch die Herrin des Nachtweges, des Schicksals und der Totenwelt. Sie ist als Enodia die Hüterin des Drei-

[50] Über die Gorgo als Nachtsonne vgl. Wilhelm II., *Studien zur Gorgo*, Berlin 1936.

[51] J. H. F. Kohlbrugge, *Tier- und Menschenantlitz als Abwehrzauber*, Bonn 1926.

[52] Maurice Leenhardt, *Arts of the Oceanic Peoples*, Paris 1947, London 1950, S. 115f.

[53] Ebenda, S. 142.

weges, ebenso wie der Tore[54], und als Hekate ist sie die schlangenumwundene Mond-Göttin der Gespenster und der Toten, umgeben von einem Schwarm von weiblichen Dämonen, wie die wilde Jagdgöttin Artemis. Ihr Haupttier ist der Hund, der die Toten als nächtlich heulendes und fährtenfindendes Tier in Ägypten ebenso wie in Griechenland oder in Mexiko geleitet. Als Herrin des Weges nach unten und des unteren Weges ist der Schlüssel – die phallische Eröffnungskraft des Männlichen – das Zeichen der Göttin, welche Herrin der Geburt ebenso wie der Empfängnis ist. *Fig. 40*

Deswegen kann sie, wenn sie zornig ist, als Demeter oder Ischtar, als Hathor oder Hekate, den Schoß der Lebendigen verschließen, und alles Leben steht still. Als gute Mutter ist sie die Herrin des Osttores, des Tores der Geburt, als furchtbare die Herrin des Westtores, des Todes und des verschlingenden Einganges in die Unterwelt. Tor, Tür, Schlund, Kluft, Abgrund sind die weiblichen Erd-Schoß-Symbole, die als numinose Orte den Weg ins mythische Dunkel der Unterwelt bezeichnen[55]. Die Höhle, ein frühestes Beispiel der weiblichen Gefäß-Symbolik, ist als Erde auch negativ die Hölle und Hel, die germanische Unterweltsgöttin. Charakteristischerweise gehört die Hel nicht nur geschwisterlich mit der uroborischen Midgardschlange des die Welt umzingelnden Ozeans und mit dem fressenden Fenriswolf zusammen[56], sondern ist auch der gähnende Schlund, der unersättlich die sterblichen Menschen verschlingt. *T. 79* *Fig. 30, 31* *T. 81*

Zu der Hölle als fressendem Maul der Erde gehört im christlichen Mythos der Teufel, ihm entspricht aztekisch der im Mittelpunkt der Erde sitzende Herr des Feuers, Xiuhtecutli. Der ältere Vorläufer des christlichen Teufels, dessen Aussehen, wie bekannt, viel von den heidnischen Pan- und Satyrgöttern übernommen hat, ist der ägyptische Set, der Feind der Seele, der Feind des Osiris und des Horus. Er tritt im Totenbuch zusammen mit der Apophisschlange als die männlich-vernichtende Seite der Unterwelt auf. Er ist der Schlächter, Vernichter und Zerstückeler, der Partner der seelenverschlingenden Ammit. Von ihm heißt es: "The fiend, red of hair and eyes, who cometh forth by night and doth fetter the fiend in his lair[57]." Er ist der Böse und der Widersacher an sich, verbunden mit der roten Farbe, die gleichzeitig positiv die der Fruchtbarkeit, aber auch die Unheilsfarbe des Bösen, des Blutes, des Todes und der Wüste ist, in der noch Jahrtausende später der Teufel als Versucher an die Auserwählten herantrat.

Die Hölle und die Unterwelt sind als Gefäß des Todes Formen des furchtbaren Gefäßes, des negativen todbringenden Bauchgefäßes in genauer Entsprechung zu seiner lebenspendenden positiven Seite. Die Öffnung des Unheilsgefäßes ist der Schoß, das Tor, das Maul, das aktiv in sich hineinzieht und verschlingt, zerreißt

[54] Nilsson, *Geschichte ...*, a. a. O., S. 685.
[55] Vgl. besonders das reiche Material bei Levy, a. a. O.
[56] Ninck, *Götter- und Jenseitsglaube der Germanen*, Jena 1937, S. 135.
[57] *The Book of the Dead*, a. a. O., Kap. 146.

und tötet. Die saugende Gewalt dieses Ortes ist mythologisch immer in ihrer den Menschen, das Leben, den Mann, das Bewußtsein hineinlockenden und -zwingenden Kraft symbolisiert, der sich nur der Held – und auch er nicht immer – entziehen kann.

Sehr schön kommt das im germanischen Mythos und seinen etymologischen Entsprechungen zum Ausdruck. «An. gīna 'gähnen', ahd. ginēn und geinōn hat seine Verwandten in an. gin 'Schlund', 'Spalte', ags. giwian 'verlangen', an. gja 'Kluft' und 'wollüstiges Leben', ags. gipian 'jappen', ud. gipen 'nach Luft schnappen, nach etwas streben[58]. Dazu gehört natürlich auch Gier.»

Der gähnend-gierige Charakter des Schlundes und der Spalte ist in mythologischer Apperzeption die Einheit des Weiblichen, das ebenso sexuell als gieriger Schoß das Männliche anzieht und den Phallus in sich tötet, um zu seiner Befriedigung und Befruchtung zu kommen, wie als Erdschoß der großen Göttin, als Todesschoß, das Lebendige an- und einzieht, um sich zu befriedigen und zu befruchten.

Die tiefste Erfahrung des Lebens und die menschliche Angst sind hier zu einer archetypischen Einheit verbunden. Ein in seiner Entwicklung unreifes Männliches, das sich als nur männlich-phallisch erlebt[59], erfährt das Weibliche als kastrierend und phallus-mordend. Die Projektion der eigenen männlichen Begierde und, noch tiefer, der eigenen Tendenz zum Uroboros-Inzest, zur lustvollen Selbstauflösung im Ur-Weiblich-Mütterlichen, verstärkt den Grauencharakter des Weiblichen. So gehört zur furchtbaren Göttin die Wollust und die Verführung zur Sünde und zum Untergang, und Liebe und Tod sind zwei Aspekte der einen großen Göttin.

Deswegen gehören in Ägypten wie in Griechenland, in Mesopotamien wie in Mexiko Liebes-, Jagd- und Todesgöttin zusammen[60]. So ist Aphrodite in Sparta und Zypern auch Kriegsgöttin[61], und Pandora ist das Weibliche als das faszinierende und doch wieder tödliche Gefäß.

Die Sexualsymbolik ist noch heute sprachlich mit der Nahrungssymbolik kontaminiert. Wie im Fruchtbarkeitsritual Sexualität und Nahrung zusammengehören und der Fruchtbarkeit bringende Sexualakt immer auch die Fruchtbarkeit der Erde und damit die Nahrung gewährleistet, so sind auch sprachlich die Ausdrücke der sexuellen Zuständlichkeit mit der Nahrungs-Terminologie verbunden. Hunger und Sättigung, Gier und Befriedigung, Verschmachtung und Durstlöschung sind Symbolbegriffe, welche in gleicher Weise für beide Gebiete gültig sind.

Auch die ursprünglich unter der Herrschaft des Großen Weiblichen stehende Magie[62] ist anfangs zweifellos «Nahrungsmagie» gewesen und hat sich erst über die Fruchtbarkeitsmagie zur Sexualmagie, dem «Liebeszauber», entwickelt.

[58] Ninck, *Wodan* . . ., a. a. O., S. 55f.

[59] Neumann, *Ursprungsgeschichte* . . ., a. a. O., S. 64.

[60] Vgl. ebenda, S. 70ff. und S. 88f., Einzelheiten über die kanaanitischen und ägyptischen Kriegsgöttinnen.

[61] Herbert J. A. Rose, *Handbook of Greek Mythology*, London 1950, S. 122f.

[62] s. u. S. 272f.

Auch hier wieder gibt die etymologische Zusammengehörigkeit den Hinweis auf eine archetypische Einheit. Ninck setzt unseren eben zitierten Abschnitt über den Stamm 'gīna' folgendermaßen fort: «an. *geifla* 'murmeln', ags. *gifre* 'begierig' und schließlich an. *ginna* 'zaubern, verlocken, betören', *gizki* 'Zaubermittel' und *gyzki* 'Wunder'.» Die Entwicklung der Wortbedeutung von 'gähnen' zu 'begehren, verlangen' erklärt sich ohne weiteres im Hinblick auf den hungrig gähnenden Wolfsrachen[63]. Den Übergang in die Bedeutung 'zaubern, murmeln' kann ein Zug beleuchten, der gelegentlich an nordischen Zauberinnen beschrieben wird. So heißt es in der Hrolf Krakisaga von einer Wölwa, bevor sie vom hohen Zaubersessel[64] ihre Gedichte verkündet: «Sie schlug da ihre Kinnlade auseinander und gähnte sehr», und alsbald gibt sie singend das innerlich Geschaute wieder; und wiederum heißt es, als der König sie mit Fragen nicht losläßt: «Sie gähnte sehr und der Zauber wurde ihr sehr beschwerlich[65].»

Wir werden auf den Zusammenhang von gähnender Tiefe, aus der der Zauberspruch aufsteigt, und Dämmerzustand des Bewußtseins noch zurückkommen. Für jetzt genügt der Hinweis auf die Verbindung von Fruchtbarkeit des Schoßes, Tod, Sexualität und Magie im numinosen Schreckensbild des Großen Weiblichen.

DIE SYMBOLIK DES FURCHTBAREN WEIBLICHEN IN MELANESIEN

An einem ganz anderen, von den Zentren der altmediterranen und nordischen Kulturen weit entfernten Platz der Erde, in Malekula, einer kleinen Insel Melanesiens, finden wir den gleichen furchtbaren Elementarcharakter des Weiblichen wie in Europa. Hier lebt im Ritual einer Einweihungszeremonie, welche fünfzehn Jahre zu ihrer Durchführung braucht, eine mythische Welt, die noch nicht in eine systematisierte und komplizierte Religion verwandelt worden ist. J. Layard[66] hat sein Buch "Stone Men of Malekula" genannt, weil die im Abendland vor- und frühhistorische Welt der Steinzeitkultur hier noch in lebendigen Riten zu erfassen ist.

Von dem umfangreichen Material, das Layard gesammelt und interpretiert hat, führen wir nur das an, was er über das «Furchtbare Weibliche» und seine Rolle im Leben dieser Menschen berichtet. Es handelt sich um die Auseinandersetzung der Gruppe mit dem im Gegensatz zur Lichtgottheit stehenden Guardian-spirit. Die Lichtgottheit spielt in den patriarchal gewordenen Riten zwar eine große Rolle, hat aber erst relativ spät ihre jetzige Bedeutung erlangt[67].

Der Guardian-spirit repräsentiert eine weibliche oder sexuell unbestimmte, aber

[63] Ninck, *Wodan . . .*, a. a. O., S. 56. Natürlich ist diese Erklärung zu eng gefaßt.
[64] Vgl. unsere Ausführungen über den Thron, S. 103f.
[65] Ninck, *Wodan . . .*, a. a. O., S. 56.
[66] *Stone Men . . .*, a. a. O.
[67] Ebenda, S. 223.

in seiner weiblich-matriarchalen Furchtbarkeit dennoch eindeutige Figur. Seine uroborische Bisexualität erklärt sich durch die Mischung mit der später oft als männlich dargestellten Destruktionsmacht des Weiblichen. Charakteristischerweise repräsentiert dieser verschlingende Guardian-spirit den Zorn der Ahnen. Diese sind aber gerade "the male representative of the maternal line" "mothers-brother, mothers-mothers-brother" usw.[68], das heißt, sie sind matriarchal bestimmt, und der Guardian-spirit ist die zur matriarchalen Frau gehörende böse männliche Seite in genauer Entsprechung der Beziehung des Mutterbruders Set zur Isis, die wir an anderer Stelle[69] diskutiert haben[70]. Der Name dieses furchtbaren Wesens ist Le-hev-hev und bedeutet "That which draws us to It so that It may devour us[71]".

Dieses Ungeheuer gehört zu einer Unterwelt, einer Höhle, dem Symbol des ursprünglichen Totenlandes[72] und repräsentiert "the annihilating influence of the grave[73]". Layard hat am Material der Riten dargestellt, wie die Auseinandersetzung darum geht, das männliche Licht-, Sonnen- und Bewußtseins-Prinzip, mit dem sich die Männergruppe identifiziert, gegenüber der vernichtenden Gewalt dieses weiblich-negativen Ungeheuers durchzusetzen. Auch hier symbolisiert die männliche Licht- und Himmelsgottheit das "conscious striving", "the aspiration to climb higher and higher[74]". Deswegen gehört zu diesen Gottheiten und den psychischen Tendenzen, die sie repräsentieren, das Symbol der Leiter, bei Osiris[75] ebenso wie in Malekula[76]. Viele aufsteigende Monumente, vom Stufenturm in Sumer und Mexiko bis zum Boro-Budur Ceylons, gehören zu dieser himmelstrebigen Richtung des – vorwiegend männlichen – Geistes.

Das Ungeheuer Le-hev-hev repräsentiert für den Bewohner Malekulas "the unconscious fears", "the fear of being devoured by the primeval force from which he (the primitive) has with so much exertion extricated himself and into which he is therefore in constant danger of falling back[77]".

Aber nicht der Kampf der Männergruppe gegen diese Gefahr mit Hilfe des Opferrituals und der Identifizierung mit der Himmelsmacht soll uns hier beschäftigen – dessen Symbol der Falke hier ebenso wie in Ägypten ist, entsprechend dem Adlersymbol der Azteken und dem «roten Papagei» der Inkas. Uns genügt, der Gestalt des Furchtbaren Weiblichen mit ihrer archetypischen Symbolik hier wieder zu be-

[68] Ebenda, S. 13.

[69] Neumann, *Ursprungsgeschichte* ..., a. a. O., S. 264.

[70] Layard bezeichnet sie als den «Animus» des Weiblichen, was berechtigt ist, wenn man diesen Terminus der personalen Psychologie auf die archetypische Welt ausdehnt. Man hat aber persönliche und archetypische Schichten des Animus zu unterscheiden.

[71] Layard, *Stone Men* ..., a. a. O., S. 225.

[72] Ebenda, S. 231.

[73] Ebenda, S. 13.

[74] Ebenda, S. 223 und 256.

[75] Neumann, *Ursprungsgeschichte* ..., a. a. O., S. 253.

[76] Layard, *Stone Men* ..., a. a. O., S. 735.

[77] Ebenda, S. 256.

gegnen. Wenn Layard sagt, dieser Guardian-spirit stelle "the reverse side of the social structure" dar, dann ist diese Formulierung viel zu eng gefaßt, gerade wenn man die psychologischen Deutungen Layards selber berücksichtigt. Das ganze Leben der Menschheit und gewiß der primitiven Menschheit – und in wie hohem Maße ist die ganze Menschheit primitiv – steht im Kampf gegen die Saugkraft des zur Regression verlockenden Unbewußten, welche die furchtbare Seite des Weiblichen ist.

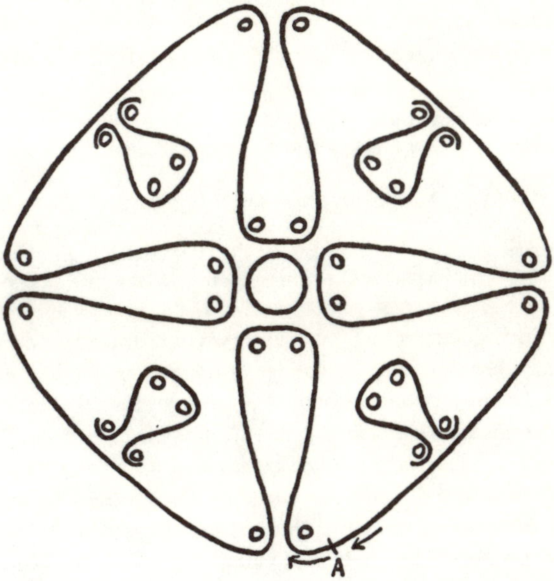

Abb. 41. SANDZEICHNUNG EINES LABYRINTHS

Malekula, Hebriden

Das ganze Leben in Malekula ist von der Bemühung erfüllt, in lang andauerndem rituellem Aufstieg die nach unten ziehende Gravitation des Psychischen[78] zu überwinden. Ob diese Sicherung gelungen ist, zeigt sich auf der – im Initiationsritus vorweggenommenen – Reise des Toten, auf welcher er dem verschlingenden Ungeheuer begegnet und es sich entscheidet, ob er ihm gewachsen ist.

Alle Einweihungen, die der Primitiven ebenso wie die des Totenbuches in Ägypten, des tibetanischen Totenbuches, der Mysterienkulte, des magischen Zaubers der Gnosis und der Sakramente der Religion, wollen dem Individuum den Schutz gewähren, der auflösenden Grabesmacht des verschlingenden Weiblichen gegenüber gefeit zu sein. Ob dieses Weibliche als Grab und Unterwelt, als Hölle oder

[78] Neumann, *Ursprungsgeschichte* ..., a. a. O., S. 30f.

Maja, als Heimarmene und Schicksal, als Ungeheuer oder Hexe, Schlange oder Finsternis dargestellt wird, bleibt sich dabei gleich. Tod ist in jedem Falle Auslöschung des Individuums und des Bewußtseins als des Lichtes, Überleben aber ist, sich der Finsternis gegenüber als zur Lichtwelt zugehörig zu erweisen.

Layard hat nachgewiesen, daß mit diesem Mythos vom verschlingenden Ungeheuer die rituellen Sandzeichnungen von Labyrinthen in Zusammenhang stehen, die als Weg durch die Unterwelt und als Nachtmeerfahrt, das heißt als *der* Weg, an-
Fig. 41 gesehen werden, den wir überall in der Welt als einen Urbestand der frühesten Menschheitsrituale finden[79].

Die hauptsächlichsten archetypischen Züge des Labyrinths sind nach Layard:

1. That it always has to do with death and re-birth relating either to a life after death or to the mysteries of initiation;
2. That it is almost always connected with a cave (or more rarely a constructed dwelling);
3. That in those cases where the ritual has been preserved the labyrinth itself, or a drawing of it, is invariably situated at the entrance to the cave or dwelling;
4. That the presiding personage, either mythical or actual, is always a woman;
5. That the labyrinth itself is walked through, or the labyrinth design walked over, by men[80].

Ob das Labyrinth die unendlich in sich verwirrten und verwirrenden Linien des «Weges» oder die Gestalt des «guardian spirit» angenommen hat, ob der Weg, den die Totenseele «durch» das verschlungen-verschlingende Labyrinth zu gehen hat[81], gegangen oder gezeichnet wird, in jedem Fall handelt es sich um "the conception of the divine body as the road travelled by itself and its seeker[82]", wobei R. Levy diese Labyrinthwege und die entsprechenden Erdzeichnungen der Australier von Ursprüngen in der paläolithischen Höhlenreligion herzuleiten versucht, in deren Zeichnungen wahrscheinlich bereits die Symbole der Einweihungshöhle, des Weges usw. auftreten.

Auch hier ist nicht die Genealogie von Bräuchen und Interpretationen wichtig, sondern das archetypische Geschehen. Der Ritus als Weg ist zunächst immer ein «gegangener» oder getanzter Archetyp, als Labyrinth oder Spirale, als Bild eines Geistes oder als Weg durch ein Tor des Todes und der Geburt[83].

Immer ist der Labyrinthweg der erste Teil der Nachtmeerfahrt, der Abstieg des der Sonne nachfolgenden Männlichen in die verschlingende Unterwelt, in den Todesschoß der furchtbaren Mutter. Dieser Labyrinthweg, der zum Zentrum der Gefahr führt, auf dem im Totenland in der Mitternachtsstunde, der Mitte der unterweltlichen Nachtmeerfahrt, die Entscheidung fällt, findet sich ebenso beim To-

[79] Vgl. Levy, a. a. O.

[80] Layard, a. a. O., S. 652, weist auf entsprechende Beispiele aus Südindien, Kreta, dem keltischen Kreis, Virgil und dem christlichen Mittelalter hin.

[81] Ebenda, S. 649ff.

[82] Vgl. Levy, a. a. O., S. 159.

[83] Vgl. Neumann, Zur psychologischen Bedeutung des Ritus, a. a. O.

tengericht[84] in Ägypten[85], in den Mysterien, antiken und primitiven, wie in den entsprechenden psychischen Entwicklungsprozessen des modernen Menschen[86]. Dabei wird das Labyrinth seines Gefahrcharakters wegen oft auch als Netz, das Zentrum als Spinne symbolisiert[87].

So ist auch in den Riten Malekulas das Ungeheuer Le-hev-hev, als negative Macht des Weiblichen[88], mit der Spinne[89] verbunden, mit der männerverschlingenden Unheilsfigur der "mythical ogress", "the crab woman[90]" "with two immense claws[91]", mit dem Unterweltstier, der Ratte, und mit einer Riesenmuschel, die geöffnet einem weiblichen Genitale gleicht und mit ihrem Zuklappen Mensch und Tier gefährdet[92].

Diese archetypische Symbolgruppe wird noch durch den Nachweis Layards vervollständigt, daß eine der Ritualfiguren auf Malekula, welche «der Mond» heißt und aus zwei wie die Lippen eines Mundes gegeneinander gerichteten Monden besteht, mit der Figur des «Weges» identisch ist, welchen das verschlingende Weibliche als Prüfung für den Toten aufzeichnet. D. h. das furchtbare Todesmaul oder der fressende Schoß, der zu durchschreiten ist, besteht aus den beiden überall mit der großen Dunkelgöttin der Nacht verbundenen und mit den Scheren des crabmonsters identischen[93] Mondsicheln.

Daß in Malekula die weiblichen Dolmen zu der alten matriarchalen[94], die aufgerichteten männlichen Megalithsteine zu der späteren patriarchalen Kult- und Ritualschicht gehören, bestätigt die Durchgängigkeit der archetypischen Symbolik. Mit der Bezeichnung des höchsten Grades der weiblichen Einweihung als "The Stone Altar" sind wir wieder zu der blutigen und Opfer fordernden Natur der weiblichen großen Göttin zurückgekehrt, die in Mexiko als Blut-Opferschale in der *T. 76*
gleichen Funktion auftritt.

Noch einmal sei auf den tiefen psychologischen Sinn der Einweihung des Männlichen in die vom Weiblichen gebildeten Gefahren hingewiesen. Durch die Identifizierung der «aufstrebenden Bewußtseinsentwicklung» mit dem Männlichen und der «rückschlingenden Gefahr des Unbewußten» mit dem Weiblichen ist die arche-

[84] Budge, *A General Introductory Guide to the Egyptian Collection in the British Museum*, London 1904, S. 212.

[85] Der Mitternacht des Volltages entspricht die Wintersonnenwende des Volljahres mit der Symbolik von Tod, Gericht und Wiedergeburt. Deswegen spielen in dieser Zeit die von negativen Ahnengeistern belebten Bräuche überall eine so bedeutende Rolle.

[86] Vgl. Jungs Werke über Individuation.

[87] Jung, *Psychologie und Alchemie*, a. a. O., S. 207f. und Illustr. 108.

[88] Layard, *Stone Men* ..., a. a. O., S. 728.

[89] Ebenda, S. 221.

[90] Ebenda, S. 730.

[91] Ebenda, S. 221, wo er Speiser zitiert (Felix Speiser, *Südsee*, *Urwald*, *Kannibalen*, Leipzig 1913).

[92] Layard, The Making of Man in Malekula, *Eranos-Jahrbuch 1948*, XVI.

[93] Die Eberhauer der Gorgonen können auch negative Mondformen sein und als Gefahrsymbole, wie Klappfelsen, zu derselben Gruppe des Weiblich-Furchtbaren gehören.

[94] Layard, *Stone Men*..., a. a. O., S. 731.

typische Verteilung der Rollen gegeben. Die Projektion dieser symbolischen Geschlechtsqualität auf die Männer beziehungsweise Frauen bestimmt dann so lange die soziale und religiöse Stellung der Geschlechter, wie die psychologische Bedeutung der Symbole nicht bewußt gemacht wird.

Deswegen ist das Geschlecht des Ungeheuers, der Totenwelt, nicht sozial ableitbar und auch nicht, wie Layard annimmt, komplementär zu einer patriarchalen oder matriarchalen Gesellschaftsstruktur. Einerseits ist die Unterwelt wie das Unbewußte immer «symbolisch weiblich» als Gefäß, das einsaugt und vernichtet, und das aufbaut, wandelt und gebiert, andererseits ist sie immer doppelgeschlechtlich. Dabei ist das Verschlingend-Weibliche mit dem Zerstörend-Männlichen in verschiedener Weise verbunden. Sogar wenn die matriarchale Schicht unterdrückt ist, kann sie männlich, als Mutterbruder, auftreten, der den Autoritäts- und Strafkomplex der matriarchalen Gesellschaft vertritt wie in Malekula die Le-hev-hev als Repräsentant dieser männlichen Seite des Matriarchats. Im patriarchalen Christentum ist die Unterwelt weiblich als Hölle, männlich als Teufel, der – wie Mephisto in Goethes Faust – des Teufels Großmutter gegenüber, deren Muttergestalt im Hintergrunde gerade noch sichtbar ist, in sohnhafter Abhängigkeit steht.

DIE MATRIARCHALE WELT IN AMERIKA

Wenn wir den archetypischen Symbolbezirk des Furchtbaren Weiblichen noch einmal, und zwar an vorwiegend mittel- und südamerikanischem Material, auszubreiten versuchen, dann deswegen, weil die amerikanische Entwicklung nach dem Standpunkt der neuesten Forschung als von der Alten Welt völlig unabhängig anzusehen ist. Gerade dadurch werden die Übereinstimmungen frappant und ihre archetypische Grundlage erneut evident.

Während in Mexiko die Sonnenmythologie die matriarchale Schicht und die mit ihr verbundene Mondmythologie fast völlig überdeckt hat, ist diese in den Küstenkulturen Südamerikas und besonders in Peru die herrschende Mythologie geblieben[95]. Dort ist das Große Weibliche als Frau des Mondes «die Meeresfrau», und wieder sehen wir, daß Meer, Nachtmeer und Nachthimmel ein und dasselbe sind, denn die Nacht bildet als Großes Rundes eine Einheit von Unterwelt, Nachtmeer und Nachthimmel, die alles Lebendige umschließt.

Fig. 42 So finden wir in der matriarchalen Chimukultur ebenso eine Mondmythologie mit dem Mond als Helden und als Herrn der Nacht, wie die Entstehung der Menschen und Heroen aus dem Ei, dem Symbol des Mondes[96]. Deswegen ist in dem
Fig. 43 Drachenkampf, der auf einem peruanischen Gefäß abgebildet ist, das zu bekämp-

[95] Walter Krickeberg, *Märchen der Azteken und Inkaperuaner, Maya und Muiska*, Jena 1928, S. 380; Leicht, a. a. O., S. 79f.

[96] Krickeberg, *Märchen ...*, a. a. O., S. 38 und 40f.

fende Ungeheuer ein Meeresdrache, welcher zugleich auch der Nacht-Unterwelts- und Todesdrache ist. Der Held ist als Mondheld dadurch charakterisiert, daß die Schlangen in seinen Händen das Zeichen der Mondsichel tragen. Dieses Zeichen ist in Verbindung mit den Stufen für den Mondgott typisch, wir finden es ebenso in Ägypten und im Doppelaxt-Symbol der kretischen Kultur. (Ob die Nacht-Eule ein weibliches Symbol des Nachthimmels ist, oder der Mond selbst, können wir nicht entscheiden.) *Fig. 42* *T. 82a*

Eine entsprechende Gestalt des gleichen Kulturkreises, die zum Furchtbaren Weiblichen gehört, ist der Taschenkrebs mit dem Gorgogesicht auf seinem Schild, auch er ein verschlingendes Ungeheuer der Meerestiefe. Auf einem anderen Gefäß sind die fressenden Scheren zu fressenden Tiermäulern ausgestaltet, und der Gorgo- *T. 83a, 83b*

Abb. 42. MONDVOGEL-GOTT

Töpfereimuster, Chimuindianer, Peru

krebs erscheint als Leib-Schoß einer menschlichen Gestalt. Das Wesen, das vom Krebsungeheuer in die Tiefe gezogen wird, wird als Sterngottheit gedeutet[97]. Offenbar ist die angegriffene Gestalt ebenfalls krebsartig[98]. Es handelt sich hier wohl, wie so oft in der mexikanischen Mythologie, um einen Himmelskampf, der im Nachtmeer stattfindet, die angegriffene und besiegte Gottheit könnte eine Mondgottheit sein. *T. 84b* *T. 83a, 83b*

Krebs, Schnecke und Schildkröte sind häufig Symbole des rückwärtsgehenden und sich im Dunkel verbergenden Mondes, der, verschlungen, oft mit negativen Symbolen verbunden ist. So ist die Schneckengottheit in Peru eine Mondgottheit der negativen Phase. Die Augenfühler des Schneckengottes, der Ähnlichkeit mit dem von dem Meeresungeheuer angegriffenen Wesen auf dem anderen Gefäß hat, bewegen deutlich einen Mondkörper, das heißt, sie ziehen ihn in das Schneckenhaus ein oder richten ihn auf. *T. 82b*

[97] Vgl. zu diesem Bild Fuhrmann, *Peru II*, a. a. O., S. 18.

[98] Vgl. Fuhrmann, *Reich der Inka*, Hagen und Darmstadt 1923, Illustr. S. 33.

Daß unsere Deutung der Taschenkrebs-Gorgo als der weiblichen Nachtgottheit richtig ist, bestätigt sich dadurch, daß sie – wie die Nacht überall – auch als Sonnengebärerin dargestellt wird. Um das Bild vollständig zu machen, ist auf ein ande-
T. 84c res peruanisches Gefäß mit zwei Schlangen, Symbolen der Erde und des Nacht-
T. 84b himmels, hinzuweisen, auf dem die Gorgo als Schoß mit Schlangen aufgemalt ist. (Ihre Mäuler sind die verschlingende Kraft, durch welche die Lichtkörper im

Abb. 43. DRACHENKAMPF

Töpfereimuster, Chimuindianer, Peru

Westen und im Osten verschluckt werden.) Wie die mexikanische Erdgöttin mit zwei Schlangenhäuptern entsprechend der Erdkröte den Sonnenhelden verschluckt,
T. 84a erscheint parallel dazu auf einem peruanischen Gefäß der Lichtheld zusammen mit den zwei Schlangen der Erdmutter.

Während aber in Peru die matriarchale Mond-Nacht-Psychologie herrscht und erst spät von der patriarchalen Inkakultur überdeckt wurde, ist die patriarchale Dominanz in der Kultur Mexikos viel augenfälliger, ihre matriarchale Unterströmung viel weniger offensichtlich.

Die Anzahl der aztekischen Göttinnen, welche Ausdruck des Großen Weiblichen sind, scheint zunächst eine Orientierung unmöglich zu machen, aber trotzdem läßt sich die einheitliche archetypische Grundstruktur auch hier nachweisen, wenn wir die Identifizierungen, mit denen die Göttinnen untereinander verbunden sind, in unserer kurzen Skizzierung verfolgen[99].

Am Uranfang steht das Götterpaar «Herr und Herrin unseres Fleisches»[100], deren Ursprung und Wohnort im dreizehnten obersten Himmel ist, «von dessen Anfängen niemand je etwas erfuhr». Sie sind die Ur- und Schöpfergötter, die auch[101] «Herr und Herrin der Zwei» heißen, «das heißt wohl so viel wie Herren der zeugenden Dualität[102]». Beide haben den ersten Platz im Kalender, weil sie die schöpferische

[99] Die Namensumschreibung erfolgt hier nach Danzel, *Mexiko*, 3 Bde., Hagen und Darmstadt 1922f., I, II.

[100] Tonacatecuhtli und Tonacacihuatl.

[101] Ometecuhtli und Ometecihuatl.

[102] Danzel, *Mexiko*, a. a. O., Bd. I, S. 36; Krickeberg, *Märchen*..., a. a. O., S. 3.

Qualität des Uranfangs und auch der Urzeit sind, wobei der männliche Teil mit Himmel und Feuer, der weibliche mit Erde und Wasser identifiziert wird[103]. Die diesen uroborischen Gottheiten entsprechenden Urgötter der Maja wurden als doppelgeschlechtlich angesehen[104], was auch in der aztekischen Bezeichnung Herr und Herrin der Zwei angedeutet ist. Diese Beinamen des höchsten Götterpaares sollen ausdrücken, «daß jeder der beiden Teile allein schon die schöpferische Kraft der Fortpflanzung in sich verkörpert[105]». Die Vorstellung des im obersten, entferntesten Himmel weilenden Urgötterpaares mischt sich mit der von dem auf der Mutter-Erde liegenden Vater-Himmel, die wir in nordamerikanischen Mythen wiederfinden[106]. Beide Urgötter sind als «höchste Gottheit» uroborisch, trotz ihrer zentralen Bedeutung besitzen sie keinen Tempel und keinen Kult und werden nicht mit bestimmten Naturdingen in Verbindung gebracht; trotz ihrer Transzendenz sind sie auch der «Nahrungs-Uroboros[107]», ihr Name «Herr und Herrin unseres Fleisches» bedeutet nämlich nicht nur «Herren unserer lebenden Substanz», sondern gleichzeitig auch des Maises, das heißt, sie sind Nahrungs- und Urgottheit zusammen.

Die furchtbare Große Mutter mit ihrem Jünglingssohn[108] spielt auch in Mexiko eine überragende Rolle. Die siebenschlangige Maismutter Chicomecouatl gilt als eine Gottheit der ältesten Urbevölkerung[109], mit der die Erdmutter «Herz der Erde», die Göttermutter[110] und die Großmutter[111] identifiziert wurde, sie war «die Demeter des alten Mexiko, die Muttergöttin[112]».

Die «alte Göttin» wird verständlicherweise mit der weiblichen Urgöttin[113] und mit der Erdgöttin[114] gleichgesetzt, die auch den Namen «unsere Ahne und Herz der Erde» trägt. Sie ist die Göttin der Wollust und Sünde, aber auch die große Gebärerin und Erneuerin der Vegetation durch den geschlechtlichen Akt, als Mond- und Erdgöttin ist sie Göttin des Westens, des Todes und der Unterwelt[115]. Sie trägt den Totenschädel, und das ihr geweihte weibliche Opfer wird enthauptet. Als Winteraspekt der tödlichen Erde steht sie im Gegensatz zur gebärenden Erde, die mit dem Osten und dem Frühling verbunden ist.

[103] Spence, *The Myths of Mexico and Peru*, London 1927, S. 104 und 118.
[104] Ebenda, S. 236.
[105] Krickeberg, *Märchen* . . ., a. a. O., S. 336.
[106] Spence, *The Myths* . . ., a. a. O., S. 119.
[107] Die Erläuterung der Namen ist von Danzel übernommen worden.
[108] Möglicherweise ist auch hier eine ursprünglich matriarchale toltekische Kultur von der patriarchalen Kultur einwandernder Nahua-Völker überlagert worden. Eine analoge Situation finden wir im alten Ägypten und wahrscheinlich in Indien, was die Kulturanalogien erklären könnte.
[109] Spence, *The Myths* . . ., a. a. O., S. 85.
[110] Teteoinnan.
[111] Tocitzin.
[112] Spence, *The Outlines of Mythology*, London 1949, S. 101.
[113] Tonacacihuatl.
[114] Tlazolteotl.
[115] Danzel, *Mexiko*, a. a. O., Bd. I, S. 47.

Sie ist die Urgöttin der Materie, deren furchtbarer Charakter in den Augen und fletschenden Raubtiermäulern aus allen ihren Gelenken ausbricht. Mit dem
Fig. 38 Schlangenrock bekleidet, hält sie das tödliche Feuersteinmesser und hat die Pranken des Jaguars, des archetypischen Lichtfeindes, der als negativ Männliches Attribut und Begleiter des Furchtbaren Weiblichen ist[116], das auch als Große Mutter den Nachtmantel mit den Monden trägt. Als Symbol des Raubtieres ist er der Gott der Erdhöhle und der Erde, der fressenden Dunkelheit und des nächtlichen Himmels. Die Einheit von Erde und Nachthimmel wird in einem Mythos als Ureinheit des Anfangs getrennt, indem die Erdgöttin vom Urhimmel heruntergebracht und zerrissen, aus ihren Hälften, wie bei der babylonischen Tiamat[117], Himmel und Erde gebildet werden. Gerade durch diese Zerreißung wird sie der Ursprung aller Lebensmittel, aber – als Kompensation zu ihrem guten Charakter – wird sie zur furchtbaren Mutter: «Zuweilen schrie die Erdgöttin in der Nacht und verlangte nach Menschenherzen. Dann wollte sie sich nicht eher beruhigen, als bis man sie ihr gab und wollte nicht eher wieder Frucht tragen, als bis sie mit Menschenblut getränkt wurde[118].» Der Jaguar als Dunkelmacht ist der Feind des Adlers, des Sonnensymbols, und die mythischen Kämpfe zwischen Licht und Finsternis, welche das Weltbild der Azteken bestimmen, erscheinen als Kämpfe der Jaguar- gegen die Adler-Krieger. Jeden Abend wird der Sonnengott im Westen vom Erdungeheuer verschluckt, denn «die Auffassung der Erde als krötenartiges fressendes Ungeheuer beherrscht auch die mexikanische Kunst», und «die Erde ist das unersättliche Ungeheuer, das nicht nur die Toten, sondern auch die Sonne und die Gestirne bei ihrem Untergang verschlingt[119]».

T. 85 Das Westloch des Abstieges der Sonne ist auch in Mexiko der archetypische Todesschoß, welcher das Geborene vernichtet. Aber der Westen ist für die Azteken und die ihnen verwandten Völker mehr, er ist auch der «Ort der Frauen», die Urheimat, wo einst aus dem Ur-Loch die Menschheit aus der Erde herausgekrochen ist[120]. Denn als die Erde und das menschliche Bewußtsein noch nicht vorhanden waren, war alles vollkommen im Totenreich des Westens enthalten.

Dieser Ort der Frauen ist aber nicht nur die dunkle Höhle, aus der die Menschheit emporgestiegen ist, sondern auch «das Haus, von dem man herabsteigt». Auch hier gilt das: «Versinke denn, ich könnt' auch sagen, steige![121]», denn Unterwelt, Nachthimmel und Unbewußtes sind ein und dasselbe: der Westen ist «der Sitz der Ur-

T. 80, 125, 128a, 129, 130, 131a [116] Die schreckliche Natur des Weiblichen tritt einmal auf, indem sie selber das schreckliche Tier ist, oder aber indem es zum Begleittier wird, das sie beherrscht. So ist sie Löwin (vgl. die Löwengöttin Ägyptens), thront auf Löwen oder fährt auf dem Löwenwagen; so ist sie wie in Indien die Tigerin, oder der Tiger ist ihr Reittier; ebenso ist sie einmal als Artemis die Bärin, oder der Bär ist ihr als Begleittier nebengeordnet wie der Eber als das zu ihr als Sau gehörende Männliche.

[117] s. u. S. 204ff.

[118] Krickeberg, *Märchen* ..., a. a. O., S. 5.

[119] Ebenda, S. 312.

[120] Danzel, *Mexiko*, a. a. O., Bd. I, S. 23.

[121] Johann Wolfgang Goethe, *Faust II.*

götter, die Heimat des Maises und die mythische Urheimat der Stämme[122]. So steht im Westen der «Tempel der Lebensmittel» und der Maisbaum mit dem Kolibri, der als «Sinnbild der erwachenden Vegetation[123]» mit dem Sonnenhelden verbunden ist.

Die Vereinigung von positiven und negativen Symbolen am Ursprungsort ist wie seine Verbindung mit der Nahrung[124] für seine «uroborische» Anfangsnatur typisch. So ist der Westen der Ort der Vorwelt, des uroborischen Daseins der unbewußten Vollkommenheit[125]. Er wird erst, nachdem die Welt entstanden, Licht geworden, der Sonnenlauf begonnen und das Gegensatzprinzip der feindlichen Mächte wirksam geworden[126], das heißt, nachdem der symbolische Baum der Urheimat gebrochen ist[127], zum Todesort.

Auch die Unholdinnen, die als Seelen im Kindbett gestorbener Frauen gefürchtete Dämoninnen sind, die in sich Tod und Geburt verbinden, gehören zur Symbolik des Westens. Als besonders den Männern feindliche Spinnen[128] senken sie sich vom Himmel ebenso wie sie als dämonische Mächte vorzeitlicher Finsternis die Sonne von ihrem Zenit zum Todesort des Westens herabgeleiten. Sie sind Mächte der Vorzeit, wobei aber «vor der Zeit» vor der Geburt der Sonne heißt. Als Dämoninnen der matriarchalen Frühe sind sie auch die der Endzeit, welche, wenn das Ende der Welt naht und Sonne, Mond und Sterne zusammenstürzen[129], die Menschen verschlingen werden.

Das Weltbild der Azteken ist dadurch charakterisiert, daß über und hinter allem Lebendigen die Unheilsnacht lauert. Nicht nur jede der vier Weltzeiten endet mit einer furchtbaren Katastrophe, auch das Ende jedes Kalenderabschnittes von zweiundfünfzig Jahren ist ein Unheilspunkt, an dem das Weltende mit Angst und Kasteiung erwartet, das Weitergehen des Lebens als Wunder und Neugeburt gefeiert wird. Dieser Zweiundfünfzig-Jahr-Punkt ist eine Entsprechung zum Mitternachtspunkt des Volltages und dem Wintersonnenwendepunkt des Volljahres. An ihm werden alle Geräte zerstört, alle Feuer gelöscht. Es ist «Gerichtszeit» wie auch im jüdischen Neujahr, und die Überwindung dieses Gefahrpunktes wird, wie bei vielen Neujahrsfesten der Welt, mit orgiastischem Jubel, Neubohrung des Feuers usw. gefeiert.

Das bewußte Weltbild der Azteken ist «patriarchal», die Macht der weiblichen Gottheit ist fast unsichtbar geworden, und das männliche Licht-Sonnenprinzip herrscht. Aber eine genauere Analyse ergibt psychologisch ein ganz anderes Bild.

[122] Preuss, *Die Nayarit-Expedition*, Bd. I: *Die Religion der Cora-Indianer*, Leipzig 1912, S. XXXVIII bis XLII, zitiert bei Krickeberg, *Märchen* ..., a. a. O., S. 317.

[123] Danzel, *Mexiko*, a. a. O., Bd. I, S. 35.

[124] Vgl. Neumann, *Ursprungsgeschichte* ..., a. a. O., Index s. v. «Nahrungs-Uroboros».

[125] Ebenda, S. 15.

[126] Ebenda, S. 106f.

[127] Vgl. besonders *Codex Borgia, eine altmexikanische Bilderschrift*, 3 Bde., hg. von Eduard Seler, Berlin 1904–1908, Bd. I (nach den Angaben von Danzel).

[128] Seler, *Codex Borgia*, a. a. O., Bd. I, S. 286, zit. bei Krickeberg, *Märchen* ..., a. a. O., S. 338.

[129] Danzel, *Mexiko*, a. a. O., Bd. I, S. 54.

Neben dem König herrscht eine Figur, die zwar immer von einem Manne verkörpert wird, aber den Titel der furchtbaren Erdmutter «Die Schlangenfrau» trägt. Von ihm heißt es:

> "The 'Snake Woman' was the executive peak of the internal affairs of the tribe, where civil custom and religious demand governed almost every act[130]."
>
> "The Chief of men and the snake woman had double duties in respect of civil and religious affairs, the former actively leading the services and the latter supervising the temples, the form of the rites and the internal affairs of the priesthood[131]."

Hier ist unzweifelhaft eine ursprünglich matriarchale Konstellation patriarchal überlagert worden. Auch bei den Stämmen Nordamerikas finden wir häufig, daß die Alten Frauen, ohne offizielle Macht, die inneren Angelegenheiten des Stammes bestimmen, während der Kriegsführer die äußeren lenkt. Das entspricht der ursprünglichen matriarchalen Situation, in der der Kreis der Frauen-Kinder-Gruppe von den alten Frauen, der kämpfend-jagende Männerbund vom Kriegerhäuptling oder in demokratischer Weise von der Männergruppe bestimmt wird.

Die Analyse dieser aztekischen Konstellation mit ihrer Überlagerung matriarchaler Züge durch patriarchale ist für die Entwicklungsgeschichte der Menschheit höchst aufschlußreich. So wie die Männer ursprünglich als Krieger im Dienst der weiblichen Gottheit standen, um ihr Blutopfer zu bringen, ist es noch in der aztekischen Kultur geblieben, und zwar, obgleich die Übernahme der politisch-sozial-extravertierten Herrschaft durch die Männergruppe bereits erfolgt ist und das patriarchale Sonnen-Prinzip – anscheinend – das matriarchale Mondprinzip abgelöst hat[132]. Die gesamte aztekische Politik wurde durch die Kriege bestimmt, die geführt wurden, um Kriegsgefangene zu erbeuten, deren Opferung dem Kult des Schlangenweibes diente, das nur mit furchtbaren Blutopfern befriedigt seine Fruchtbarkeit hergibt.

Die Grausamkeit der mexikanischen Riten, durch welche nicht nur die Erdfruchtbarkeit garantiert, sondern auch das männliche Sonnen- und Bewußtseinsleben gestützt werden muß, ist der Ausdruck der furchtbaren Angst des Männlichen und seines Bewußtseins, von der weiblichen Nacht-Dunkelseite des Unbewußten wieder eingeschluckt zu werden.

Die charakteristische aztekische Form der Opferung ist, daß aus dem lebenden Körper des Geopferten das Herz herausgebrochen und der Sonne dargebracht wird, um so den befruchtenden Regen und damit die Fruchtbarkeit der Erde zu garantieren. Neben dieser Art des Opfers finden wir die Schindung und die sakrale Bekleidung der Priester mit der Haut des geschundenen Opfers als typische Form der Wandlungssymbolik. Ihr ging aber offenbar eine andere Art der Opferung voraus,

[130] George C. Vaillant, *The Aztecs of Mexico*, Harmondsworth 1950, S. 122.

[131] Ebenda, S. 182.

[132] Es ist wieder zu betonen, daß «matriarchal» hier eine psychische Situation bedeutet und keineswegs mit einer herrschenden «sozialen Stellung der Frau» in eins zu setzen ist.

nämlich die Enthauptung. Enthauptung und Zerstückelung als Todesform entstammen wie in Ägypten einer überwundenen matriarchalen Schicht, deren Reste noch im Mythos und Ritus der Azteken nachweisbar sind und im «südlichen Höllenkreis», dem der Enthauptung und Zerstückelung, weiterleben.

Die Köpfung der bösen Mond-Schwester-Göttin ist die erste Tat des Helden-Gottes Huitzilopochtli. Die Köpfung des weiblichen Opfers steht im Mittelpunkt des Frühlingsfestes der Schlangen-Unterweltsgöttin[133], und das Tanzen mit den Köpfen der Geopferten ist das Ende des Kampfopferfestes der Gladiatoren[134].

Daß in Mexiko der Westen mit der Symbolik des Unbewußten verbunden ist, äußert sich immer wieder in der ihm zugeordneten Symbolik, so ist er auch «das Große Meer». Und weil bei den Mexikanern und den von Preuss erforschten Cora-Indianern die Nacht und der Nachthimmel auch der nächtliche Himmelsozean[135] ist, ist der Mond die Nachtschlange, die im Wasser lebt[136], und die tödliche Westgefahr des Furchtbaren Weiblichen wird als Überschwemmungsgefahr dargestellt:

> «Die Cora-Indianer haben die Vorstellung, daß im Westen der Welt eine mächtige Schlange, die als Wasser gedachte Nacht, lebt, die der Morgenstern[137], wenn er aufgeht, erlegt, und der Adler, der Tageshimmel, verzehrt. Würde das nicht geschehen, so würde die Welt sich mit Wasser füllen[138].»

In der Symbolgruppe, die zum Westpunkt des Furchtbaren Weiblichen gehört – Nacht – Abgrund – Meer – Wassertiefe – Schlange – Drache – Walfisch –, sind alle Symbole miteinander kontaminiert und ineinander verschoben. Verschlingendes Wasser, zerreißender Erd-Schoß, Abgrund des Todes, feindliche Nacht- und Todesschlange, Walfisch, Meer und Walfisch im Meer; alle sind Aspekte des negativen Unbewußten, das als «Wasser der Tiefe» in der Erde unter der Welt der Menschen im nächtlichen Dunkel lebendig ist und als Gefahr der einbrechenden Wasser die Welt mit Wasser zu füllen droht.

Deswegen ist das Weibliche das tödliche Wassergefäß, wie die Mayagöttin Ixchel, die Göttin der verderbenbringenden Fluten und des Mondes[139]. Ihr Symbol ist das umgestülpte unheilbringende Gefäß, auch auf ihrem Haupt ruht die tödliche Schlange, an Händen und Füßen trägt sie spitze Tierklauen, und ihr Gewand ist mit den gekreuzten Knochen, den Zeichen des Todes, geschmückt. *Fig. 44, 45*

Das Unheil der Überschwemmung weiß nur der immer von neuem die Abgrundschlange besiegende Sonnenheld des Bewußtseins zu verhindern. Dieser Sieg des Helden gehört zum Ostpunkt seines Sonnenaufganges oder, wie in Mexiko, zum

133 s. u. S. 192. Cinaconatl-Tlatzolteotl.

134 Preuss, *Die Eingeborenen Amerikas*, a. a. O., S. 49.

135 Preuss, *Die Nayarit-Expedition*, a. a. O., S. XXVII (nach Krickeberg, *Märchen...*, a. a. O., S. 341).

136 Krickeberg, *Märchen...*, a. a. O., S. 360.

137 Der Morgenstern spielt hier die Rolle des Sonnenhelden.

138 Und wie in Mexiko die Sonne im Westen von der Erde verschluckt wird, geht in Ägypten die Sonnenbarke mit der todkranken und alt gewordenen Sonne in den Westberg hinab, der im Zeichen des Nachtmeeres und der westlichen Hathor, der nächtlichen Todesmutter, steht. *T. 85*

139 Sylvanus G. Morley, *The Ancient Maya*, Palo Alto (Calif.) 1946, S. 230f.

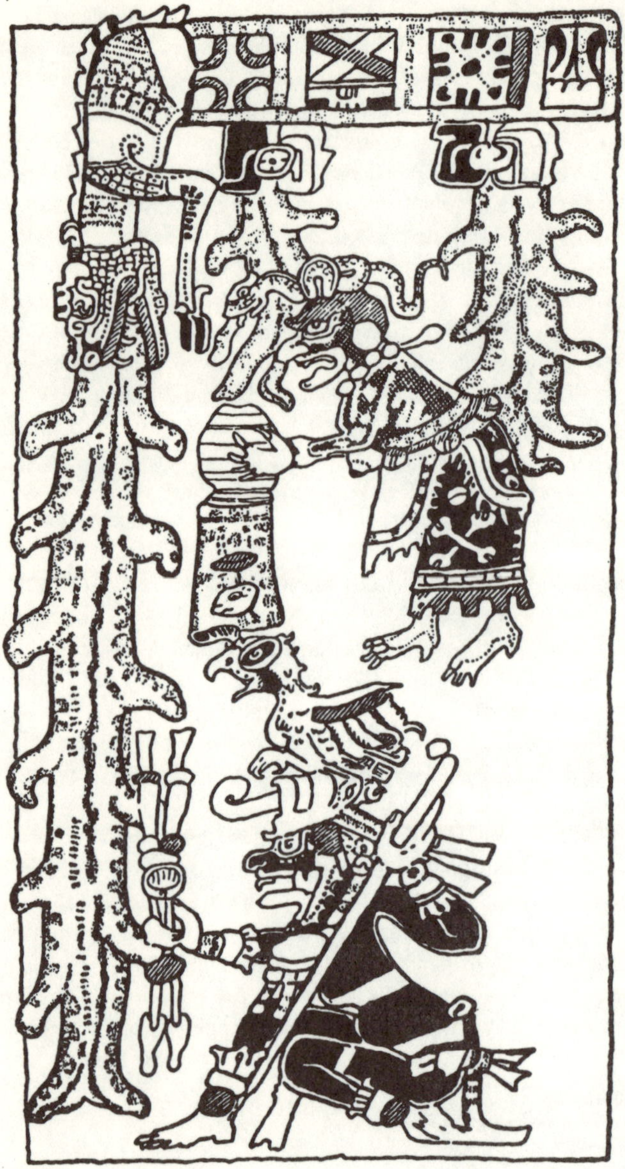

Abb. 44. DIE ALTE GÖTTIN IXCHEL, DIE WELT DURCH WASSER ZERSTÖREND

Maya, aus dem Dresden-Codex

Mittagspunkt des höchsten Sonnenstandes[140], ganz entsprechend dem Sieg des Mondhelden, der als Neu- oder als Vollmond gefeiert wird.

Weil bei den Azteken, wie die außerordentliche Belebung des Archetyps der furchtbaren Mutter verrät, eine ähnliche Todesangst-Psychologie wie in Ägypten herrscht, ist hier wie dort der Archetyp von der Unterweltsfahrt des Helden, seine Wandlung und seine Wiedergeburt von höchster Bedeutung.

Abb. 45. IXCHEL

Maya, aus einem Codex

Zum Fruchtbarkeitsritual der Großen Mutter gehört das Blutopfer und die Zerstückelung, welche beide den Schoß der Erde befruchten, wie noch in einer Anzahl von Riten lebendig ist, in denen die Stücke des Opfers – sei dies ein Menschen- oder ein Tieropfer – feierlich auf die Felder verteilt wurden. Auch die griechischen Thesmophorien, in denen Ferkel, die Kindsymbole der Erd-Sau und phallische Symbole, in einen angeblich von Schlangen belebten Erdschlund geworfen wurden, gehören in diesen Zusammenhang[141]. Der Erdschlund ist der Schoß der Erde, dessen Furchtbarkeit auch hier durch die mit ihm verbundene Schlange dargestellt wird. Die verwesten Teile der Opfer wurden dann später aus dem Schlund heraufgeholt und als Fruchtbarkeitszauber über die Felder verteilt.

Die Notwendigkeit, die Erde und das als weiblich erschaute Leben durch Blut, Tod und Leichen zur Befruchtung und zum Wiederaufleben zu bringen – diese

[140] Vgl. o. S. 178.

[141] Neumann, *Ursprungsgeschichte* ..., a. a. O., S. 96.

durch den Wechsel von Leben und Tod in der Natur immer wieder bekräftigte Konzeption konstelliert das Große Weibliche als furchtbar, zerstückelnd und tötend. Aus diesem Grunde sind die großen Göttinnen Jagd- und Kriegsgöttinnen, Verwalterinnen des Lebendigen und des Blutes. Deswegen ist die große aztekische Muttergottheit auch die Herrin des Obsidianmessers der Zerstückelung[142] und heißt als Mondgöttin das «weiße Steinmesser[143]». Dem entspricht, daß zu Set, dem männlichen Begleiter der furchtbaren Isis[144], das «Messer des Set», das uralte Feuersteinmesser[145], ein Merkmal der furchtbaren Isis, gehört. In Amerika ist Obsidian das Werkzeug des Todes als Speerspitze, Jagd- und Opfermesser, Schwert usw. Die mit der Jagdgöttin verbundene Obsidian-Göttin[146] war ursprünglich eine drachenhafte Figur, später eine Jagdgöttin[147], ihre Schmetterlingsflügel Obsidian-Enden. Der Kult der magischen Waffe ist mit ihr wie mit allen Todes- und Jagdgöttinnen der Vorzeit verbunden.

Auch der beinahe wichtigste Gott des aztekischen Pantheons, Tezcatlipoca, ist ein Obsidiangott und spielt die sakrale Rolle des Obsidianmessers[148]. Der Mond als Sichelwaffe, Schwert und Messer ist ein archetypisches Symbol im Kampf des Jünglingshelden gegen den Dunkelheitsdrachen, welcher der Sonnenmythologie vorangeht.

> "Mexican tradition reveals very clearly that obsidian, because of its original foodprocuring properties, came to be regarded as the source of all life, indeed as the very principle of existence. The creative goddess Tonacaciuatl (Lady of our Subsistence) was said to have given birth to an obsidian knife from which sprang sixteen hundred demigods who peopled the earth. As the Aztec picture-manuscripts show, maize is frequently depicted in the form of a sacrificial knife of obsidian[149]."

Spence hat die Meinung geäußert, der ursprüngliche Glaube der Azteken sei eine «obsidian religion» gewesen[150], und leitet ihn mit guten Gründen schon von einer vor-agrikulturellen Phase des Jägertums ab. So ist der Obsidian die vom Himmel gekommene magische Waffe, das gleichzeitig Tod und Leben bringende Zentralsymbol[151] der blutigen großen Vorzeitmutter, die ja auch selber erst zerrissen und danach zum Ursprung aller Lebensmittel wird. Später beim Übergang von der Jagdphase in die des Ackerbaus – ganz gleich ob vor oder erst nach der Eroberung Mexikos durch die Azteken – wandeln sich die Aspekte. Die Obsidiangöttin der Jagd, der Obsidianschmetterling, wird, wie ein alter Hymnus beschreibt, "a goddess

[142] Obsidian ist vulkanisches Glas von der Schärfe eines Rasiermessers.
[143] Krickeberg, *Märchen* ..., a. a. O., S. 330.
[144] Neumann, *Ursprungsgeschichte* ..., a. a. O., S. 80f.
[145] *The Book of the Dead*, a. a. O., Kap. 153.
[146] Itzpapalotl, Obsidian-Schmetterling.
[147] Spence, *The Religion* ..., a. a. O., S. 26.
[148] Ebenda, S. 27.
[149] Ebenda, S. 27.
[150] Ebenda, S. 25.
[151] Ebenda, S. 26.

of the melon cactus[152]", und die Große Göttin wird von der Jagd-, Blut- und Nachtzur Erdgöttin. Ihr Fruchtbarkeitssohn wird nun zum mit dem Obsidianmesser identischen Mais – sie selber zur Mais-Fruchtbarkeitsgöttin. Aber die alte furchtbare Bedeutung erhält sich, denn Fruchtbarkeit, Tod und Opfer gehören zusammen, und das Ausbrechen der Maiskolben ist mit dem Herausbrechen des Herzens aus dem Opfer mit Hilfe des Obsidianmessers identisch.

Die Große Göttin gebiert das Leben, den Mais, der auch phallisch als Maissohn und Maisgott erscheint, ebenso wie den Tod, das Obsidianmesser. Dieser Doppelaspekt, in dem Leben Tod und Tod Leben wird und eines das andere bedingt, kehrt im aztekischen Mythos und Ritual immer wieder. Besonders deutlich ist das beim Opfer des Blutes, "which by a divine alchemy came to be transformed into rain[153]", aber auch beim Opfer alles Lebendigen überhaupt[154].

Überall ist das Große Weibliche mit der Dualität von Mond und Erde, das Geheimnis der Befruchtung der Erde mit dem Mond[155] und seiner Zerstückelung verbunden, wobei der Mond ebenso der befruchtende wie der zerstückelte Sohn ist.

Weil Tötung und Zerstückelung im Ritual die notwendige Durchgangsphase für die Wiedergeburt und neue Fruchtbarkeit ist, ermöglicht die Vernichtung der Lichtgötter in der Unterweltsfahrt als kosmisches Äquivalent die Geburt des neuen Tages. Im aztekischen Höllenfahrtsmythos[156] ist das Totenreich ein blutumrahmter Schädel, die Weltmitte, die Todesseite des lebenspendenden Welt-

[152] Ebenda, S. 26.

[153] Ebenda, S. 27.

[154] Man rechnet, daß zwanzig- bis fünfzigtausend Menschen jährlich geopfert wurden. An einem einzigen Schädelgerüst hat man hundertdreißigtausend Schädel gezählt.

Die Opferblutschale gehört zur furchtbaren Mutter als dem Todesgefäß. Im Zusammenhang mit den dem Himmels-Sonnen-Adler dargebrachten Herzen heißt sie auch «Adlerfrau» und die Schale, deren Unterseite das Bild der Erdkröte trägt, «Adlerschale». Das furchtbare Symbol der Blutschale taucht auch heute noch im Unbewußten der Menschen auf, sowohl in Phantasien und Träumen gesunder Menschen wie in denen von Kranken. So behauptete ein englischer Massenmörder, vor seinen angeblich immer unter einem inneren Zwang, aber mit raffinierter Bewußtheit durchgeführten Morden von einer «Blutschale» geträumt zu haben, die ihm angeboten worden sei, und aus der er getrunken habe. (*The Trial of John George Haigh*, hg. von Lord Dunboyne, London, Edinburgh, Glasgow 1953, S. 165f.) «Blutdurst» ist ja nicht nur ein Wort, sondern gehört, wie wir wissen, zu den ursprünglichen Orgien kannibalischer Menschheit, die sich bis in die unbewußte Tendenz der Menschheit, Krieg zu führen, erhalten hat.

Die frühe Menschheit wurde von den «Göttern» zum Blutopfer veranlaßt, die heutige wird von überpersönlichen Faktoren, die sie auf Wirtschaftsdämonen, wie «Kapitalismus» und «Bolschewismus», zu projizieren geneigt ist, zum Krieg und der Befriedigung des unbewußten Blutdurstes gezwungen. In jedem Falle aber fühlt sie sich «unschuldig». Ganz analog schreibt der Massenmörder von sich: «Ich hatte keinerlei Gewissensbisse nach dem Mord, denn ich wußte, daß ich von einer höheren Macht geführt wurde – einem höheren Wesen, das außerhalb von mir war und mich beherrschte... Ich lebte in zwei Welten, die beide in gleicher Weise lebendig waren und doch miteinander nichts zu tun hatten. Die Tat wurde immer mit meiner Hand begangen. Aber jener Teil meines Gehirns, der sie führte, hatte dies nicht erdacht.» Selten hat sich der grausige Blutdurst im Unbewußten so klar formuliert wie in der pathologischen Struktur dieses modernen Menschen.

[155] Neumann, *Über den Mond*..., a. a. O.

[156] Danzel, *Mexiko*, a. a. O., Bd. I.

Abb. 46. DAS UNTERWELTSGEFÄSS DES TODES UND DER WANDLUNG

Aztekisch, aus dem Codex Borgia

nabels[157]. Die Wandlungs- und Todesgefäße der Unterwelt sind fressende Schädelgefäße mit Augen und fletschenden Zahnreihen. Die Entsprechung zur furchtbaren Welt der unterirdischen Tore Ägyptens ist in Mexiko die Region des Südens, des Zerstückelns und Enthauptens. Ihr Schreckenszentrum hat zwei Obsidianmesser als Haupt, aus allen Gelenken stechen beißend-tötende Messer, ihr Bereich ist mit Reihen von Messern vergittert. *Fig. 46* *Fig. 33*

Auch als Todesgöttin trägt die Große Mutter das Obsidianmesser, und der Mondgott Xipe Totek mit der Obsidianmesser-Maske gehört als Jünglingsgott zu ihr und ihrem Ritual, dem der Zerstückelung beziehungsweise Kastration des Jünglingssohnes, dem typischen Selbstopfer des Mondes, das zu seiner Wiedergeburt führt. *Fig. 38*

Wenn wir nun versuchen, den Zusammenhang zwischen dem Kult der Großen Mutter und der Opferung des Jünglingssohnes, der gleichzeitig ihr Geliebter und Befruchter ist, an Hand des aztekischen Materials erneut darzustellen, geschieht dies deswegen, weil hier trotz der Verdeckung noch die frühere Schicht des matriarchalen Rituals der furchtbaren Göttin deutlich erkennbar ist. Es spricht einiges dafür, daß der Opferung des Männlichen, des Sohnes, durch die Mutter in früheren Zeiten ein Opfer der Tochter vorausging oder sich jedenfalls beide gleichzeitig abspielten[158].

Tatsächlich finden wir, daß auch die Opferung von Frauen und Mädchen, das heißt von weiblichen Göttinnen – denn die Geopferten waren in Mexiko immer mit den Göttern identisch – überliefert ist. Aber auch die Opferung des Kriegers, die im aztekischen Ritual im Vordergrund steht, besagt noch keineswegs, daß hier ein Männliches geopfert wird. So wissen wir, daß zum Kult Xipes, des geschundenen Gottes, die Erschießung der Gefangenen mit Pfeilen als symbolische Begattung der Erde gehört[159]. Begattet und getötet werden ist identisch, und umgekehrt stellt der Tod eine Befruchtung dar.

Von der Identifizierung Xipes (auf dessen Mondnatur und Westzugehörigkeit wir bereits hingewiesen haben) mit dem Weiblichen sagt Preuss[160]:

> «Xipe ist die männliche Parallelgestalt der Erd- und Mondgöttin, der Göttermutter oder Göttin der Sinneslust, die zugleich die Maispflanze und den Mais beziehungsweise die Lebensmittel personifiziert. In unserem Falle tritt Xipe an die Stelle der Erd- und Mondgöttin als Erdreich, was besonders dadurch hervortritt, daß er ein Weiberröckchen aus Zapoteblättern trägt und in dem Mittelloch des runden Steines festgebunden ist, das die Mitte und den Eingang auch in geschlechtlicher Hinsicht darstellt.»

Die Identifizierung des männlichen Xipegottes mit der Erdgöttin kehrt in veränderter Form beim Besen-Erntefest derselben Erdmutter wieder. Das Opfer ist ein

[157] s. o. S. 133.
[158] Vgl. Lord Raglan, *Jocastas Crime*, London 1940.
[159] Krickeberg, *Märchen ...*, a. a. O., S. 343.
[160] Preuss, *Die Eingeborenen Amerikas*, a. a. O., S. 44.

junges Mädchen, das als Maisgöttin durch Enthauptung getötet wird und dessen auf Früchte und Samen gespritztes Blut deren Vermehrung magisch gewährleistet. Die Riten dieses mit Tänzen und Scheingefechten verbundenen Festes weisen deutliche Analogien zu Hochzeitsbräuchen auf[161]. Offenbar bildet die Hochzeit der Mutter mit dem Sohn den Hintergrund des Festes und erklärt seine bisher unverstandenen Züge.

> «Geschlechts- und Geburtsakt sind durch Phallusträger und Einnehmen gespreizter Beinstellung des Abbildes der Göttin vor dem Bilde Huitzilopochtlis in manchen Phasen versinnbildlicht. Es ist die Geburt des Maises, die in diesen seltsamen Bräuchen zur Darstellung kommt[162].»

Das Wesentliche dieses Fruchtbarkeitsrituals besteht neben der Enthauptung des Maisgöttin-Mädchens und seinem befruchtenden Blutopfer in ihrer Schindung und der Bekleidung des Sohn-Gott-Priesters[163] mit der Haut des Opfers. Es ergibt sich so natürlich die Frage Frazers:

> "Rather we should expect that as one woman acted the divine death so another woman should act the divine resurrection[164]."

Die Antwort auf diese Frage bildet den Kerninhalt des Wandlungsmysteriums; das Sterben der Mais- und Erdmutter führt zur Geburt des Maissohnes[165]. Der Maissohn in der Haut der geopferten Erdmutter ist das Bild der lebendigen Schwangerschaft dieser Mutter, die identisch ist mit der *Verwandlung des Weiblichen in das Männliche*, welches sich aus dem Blut des geopferten Weiblichen aufbaut. Dieses aufbauende Blut wird durch das der Opfer verstärkt. Daß der Mais-Gott-Sohn[166] mit einer aus der Schenkelhaut der Geopferten hergestellten Maske bekleidet wird, ist eine Wiederholung der Wandlungs- und Geburts- beziehungsweise Wiedergeburtssymbolik.

Die Identität von Mutter und Sohn in diesem Fruchtbarkeitsmysterium der Wandlung wird dadurch verstärkt, daß das die Maisgöttin repräsentierende Mädchen vor seiner Opferung das für den Maissohn charakteristische Aloegewand trägt[167].

Zur Hauptzeremonie des Schindefestes gehört das sacrificio gladiatorio, ein Kampf einzelner auserlesener mit Scheinwaffen ausgestatteter Gefangener gegen vollbewaffnete Krieger, der natürlich mit Tod und Opferung der Gefangenen endet.

Die Gefangenen, deren Kampftod der Inhalt des sacrificio gladiatorio ist, stehen auf einem runden, im Durchmesser etwa drei Meter großen Stein. Sie sind mit einem

[161] Sir James George Frazer, *Der Goldene Zweig*, abgekürzte Ausg., Leipzig 1928, S. 844, und von demselben Autor *The Worship of Nature*, New York 1926, S. 434f.

[162] Danzel, *Mexiko*, a. a. O., Bd. I, S. 44.

[163] Cinteotl. Siehe Spence, *The Religion* ..., a. a. O., S. 65f.

[164] Frazer, *The Worship* ..., a. a. O., S. 440.

[165] Vgl. u., S. 290ff.

[166] Cinteotl.

[167] Frazer, *The Worship* ..., a. a. O., S. 435; Spence, *The Myths* ..., a. a. O., S. 90.

Strick, dem «Lebensmittelseil», angebunden, der von dem Mittelloch im Steine ausgeht, welches «die Mitte und den Eingang in die Erde auch in geschlechtlicher Hinsicht darstellt», und der damit deutlich den Charakter der Nabelschnur hat[168]. Der ermattete oder kampfunfähige Gefangene wird in einer Stellung getötet, welche Danzel als Empfängnisstellung bezeichnet, die aber ebensogut als Geburtsstellung zu charakterisieren ist.

In diesen Zusammenhang gehört, daß es von einer Mutter, die ein Kind geboren hat, heißt, sie habe einen Gefangenen gemacht, und daß eine Frau, die im Kindbett stirbt, als «geopferte Gefangene» bezeichnet wird. Zum Verständnis des Rituals ist wichtig, daß die Göttin der ältesten Chichimeken[169], die «im Kindbett gestorbene Göttin» als «alte Heldin» und als «geopferte Göttin» gilt[170]. Ihr beigesellt sind die uns schon bekannten Unholdinnen des Westlandes, die Seelen im Kindbett gestorbener Frauen.

Der getötete Gefangene ist weiblich und männlich, Mutter und Sohn, Erde und Lichtgott, Boden und Mais zugleich. Er ist das sterbende weibliche und das erneuerte männliche Prinzip, das durch das Herz repräsentiert wird und symbolisch mit der Sonne und mit dem Maiskolben identisch ist. Die für die Azteken typische Opferhandlung des Herausreißens des Herzens, des Edelsteins, der Adlerfrucht, aus der Brust des Opfers und seine Hochhaltung zur Sonne entspricht dem «Ausbrechen des Maises». Die Sonne als Frucht des Tageshimmels, als «Türkisprinz» und als «aufsteigender Adler» wird von den geopferten Herzen und ihrem Blut ernährt. Von seinem steigenden Flug hängt die Existenz der Welt ab.

Der Mais ist ein phallisches Fruchtbarkeitssymbol[171], und Mais und Maisgott entsprechen dem Weizen-Korn-Gott des abendländischen Kulturkreises. Herausreißen und Hochheben des Herzens ist ebenso eine magische Hilfe für die aufsteigende Sonne wie für das Wachstum des Maises, ihrem Aufsteigen muß man nachhelfen, und «Hochheben» ebenso wie «Springen» fördert magisch das Wachstum.

Eine letzte Bestätigung der Beziehung des Sohngottes als Jünglingsgeliebter zur Großen Mutter finden wir in der Gestalt des Xochipilli-Centeotl. Xochipilli ist der Gottjüngling des Lebens, des Morgens, der Zeugung und der Lebensmittel, ein typischer Liebes-, Sonnen- und Vegetationsgott. Er wird phallisch dargestellt[172] als Gott zwischen Nacht und Tag, trägt als Symbol einen Stab mit aufgespießten Herzen ähnlich dem jugendlichen Eros-Amor, ist der Schmetterling und der «Blumenprinz».

Wie in Ägypten gehört er als Jünglings-Morgensonne zum mütterlichen Nachthimmel und ist als schöner Blumenprinz auf die Erde bezogen wie die blumenhaft lieblichen und phallischen Jünglingsgeliebten der europäisch-asiatischen Mytholo-

[168] Danzel, *Mexiko*, a. a. O., Bd. I, Tafel XII.
[169] Itzpapalotl.
[170] Danzel, *Mexiko*, a. a. O., Bd. I, S. 54.
[171] Vgl. Fuhrmann, *Mexiko*, a. a. O., Bd. III, Illustr. 65.
[172] Danzel, *Mexiko*, a. a. O., Bd. I, Tafel X.

gie[173]. So ist er der Geliebte der aztekischen Madonna[174], die ihn auch als Kind auf ihrem Arm trägt.

Xochiquetzal, die Mondjungfrau, ist die Göttin der Liebesfreuden und der Sünden, der Lustbarkeiten, Tänze und Gesänge, der Kunst, des Spinnens und Webens. Sie ist die Repräsentantin der ehelichen Verbindung ebenso wie die Patronin der Freudenmädchen.

Die Identität des Mädchens mit der uroborischen Urmutter weist wieder auf die Gestalt der großen Urmutter als Jungfrau. Um die archetypische Gleichheit bis ins Detail zu erfüllen, gilt auch sie als die «erste Frau, die Zwillinge geboren hat[175]», und ist so die Urmutter des Gegensatzprinzips von Leben und Tod, Tod und Auferstehung, wie alle großen Urmuttergestalten der Menschheit[176].

Die archetypische Hochzeit der Großen Mutter mit dem Sohn, der als Licht-, Mais- und Blumengott auftritt, wird auch in Mexiko gefeiert, und auch hier erscheint neben der furchtbaren Muttergottheit eine verjüngte mit der Mutter identische Tochtergottheit[177]. Deswegen wird die Xochiquetzal, die jugendliche Mond-Jungfrau, Huren- und Liebesgöttin, «merkwürdigerweise» häufig mit der weiblich-uroborischen Urgöttin des Anfangs[178] «gleichgesetzt»[179], und mit Recht meint Spence[180], die Maisgöttin[181] stände zu der Mais-Mutter[182] in derselben Beziehung wie Kore-Persephone zu Demeter. So wie die männlichen Götterfiguren ineinander übergehen, sind auch die weiblichen Gottheiten alle «Variationen über ein Thema».

Die Mutter-Tochter-Zwei-Einheit des Großen Weiblichen ist schon früh nachweisbar. So heißt es von den voraztekischen Tonfiguren:

T. 86 oben "They were usually female and may have represented a mother goddess, symbolizing growth and fertility – a conception common among the religious ideas of mankind[183]."

und

"Behind these figurines must have existed an austere realization of the complex rhythmus of birth, growth and death in nature, epitomized in the miracle of woman in her bearing of children[184]."

Daneben aber findet sich eine andere Figuren-Gruppe, von der Vaillant schreibt:

T. 86 unten "These figurines, in contrast to the matronly bearing of the local images, have something of a girlish grace[185]."

[173] Neumann, *Ursprungsgeschichte* ..., a. a. O., S. 64f.
[174] Xochiquetzal (Blumenvogel).
[175] Danzel, *Mexiko*, a. a. O., Bd. I, S. 49.
[176] Neumann, *Ursprungsgeschichte* ..., a. a. O., S. 117ff.
[177] Vgl. u. S. 199f.
[178] Xochiquetzal.
[179] Tonacacihuatl. Vgl. Danzel, *Mexiko*, a. a. O., Bd. I, S. 49.
[180] Spence, *The Myths* ..., a. a. O., S. 69.
[181] Tlazolteotl.
[182] Chicomecoatl.
[183] Vaillant, a. a. O., S. 50.
[184] Ebenda, S. 51.
[185] Ebenda, S. 52.

Fraglos ist diese junge Göttin die Xochiquetzal, deren Sohngeliebter Xochipilli auch der junge Maisgott Centeotl ist. Deswegen tritt Xochipilli in der Gestalt des Maisgottes an dessen Fest auf[186].

Eine weitere Bestätigung der Beziehung des jungen Maisgottes zu seiner Mutter finden wir in dem Fest der Frühlings-Tag- und Nachtgleiche, wo der junge Xochipilli-Centeotl der furchtbaren Alten Erdgöttin der Wintersonnenwende[187] als Partner im sakralen Ballspiel gegenübertritt.

Der Sinn dieses Festes ist himmlisch-kosmisch als Sieg der aufsteigenden jungen Frühlingsmacht über die alte Seite der Erdmutter zu verstehen. Diese kosmische Bedeutung ist aber mit dem Fruchtbarkeitsaspekt verbunden, denn das Korn und Sonne-Licht-Bewußtsein sind archetypisch zusammengehörige Größen.

Das Ziel des Ballspieles war, auf eine komplizierte Weise den Ball durch das Loch eines Steinringes hindurchzutreiben, wobei Danzel mit Recht das Fliegen des Balles durch den Ring zum Geschlechtsakt in Beziehung setzt:

> «Darauf deutet schon der Ausruf, den die Zuschauer dem glücklichen Werfer zuteil werden ließen: ‚Er ist ein großer Ehebrecher.' Danach zu schließen, hat das Ballspiel ursprünglich die Mitbedeutung eines Fruchtbarkeitsrituals gehabt[188].»

Diese Interpretation wird dadurch verstärkt, daß man den Ring als Brunnen bezeichnete und Wasser durch ihn hindurchgoß[189]. Die Vereinigung von Sohn und Mutter führt zur fließenden Fruchtbarkeit des Mutterschoßes, des Brunnens, der gleichzeitig ein uroborisch doppelgeschlechtliches Symbol des schöpferischen Punktes ist. Das Wasser ist einerseits männlich strömend befruchtend, aber der Brunnen als Ganzes ist ein Uterus-Symbol des gebärenden Weiblichen, das Bäche und Ströme aus seinem Erdschoß gebiert[190].

Mutterinzest, Zeugung und sich selber zur Geburt bringen gehören zwar zum Wesen des Heldeninzestes[191], weil aber im «matriarchalen Inzest» der Jünglingsgeliebte der Großen Mutter erliegt[192], wird dem «großen Ehebrecher», dem siegreichen «Stier seiner Mutter», ein früher Tod prophezeit.

Die aztekische Mythologie unterscheidet sich von den aus der Alten Welt stammenden Mythen vom sterbenden männlichen Prinzip[193] dadurch, daß nicht nur der jugendliche phallische «Adonis-Sohn», sondern auch die Reifeform der vollen Männlichkeit, die er erlangt hat, als Krieger von der furchtbaren Mutter umgebracht wird.

So wird es verständlich, daß der auf dem Rundstein geopferte Krieger auch als Huitzilopochtli gilt[194]. Sein Symbol ist der Kolibri, «das Sinnbild der wieder erwa-

[186] Danzel, *Mexiko*, a. a. O., Bd. I, Tafel XXII.

[187] Cihuacoatl-Ilamatecuhtli. Siehe Danzel, *Mexiko*, a. a. O., Bd. I, S. 32, 55.

[188] Ebenda, S. 32.

[189] Ebenda, S. 32.

[190] s. o. S. 58f.

[191] Vgl. Neumann, *Ursprungsgeschichte* ..., a. a. O., Index s. v. «Heldeninzest».

[192] Ebenda, s. v. «matriarchaler Inzest».

[193] Ebenda, S. 61.

[194] Spence, *The Myths* ..., a. a. O., S. 73.

chenden Vegetation, des Beginnes der Regenzeit[195]». Der Gott trägt als Vegetationsgeist der Fruchtbarkeit ein Bein dieses Kolibri, der zum Maisbaum im Westen, dem Bereich der Großen Mutter, gehört[196]. Er ist Sonnen- und Kriegsgott, und daß er von der Jungfrau-Mutter geboren wird, die ihn durch einen Federball vom Himmel empfangen hat, ist eine Variante des Motivs der «außernatürlichen Geburt», der Zeugung durch den Sonnenphallus als Ursprung des Windes[197]. Als Sohn der schlangengewandigen Mutter ist sein Bild von Schlangen umgeben, sein Zepter eine Schlange, seine Trommel aus Schlangenhaut[198]. Wie im Sonnenphallus kehrt die Verbindung von Sonne, Schlange und Wind in der Gestalt des Huitzilopochtli als Symbol der zeugenden Lichtseite wieder, die auch bei dem anderen Heldengott der Azteken, bei Quetzalcoatl[199], der geflügelten Schlange, bestimmend ist.

Huitzilopochtli war als Kriegsgott auch der Befruchter, denn Kriegführen bedeutete das Erbeuten von Gefangenen, deren Opferblut für die Fruchtbarkeit der Götter und der Welt lebenswichtig war. An einem seiner Feste wurde ein Teigbild von ihm zusammen mit dem Blut geopferter Kinder geknetet und als Zeichen seines Todes bis zu seiner Auferstehung im nächsten Jahr[200] mit einem Pfeil durchbohrt. Auch der heilige Zweiundfünfzig-Jahr-Rhythmus der Azteken mit der feierlichen Bohrung neuen Feuers war mit der Durchschießung seines Teigbildes und seiner sakramentalen Verzehrung verbunden[201]. Das sakrale Dasein Huitzilopochtlis wird mit der Lebensessenz Feuer-Sonne-Blut-Korn symbolisch in eins gesetzt, denn er ist nicht nur befruchtender, sondern auch getöteter, geopferter[202], gegessener und wiederauferstehender Korngott. Auch er muß aber, wie alle anderen männlichen Lichtgötter, «Knochen werden», das heißt sterben[203].

Das Nebeneinander von männlich und weiblich betonter Symbolik – denn auch wo das Männliche männlich ist, identifiziert es sich über die Symbolik des Opfers mit dem Weiblichen – wird am deutlichsten beim Korngott, bei dessen Ritus das Herausschneiden des Herzens mit dem Ausbrechen des Maises identisch ist. Es besteht nämlich eine Identität zwischen dem Herausschneiden des Herzens und der
Fig. 47 Geburt, wie dies aus den Bildern des Codex Borgia deutlich hervorgeht[204]: In dem unteren Viereck der Ostregion der Unterwelt sitzt eine schwarze Gottheit mit gespreizten Beinen, und zwar, wie ihre Farbe und die Sterne auf ihr beweisen, die mit

[195] Danzel, *Mexiko*, a. a. O., Bd. I, S. 35.
[196] Ebenda, Tafeln XXV, LIII.
[197] s. o. I. Teil, S. 28.
[198] Spence, *The Myths* ..., a. a. O., S. 73f.
[199] s. u. S. 196f.
[200] Spence, *The Myths* ..., a. a. O., S. 73f.
[201] Danzel, *Mexiko*, a. a. O., Bd. I, S. 36.
[202] Daß er "Hare of the Aloes" heißt (Spence, *The Myths* ..., a. a. O., S. 74), weist auf die mit ihm verbundene Bedeutung des Geopfertwerdens hin, denn der Hase ist ein archetypisches Symbol des Selbstopfers. (Layard, *The Lady* ..., a. a. O.)
[203] Krickeberg, *Märchen* ..., a. a. O., S. 311f.
[204] Danzel, *Mexiko*, a. a. O., Bd. I, Tafel LXIII.

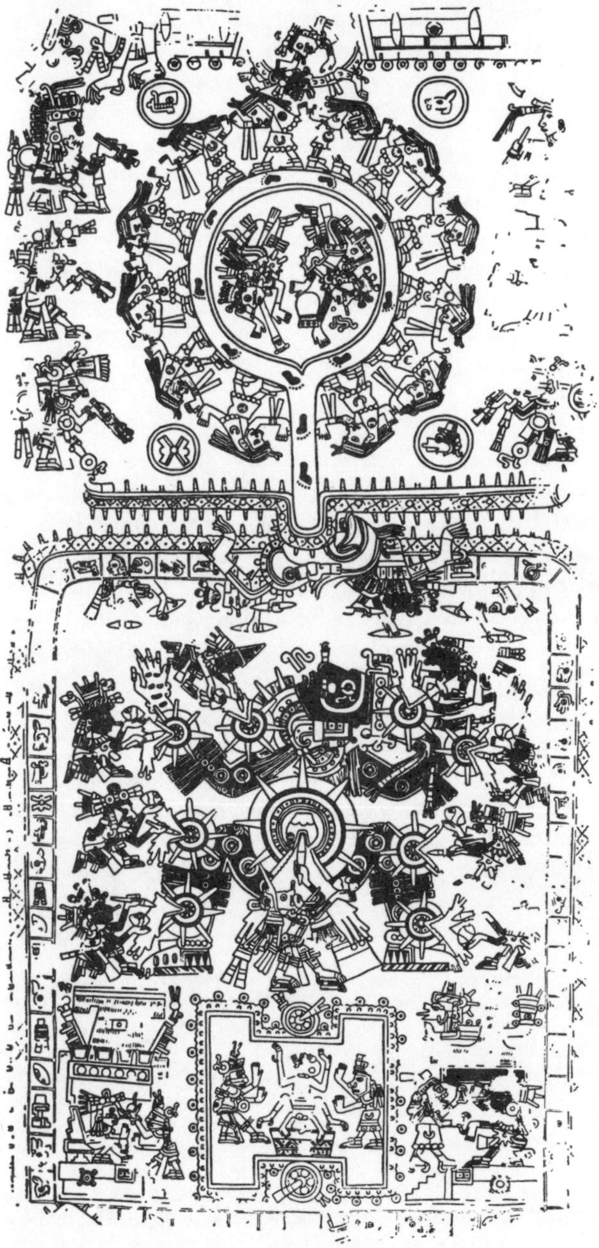

Abb. 47. DER WEG DURCH DEN SCHLUND DER ERDE ZUR ÖSTLICHEN REGION DER UNTERWELT
Aztekisch, aus dem Codex Borgia

der Erdgöttin identische Nachtgöttin[205]. Nicht nur ihr Leib ist von einem Lichtkörper, Sonne oder Mond, ausgefüllt, sondern auch die Fuß-, Knie-, Hand- und Schultergelenke ihres Körpers sind Lichtstellen, aus denen Priester mit dem Messer das Herz herausschneiden.

Das Öffnen des zentralen nach unten hin geöffneten Bauch-Lichtkörpers stellt den Akt des Gebärens dar, der Tierkopf im Zentrum des Lichtkörpers mit dem geöffneten Maul symbolisiert den Uterus[206].

Nun wird auch der obere Teil des Doppelbildes verständlich, ein von zwölf mit Mondsymbolen geschmückten Göttinnen, wohl den Erdgöttinnen, umschrittenes Mandala. Seine Mitte bildet der Abstieg von Hell- und Dunkelmond (oder Sonne und Mond)[207] in den gezähnten Erdrachen, in dem die Opfer-Geburtsszene stattfindet. Offenbar handelt es sich um die Verschlingung, Opferung und Wiedergeburt des Lichthelden[208].

Daß alle Lichthelden unter der wiedergebärenden Macht des Großen und Furchtbaren Weiblichen stehen, konstelliert den Konflikt zwischen der im Hintergrund lauernden Welt der furchtbaren Mutter und der patriarchalen Bewußtseinshaltung der Azteken. Diese beiden Welten stoßen dauernd miteinander zusammen und gehen ineinander über. Es war die höchste Auszeichnung des aztekischen Kriegers, Gefangene zu machen, welche geopfert wurden, oder selber als Gefangener den Opfertod zu sterben. Aber «einen Gefangenen machen», «ein Kind gebären», «als Gefangener geopfert» werden und «im Kindbett sterben» ist miteinander identisch. Wir haben uns also zu fragen, ist die seltsame Ausdrucksweise für das weibliche Leben vom Opferritual der Männer übernommen – oder aber ahmt das männliche Opferritual die Grundsituation des weiblichen Lebens nach.

Der archetypische Zusammenhang von Tod und Geburt bestärkt sich durch die symbolische Verbindung mit Verlust und Opfer, in welcher in der Einheit des Lebens die Fruchtbarkeit mit Phallusopfer, Kastration und Blut zusammengehört[209].

Der mit dem Weiblichen als Sohn verstrickte und mit ihm halb identische Krie-

[205] Aus den dargestellten Symbolzusammenhängen ist es verständlich, daß sie auch mit der quasimännlichen Nacht-Sonne identisch ist, die in ihr nächtlich verschwunden, das heißt in sie zurückgekehrt ist.

[206] Daß unterhalb der schwarzen Göttin eine Geburtsszene der mit dem Totenschädel geschmückten Erdgöttin, und zwar die Geburt der Sonne über dem Ostmeer, der Edelsteinschale, dargestellt ist, bestätigt unsere Interpretation.

[207] Danzel, *Mexiko*, a. a. O., Bd. I, Text zu Tafel LXIII.

[208] Auf dem Bild *Cod. Borgia* 44 (vgl. Danzel, *Mexiko*, a. a. O., Bd. I, Text zu Tafel LXIII), das die Südregion darstellt, hat ein Gott den Mond im Leibe, rings um ihn sind vier zerstörende Tiere, Fledermaus, Jaguar, Quetzalvogel und Adler. Hier ist aber das Licht-Mondgefäß nach oben geöffnet, und ein Herz wird ihm und dem Gott zur Nahrung gebracht, damit der Mond sich erneuern kann.

[209] In der Psychologie des Kindes und des modernen Kranken finden wir eine Entsprechung zu dieser Zusammengehörigkeit darin, daß Kotabgabe ebenso als Geburt wie als Verlust, ja als «Kastration» unbewußt erfahren wird. Die Grundlage dieser archetypischen Situation ist die Einheit einer mannweiblichen noch uroborischen Ganzheit, in der die Analzone als weiblich-gebärend wie auch umgekehrt als empfangend erfahren werden kann. Vgl. Neumann, *Ursprungsgeschichte* . . ., a. a. O., S. 25ff. und S. 291.

ger vertritt gleichzeitig das heldisch-männliche Prinzip und seine Erneuerung. So wie ursprünglich das Weibliche als amazonische «alte Heldin» ist nun das Männliche kriegerisch und gebärend. Jeder geborene Mann ist ein Krieger, als solcher aber auch immer ein Opfer. Und wie das Weibliche, das gebiert, «einen Gefangenen macht», nämlich ein zu Opferndes gebiert, so ist der Fänger des Gefangenen nicht nur seine «Mutter», denn Gebären und einen Gefangenen zu machen ist ja dasselbe, sondern es heißt von ihm auch, er sei der Vater seines Opfers.

Wenn das Fleisch der getöteten Gefangenen schließlich rituell verzehrt wird, darf der Besitzer des Gefangenen, sein Fänger, nicht vom Fleisch seines eigenen Gefangenen essen.

> «Er spricht: ‚Soll ich denn mich selber essen', denn wenn er ihn fängt, spricht er: ‚Das ist gleichsam mein Sohn.' Und der Gefangene spricht: ‚Das ist mein Vater[210].'»

Nach dem gleichen Text wird der Fänger «Sonne», «weiße Farbe» und «Federn» genannt[211]:

> «weil er gleich einem mit weißer Farbe bemalten und mit Federn beklebten (einem zum Opfer Geschmückten) ist. Das Bekleben des Fängers mit Federn geschah, weil er nicht im Kriege gestorben ist, aber vielleicht später darin sterben und die Schuld bezahlen (geopfert werden) wird. Darum begrüßen ihn mit Tränen und ermutigen ihn seine Verwandten[212].»

So ist der sterbende Gefangene das gebärende weibliche Erdprinzip, die im Kindbett sterbende Frau, im Sterben gebiert er sein Herz, die Sonne. Als tötender Fänger aber ist der Krieger die Sonne, als Vater des Sohnes, der sterbend das Herz-Sonnen-Prinzip gebiert, um so die Sonne der Väter neu zu verstärken.

Das Herausbrechen des Maises, des Herzens, ist Kastration, Verstümmelung und Opfer als Abgabe des wesentlich-männlichen Teils, aber gleichzeitig ist es Geburt und lebenspendende Tat für die Welt beziehungsweise die Menschheit. Es ist Tod und Untergang des Irdischen, aber kraft seiner transpersonalen Zugehörigkeit zu den Göttern und Mächten, mit denen es als Sonne und Gottheit identisch ist, ist dieses Irdische uroborisch ganz und unsterblich und «lebt» im Lande der Sonne, der Lichtwelt des Ostens.

Der Höhepunkt dieser Entwicklung manifestiert sich – wie in Malekula und in Ägypten – in der Sakralformel «Ich und der Vater sind eins», in der das Individuum sich von der Herrschaft des Großen Weiblichen befreit hat.

Der Fortschritt zum männlichen Bewußtsein und zur Autonomie des Geist-Sonnen-Prinzips hängt von der «symbolischen Tötung» der Großen Mutter ab und von der Stützung des von der Erd-Mutter unabhängig gewordenen Sohnprinzips durch

[210] Preuss, *Die Eingeborenen ...*, a. a. O., S. 46.

[211] Die Symbole sind deutlich mit der Licht-(Sonne) und mit der Wind-Geist-Symbolik verbunden, zu der immer Vogel und Federn gehören. Da Weiß aber bei den Azteken Symbol der Nacht oder Dämmerung (Krickeberg, Das mittelamerikanische Ballspiel und seine religiöse Symbolik. In: *Paideuma*, Frankfurt a.M., X, 1948) ist, handelt es sich um die sterbende Sonne.

[212] Preuss, *Die Eingeborenen ...*, a. a. O., S. 46.

Abb. 48. QUETZALCOATL, MIT MICTLANTECUHTLI, DEM TODESGOTT, VEREINIGT

Aztekisch, aus dem Codex Vaticanus

den himmlischen Vater. Diese Entwicklung, welche die relative Unabhängigkeit eines über seinen Willen frei verfügenden Ich ermöglicht, wird überall da intendiert, wo die Nachtmeerfahrt in der Nachfolge der Sonne von den Göttern oder von der menschlichen Seele unternommen wird. Diese Richtung, die wir in der Alten Welt und in Malekula vorgefunden haben, läßt sich auch im Mexiko der Azteken nachweisen.

Ihre höchste Form erreicht sie im Mythos von Quetzalcoatl, der Heldenfigur der Mexikaner. Er ist nicht der siegreich die Außenwelt, sondern der büßend sich selber wandelnde Held. Er ist der sterbende und wiederauferstehende Gott, aber er ist auch der Heldenkönig und Kulturbringer als irdisch-göttlicher Vertreter des

Lichtprinzips und der Menschen. In seiner Doppelheit verbindet er die West- und Todesseite als Abendstern mit der Ost- und Lebensseite als Morgenstern, ein positives Symbol der aufsteigenden Macht, die zur männlichen Geist-Himmels-Sonnen-Seite gehört. Deswegen ist er mit dem Symbol des Ostens, der Feder-Schlange, das heißt der Wind-Geist-Seite, verbunden; so ist er auch die Gottheit des Wissens, und der aufsteigende Spiralturm ist eines seiner Attribute[213]. *Fig. 48*

Der Adler, der Lichthimmel, verzehrt die Nachtschlange. Das Lichtfeuer des Bewußtseins besiegt das Wasser des Unbewußten, und wie es bei den Cora-Indianern heißt, der «Adler, der nachts in der Mitte der Welt» zwischen den Kräutern «beim Entzünden des Feuers» erscheint, nackt und klein, besiegt als der Wachende die Alten, während sie schlafen.

«Darauf wuchsen ihm seine Federn», und er flog davon und flog geradewegs zum Himmel.

> «Er stieg empor und stellte sich mitten am Himmel auf. Dort stellte er sich hin, wendete sich und schaute herab. Schön gelb waren seine Füße, während er dort stand ... Hell schaute er um sich, schön gelb ist sein Schnabel, herrlich glänzen seine Augen. Dort blieb er und schaute hell auf seine Welt[214].»

Die kosmische Bedeutung des mit dem Morgenstern identischen Quetzalcoatl, der Windgott ist und als Sohngottheit die Ureltern trennt[215], ist komplex. Der gleiche Gott vereinigt lunare, solare und astrale Bedeutung in sich. Er ist keine begriffliche Größe sondern ein Archetyp, der nur durch eine Fülle von Symbolen umschrieben werden kann. Er ist befruchtender Windgott, aber auch der Fruchtbarkeitskönig des alten Rituals, der sterben muß, um mit seinem Opfer die Welt zu befruchten. Er ist Kulturbringer und Held, aber er ist auch der Büßer und der sich selber Verwandelnde.

Quetzalcoatls Name vereinigt den Vogel Quetzal und die Schlange Coatl. Neben der Bedeutung der gefiederten hat er auch die der aufgerichteten Schlange[216], jedenfalls ist er ein Fruchtbarkeit bringender Wind-Regen-Gott. Als Sohn der Urgottheiten Himmel und Erde, der unteren Schlangen- ebenso wie oberen Vogelcharakter besitzt, ist er ein «vereinigendes Symbol»[217]. Er gehört zu den Doppelgottheiten wie Xolotl, dessen Bilder[218] ihn mit der Todesgottheit Rücken an Rücken zeigen, das heißt in der für die Mond- und Vegetations-Wandlungsgötter typischen Verbindung von Leben und Tod.

So ist Quetzalcoatl im Mythos auch Xolotl Nanauatzin, der büßend sich selber verbrennt, und dessen Herz sich in den aufgehenden Morgenstern verwandelt[219]. *Fig. 49*

[213] Vaillant, a. a. O., S. 170; Levy, a. a. O., S. 184f.
[214] Preuss, *Die Nayarit-Expedition*, a. a. O., S. 193f. (nach Preuss, *Die Eingeborenen* ..., a. a. O., S. 42).
[215] Danzel, *Mexiko*, a. a. O., Bd. I, S. 39.
[216] Ebenda, S. 37.
[217] Jung, *Psychologische Typen*, a. a. O., s. v. «Vereinigendes Symbol».
[218] Danzel, *Mexiko*, a. a. O., Bd. I, Tafeln XVIII und II.
[219] Ebenda, Tafeln LV, LVI.

Abb. 49. QUETZALCOATLS HERZ, IN DEN MORGENSTERN VERWANDELT

Aztekisch, aus dem Codex Borgia

Darüber hinaus aber zeigt ihn sein seltsamer Mythos als verführten, besiegten und fliehenden Gott, dessen Untergang mit dem Verlust des Paradieses, des «goldenen Zeitalters[220]» toltekischer Urzeit, verbunden ist. Quetzalcoatl wird von dämonischen Urkräften mit Hilfe eines Gegengottes besiegt, der die Rolle des feindlichen Setbruders spielt. Seine Sünde, die dem Morgensterngott noch heute bei den Cora-Indianern nachgesagt wird[221], und die zum Verlust des Paradieses und zu seiner Vernichtung führt, besteht in der Unmäßigkeit beim Genuß des Rauschtranks, beziehungsweise beim Geschlechtsgenuß. Der Gott wird, durch den Rauschtrank verführt, mit einer unüberwindlichen Todessehnsucht erfüllt, der er schließlich folgt, und verschwindet auf einem Schlangenfloß über das Meer.

Es ist die Sünde des Sohngeliebten, der dem Auflösungsrausch, zu dem ihn die Große Mutter und Verführerin im uroborischen Inzest verlockt, nicht gewachsen ist[222].

Wie Quetzalcoatl der uralt furchtbaren Dämonie der Großen Mutter verfällt, zeigt ein Bericht[223], der trotz späterer historisierender Bearbeitung eine Fülle ältester Züge bewahrt hat. Quetzalcoatl wird ebenso wie seine Schwester, welche die Dämonen ihm zuführen, trunken gemacht. Aber den eigentlichen Hintergrund des in seiner Tragweite sonst unverständlichen Vergehens erhellt ein Bericht, in dem es heißt, die Dämonen hätten ihm eine «Hure» namens Xochiquetzal zugeführt[224]. Diese Hure ist die mit der Großen Mutter identische Huren- und Liebesgöttin selber, und der von ihr verführte Quetzalcoatl wird damit zu Xochipilli, dem Blütenprinzen, das heißt, er regrediert durch die Verführung der Muttergöttin zu ihrem Sohngeliebten.

Und so singen vor der Sünde die verführenden Dämonen das Wehelied über Quetzalcoatl:

> «Aus Quetzalfedern ist mein Haus,
> Aus gelben Trupialfedern,
> Aus roter Muschelschale,
> Das ich nunmehr verlassen soll,
> – so sagt man. Wehe mir, wehe.»

Und

> «Meine ältere Schwester Quetzalpetlatl,
> wo ist dein Wohnsitz,
> Jetzt laß uns uns berauschen.
> Wehe, wehe, wehe.»

Nach der Tat aber singt Quetzalcoatl das Wehelied über sich selber und verrät so den Hintergrund dessen, was ihm geschieht.

220 Krickeberg, *Märchen* ..., a. a. O., S. 41.
221 Ebenda, S. 337f., mit einem Hinweis auf Preuss.
222 Neumann, *Ursprungsgeschichte* ..., a. a. O., S. 298.
223 Krickeberg, *Märchen* ..., a. a. O., S. 65.
224 Ebenda, S. 342.

«Einen Trauergesang, er machte ein Lied darauf,
daß er fortziehen werde und sang:
Mich trägt mit sich
Sie unsere Mutter
Die Göttin mit dem Schlangenrock
Wie ihr Kind.
Ich weine.»

Und die anderen singen zum Zeichen dessen, daß das Paradies, dessen Symbol der Yuccabaum ist, verloren ist:

«Der Yuccabaum ist gebrochen
laßt uns ihn sehen
Laßt uns über sie weinen[225].»

Selbst die Gestalt des Quetzalcoatl, in der nicht nur die Mond- und Stern-, sondern auch die Sonnenqualität so stark ist, daß sie sich fast zum höchsten Einheitsgott der Azteken entwickeln konnte, ist der Macht der furchtbaren Mutter nicht gewachsen. Als Ursprungsland und als Mutter ebenso wie als rauschbringende Schwester-Geliebte erweist sich das Weibliche stärker als das Männliche. Zwar erscheint das Weibliche auch hier schon in seiner Doppelgestalt, aber da die Wandlungsfigur der Schwester noch nicht aus der elementaren Mutterfigur herausgelöst ist, wird das Weibliche zur furchtbaren Mutter und zum Untergang.

[225] Die vier Wehelieder sind aus Krickeberg, *Märchen*..., a. a. O., S. 66–68. Nach einer langen Bußwanderung, in der Quetzalcoatl die Heimat verläßt, in die Fremde zieht und vereinsamt, überwindet er schließlich seinen Verfall mit der Heldentat des Selbstopfers und erscheint verwandelt als Morgenstern am Himmel. Wie es dazu kommen konnte, daß Quetzalcoatl nicht nur die Mond- und Stern-, sondern auch die Sonnenqualität soweit in sich vereinigte, daß er fast zu einem Einheits- und höchsten Gott der Azteken wurde, kann uns hier nicht mehr beschäftigen.

B

DER WANDLUNGSCHARAKTER

Elftes Kapitel

DAS GROSSE RUNDE

Während beim Elementarcharakter die Betonung fast ganz beim Großen Weiblichen selber liegt, von dem das Einzelne nur abhängt, verschiebt sich bei der Darstellung des Wandlungscharakters der Schwerpunkt. Nun tritt das, was gewandelt wird und sich wandelt, das heißt der Selbständigkeits- und Eigenaspekt des vorher nur Abhängigen, in den Vordergrund. Aber auch in dieser Phase bleibt das Große Weibliche dominant und steht als «Großes Rundes» am Beginn und am Ende der Wandlung, die in ihm und an ihm sich abspielt.

Wir versuchen, den Wandlungscharakter in Phasen darzustellen, die von seinem Enthaltensein in der Ganzheit des Großen Runden über die Naturebene zur Kulturebene aufsteigen. Dadurch ergibt sich eine Entwicklung, die von der Großen Göttin als Großes Rundes über die Naturebene und die Verbindung der Großen Göttin mit der Welt des Pflanzlichen und Tierischen zur Kulturebene mit den Urmysterien des Weiblichen führt, um dann ihren Höhe- und Umschlagspunkt in der Geistwandlung zu finden.

In der Besinnung auf die Weite und Tiefe der Phänomenologie des Großen Weiblichen, das mit seinem positiven und negativen Elementarcharakter Oberes und Unteres, Nächstes und Fernstes umfaßt, erscheint es als das Große Runde, welches das All ist und es in sich enthält.

Nachthimmel, Erde und Unterwelt ebenso wie das Urmeer werden diesem Großen Weiblichen zugesprochen, das ursprünglich immer als das Dunkle und als das dunkel Umfassende erscheint. Die uroborische Göttin des Anfangs ist die Große Göttin der Nacht, obgleich sie selten direkt als solche verehrt wird.

Die Frühphase des Daseins, um die es hier geht, die matriarchale Welt des Anfangs, konnte sich ihrem Wesen nach nicht in einem reflektierenden Bewußtsein spiegeln, denn sie ist die Zeit vor der Entstehung des menschlichen Bewußtseins, vor der Geburt der Sonne[1]. Ihre archetypische Wirklichkeit findet sich in den Symbolen, Mythen und Gestalten, in welchen die Menschheit von ihr spricht; aber all

[1] Neumann, *Ursprungsgeschichte* ..., a. a. O., S. 121.

dies ist Bild und Gleichnis, niemals Wissen und reflektierte direkte Aussage, in welcher die spätere patriarchale Welt, die auf dem Bewußtsein fußt, sich selber erkennt und in Religion, Philosophie und Wissenschaft zu formulieren sucht. Weil darüber hinaus aber der patriarchalen Welt daran gelegen ist, ihre dunkle und «niedere» Abkunft von dieser Vor-Welt zu verleugnen, hat sie alles getan, um ihre eigene Abstammung von der dunklen Mutter zu vertuschen, und hat – mit Unrecht und Recht zugleich – geglaubt, sich einen «höheren Stammbaum» zulegen zu müssen, nach dem sie vom Himmel, vom Himmelsgott[2] und von der Lichtseite her abstamme[3]. Die frühen und primitiven Berichte aber wissen fast alle noch von der Herkunft der Welt und der Menschen aus dem Dunkel, aus dem Großen Runden, der Weiblichen Göttin.

Ob das, aus dem alles Lebendige entsteht, wie in einer Unzahl von Mythen, das Urmeer ist, ob es die Erde ist, aus welcher es auskriecht, oder der Himmel, von dem es herabkommt, immer ist das Gemeinsame der Herkunftsorte die Ursprungs*dunkelheit*. Erst dieses Urhafte gebiert dann das Licht als Mond und Sterne und als den Tag mit der Sonne, die fast überall als Geburt der nächtlichen Mutter angesehen werden.

Von dieser Gemeinsamkeit her, dem Dunkel der Urnacht als dem Symbol des Unbewußten, ist die Identität von Nachthimmel, Erde, Unterwelt und vorlichthaftem Urwasser zu verstehen. Denn das Unbewußte ist die Mutter aller Dinge, und alles «Entstandene», das im Licht des Bewußtseins steht, ist dem Dunkel gegenüber kindhaft, wie das Bewußtsein selber, das ja auch ein Kind dieser Urtiefe ist.

Wir haben diese psychische Ursituation des die Gegensätze enthaltenden Ursprungs, in welchem männliche und weibliche, bewußtseinszugehörige und bewußtseinsfeindliche Elemente vermischt enthalten sind, als «uroborisch» bezeichnet[4]. In Babylonien wird die mann-weibliche Einheit des Uroboros von Tiamat und Apsu gebildet[5], welche das Ur-Chaos des Wassers sind, in dem Tiamat das eigentliche Anfangselement, die Mutter der Götter, auch die Besitzerin der Schicksalstafeln ist. So heißt es: "Apsu, the oldest of beings, their progenitor, Mummu Tiamat, who bare each and all of them[6]", und es scheint ganz selbstverständlich, daß Apsu und Mummu zu Tiamat kommen, um ihr ihre Beschlüsse vorzulegen[7].

Ihr ursprüngliches Wesen geht auch daraus hervor, daß sie den Tod Apsus[8] über-

[2] Dabei ist die chinesische Schreibung für den Himmelsgott charakteristischerweise: «Mensch mit großem Kopf» (vgl. die Anmerkung zu der Laotse-Übersetzung Rousselles. Lau-Dse, *Führung und Kraft aus der Ewigkeit*, Wiesbaden 1950, S. 64).

[3] Neumann, *Ursprungsgeschichte* ..., a. a. O., S. 163f.

[4] Teil I, S. 33.

[5] Dem tohu wa bhohu der biblischen Schöpfungsgeschichte (I, 2).

[6] Siehe Budge und Sidney Smith, *The Babylon Legends of the Creation*, London 1931. Die sieben Schöpfungstafeln I, 3, 4.

[7] Ebenda, I, 32.

[8] Die Deutung Apsus als «Süßwasser» paßt nicht dazu, daß er immer der Repräsentant der

lebt und daß, als sie von dem patriarchalen Marduk-Sonnengott besiegt wird, aus ihrem Körper die obere Wölbung des Himmels *und* die untere der Tiefe gebildet wird. Auch nach ihrer Niederlage bleibt sie das alles enthaltende Große Runde. Sie ist der «Bauch an sich», so heißt es, als die späteren Götter Tiamat stören: "They troubled Tiamat. ... Indeed they upset Tiamat's Belly[9]."

Dieser «Bauch», mit dem Tiamat gewissermaßen identisch ist, ist in der primitiven Psychologie, die sich bis in die Psychologie des modernen Menschen hinein verfolgen läßt[10], der Sitz des Unbewußten und besonders der Affekte, die «von unten» aufsteigen und das Oben, den Kopf, benebeln beziehungsweise ausschalten. So bemerkt Budge zu einer Stelle, wo er übersetzt: "Tiamats feelings were outraged": literally "she put evil into her belly, the internal organs being regarded as the seat of the affections[11]".

Tiamat, deren aufgerissener Rachen Marduk, den Sonnenhelden, verschlingen will, ist aber nicht nur das Böse, sondern auch der gebärende Höhlen-Schoß des Großen Weiblichen. So heißt es bei Marduks Kampf gegen sie: "he looked upon the 'middle' or 'inside' or 'womb' of Tiamat (or perhaps the belly of Tiamat) and divined the place of Kingu, who had taken up his place therein[12]." Auch die Beziehung Tiamats zu Kingu bestätigt, daß sie die Große Mutter ist. Kingu ist der mit Tamuz identische Sohngeliebte[13], den Tiamat als ihren Gatten bezeichnet, und der doch gleichzeitig als Kind in ihrem «womb» sitzt.

In diesem Sinne finden wir immer wieder das zeugend Männliche «im» Weiblichen, wobei die psychische Gleichung des Unbewußten die ist: Samen = Phallus = Sohn. Alle drei sind Varianten des zeugend Männlichen, das «im» Weiblichen, dem es dabei unterlegen bleibt, wirkt. Auf dieser Grundkonstellation beruht die Beziehung der Großen Mutter zum Sohngeliebten.

Psychologisch ist dies in dem Sinne zu verstehen, daß die schöpferischen und «zum Licht drängenden» Elemente des Unbewußten, solange sie nicht ihr eigenes Lichtreich des Geistes und des Bewußtseins etabliert haben, abhängige Teile des Unbewußten sind und bleiben. Deswegen hat Tiamat ursprünglich nicht nur die bösen Kräfte als ihre Helfer, die sie als «Ummu-Khubur» ausheckt[14]. Auch die Stern-Kräfte und die Götter des Nachthimmels, die sie erschaffen hat, sind ihre Bun-

«bösen Seite» ist. Auch hier ist die matriarchale Schicht überdeckt, in welcher Tiamat Himmel, Erde und Unterwelt beherrscht, Apsu aber die erdbefruchtende Seite des männlichen Partners symbolisiert. Er sowohl wie Tiamat werden, nach dem Gesetz, nach dem die überwundenen Kräfte und Götter negativiert wurden, in späteren Zeiten nur als «böse und abgründig» angesehen.

[9] Budge und Smith, a. a. O., Bd. I, S. 22 und 23.

[10] Neumann, *Ursprungsgeschichte* ..., a. a. O., S. 38.

[11] Budge und Smith, a. a. O., S. 37.

[12] Ebenda, S. 20.

[13] Neumann, *Ursprungsgeschichte* ..., a. a. O., Index s. v. «Große Mutter», «Sohngeliebte».

[14] Die beherrschende Rolle der Tiamat geht noch aus dem späten Bericht des babylonischen Priesters Berossus hervor: "Over all these (creatures) ruled a woman named Omorka. This in Chaldean is Thamte, meaning in Greek 'the sea', but in numerical value it is equal to 'moon'" (zit. aus Alexander Heidel [*The Babylonian Genesis*, rev. Ausgabe, Chicago 1951, S. 67], der anmerkt, daß Omorka ein

desgenossen, und die Schicksalstafeln, die sie, die große Herrin des Zauberspruchs, verleiht, sind die weltbestimmenden Sternkonstellationen des Nachthimmels.

Tiamat ist also keineswegs das nächtlich furchtbare Ungeheuer des Abgrunds, wie die patriarchale Welt ihres späteren Besiegers Marduk sie sieht. Sie ist nicht nur die Gebärerin, sondern auch die echte Mutter ihrer Geschöpfe, die böse wird, als Apsu und Mummu beschließen, die Götter, ihre Kinder, zu töten. Erst als diese den Apsu, ihren Mann, den Urvater, getötet haben, begibt sie sich in den Rachekampf gegen sie und entfaltet ihre Destruktionskräfte.

Die Frage, inwiefern Tiamat trotzdem dem Sonnenhelden Marduk unterliegen mußte, braucht uns nicht zu beschäftigen. Jedenfalls ist sie eine Herrscherin der willkürlichen Allmacht, des von ihr abhängigen Schicksals, der von ihren Launen geschaffenen Sternenmächte. Tiamat ist die irrationale Macht der Urzeit und des schöpferischen Unbewußten. Sie bleibt, selbst in ihrem Tode, die Obere und Untere Welt, in die sie auseinandergespalten wird[15], und ist als Großes Rundes Urwasser, Urgebärendes, Himmel, Erde und Unterwelt, Erbarmendes und Rächendes zugleich. Marduk dagegen ist Gesetzgeber, weist den Himmelskräften ihren festen Ort an und ordnet, wie der Gott des biblischen Schöpfungsberichtes, die Welt nach rationalen Gesetzen, die dem Bewußtsein und seiner Sonnennatur entsprechen.

Der numinose Charakter der Großen Göttin erscheint bei der Tiamat noch als monströse Gestalt, häufiger aber tritt die frühe Göttin, wenn ihr Fruchtbarkeits- und Sexualcharakter betont wird, nackt und mit betonten Geschlechtsmerkmalen auf. In den Gestalten der bekleideten Großen Göttin aber, die uns ebenfalls bereits früh begegnen, hat die Göttin als das Große Runde des Anfangs nicht nur eine menschliche Form angenommen, sondern sie weist auch neben den archaischen Elementen schon auf Wandlungs- und Geistformen des Weiblichen hin, die ihre deutliche Ausprägung erst auf späten Entfaltungsstufen gewinnen[16].

Die Alabaster-Figur der sumerischen Göttin und die sitzende Figur von
T. 87 Tell Halaf, beide fast aus der gleichen Frühzeit, ähneln sich bei all ihrer
T. 88 fundamentalen Verschiedenheit in dem Überwiegen dieses geistigen Ausdrucks. Was bei der einen durch die Überbetonung des Kopfes mit dem turmhaften Kopfschmuck und den riesigen schwarzen Augenkratern, wird bei der anderen durch die magische Erdbetontheit der thronend geschlossenen Form dargestellt, gegen die das durch die herabfallenden Haare noch stärker mit dem Körper verbundene vogelhafte und im Ausdruck fast erloschene Haupt keine Eigenexistenz
T. 89 beansprucht. Zwischen beiden vermittelt die Sphinx von Tell Halaf, von deren Augen Oppenheim schreibt[17]:

Titel Tiamats ist. Daß Damascius in seiner Aufzählung der Anfangsgötter die Göttin vor den Göttern nennt, gehört in den gleichen Zusammenhang [Ebenda, S. 65]).

[15] Neumann, *Ursprungsgeschichte* ..., a. a. O., «Trennung der Ureltern».

[16] Da der die Brüste, Blumen oder Blume und Schlange haltende «Astartetyp» am meisten bekannt ist, wird er in unserem Abbildungsmaterial am wenigsten berücksichtigt.

[17] Max Oppenheim, *Der Tell Halaf;* eine neue Kultur im ältesten Mesopotamien, Leipzig 1931, S. 109.

«Ganz anders als bei sämtlichen übrigen Steinbildern des Tell Halaf sind die Augen statt einer großen weißen Einlage, in die ein flacher, runder, polierter Kern aus schwarzem Stein als Pupille eingesetzt ist, hier von einem schmalen weißen Rand umgeben, ein fast ganz die Augenhöhle füllender, ovaler stark vorgewölbter schwarzer Steinkern.»

Dieselben Augen finden wir bei unserer Alabaster-Göttin, die wohl ebenso wie die Sphinx von Tell Halaf ursprünglich eine Nachtgöttin oder besser eine Göttin des Nachthimmels ist. *T. 87*

Die Todes-Unterweltsseite der – allgemein «Ischtar» genannten – Göttin wird häufig durch Skorpione symbolisiert. Die Riesengreifen mit dem Skorpionschwanz sind die herrschenden Tiere der Großen Göttin von Tell Halaf, die das Dunkel des Himmels und der Unterwelt umfaßt. Deswegen finden wir zwischen den Beinen der Riesengreifen Reliefs, auf denen die Greifen siegreich sind[18], gegenüber sich fürchtenden Löwen[19], den Tieren der Sonne.

Der aus schwarzem Basalt gehauene Riesenvogel von Tell Halaf, dessen wie Teleskope gebildete Augen durch Scheiben aus weißem Kalkstein mit großen schwarzen Pupillen gebildet werden, gilt – wie uns scheint zu Unrecht – als «Sonnen-Vogel». So wie Preuss von den Indianern berichtet, daß «der Nachthimmel als Adler erst später mit der Sonne in eins gesetzt» wird, so scheint uns auch dieser Vogel primär ein Symbol des Nachthimmels zu sein. Er gehört zur großen Nachtgöttin, der verschleierten Sphinx[20]. Daß die Basaltsäule, auf welcher der schwarze Riesenvogel sitzt, 14seitig ist, spricht für die Mondbeziehung, die ebenso wie die dort gefundene Halbmondstandarte und die halbmondförmigen Schmuckgegenstände für Männer und Frauen Ausdruck dessen sind, daß die Große Göttin als Nachtgottheit verehrt wurde.

Während viele Figuren der Großen Göttin entweder nur den Elementar- oder nur den Wandlungscharakter des Weiblichen zeigen, wird in diesen frühen Plastiken die Einheit der beiden Charaktere als «Großes Rundes» sichtbar. Darüber hinaus leuchtet in ihnen zwar schon ein neuer Aspekt auf, der das Wesen des Weiblichen als Erde, Nacht und Unbewußtes übersteigt, nämlich der Geist-Wandlungscharakter der Sophia, aber die archaische Geschlossenheit der Form ist Ausdruck der uroborischen Geschlossenheit der psychischen Anfangssituation, die sie symbolisiert.

Auch in der Religion und Mythologie Ägyptens, dem frühesten Zentrum menschlicher Hochkulturen, finden wir diese uroborische Ursituation des Großen Runden, und die Großen Göttinnen, die deswegen alle miteinander identifiziert werden, sind verschiedener Ausdruck des einen archetypischen Bildes vom Großen Weiblichen. Die Einheit der Urgewässer ist mannweiblich. Während später der

[18] Ebenda, S. 170.

[19] s. u. S. 259f.

[20] Die Wiederkehr der gleichen Muster auf der Sphinx und den Flügeln der Riesenvögel spricht für ihre Zusammengehörigkeit.

Gott Nu oder Nun als ältester der Götter mit dem Urozean identifiziert wurde, sagt Moret mit Recht von ihm:

> "But he was a purely intellectual creation. In essence, the Nun is unorganized chaos, nothingness[21]."

Die uroborisch mann-weibliche Anonymität des Anfangs[22] drückt am besten die Mythologie von Hermopolis[23] aus, deren acht Götter des Ursprungs: Nun und Naunet, Huh und Hauhet, Kuk und Kauket, Amun und Amaunet das Urgewässer[24], die räumliche Endlosigkeit, die Dunkelheit vor der Erschaffung der Gestirne und die unsichtbare Verborgenheit symbolisieren[25]. Die Natur des Urozeans als uroborische Schlange zeigt sich darin, daß er die aus ihm geborene Erde umgibt und alles aus ihm Geborene am Weltende in seine Urflut zurücknimmt.

> «Ich aber werde alles, was ich schuf, zerstören. Die Erde wird wieder als Urozean (Nun) erscheinen, als Endlosigkeit (Huh) wie in ihrem Anfangszustand. Ich bin (dann) das, was übrigbleibt ..., nachdem ich mich wieder in eine Schlange verwandelt habe, die kein Mensch kennt[26].»

Bereits in der offiziellen ägyptischen Religion und Mythologie ist die von uns oft betonte patriarchale Überarbeitung primär matriarchaler Symbolik deutlich nachzuweisen. So wenn die Geburt der Sonne aus dem Welt-Ei der Nilgans zugesprochen und diese als «Der große Schnatterer», als Weltschöpfer, verehrt wird[27]. Es ist evident – auch wenn wir nicht durch Bachofen von der kosmogonischen Bedeutung der Sumpfvögel wüßten[28] –, daß es sich hier ursprünglich um eine weibliche Gottheit gehandelt haben muß, die das Welt-Ei legte, aus dem dann das Sonnenküken ausgekrochen ist. So ist auch die kosmische Personifikation der Urgewässer als Methyer «die große Flutfülle», als Kuh, die schon in den Pyramidentexten erscheint[29], fraglos das ursprüngliche und primitive Symbol der Vorzeit.

> «Methyer stellt eine naturmythische weibliche Variante zum heliopolitanischen (männlichen) Urgewässer Nun dar, wie die Kuh als Himmelsgöttin zur heliopolitanischen Nut (Himmelsfrau)[30].»

[21] Moret, a. a. O., S. 374.

[22] Neumann, *Ursprungsgeschichte ...*, a. a. O., S. 133.

[23] Von den Kriterien der tiefenpsychologischen Erfahrung her läßt sich fast immer angeben, was in der Mythologie als ursprünglich und was als sekundär anzusehen ist. So ist die Formulierung von Hermopolis zwar begrifflich und in diesem Sinne spät, aber sie formuliert das ursprünglich nur im Bildsymbol Geschaute am vollkommensten.

[24] In primitiver Form finden wir die Göttin der Urgewässer als froschgestaltige Heket, die der Geiergöttin Nechbet gleichgesetzt wird. Sie ist in Hermopolis die Urmutter allen Daseins, das sie gebärt und schützt.

[25] Kees, a. a. O., S. 307.

[26] Ebenda, S. 216.

[27] Ebenda, S. 309.

[28] Bachofen, *Das Mutterrecht*, a. a. O., Bd. I, S. 233f.

[29] *Die alt-ägyptischen Pyramidentexte, nach den Papierabdrücken und Photographien des Berliner Museums*, 4 Bde., hg. von Kurt Heinrich Sethe, Leipzig 1908–1922, Bd. II, 508, 1131 (nach Kees, a. a. O., S. 75, Anm. 6).

[30] Kees, a. a. O., S. 75, Anm. 6.

Gerade die Redaktion der ägyptischen Religion in Heliopolis, der Sonnenstadt, ist, wie wir wissen, betont patriarchal, und sie war immer, wenn auch keineswegs immer erfolgreich, bemüht, die alte, matriarchale, weiblich betonte Mondreligion auszulöschen und zu überdecken.

Die Urflut als Kuh, oder die Kuh als das erste aus der Urflut aufsteigende Lebewesen, ist ein echtes Symbol weltschöpferischer Mütterlichkeit[31]. Sie steht in Übereinstimmung mit den anderen Kuh-Gestalten des ägyptischen Mythos, Hathor, der großen, kuhköpfigen Muttergöttin und der Himmelsgöttin Nut, die als Himmelskuh die Erde mit ihrer Regen-Milch tränkt und den Sonnengott auf ihrem Rücken trägt. Daß das alte Gauzeichen des zwölften ägyptischen Gaues, aus dem die Isis stammte, mit seinem Bilde von Kuh und Kalb (Name: das Göttliche Kalb[32]) hierhin gehört, ist ebenso evident, wie die Einordnung der bekannten kretischen Fayencen von Kuh und Kalb, Ziege und Zicklein.

Als Kuh ist die große ägyptische Himmelsgöttin nicht nur der Ur-, sondern auch der Himmels-Ozean, "the watery abyss of heaven", der in einer Abwandlung der Himmelskuh als Mehurt den Sonnengott gebiert[33]. Die Einheit von Hathor, Nut und Isis umfaßt in Wirklichkeit alle weiblichen Göttinnen. Von der Mehurt heißt es, daß sie auch als "pregnant woman with full protruding breasts[34]" abgebildet wird, und

> "sometimes she has the body of a woman and the head of a cow, and then she holds in her right hand a scepter round which is twined the stalk of a lotus flower, which she appears to be smelling; the flower itself is between the symbol of the South and the North and is supposed to represent the great world lotus flower, out of which rose the sun for the first time at the creation[35]".

Wenn wir uns an die ägyptischen Formen der furchtbaren Mutter erinnern, die Seelenfresserin Ammit beim Totengericht, an Ta-Urt und an die Herrinnen der Unterweltstore, dann wird es uns nicht erstaunen, daß das Totengericht gerade in der Halle der Mehurt stattfindet – auch dies ein Hinweis auf die ursprüngliche universale Bedeutung der großen weiblichen Gottheit Ägyptens, die auch die Unterwelt und den Wasserabgrund der Tiefe umfaßt. Denn die Große Göttin ist ja als Hathor nicht nur das «Haus des Horus», das heißt die Göttin des Osthimmels der Geburt der Horus-Sonne, sondern auch die Kuh am westlichen Berg, die Hathor der Toten. *Fig. 34*

Sie ist, wie alle Ursprungsmütter, die Mutter ihres Vaters und die Tochter ihres Sohnes[36]; in der paradoxen und wahren Aussage des Mythos hat sie das Männliche geboren, von dem sie gezeugt ist. Sie ist die geiergestaltige Muttergottheit des

[31] Die gleiche Symbolik finden wir bis auf den heutigen Tag in Indien.

[32] Kees, a. a. O., S. 76.

[33] *The Book of the Dead*, a. a. O., Kap. XVII.

[34] Budge, *The Gods of the Egyptians*, 2 Bde., London 1904, Bd. I, S. 422.

[35] Ebenda, S. 423.

[36] Neumann, *Ursprungsgeschichte* ..., a. a. O., S. 66f.

Südens, die Nechbet, die große Göttin Unterägyptens mit der weißen Krone, die verehrt wird als "form of the primeval abyss which brought forth the light" und deren Name heißt:

> "The father of fathers, the mother of mothers, who hath existed from the beginning and is the creatrix of the world[37]."

Wie das Mütterliche das Obere als Himmel und Geier ist, ist es auch das Untere als Unterwelt und Schlange. Als Schlange ist es die Uatchet, die wie die Nechbet auch mit Isis und allen anderen Göttinnen identifiziert wurde. Und wie die Kuh obere und untere Kuh war, ist die Schlange himmlische und unterirdische Schlange zugleich.

Aber die Göttin ist auch die Dynamik des Lebendigen, die im Großen Runden enthalten ist, nicht nur das Gefäß des Großen Runden. Als diese Dynamik erscheint in Ägypten – wie in Indien[38] und in der Alchemie – das Feuer, die Erhitzung. Dieses Feuer kann verzehrend-vernichtend, aber auch das positive Feuer der Wandlung und Erneuerung sein. So heißt ein Kapitel des Totenbuches, das charakteristischerweise über dem Bild einer Kuh rezitiert werden soll, "the chapter of making heat to be under the head of the deceased[39]". Das Kapitel wird der himmlischen Kuhgöttin zugesprochen, die es zugunsten ihres bedrohten Sohnes Ra verfaßt hat. Sein Sinn war, dem Toten die «Wärme unter dem Haupt» zu bewahren, so daß er neu erstehen konnte. Von dieser Rezitation heißt es:

> "This is a composition of exceedingly great mystery. Let not the eye of any man whatsoever see it, for it is an abominable thing for (every man) to know it; therefore hide it. 'Book of the mistress of the hidden temple' is its name."

Die Feuersymbolik gehört in Ägypten gewöhnlich zu einer anderen Form der Großen Göttin, der katzenförmigen oder katzenköpfigen Bastet und der Löwengöttin Sachmet. Während die Löwengöttin die verzehrend-negative Seite des Sonnen-Wüsten-Feuers symbolisiert, die als Sonnenauge brennt und richtet, ist die Bastet, obgleich sie eine Ostgöttin ist, keine Sonnen-, sondern eine Mondgöttin. Denn für den Mond gilt ebenso wie für die Sonne der Ostpunkt als der der Geburt und der Westpunkt als der des Todes.

Die nächtliche Katze mit ihren angeblich bei Vollmond am rundesten Augen ist verständlicherweise ein Mondtier, deswegen hat sie grüne Farbe, gehört zu den schwangeren Frauen und hat den Mond zum Sohn, dessen Aufgabe es ist,

> "to make the woman fruitful and make the human germ grow in his mother's womb", "and he was supposed to do this especially in his character of the 'moon the light bearer'[40]".

Diese den irdischen Mann völlig übersehende Auffassung vom Mond ist uns als matriarchal bekannt[41]. So gilt in Ägypten der Geier als Tier, bei dem es nur Weibchen gibt, die vom Winde befruchtet werden, und Nechbet und Mut sind als

[37] Budge, *The Gods . . .*, a. a. O., Bd. I, S. 440.
[38] Neumann, *Ursprungsgeschichte . . .*, a. a. O., S. 35.
[39] In der Übersetzung von Budge, a. a. O., Kap. CLXII.
[40] Budge, *The Gods . . .*, a. a. O., Bd. I, S. 448.
[41] Briffault, a. a. O., Index s. v. «moon».

Geiergöttinnen: «Tochter und Mutter, die ihren Erzeuger schufen[42]». Aber auch die Schlange ist ein Symboltier der Großen Göttin Ägyptens als Wesen, das sich selber erneuert.

Die Bastet mit ihrer Mond-Verwandtschaft ordnet sich in die einheitliche Welt des Großen Weiblichen ebenso ein wie die Neth oder Neith, die Herrin des Westens, eine der weitestverbreiteten und ältesten, schon prädynastischen, Gottheiten Ägyptens. Als Göttin von Sais ist sie durch Plutarchs[43] Satz:

> «Ich bin alles, was war und was ist und was sein wird, und es war nie jemand, der meinen Schleier gelüftet hat»

im Abendland als Ur- und Allgöttin weit berühmt. Auch sie, deren Kult schon in der I. Dynastie alt war, gehört als doppelgeschlechtlich zur psychischen Frühzeit, und ihr matriarchaler Charakter ist deutlicher als bei irgendeiner anderen Göttin Ägyptens. Mit Lampenfest und Mysterien wird sie als Herrin der Magie und des Webens, als ungeborene und von sich selber stammende Göttin gefeiert.

Sie ist die Personifikation "of the great, inert primeval watery mass[44]". Sie ist als Kuh mit achtzehn Sternen der Nachthimmel und hält als «Wegöffnerin» – wie später die Hekate – den Schlüssel der Fruchtbarkeitsgöttinnen, den Schlüssel zu den Toren des Schoßes und der Unterwelt, des Todes und der Wiedergeburt.

Budge faßt ihre Bedeutung mit Worten zusammen, welche die Große Göttin in ihrem ganzen Umfang beschreiben:

> "The statements of Greek writers, taken together with the evidence derived from the hieroglyphic texts, prove that in very early times Net was the personification of the eternal female principle of life which was selfsustaining and self existent and was secret, and unknown, and allpervading; the more material thinkers, whilst admitting that she brought forth her son Ra without the aid of a husband, were unable to divorce from their minds the idea that a male germ was necessary for his production, and finding it impossible to derive it from a power or being external to the goddess, assumed that she herself provided not only the substance which was to form the body of Ra but also the male germ which fecundated it. Thus Net was the prototype of partheno-genesis[45]."

Jetzt erst verstehen wir, was es heißt, daß die Göttin Hathor mit den vier Punkten und den vier Weltteilen identifiziert wurde, welche durch die Göttinnen Nechbet, Uatchet, Bast und Neit charakterisiert werden[46]. Da die quaternio, die Vierheit, das archetypische Symbol der Ganzheit ist, wie C. G. Jung an vielen Stellen seiner Werke nachgewiesen hat, ist die quaternio der Hathor[47] mit den Göttinnen das Symbol des Großen Weiblichen als der die Welt beherrschenden Ganzheit in all ihren Aspekten.

[42] Kees, a. a. O., S. 353.

[43] De Iside et Osiride. In: *Moralia*, Bd. V, Kap. IX (nach der Übersetzung von F. C. Babbitt, Cambridge [Mass.] und London 1936).

[44] Budge, *The Gods* . . ., a. a. O., Bd. I, S. 451.

[45] Ebenda, S. 462.

[46] Ebenda, S. 438.

[47] Kees, a. a. O., S. 220.

Die Göttin Neit wird mit der Himmelsgöttin Nut identifiziert, der weiblichen Form des uns bereits als Nu oder Nun bekannten Urozeans. Während in einer anderen
T. 92 Symbolzuordnung Nut als Himmelsgewölbe sich über der als flache Scheibe gedachten
T. 36 Erde, dem männlichen Gott Geb, erhebt, ist sie als Himmelskuh auch das mit dem vorweltlichen Urwasser identische Weibliche und die Gebärerin der Sonne, deren Strahlen zusammen mit der aus ihrer Brust fließenden Regen-Milch die Erde ernähren.

Zu der Nut als der oberen gehört die Naunet als die untere Wölbung, die «unter» der Erdscheibe als Gegenhimmel liegt, beide zusammen bilden das Große Runde des weiblichen Enthaltens. Der untere Gegenhimmel, Naunet, den die Sonne des Nachts durchzieht, ist aber auch wieder mit Nut identisch, denn Nut ist nicht nur der Tageshimmel, sondern frißt auch die Sonne im Westen, die in ihrem oberen
T. 91a Nachthimmel-Leib bis zum Ostpunkt zurückläuft.

So ist die Nut Gewässer oben und unten, Wölbung oben und unten, Leben und Tod, Ost und West, gebärend und tötend zugleich. Denn sie ist nicht nur die «mit den tausend Seelen»[48], welche die Sterne, «ihre Seelen, erscheinen läßt[49]», sondern auch die Sau, die ihre eigenen Kinder, Sonne, Mond und Sterne, im Westen verschlingt.

Die Große Göttin ist die strömende Einheit von unterirdischem und himmlischem Ur-Wasser[50], das Himmels-Meer, auf dem die Barken der Lichtgötter fahren, das ober- und unterirdische Kreismeer des Lebendig-Gebärenden, und alle Wässer, Ströme, Brunnen, Teiche und Quellen ebenso wie der Regen gehören zu ihr. Sie ist der Lebensozean mit seinen Leben und Tod bringenden Gezeiten, und das Lebendige ist ihre Geburt, die ewig in ihr schwimmt als Fisch wie die Sterne im Himmelsozean der mexikanischen Mayauel[51] und wie die Menschen im Fischteich der Mutter Kirche, einer späten Prägung des gleichen Archetyps.

Als Himmelswölbung bedeckt sie das von ihr Geborene auf der Erde wie die Glucke ihre Küken, und deswegen ist ihr Name nicht nur die «Tür», sondern auch "the Coverer of the Sky[52]". Die ausgestreckten Schwingen der Isis, einer Grundform der großen Mutter, umfangen, hüllen ein, bedecken und schützen auf unzähligen Darstellungen den Osiris und wie ihn jeden Toten.

Die Göttin Nut, die den Toten auf dem Boden des Sarges in ihre Arme nimmt,
T. 90b, 91b ist die gleiche Todesmutter, die wir aus dem christlichen Kreis als Pieta kennen, als Madonna, die den toten Christus auf dem Schoß hält, das Todeskind, das wieder zu
T. 94 ihr zurückgekehrt ist[53], und die als primitives Gefäß und als Urne das Kind und den Erwachsenen in sich birgt[54].

[48] Ebenda, S. 147, Anm. 1.

[49] Ebenda, S. 226.

[50] Ebenda, S. 72 und S. 226, Anm. 4.

[51] s. u. S. 283.

[52] Budge, *The Gods* ..., a. a. O., Bd. II, S. 106.

T. 95 [53] Eine letzte moderne Ausprägung dieses Archetyps finden wir in der großartigen Plastik Epsteins «Die Nacht».

[54] s. S. 134f.

Als Bedeckerin, welche den Toten zu sich nimmt, wird die Erde schon im Rigveda angerufen mit den Worten:

«Wie die Mutter den Sohn mit dem Zipfel des Kleides, bedecke du ihn, o Erde[55].»

Hier wie überall herrscht die Vorstellung, daß das Große Weibliche Himmel, Erde und Wasser als Nachthimmel in sich enthält und es «ist». Erst später, mit der Trennung der Ureltern[56], kommt es zur Geburt des Lichtes, der Sonne und des Bewußtseins, damit aber auch zur Unterscheidung. Erst jetzt gibt es oberen und unteren Himmel, Nut und Naunet und dazwischen Geb, die Erdscheibe, Schu, den Luftraum, und Ra, die Sonne, den Sohn des Urwassers und der Kuh[57].

Der Taghimmel ist im matriarchalen Bezirk der Geburts- und Todeshimmel der Sonne, nicht wie später ihr Herrschaftsgebiet. Er ist die von der Nacht am Anfang und am Ende eingehüllte Lichtspanne des Lebens, innerhalb deren der Lichtsohn seinen immer tödlich endenden Lichtbogen abzuschreiten hat.

Der Nachthimmel ist das Spiegelbild der Erde[58], beide zusammen bilden die Urhöhle, aus der die Menschen ebenso wie die Pflanzen und Lichtgottheiten stammen. Am deutlichsten ist das in Mexiko, wo Huitzilopochtli, der aztekische Sonnengott, das Schicksal mit dem Mondgott und allen anderen Lichtgöttern teilt. Er muß immer wieder «Knochen werden», das heißt sterben an und in der furchtbaren Mutter des Erd- und Nachtdunkels. Die Lichtgötter sind aber von den jugendlichen Göttern der Vegetation, denen des Maises und der Blumen, ununterscheidbar, denn wie die Sterne Blumen und Maispflanzen des Himmels sind, sind auch die Blumen und Maispflanzen der Erde Sterne[59]. Diese sterbenden Vegetations- und Jünglingsgötter Mexikos entsprechen dem Adonis, Tammuz u. a., den sterblichen Göttern der Blumen und des Kornes im Abendlande in allen Zügen, besonders aber in ihrer tödlichen Abhängigkeit von der Großen Mutter.

Erst wenn die patriarchale Welt mit der Herrschaft der Sonne sich durchgesetzt hat, wird der Morgen als ihre Geburtszeit bestimmend. Aber selbst dann wird auffälligerweise die Zeitrechnung nicht mit dem Sonnenaufgang begonnen, sondern höchstens mit der Mitternacht[60]. Im matriarchalen Bezirk aber – überall wo die Mond-Nacht-Mythologie herrscht – beginnt die Zeitrechnung mit dem Abend und der Nacht und endet mit Tagesende[61]. Darum ist die Geburtszeit auch in Ägyp-

[55] Siehe Karl F. Geldner, *Vedismus und Brahmanismus* (Bertholet, Religionsgeschichtliches Lesebuch, Nr. 9), Tübingen 1928, Rig-Veda X, 18, 45.

[56] Neumann, *Ursprungsgeschichte*..., a. a. O., S. 117.

[57] s. o. S. 208f. und S. 259.

[58] Krickeberg, *Märchen*..., a. a. O., S. 312.

[59] Neumann, *Ursprungsgeschichte*..., a. a. O., S. 64.

[60] Die Sonnenmythologie mit ihrer Konzeption des Volltages, einer Einheit von Nacht und Tag, ist eine späte Abstrahierung. Das Ursprüngliche ist die Einheit der Nacht mit ihrem Mondgeschehen und die Einheit des Tages mit dem Sonnenbogen, an dessen Anfang die Geburt, an dessen Ende der Tod steht. Im Nachtmeerfahrtmythos haben wir dann bereits eine Integration der Gegensatzstruktur von Tag und Nacht, Bewußtsein und Unbewußtem, Männlichem und Weiblichem.

[61] Vgl. Bachofen, *Das Mutterrecht*, a. a. O., Bd. II, Index s. v. «Mond», «Nacht».

ten die Abendzeit[62], denn die Sichtbarwerdung der Sterne und des Mondes ist für den Frühmenschen die augenfällige «Geburt», und der Morgen mit dem Verschwinden der Stern- und Lichtwelt ist Todeszeit, in welcher der Tageshimmel die Kinder der Nacht verschlingt.

Diese allgemeine Auffassung der Menschheit ist verständlich, wenn man sich von der Zuordnung Tag = Sonne frei macht. Die Sonne ist ein Sohn des weiblichen Tageshimmels, so wie der Mond ein Sohn des Nachthimmels ist. Der weibliche Himmel ist das Beständige, Fest-Stehende und Dauernde, die Lichter, Sonne ebenso wie Mond und Sterne, das Auf- und Absteigende, das innerhalb des schwarzweißen Welt-Eis des Großen Weiblichen Wandernde und Vergängliche.

Die Zuordnung des Nacht-Stern-Himmels zum Weiblichen bestimmt das ganze frühe Weltbild, ob wir nun von der «Milch-Straße» sprechen oder dieser Teil zur nordischen Herrin der Nacht, der Hel[63], gehört und Hilden-Straße oder Helweg heißt[64].

T. 93 So steht noch im Tierkreis von Dendera, einer späten Darstellung des ägyptischen Himmelsbildes, im Zentrum der Spirale, in der sich die Sterngötter und Tierbilder ordnen, die matriarchale Große Mutter, die Toeris, und der Stierschenkel, als Symbol des Nordpols[65]. Es handelt sich dabei um eine Projektion der matriarchalen Situation der Großen Mutter mit dem geopferten Sohngeliebten an den Himmel. Der Stierschenkel, ursprünglich ein Nilpferdschenkel[66], ist Sets phallisches «Bein[67]», der Teil, aus dem der Nil strömt, aber er ist auch der Mond, der beschädigt ist und wieder vollgemacht werden muß[68].

Set ist als rotes Nilpferd nicht nur der Feind, das Böse, Rote, die Sünde, die Wüste, der Dunkelmond und die fressende Finsternis, die den Osiris-Mond verschlingt[69], sondern er hatte ursprünglich als «Großer Gott» auch die Funktion des guten Gottes, des Osiris. Und vor der patriarchalisierten Isis-Osiris-Beziehung, der gegenüber Set der Böse ist, existiert eine Beziehung zwischen Isis und Set, die keineswegs dem Schema einer «guten Isis» entspricht[70].

Der abgehauene Schenkel ist ein Kastrationssymbol, und Schenkel, Bein und Mond sind auch phallische Symbole des zeugenden Prinzips. Set aber gehört ursprünglich zur Toeris, der Mutter-Sau und dem Nilpferd, als zeugender Eber und als Nilpferdmännchen. Seine Opferung wird später von der des Osiris abgelöst.

Diese matriarchale Symbolik des Himmelsbildes hat sich erhalten, nachdem die patriarchal solare Theologie Ägyptens bereits jahrtausendelang das offizielle Welt-

[62] Kees, a. a. O., S. 225.
[63] s. o. S. 167.
[64] Ninck, *Wodan...*, a. a. O., S. 177f.
[65] Kees, a. a. O., S. 321.
[66] Ebenda, S. 321, Anm., und S. 331, Anm. 1.
[67] Ebenda, S. 321.
[68] Ebenda, S. 424.
[69] Briffault, a. a. O., Bd. II, S. 768.
[70] Neumann, *Ursprungsgeschichte...*, a. a. O., S. 79ff.

bild beherrschte. Das Entsprechende finden wir in Mexiko, wo der Himmelspol als das «Loch» gilt, in dem man beim Feuerbohren den Quirlstab einsetzt[71]. Lange nachdem alle patriarchalen Züge dominant geworden sind, besteht noch die matriarchale Konzeption, nach der sich die Himmel und Welten um das «Loch», das Große Weibliche, drehen, aus dem das Leben gebohrt wird[72], so wie in Indien auf höherer Ebene die Unsterblichkeit aus dem weiblichen Milchmeer «gequirlt» wird, von dem es heißt: «Wasser ist die Lebensmilch des Weltleibes, und der Weltraum ist ein Milchmeer[73].»

Wenn der Ganzheitscharakter des Großen Weiblichen sichtbar geworden ist, das wirklich fast alles ist, Himmel, Wasser und Erde – und auch die Feuerseite ist als der aus ihm geborene Sohn in ihm enthalten –, wird verständlich, daß dieses Weibliche keineswegs mit dem Tellurisch-Chthonischen, mit dem nur Erdhaft-Unteren identifiziert werden kann, wie es die spätere männlich patriarchale Welt und die zu ihr gehörenden Religionen und Philosophien getan haben. Aber der Ganzheitscharakter des Großen Weiblichen geht noch weit über die Projektion hinaus, in welcher es die Elemente Erde, Wasser, Luft und Feuer in sich vereinigt.

DIE SCHICKSALSGÖTTIN

Nach allem Angeführten ist unschwer zu erkennen, daß eine der vorzüglichsten Projektionen des Großen Weiblichen als Ganzheit der Raum ist; schon daß es wesenhaft das Gefäß und das Welt-Ei, das Enthaltende, ist, macht dies evident. Aber das Große Weibliche ist auch die Herrin der Zeit und damit des Schicksals. Das Symbol, in dem Raum und Zeit archetypisch miteinander verbunden sind, ist der von Urzeiten an mit den Bildprojektionen der Menschheit belebte Sternenhimmel. Dabei ist es gleich, ob man am Himmel, wie in Ägypten, Babylonien, Arabien, Indien, China und Amerika, ursprünglich die 28 Stationen des Mondes oder später die 12 Stationen der Sonne gesehen hat, und ob Tier oder Pflanze, Strom oder Meer die leitenden Bildprojektionen sind[74]. Wichtig ist nur, daß jede dieser Belebungen des Himmels als Teil des Lebens des Großen Weiblichen selber, das alles gebiert und umfaßt, erfahren wurde.

Die Abhängigkeit aller Lichtkörper, auch der himmlischen Gewalten und der Götter, von der Großen Mutter, ihr Auf- und Untergang, ihre Geburt und ihr Tod, ihr Wandel und ihre Erneuerung, gehören zu den eindrücklichsten Erfahrungen der Menschheit. Nicht nur der Wechsel von Nacht und Tag, auch der Wechsel der Monate, der Jahreszeiten und des Jahres steht unter dem allmächtigen Willen der

[71] Krickeberg, Das mittelamerikanische Ballspiel..., a. a. O., S. 153, Anm.
[72] s. u. S. 227.
[73] Zimmer, *Maya, der indische Mythos*, Stuttgart und Berlin 1936, S. 101.
[74] s. o. S. 52f. u. S. 229 und S. 255.

Großen Mutter. Deswegen hält das Große Weibliche nicht nur in Mesopotamien als Tiamat, sondern überall in der Welt die Tafeln des Schicksals, die bestimmenden Konstellationen des Himmels, der es selber ist. Und die mit dem Mond und dem nächtlichen Sternenmantel geschmückte Große Mutter ist deshalb auch die Schicksalsgöttin, welche das Lebendige ebenso wie das Schicksal webt.

Das Große Weibliche ist die Herrin der Zeiten als Herrin des Wachstums. Darum ist die Große Göttin auch Mondgöttin, denn Mond und Nachthimmel sind die augenfälligen und beobachtbaren Erscheinungen des Zeitlichen im Kosmos, und der Mond, nicht die Sonne, ist der eigentliche Zeitmesser und Maßstab der Frühe. Dem Weiblichen ist die Zeit-Qualität ebenso wie das Element des Wassers zuzuordnen, dessen fließende Natur im Symbol des Zeit-Stromes deutlich wird. Von der Menstruation und ihrer Mondgebundenheit bis zur Schwangerschaft und darüber hinaus ist das Weibliche zeit-zugeordnet, zeitabhängig und darum auch mehr als das Männliche, das zur Zeitüberwindung, Zeitlosigkeit und Ewigkeit tendiert[75], zeitbestimmend.

Auch das Urmysterium[76] des Webens und Spinnens ist in der Projektion auf die das Leben webende und den Schicksalsfaden spinnende Große Mutter erfahren worden, ob diese nun die eine große Spinnerin ist oder, wie so häufig, in mondhafter Dreiheit erscheint. Nicht zufällig sprechen wir von den «Geweben» des Körpers und seinen «Bändern», denn das Gewebte, welches das Große Weibliche im Großen am «sausenden Webstuhl der Zeit», im Kleinen im Uterus des Weiblichen selber verfertigt, ist das Leben und das Schicksal. Beide setzen sich, wie die Astrologie, die Lehre vom sternbestimmten Schicksal, lehrt, mit dem Zeitmoment der Geburt gleichzeitig in Bewegung.

So sind die Großen Göttinnen in Ägypten ebenso wie bei den Griechen, den Germanen und den amerikanischen Maya Weberinnen, und weil die «Wirklichkeit» das von den Großen Weberinnen Gewirkte[77] ist, gehören alle Tätigkeiten, wie Flechten, Weben, Knüpfen, Knoten usw., zum schicksalbestimmenden Tun des Weiblichen, welches als Natur, wie Bachofen entdeckt hat[78], die Große Wirkerin und Spinnerin ist.

Die Kreuzung der Fäden ist das Symbol der geschlechtlichen Vereinigung – noch heute sprechen wir von einer Kreuzung der Tiere und Pflanzen –, und das Kreuzen[79] der Geschlechter ist die Grundform, in der das Große Weibliche das Lebendige «wirkt». So ist das Große Runde der weltenthaltende und weltschöpferische Uterus, in dem das Wirkliche, Körperliche, die Materia von der Großen Mater selber gebildet wird. Der Zeitmoment unserer Geburt – die Epoche – und der Kör-

[75] Vgl. Neumann, Über den Mond ..., a. a. O.

[76] s. u. S. 267ff.

[77] Wirken = Weben ist die verengte Form von Wirken = Werk = heilige Handlung, aber die Göttin ist in allem die Maya, die Werkmeisterin des Lebendigen.

[78] Bachofen, *Versuch* ..., a. a. O., Index s. v. «Weben».

[79] Auf die Symbolik des Kreuzes können wir hier nicht eingehen.

per – die Konstitution – sind die schicksalsmächtigsten Komponenten des Einzeldaseins, die jeder, der die Bedingtheit auch des individuellen Lebens von seinem Grunde aus zu verstehen sucht, akzeptieren muß.

Die Bedeutung des Webens umfaßt – wie alles Archetypische – das Positive ebenso wie das Negative, und das Spinnen des Schicksals findet sich bei den Großen Weltmüttern, ob sie Neith, Netet und Isis, Eileithya oder Athene, Urd, Holda, Percht oder Ixchel heißen, ebenso wie bei der Hexe des Märchens.

«So eröffnet im Anfang des Helgilieds der Dichter», schreibt Ninck, «hindeutend auf die Größe des Helden, den Ausblick auf die Mächte schicksalhafter Verflechtung, die beim Eintritt ins Leben geschäftig sind, nach seiner besonderen Bestimmung jedem den Raum seines späteren Wirkens auszumessen. Die spinnenden, webenden Schicksalsfrauen leben bis heute im Märchen fort. Ihr Erscheinen bei der Geburt weist auf das Erfahrungswissen, daß der Mensch mit bestimmten ‚Gaben' oder ‚Veranlagungen' geboren werde, die ihm, wie man sagt, in die Wiege mitgegeben würden. Daß sie zu dritt oder drei mal drei, seltener zu zwölft auftauchen, hat seinen Grund in der tief alles Geschaffene durchdringenden Dreiergliederung, ist aber bei diesem Anlaß zumal als Hinweis auf die drei Zeitstufen alles Werdenden (Anfang-Mitte-Ende, Geburt-Leben-Tod, Vergangenheit-Gegenwart-Zukunft) zu verstehen. Zwei der Nornen spinnen und drehen den Faden, die dritte aber reißt ihn ab; zwei der Frauen sind gütig und huldvoll, die dritte aber legt einen Fluch auf die Gaben. Die Verbindung mit den drei Zeiten, dem Gewordenen, dem Werdenden und dem erst zum Werden sich Vorbereitenden, haben Spätere mit den drei Nornennamen Urd, Werdandi und Skuld herzustellen gesucht; alt ist nur der Name der Urd:

Urzeit war es, Aare schrieen,
Von Himmelsbergen sank heilges Naß:
Da hatte Helgi, den hochgemuten,
Borghild geboren in Bralunds Schloß.

Nacht war's im Hof, Nornen kamen,
Sie schufen das Schicksal dem Schatzspender:
Der Herrscher hehrster solle er heißen,
Der ruhmreichste Recke werden.

Sie schnürten mächtig Schicksalsfäden
dem Burgenbrecher in Bralunds Schloß;
Goldnes Gespinst spannten sie aus,
Festend es mitten unterm Mondessaal. (!)

Sie bargen die Enden in Ost und West,
des Fürsten Land lag dazwischen:
Nach Norden warf Neris Tochter
Eins der Bänder, unzerreißbar[80].»

[80] Ninck, *Götter- und Jenseitsglaube* ..., a. a. O., S. 145–146.

Die früheste und bekannteste Darstellung der großen weiblichen Dreiheit (zusam-
T. 101a men mit Mond und Venusstern [?]) findet sich auf einem akkadischen Zylinder,
T. 101b ihr entsprechen neben den vielen als Dreiheit auftauchenden griechischen Göttin-
Fig. 50 nen[81] die webenden Schicksalsgöttinnen Roms und die vielen anderen dreifach auftretenden Muttergöttinnen, die auch als dreiköpfige Gottheit, wie Hekate, die Göttin des Drei-Weges, verehrt werden.

Abb. 50. SCHICKSALSGÖTTINNEN

Münze des Diokletian, etwa 300 n. Chr.

Als die Große Spinnerin spinnt die Große Mutter aber keineswegs nur das menschliche Leben, sondern ebenso das Schicksal der Welt, ihr Dunkel ebenso wie ihr Licht. So heißt es in einem alten schwedischen Liede:

> «Frau Sonne saß auf nacktem Stein
> und spann auf ihrem vergoldenden Rocken
> drei Stunden, bevor die Sonne ging auf»,

und in einem estnischen Lied:

> «Aufschlag ward gewebt beim Mittag,
> Einschlag in des Frührots Hause,
> Andres in der Sonne Halle
> Auf dem Webstuhl gewirket,
> Auf den Tritten abgetänzelt
>
> Goldgewand gewebt dem Monde,
> Schimmerschleier dem Sönnelein[82].»

Diese Spinnerinnen sind ursprünglich die Großen Schicksalsfrauen, die Dreiform der Großen Mutter, denn überall ist Spinnen Sache der Frauen. Und daß das estnische Lied dem männlichen Schöpfergott, dem Altvater, das Weben zuspricht, ist nur eine der typischen Usurpationen des Patriarchats. Die adäquate Deutung dieses

[81] Harrison, *Prolegomena* ..., a. a. O.
[82] Kerényi, *Töchter der Sonne*, Zürich 1944, S. 81 f.

und alles anderen diesbezüglichen Materials erweist, daß die Spinnerinnen gerade die Mütter der Sonne sind, nicht ihre Töchter.

So heißen die Moiren, die griechischen Schicksalsgöttinnen, die über den olympischen Göttern stehen, bei Homer auch Klothes, die Spinnerinnen. Die Moiren, die noch im neu-griechischen Volksleben fortleben[83], sind von Nilsson mit Unrecht als nachhomerisch aufgefaßt worden. Sie mögen dies als konfigurierte Göttinnen sein, sind es aber nicht als unbestimmte das Schicksal spinnende Mächte. In diesem Sinne redet Nilsson selbst vom «auf die Spindel Gewickelten»:

> «Der Ausdruck bedeutet also, daß der Mensch mit etwas bekleidet wird, ‚umgarnt' könnte man sagen, wenn das nicht ein andersartiges Bild, das Netz, die Schlinge, vorführte[84].»

Gerade dies «andersartige» Bild gehört aber ebenso wie das der «Bekleiderin» mit zum Wesen der Schicksalsspinnerinnen, denn das Weibliche hat nicht nur faktisch für die Bekleidung der Menschen zu sorgen, sondern es bekleidet sie auch mit dem von ihm gesponnenen und gewebten Körper, deswegen heißt es von der Großen Göttin "clother is her name[85]".

So sagt Kerényi über die Klothes, die Spinnerinnen:

«Daß ‚Weben' Ausdruck für das Erzeugen menschlichen Lebens oder Leibes sein kann, beweist das Erscheinen der Weberin auf symbolischen Grabgemälden römischer Gräber und das griechische Wort ‚mitos', welches den männlichen Samen als Webefaden bezeichnet und der Name des Kabirischen Urbräutigams ist[86].»

Die ägäische Geburtsgöttin Eileithya ist eine Spinnerin[87], ebenso wie die Moiren, die griechischen Schicksalsgöttinnen[88], «Spinnerinnen» sind.

«Die Sphäre, in der diese dunkeln Wesen zu Hause sind, wird unmißverständlich angezeigt durch die andere Genealogie, die wir ebenfalls bei Hesiod finden (Theog., 211 ff.): sie sind Töchter der Urgöttin Nacht; sie hat auch den Moros hervorgebracht und die Erinnyen, die auch bei Aischylos die Schwestern der Moiren, von Muttersseite her, heißen (Eum., 960). Auch der 59. orphische Hymnus nennt sie Töchter der Nacht..., Aphrodite Urania wird als die ‚Äl-

[83] Nilsson, *Geschichte* ..., a. a. O., Bd. I, S. 340, Anm. 3.

[84] Ebenda, S. 340.

[85] s. o. S. 159.

[86] Kerényi, *Töchter* ..., a. a. O., S. 84.

[87] Thomson, a. a. O., S. 335.

[88] Gerade für den Schicksalsbegriff erweist sich der ausschließlich soziologische Gesichtspunkt, den Thomson in seinem ausgezeichneten Buch durchführt, als unzulänglich. "The sharing of game, the sharing of booty, the sharing of land, the sharing of labour, between the clans" (S. 33) ist keine ausreichende Begründung dafür, daß die Moiren gerade bei der Einweihung, Ehe und im Tode wirksam sind. Wenn Thomson im Anschluß an J. Harrison mit ihnen den Dämon und Genius, den Ka, das heißt gerade den "individual guardian spirit", in Verbindung setzt, dann stoßen wir hier, wie an anderer Stelle ausgeführt wurde, darauf, daß gerade das individuelle Schicksal mit dem Selbst und seiner ersten Form, dem Körperselbst, zusammenfällt, in dem die psycho-biologischen Elemente der durch die Ahnen bedingten Konstitution zum persönlichen Schicksal des Einzelnen werden.

teste der Moiren' bezeichnet (Pausanias 1, 19, 2). Die Verwandtschaft mit den Erinnyen tritt auch im Kult hervor: im Hain der Eumeniden zu Sikyon hatten die Moiren einen Altar, wo ihnen ähnliche Opfer wie jenen dargebracht wurden, nämlich solche, die für Erdgottheiten und Unterirdische charakteristisch sind (Paus. 2, 14, 4)[89].»

Wieder finden wir die Einheit des Weiblich-Nächtlichen, wenn Otto auf den Zusammenhang des Namens der Moira: Krataie mit Kratäus hinweist, der Mutter der Skylla, «deren Zusammengehörigkeit zur Unterwelt unverkennbar ist, und die nach anderen von Hekate abstammen soll. Wer denkt da nicht an die Verbindung der Moira mit Nyx, Erinnyen und anderen Wesen der finsteren Sphäre[90].»

Die Große Dreiheit der Moiren ist den entscheidenden drei Punkten des Lebens zugeordnet. «Anfang und Ende, Geburt und Tod sind die großen Zeiten dieser Moira, und dazu als drittes die Hochzeit[91].»

Daß diese Krisenstellen nicht allgemein solche des menschlichen, sondern des weiblichen Lebens sind, wird erst deutlich, wenn man erkennt, daß die Schicksalsgöttinnen immer Geburtsgöttinnen sind, und daß Gebären und Tod ebenso wie Hochzeit und Tod für das Weibliche wesensmäßig zusammengehören. Das heißt, nicht allgemein «philosophische» Betrachtungen über Anfang und Ende des Lebens erscheinen in den Gestalten der Moiren, sondern numinose Situationen, von denen Leben und Tod des Weiblichen, nicht aber des Männlichen abhängt.

Die Schicksalsgewalt der Moiren erfaßt, wenn sie nicht die Frauen, sondern die Männer ergreift, diese vorzüglich als Krieger, denen sie den blutigen Tod webt, so wie die urtümliche mexikanische Symbolik den Krieger mit der gebärenden Frau als der Heldin in schicksalhafter Einheit zusammensieht. Die Natur des Großen Weiblichen als der webenden Schicksalsgöttin geht in die der blutigen Kriegs- und Todesgöttin über. Auch die Walkyren, deren primäre Bedeutung für den Mythos der Germanen Nincks Werk[92] deutlich gemacht hat, sind Weberinnen. Das Walkyrenlied[93] entstammt der Vision eines Mannes aus Nordschottland, der zwölf Gestalten auf eine Webekammer zureiten und in ihr verschwinden sah. Er schaute durch ein Guckloch hinein und sah zwölf Weiber an einem Webstuhl grausiger Art, die zu zu dem Refrain

«Webet, webet
Gewebe des Speeres»

ein Lied sangen, das folgendermaßen beginnt:

«Weit ist gespannt
zum Waltode

[89] Walter F. Otto, *Die Götter Griechenlands*, Frankfurt 1947, S. 260f.
[90] Ebenda, S. 264.
[91] Ebenda, S. 261.
[92] Ninck, *Wodan* ..., a. a. O.
[93] *Thule, altnordische Dichtung und Prosa,* XXIV Bde., hg. von F. Niedner, Jena 1912–1928, Bd. II, S. 48ff.

Webstuhls Wolke;
Wundtau regnet.
An Geren hat sich
Grau erhoben
Volksgewebe,
Das die Freundinnen
Odins mit rotem
Einschlag füllen.
Geflochten ist es
aus Fechterdärmen
und stark gestrafft
Mit Streiterschädeln;
Kampfspeere sind
Die Querstangen,
Der Webebaum Stahl,
Das Stäbchen ein Pfeil;
Schlagt mit Schwertern
Schlachtgewebe!»

und dessen letzte Verse lauten:

«Das Werk ist gewoben,
Die Walstatt rot;
Volksverderben
Fährt durch das Land.
Nun ist Schrecken
Rings zu schauen:
Blutige Wolken
Wandern am Himmel;
Rot ist die Luft
Von der Recken Blut,
Denen unsere Lose
Zum Leid fielen.»

Dieses Weben des Schicksals als Blut-Weben ist ein für die germanische Mythologie und ihre düstere und grausame Todesverfallenheit charakteristischer Zug. Im allgemeinen ist das Große Weibliche als Weberin des Schicksals zwar auch negativ, aber im Vordergrund steht sein lebensschöpferischer Naturaspekt.

Auffälligerweise ist diese Bedeutung des schicksalspinnenden Großen Weiblichen bis in die späte Gestaltung der christlichen Madonna zu verfolgen. Obgleich im Bewußtsein des Künstlers wohl nur die Absicht vorhanden war, die Madonna bei einem alltäglich weiblichen Tun zu malen, ist ihm diese Absicht unversehens ins archetypisch Großartige umgeschlagen. In der Verkündigung des frühen katalonischen Künstlers ist die Madonna noch ganz die Große Göttin, die das Schicksal – hier das Schicksal der Erlösung der Welt – spinnt. Die gehobene Hand des verkündenden Engels wie die gesenkten der in der Dienerin verkörperten zuschauenden Menschheit betonen ihre Mittelpunktstellung. *T. 96*

T. 97 Auch bei dem anderen Bild, einer oberdeutschen Madonna, könnte ihr Spinnen zunächst wie ein idyllisch-häuslicher Zug erscheinen. Aber auch hier hat sich die archetypische Struktur durchgesetzt, und dadurch, daß, gewollt oder ungewollt, der schräg laufende Faden durch das Zentrum der Madonna führt, in dem das Strahlenkind wächst, gewinnt dies Spinnen seine ureigentliche Bedeutung wieder zurück, und die Mutter wird zur spinnenden Schicksalsgöttin, das Kind zum Gespinst ihres Leibes.

Auch hier aber besteht neben dem positiven der negative Aspekt, denn auch die Spinne ist ein Symbol der furchtbaren Mutter[94]. Ebenso sind Netz und Schlinge typische Waffen der furchtbaren Macht des Weiblichen, zu fesseln und zu binden, und das Knüpfen des Knotens ist das gefährliche Werkzeug der Zauberin.

Überall, wo die lebensfeindliche Besessenheit des männlichen Geistprinzips herrscht[95], wird das Weibliche gerade in seinem lebenschaffenden, lebenerhaltenden und lebensteigernden Aspekt zum Negativen und Bösen. Nun heißt es, das Lebendige – und das Große Weibliche ist ja der Archetyp dieses Lebendigen – fasziniert und hält fest, verlockt und verzaubert, und die Triebe und Instinkte als Natur und als Lust überwältigen den Menschen und das männliche Licht-Prinzip des Bewußtseins mit dem Gespinst des Lebendigen, dem Schleier der Maja, der «bestrickenden» Illusion des Lebens in dieser Welt. Deswegen wird das Große Weibliche von diesem männlichen Bewußtseinsprinzip, das Dauer will und nicht Wechsel, Ewigkeit und nicht Wandlung, Gesetz und nicht schöpferische Spontaneität, diskriminiert und verteufelt.

Dabei verkennt das männliche Prinzip die heimliche Geist- und Liebesseite des weiblichen Prinzips völlig, die in der Geistwandlung das Irdische und Menschliche zu seinem höheren Sinn führt und es verklärt[96].

Neben der Schicksals- und Todesbedeutung des Webens steht seltsamerweise in der gleichen Bedeutung die Mühle. Das Backen gehört wie das Weben zu den weiblichen Urmysterien. Die Frau ist Nahrungsspendende und Nahrungswandelnde, aber auch die Doppelbedeutung des Symbols finden wir in der Todes-Mühle als einem Attribut der furchtbaren Mutter. Der Tod des Korngottes in der Mühle, der später auf Christus übertragen wurde und im Lied von «John Barleycorn» weiterlebt, faßt die Mühle als Todesgöttin[97]; ihre Schicksalsbedeutung hat sich in dem bekannten Spruch erhalten, «Gottes Mühlen mahlen langsam», sein mythischer Ursprung ist im germanischen Bereich noch erhalten.

Im «Mühlenlied[98]» arbeiten Riesentöchter in der «Wünschelmühle», um magisch Frieden und Reichtum herzustellen. Aber diese gefangenen Jungfrauen und Kriegerinnen, von denen es heißt:

[94] s. o. S. 147ff.
[95] Neumann, *Ursprungsgeschichte* ..., a. a. O., S. 139ff.
[96] s. u., «Die Geistwandlung».
[97] Jacob, a. a. O., S. 58.
[98] *Thule*, a. a. O., Bd. I, S. 175.

«Wir wuchsen spielend
neun Winter lang
unter der Erde
gewaltig auf»,

werden zu Schicksalsmächten, die den Segen in Fluch verwandeln und, wie vorher Leben und Glück, ebenso Tod und Untergang magisch ermahlen. So wird die Mühle zum Symbol des negativ kreisenden Lebensrades, des indischen Samsara, des

Abb. 51. BHAVANI-TRIMURTI-MUTTER

Indien, 19. Jahrh. oder früher

sinnlosen Kreislaufes[99]. Auch dies sinnlos Kreisende ist eine Form des Großen Runden, dessen positive Form in Indien die große enthaltende Weltmutter ist, die, wie die böotische Göttin, die Mantelmadonna und die vierge ouvrante, die ausgebreite- *Fig. 51* *T. 134, 177, 178*

[99] Vgl. die gleiche Symbolik in der Alchemie. (Siehe z.B. in Lucas Jennis, *Dyas Chymica tripartita*, Frankfurt a.M. 1625: «Ein güldener Tractat vom philosophischen Stein», S. 60.)

ten schützenden Arme hebt. Auch sie gehören zum Archetyp der Göttinnen mit den erhobenen Armen.

T. 98 Als tibetanisches Lebensrad wird das Große Runde von einem Todesdämon gehalten, der auch als weiblich, als Hexe Srinmo gilt[100]. Zu einem unserer Abbildung entsprechenden Bild schreibt Bleichsteiner: «Das Bild zeigt den dämonischen Diener des Todesgottes, den roten Mangus, wie ihn die Mongolen nennen, der das Weltenrad zwischen seinen langen Zähnen und Krallen hält. – Eine ähnliche Auffassung liegt schon altbabylonischen Amuletten zugrunde, welche die Welt in den Klauen einer geflügelten dämonischen Tiergestalt zeigen; nach Grünwedel erscheint auf manichäischen Denkmälern in Turkestan und auf dschainistischen Darstellungen in Indien die Weltfrau, ein schönes geschmücktes Mädchen, dessen Leib geöffnet ist, so daß die stilisierten Eingeweide sichtbar sind, welche die Weltscheibe vorstellen. Weitere Zusammenhänge, auf die hier nicht eingegangen werden kann, würden uns in die Ideenwelt des europäischen Mittelalters führen. Bei den Tibetern wird übrigens der Dämon des Weltenrades ebenfalls weiblich, als Hexe Srinmo, aufgefaßt. Hier wirkt die frauenfeindliche Tendenz des Buddhismus ein, die das Weib wegen der Erzeugung immer neuen Lebens als Haupthindernis der Erlösung und Werkzeug der Leidenschaft hinstellt, unter denen der Weltkreis seufzt. Im Legendenbuch des Padmasambhava findet sich folgende von Grünwedel übersetzte Stelle: ‚Der ununterbrochene Strom des Samsara, das sind die Weiber. Sie sind die Menschenfresserinnen mit schwarzem Gesicht, leibhaftig in Erscheinung getreten. Im Kreise ihrer Körperlichkeit ist ein kupferner Höllenkessel entstanden. In diesem spielen sich alle Leiden der Läuterung durch Flammen ab ... in diesem Kupferkessel wird Gut und Böse zur Scheidung gebracht. Weib heißt dieser Kupferkessel der Hölle, Weib heißt der Kerker Maras (des Todes), Weib heißt der Fangstrick des Todesgottes.‘ Der Höllenkessel im Kreise des weiblichen Körpers ist nach dieser seltsamen Symbolik dem Weltenrad gleichzusetzen, zwischen dessen Speichen die Wesen im Drange ihrer Leidenschaften alle erdenklichen Qualen erdulden.

Die Bilder des Rades sind in drei konzentrischen Ringen angeordnet. Der innerste, kleinste Kreis, die Nabe des Rades, enthält drei symbolische Tiergestalten, die ursprünglich wohl als die Vertreter der drei Reiche – Erde, Wasser und Luft – gedacht sind, wie sie in den Märchen der verschiedensten Völker vorkommen. Es sind Schwein[101], Hahn und Schlange, welche in der religiösen Symbolik die Sinnbilder der drei Übel oder Todsünden darstellen, in deren Gewalt die Welt mit ihren Lebewesen schmachtet, und die, als Ursachen sündhaften Tuns, den Kreislauf der Wiedergeburten stets aufs neue in Bewegung setzen; und zwar bedeutet das Schwein die Unwissenheit, der Hahn die Wollust, die Schlange den Zorn. Wie in den Hymnen des Veda die weltenlenkende Gottheit im Mittelpunkt des Alls, in der Nabe des

[100] Robert Bleichsteiner, *Die gelbe Kirche*, Wien 1937, S. 220.

[101] Auf unserem Bild entspricht dem Schwein ein Phantasietier mit derselben Bedeutung. Der Uroboros der drei Tiere bildet charakteristischerweise das schwarze Zentrum.

Rades sitzt, so weilen jene drei Grundübel als Weltregenten im innersten Kreise, sie fesseln den Menschen an die Sinnenwelt, berauben ihn der richtigen Erkenntnis von ihrer Nichtrealität und hindern ihn, die Erlösung, das Nirwana, zu erreichen; sie sind die Achse, um die sich das Weltenrad mit seinen Reichen und deren Bewohnern dreht[102].

Um diesen innersten Kreis sind zwischen den sechs Speichen des Rades die sechs Heime der Welt, die Abteilungen der Götter, Titanen (ind. *asura*), Menschen, Tiere und Gespenster sowie die Hölle angeordnet; die letztere nimmt auf manchen Bildern die ganze untere Hälfte des Mittelringes ein. Jedes einzelne Weltheim steht im Banne einer besonderen, dem Charakter ihrer Bewohner entsprechenden Todsünde.»

(Auf unserem Bild ist in der Mitte die Welt der Götter, rechts die der Titanen oder Asuras, ihr gegenüber die der Menschen. Unter der Menschenwelt ist die der Gespenster, unter der der Titanen die der Tiere. Unten, gegenüber der Welt der Götter, befindet sich die Hölle.)

«Auf dem äußersten schmalen Reif des Rades sind in einfachen Symbolen die zwölf Nidanas (ind. *nidana* = ‚Band, Fessel, Grund, Ursache') gemalt, welche den Kern der buddhistischen Religionsphilosophie, den Kausalnexus mit seiner wehevollen Verkettung von Geburt, Alter, Tod und Wiedergeburt enthalten – den ewigen Kreislauf, der nur durch die Erkenntnis von der Illusion der mit den Sinnen wahrgenommenen Welt, der oftgenannten ‚Leere', zum Stillstand kommt. Die Nidanas werden öfter auch astrologisch erklärt.

Wenn wir links unten am Rande des Rades mit der Deutung der Nidanas beginnen und uns dabei im Sinne des Uhrzeigers bewegen, bemerken wir folgende Symbole[103]:

1. Blinde alte Frau, die sich auf einen Stab stützt. Sie stellt die Unwissenheit oder Verblendung der Geschöpfe dar.
2. Töpfer, der ein Gefäß bildet, deutet auf die formlosen Bildungen, die auf diese Weise entstehen.
3. Affe, der auf einen Baum klettert und eine Frucht pflückt, ist ein Sinnbild, wie der Mensch durch Bewußtsein und Tätigkeit die Objekte der Welt kennenlernt.
4. Schiff mit Fährleuten: das Bewußte scheidet sich vom Unbewußten.
5. Herrenloses leeres Haus (Mensch), im Gewand ist niemand vorhanden.
6. Mutter mit Kind, Symbol der Bindung an die Welt (!).
7. Mann, den ein Pfeil ins Auge getroffen hat: die Sinneswahrnehmung vermittelt die angenehmen und unangenehmen Eindrücke.
8. Weintrinker: der Lebensdurst, das leidenschaftliche Verlangen erzeugt das zielbewußte Streben, das ständig gieriger verlangt.

[102] Ganz analog zu dieser Auffassung finden wir bei Hieronymus Bosch, daß auf einem Bilde der Schöpfung in der Mitte des zentralen Lebensbrunnens die Eule sitzt, die bei ihm immer als Symbol des Bösen auftritt. Die Zuordnung der Trieb- und Affektseite des Unbewußten zum Weiblichen wird in dieser Darstellung Bleichsteiners und dem Grünwedelzitat deutlich wie selten sonst.

[103] Die Beschreibung ist abgekürzt und nach der etwas veränderten Reihenfolge und Art der Darstellung unseres Bildes umgestellt.

9. Früchte Pflückender, Symbol des Lebensgenusses.

10. Liebespaar in geschlechtlicher Umarmung ist das Sinnbild für die auf diese Weise erzielte Fortdauer des Lebens.

11. Geburt: es wird immer weiteres Leben erzeugt und der Kreislauf fortgeführt.

12. Leiche im Bündel weggetragen: auch das Leiden und der Tod dauern in Verbindung mit dem ewig fortgesetzten Leben weiter[104]. »

Während das Mandala des Kreislaufes auf der Welt der unteren Elemente, Wasser, Erde und Luft, ruht, schweben oben rechts und links die erlösenden Gegenkräfte, der Buddha und das «Gegenrad», das positive Rad der Lehre, welches das negativ weibliche Rad des Lebens aufhebt.

Noch bei Mephistopheles, «des Chaos wunderlichem Sohn», der hier geradezu zum Schatten Buddhas wird, heißt es:

«Vorbei und reines Nichts, vollkommenes Einerlei!
Was soll uns denn das ewige Schaffen!
Geschaffenes zu nichts hinwegzuraffen!
‚Da ists vorbei!' was ist daran zu lesen?
Es ist so gut, als wär es nicht gewesen,
Und treibt sich doch im Kreis, als wenn es wäre.
Ich liebte mir dafür das Ewig-Leere[105].»

Wir finden ein dem tibetanischen Lebensrad ganz entsprechendes Symbol im
T. 99 abendländischen Mittelalter, das negative Lebensrad als « Rad der Mutter Natur[106]», auf dem der auf- und absteigende Kreislauf des menschlichen Lebens dargestellt ist. Unten wird das Rad von der Erdgöttin gehalten, oben aber thront die dreiköpfige Zeit, deren Flügel die Monate sind, welche mit dem Wechsel von Tag und Nacht das Leben sich drehen läßt. Ebenso thront in der zehnten Karte des Tarot-Spieles die gekrönte Sphinx, ein bekanntes Symbol der großen Muttergöttin, auf dem Glücksrad der auf- und absteigenden Kräfte.

Als letzte Darstellung des Weiblichen als des Großen Runden bringen wir den
T. 100 etruskischen Bronzeleuchter[107], dessen Zentrum, das Haupt der Gorgo, von einem komplizierten Figurenkranz umgeben ist. Wir verdanken die eingehende Deutung dieses Stückes Professor Leisegang[108]. Das Gorgoneion ist die Mitternachtssonne der Unterwelt – das furchtbare Antlitz der Großen Mutter. Um diese Mitte liegt ein erster Kreis, auf dem je ein Greif und ein Löwe ein Tier zerreißen, das Erdleben als Tod. Der zweite Kreis, die Wasserregion mit einem Kranz von achtundzwanzig Wellen (also der Mondzahl), wird von acht Delphinen belebt. Diese Achtzahl bildet den Übergang zur Luft- und Feuerregion, in der acht Sirenen mit Vogelflügeln und Menschengesicht thronen:

[104] Bleichsteiner, a. a. O., S. 224–225.

[105] Goethe, *Faust II*, Akt V.

[106] Rudolf Bernoulli, Die Zahlensymbolik des Tarotsystems, *Eranos-Jahrbuch 1934*, II, S. 407f.

[107] Es handelt sich um die Unterseite des Leuchters.

[108] Hans Leisegang, Das Mysterium der Schlange, in: *Eranos-Jahrbuch 1939*, VII, S. 245ff.

«hockend auf einem dreistufigen Sockel, der mit feinen Strichen bedeckt ist, die ich als Regen deuten möchte, der aus den Wolken der Luft niederfällt. Neben jeder Sirene kauert ein die Flöte blasender Silen mit aufgerichtetem Phallos, dem Zeichen der Befruchtung, die vom Himmel ausgeht und als Regen auf die Erde strömt.»

«Über dem Kopf einer jeden der achtzehn Figuren aber sieht man eine Sonne und zehn Sterne, die auf das Reich der Gestirne hinweisen, das sich in den sechzehn Flammen, die auf der obern Seite gerade über den Köpfen der Sirenen und Silenen brennen, als wirkliches Feuer und Licht fortsetzt und den überhimmlischen Lichtraum darstellen mag, in den die Seele gelangt, wenn sie den äußersten Kranz des Himmels überstiegen hat[109].»

So stellt der Leuchter die in Elementen aufsteigende Struktur der Welt dar, deren untere Mitte das Gorgoneion bildet. Leisegang bringt diese Darstellung mit einer bedeutsamen Platostelle aus der Politeia in Zusammenhang. Nach Platos Mythos sind die acht Himmelssphären an einer Spindel befestigt, von der es heißt: «Die Spindel aber drehe sich im Schoß der Ananke[110].»

Das heißt, auch hier thront an der obersten Stelle der Welt die Schicksalsgöttin, und die Achse der Welt dreht sich – wie in Mexiko und in Indien – in ihrem allbestimmenden Schoß[111].

[109] Ebenda, S. 246f.
[110] Plato, *Politeia*, a. a. O.
[111] s. o. S. 215.

Zwölftes Kapitel

DIE HERRIN DER PFLANZEN

Das Große Runde ist das All, die vorweltliche Dunkelheit und der gebärende Nachthimmel, vor allem aber das Wasser und die Erde, die irdisch gebärenden unteren Kräfte der Welt; und auch wenn die ägyptische Theologie den Gott der Erdscheibe der weiblichen Himmelsgöttin Nut als männlich entgegensetzt, ist das Weibliche die zu befruchtende schwarze Erde, und die Königin die Herrin des Landes.

Aber diese gebärende Erde selber ist schon ein Geborenes, das aus dem Urozean des Wassers auftaucht. Der Urozean, dessen Ursprungs- und Nachtcharakter wir bereits erkannt haben, gebiert den Urhügel, der kosmologisch die Erde, psychologisch das Bewußtsein bedeutet, das aus dem Unbewußten, der Grundlage des Tages-Ich, emporsteigt. Deswegen ist der Urhügel, wie das Bewußtsein im Unbewußten, die «Insel» im Meer.

Der mit dem obeliskartigen Ben-ben-Stein identische Urhügel gehört mit dem heiligen Reiher, dem Benu (Phönix), zusammen.

> «Beide Namen sind von einem Verbalstamm abgeleitet, der ‚emporsteigen' bedeutet[1]. Man deutete also den konischen Stein als erste Stelle, die aus der Urflut hervorging, den Vogel als erstes Lebewesen, das sich auf dem Urplatz des Weltbeginns niederließ[2].»

Sinnvollerweise ist daher auch der Phönix, der Benu-Reiher, ein aufsteigendes Prinzip der höheren Ebene, das mit der Osiris-Ra-Mythologie verknüpft ist.

Die Verbindung des Urhügels mit Heliopolis und der Sonne weist darauf hin, daß die Sonne als das schöpferische männliche Prinzip mit der Licht- und Bewußtseinswelt des männlichen Geist-Himmels-Prinzips zusammengehört.

> "The Egyptian hieroglyph which means the primeval 'hillock of appearence' means also 'to appear in glory'. It shows a rounded mound with the rays of the sun streaming upward from it (𓈎), graphically portraying this miracle of the first appearence of the creator-god[3]."

[1] Über den Zusammenhang des «Emporsteigens» mit dem männlichen Geistprinzip vgl. o. S. 170f.

[2] Kees, a. a. O., S. 217f.

[3] John A. Wilson, *Ägypten*. In: Henry und H. A. Frankfort, John A. Wilson und Thorkild Jacobsen, *Frühlicht des Geistes*, Zürich 1954, S. 60.

Weil der Ben-ben-Stein das «erscheinende», sichtbar werdende, schöpferische Prinzip ist, wurde das Allerheiligste in jedem ägyptischen Tempel mit diesem Urhügel identifiziert.

> "The equation with the primeval hill received architectural expression also[4]. One mounted a few steps or followed a ramp at every entrance from court or hall to the Holy of Holies, which was thus situated at a level noticeably higher than the entrance[5]."

Das schöpferische Prinzip des Geistes ebenso wie des Bewußtseins ist zwar auch «ewige Existenz» und wird von der patriarchalen Welt als «selbstgezeugt» erfahren, aber zunächst wird es genealogisch aus dem Unbewußten des Chaos oder Urozeans abgeleitet und als Sohn-Prinzip des Weiblichen angesehen.

Wie der Urhügel tauchen die uroborische Urschlange, die Lotosblume oder das Horus-Sonnenkind als erste Geburten, als Geburten und Wiedergeburten des Lichtprinzips, aus dem Urozean auf. Das Gebärende als Ozean und als Erde stehen nebeneinander, Blüte und Baum sind wie der Ozean archetypische Geburtsstätten des Mythos.

Fig. 52; T. 102 Die Göttin als der den Seelen Nahrung spendende Baum, die Sykomore oder die Dattelpalme[6], ist eine zwar zentrale Figur Ägyptens. Gebären und die Sonne ge-
Fig. 53; T. 103 bären gehört wie das Nähren zum Muttertum des Baumes[7]. Die Sykomorengöttin Hathor, die als «Haus des Horus» den Horus gebiert, trägt die Sonne auf ihrem Kopf; der Wipfel des Baumes ist der Ort der Sonnengeburt, das Nest, aus dem der Phönix-Reiher aufsteigt[8].

Weil die «hohe Sykomore am östlichen Horizont» als Welten-Baum, auf dem «die Götter sitzen», mit der Geburt des Sonnengottes in Verbindung gebracht wird, stehen nach der Schilderung des Totenbuches[9] «zwei Sykomoren aus Türkis» am östlichen Tor des Himmels, aus dem Re täglich am Morgen hervorgeht[10]. Die Sykomore ist mit der ebenfalls als Baum erfahrenen Himmelsgöttin identisch, wie eine Abbildung aus dem Totenbuch zeigt, und die Hathor-Baumgöttin, welche die Sonne gebiert, wird mit der Himmelsgöttin Nut, der Sarggöttin der Wiedergeburt, identifiziert. Beiden entspricht der Dedpfeiler des Osiris, aus dem die Sonne als Ra-Seele am Morgen aufsteigt. Denn auch Osiris ist ein Baumgott und ein im Baum Enthaltener. So wird sein in der Zeder des Libanon eingeschlossener Sarg von der

[4] Das vollkommenste architektonische Symbol derartiger Aufstiegsymbolik ist der Boro-Budur, dessen Aufstiegsspirale von der untersten Weltstufe bis zum unsichtbaren Buddha führt.

[5] H. und H. A. Frankfort, *Frühlicht* ..., a. a. O., S. 30.

[6] Die weibliche Bedeutung der Dattelpalme wird auch in der rituellen Ernte deutlich, die, wie wiederholt auf babylonischen Zylindern dargestellt ist, bei Neumond und nur von Frauen vollzogen wird. (Vgl. das Beispiel in *The Cambridge Ancient History*, 12 Bde. und 5 Bde. Tafeln, Cambridge und New York 1923–1939, Tafelbd. I, S. 63b.)

[7] Vgl. Bachofen, *Das Mutterrecht*, a. a. O., und Klages, a. a. O., Bd. III, S. 2.

[8] Neumann, *Ursprungsgeschichte* ..., a. a. O., S. 257.

[9] Kap. CIX.

[10] Kees, a. a. O.; vgl. auch Neumann, *Ursprungsgeschichte* ..., a. a. O., «Verwandlung oder Osiris», S. 241 ff.

Isis entdeckt[11], und als Djed-Pfeiler ist er das mit der Großen Baumgöttin identische, die Sonne gebärende Prinzip. Auch hier finden wir – wie in Mexiko –, daß die Gestalt der Großen Muttergöttin und die ihres Sohnes ineinander übergehen. Die Sykomore, das «Lebensholz, von dem die Götter leben»[12], ist wie der Djed-Pfeiler diejenige, «die den Gott umschließt»[13]. Und der in den Berg eingelassene Djed-Pfeiler *Fig. 54*

Abb. 52. DIE GÖTTIN ALS DATTELPALME, NAHRUNG GEBEND

Ägypten, von einem Relief, XVIII. Dynastie

mit dem Lebenszeichen, dessen Arme als Ka die Sonne aufsteigen lassen, entspricht der mit dem Lebenszeichen gegürteten Nut, die aus den erhobenen Armen, begrüßt von den anbetenden Pavianen des Morgens, die Sonne zur oberen Geburt aufsteigen läßt[14].

Die Baumgeburt des Osiris kehrt bei Adonis wieder, beide sind «Vegetationsgötter», wie das in der Holz-Krippe liegende Jesus-Kind, der Korn-Weizengott, der schon in Babylonien als Ähre zur Jungfrau gehört. *T. 104*

In den Symbolgleichungen eines als nährend, gebärend und wandelnd auftretenden Großen Weiblichen gehören Baum, Djed-Pfeiler, Himmels- und Weltbaum

[11] Ebenda, S. 249f.

[12] *Die alt-ägyptischen Pyramidentexte* ..., a. a. O., Bd. II.

[13] Van der Leeuw, a. a. O., S. 37.

[14] Der babylonische Mond- ebenso wie der Sonnen-Baum sind entsprechende Symbole für den Wachstum-Wandlungs- und Geburtscharakter des Lichtes. *T. 108a*

zusammen. Diese Gleichungen sind noch dadurch zu erweitern, daß der gebärende Baum sich als Wipfel und Nest ebenso wie als Krippe und Wiege differenzieren kann. Deswegen heißt das Neujahrsfest in Ägypten auch «Tag des Kindes im

Abb. 53. ANBETUNG DES SONNENBAUMES

Ägypten, aus einem Papyrus von Nebseni, XVIII. Dynastie

Neste[15]», die Geburt des Tages ist als Zeit der kleinen Sonnengeburt mit der großen Sonnengeburt des Jahres wesensmäßig identisch.

Das Holz, das als Krippe und Wiege die gebärende Mutterbedeutung des Baumes, der Hyle, repräsentiert, ist auch die Todesmutter, der Sarko-phag, die Fleisch-
T. 91, 92 fresserin, der Sarg, der in Baum-Pfeiler-Gestalt den Osiris wie die Nut des Sarges den Toten in ihrem Holze einschließt. (Die ursprüngliche Bergung der Toten im
T. 105 Bauch des mütterlichen Riesenbaumes zeigt das Bild aus Ost-Afrika[16].)

Die Nut ist als Baum des Himmels auch die Herrin der himmlischen Tiere des
T. 35 Tierkreises wie die Diana von Ephesos, deren Gewand und Krone mit einer Fülle von Tierbildern geschmückt sind. Der Baum, das mit der Tiefe verbundene Wachstum[17], ist ebenso wie der Sternbaum der Höhe ein Symbol der Zeit. Daß die Nacht-Tag-Einheit in der Jahreseinheit wiederkehrt, finden wir auch bei dem himmlischen
T. 108b Jahresbaum Chinas, unter dessen Zweigen die Tiere der zwölf himmlischen Konstellationen sich sammeln. Jedes dieser Monatstiere herrschte früher über eine doppelstündige Wache des Tages, der wie bei uns um Mitternacht anfängt. Jede Wache trägt den Namen eines der «zwölf irdischen Äste» und den des entsprechenden Tieres[18], und der Zeitbaum mit den zwölf Zweigen ist der Nacht-Tag-Nachtbaum ebenso wie der Jahresbaum.

[15] Adolf Ermann, *Die Religion der Ägypter*, Berlin 1934, S. 370.

[16] Jerome Becker, *La vie en Afrique*, 2 Bde., Paris und Brüssel 1887, Bd. I, S. 156. Becker nennt den Stamm die Wagogo aus dem heutigen Tanganyika, und den Baum einen Baobab.

[17] Der Baum als Stamm ist männlich und weiblich zugleich, auch wenn er – vergleiche Stamm-Baum – phallischen Charakter besitzt.

[18] Juliet Bredon und Igor Mitrophanow, *Das Mondjahr; chinesische Sitten, Bräuche und Feste*, aus dem Englischen übersetzt von Richard Hoffmann, Wien 1937, S. 37.

Das Bild des mit der ihn nährenden Erde fest verbundenen Baumes, der in den Luftraum aufsteigt und in ihm seinen Wipfel entfaltet, bewegte die Menschheit von jeher[19]. In seinem Schatten und Schutz birgt sich das Lebendige[20], das er mit seinen Hunger und Durst stillenden Früchten nährt, die wie Sterne in ihm hängen. In seinen Zweigen nisten die Vögel, die Himmelsbewohner, die aus ihm aufsteigend mit

Abb. 54. DJED-PFEILER MIT LEBENSSYMBOL
UND AUFGEHENDER SONNE IM BERG DES MORGENS

Ägypten, aus einem Papyrus von Qenna, XVIII. Dynastie

ihren entfalteten Flügeln in der Mitte schweben zwischen der Entfaltung der Baumzweige unten und den die Welt bedeckenden Flügel-Zweigen des Himmelsbaumes oder Himmelsvogels oben.

[19] Vgl. die Rolle des Baumes und des Früchtepflückens in den frühindischen Siegeln und der kretischen Religion.

[20] Vgl. auch Daniels Vision Kap. IV, wo der Große König, der ursprüngliche Vertreter des Himmels, mit dem Großen Baum identifiziert wird.

Nicht dem sonnengebärenden Osthimmel oder dem Tageshimmel entstammt das Bild des Himmelsbaumes, sondern dem Nachthimmel. In seinem Schatten birgt sich die Welt, sammeln sich die Sterntiere, in seinen Ästen schimmern die Sternfrüchte, und von seiner nächtlichen Feuchte nährt sich die durstende Welt.

Dieser Himmelsbaum nächtlichen Leuchtens ist auch der Seelenbaum der Wiedergeburt, in der jeder Tote zu einem himmlischen Licht wird und sternhaft in die Ewigkeit des Großen Runden heimkehrt. Deswegen die archetypische Verbindung des Lichtes, der Lampe usw. mit dem Totenfest.

Ein schönes Beispiel dieser Verbindung von Baum und Licht finden wir, abgesehen von der bekannten christlich-germanischen Wintersonnenwend-Symbolik
T. 109 des Weihnachtsbaumes, im Totenbaum des buddhistischen Kultes[21], der, mit Lichtern besteckt, bei Totenfesten verwendet wurde. Zu jedem Licht des siebenstufigen Baumes, dessen Spitze ein vielblättriger Lotos bildet, gehört eine Lichtblüte, ein auf dem Lotos thronender Erleuchteter und Erlöster.

Die «ihre Seelen erscheinen lassende[22]» Große Göttin des Nachthimmels nährt und erquickt die müde und erschöpfte Seele des Lebendigen im Schlafdunkel des Unbewußten, dem Totenlande, so daß sie am Morgen wie die Sonne gestärkt und frisch in den östlichen Tag hineingeboren wird. Als Lebensbaum speist die große Baumgöttin des Nachthimmels und der Unterwelt die Toten, so wie sie in Amerika als «Säuglingsbaum» mit ihrem Milchsaft die Toten im Unterweltsland ernährt[23].

Die Identität von Meer und Nachthimmel, den Symbolen des Weiblich-Gebärenden, kehrt im Symbol der Schechinah wieder, dem nächtlich erneuernden Meer der Gottheit. Und auch hier gesellt sich zu diesen Symbolen der mit Geburt, Neugeburt und Schicksal verbundene Baum.

So heißt es noch im Sohar, der zentralen kabbalistischen Schrift aus dem 13. Jahrhundert:

> «Neu an jedem Morgen – das sind die Menschen, die jeden Tag sich erneuern. Warum? Weil, wie der Vers fortfährt: ‚Deine Treue groß ist'. Deine ‚Treue' (das ist die Schechinah), jenes verzehrende Feuer, aus dem sie sich nächtlich erneuern. Sie ist wirklich ‚groß' und nicht klein, denn sie nimmt alle (Seelen der Menschen) in sich auf und schließt sie in sich ein, höhere und niedere. Sie ist der große, weite Ort, der alles in sich faßt und doch nicht überfüllt wird, und darauf deutet der Vers: ‚Alle Flüsse gehen ins Meer, und das Meer wird nicht voll' – alle (Seelen) gehen zu diesem ‚Meer', und das ‚Meer' nimmt sie in sich auf und verzehrt sie, ohne voll zu werden, bringt sie wieder neu hervor, und sie gehen weg, und darum heißt es (von der Schechinah): Groß ist deine Treue[24].»

Der Baum spielt in der Kabbala als Lebens- und Sephirot-Baum eine wichtige Rolle. Diese Symbolik greift auf die des Baumes im alten Orient zurück, der als Baum des Lebens und als Baum der Erkenntnis – und des Todes – im Zentrum der das

[21] Gustave Mensching, *Buddhistische Symbolik*, Gotha 1929, S. 32.

[22] s. o. S. 203 ff.

[23] Krickeberg, *Märchen* ..., a. a. O., S. 30.

[24] Gershom Gerhard Scholem, *Die Geheimnisse der Schöpfung: Ein Kapitel aus dem Sohar*, Berlin 1935, S. 75.

menschliche Schicksal bestimmenden Paradiesgeschichte steht[25]. Deswegen heißt es im Buche Bahir, einem relativ frühen kabbalistischen Text:

«Ich bin es, der diesen ‚Baum' gepflanzt hat, daß alle Welt sich an ihm ergötze, und habe mit ihm das All gewölbt und seinen Namen ‚All' genannt, denn an ihm hängt das All und von ihm geht das All aus, alles bedarf seiner, und auf es schauen und nach ihm bangen sie, und von dort gehen die Seelen aus[26].»

Ähnlich heißt es:

«Einen Baum hat Gott und an ihm sind zwölf Radien: Nord-Ost, Süd-Ost, Ost-Oben, Ost-Unten, Nord-West, Süd-West, West-Oben, West-Unten, Nord-Oben, Nord-Unten, Süd-Oben, Süd-Unten, und sie dehnen sich aus und gehen ins Unermeßliche fort, und sie sind die Arme der Welt. Und in ihrem Innern ist der Baum ...[27]»

und

«Und was ist (dieser) ‚Baum', von dem du gesprochen hast? Er sagte zu ihm: alle Kräfte Gottes sind übereinander (gelagert) und sie gleichen einem Baum: wie der Baum durch das Wasser seine Früchte hervorbringt, so mehrt auch Gott durch das Wasser die Kräfte des ‚Baumes'. Und was ist Gottes Wasser? Das ist (die) ‚Chokhma' (Weisheit), und das ist die Seele der Gerechten, die von dem ‚Quell' zum ‚großen Kanal' fliegen, und er steigt auf und haftet am ‚Baum'[28].»

Die Schicksalsbedeutung des Himmels und Baumes gehören nicht nur darin zusammen, daß, wie in gegenseitiger Spiegelung, der Himmel als Baum erscheint und der Wipfel des Weltbaumes in den Himmel ragt. Gerade weil der Baum in der Tiefe wurzelt, hat er Schicksalsbedeutung, seine Wurzelung im Dunkel des Unbewußten ist mit seiner Wurzelung im Himmels-Nachtraum identisch. Die Sternkonstellationen seiner «Zweige» sind das Sichtbarwerden einer Schicksalstiefe, für die Oben und Unten eines sind. Deswegen heißt es beim kabbalistischen Baum ebenso wie beim christlichen und indischen, er habe seine Wurzeln im Himmel bei den höheren Gewalten, seinen Wipfel, seine Entfaltung, unten in der Welt.

«Aufwärts die Wurzeln, abwärts die Zweige, hat der ewige Feigenbaum; er heißt Samen, er Brahman, er amrtam, in ihm beruhen die Welten, über ihn hinaus ragt keiner[29].»

In diesen Zusammenhang gehört die Baumsymbolik der Alchemie, mit der sich C. G. Jung ausführlich beschäftigt hat[30], und auf die wir deshalb nur hinweisen wollen. Das als arbor philosophica aufgefaßte opus der psychischen Entwicklung, das in dem alchemischen Prozeß Bild geworden ist, ist der weibliche Schicksals- *T. 110*

[25] Daß das Symbol des Baumes, der ursprünglich zur matriarchalen Bildwelt gehört, in die Domäne der patriarchalen Gottheit eingebaut worden ist, versteht sich von selbst.

[26] Scholem, *Das Buch Bahir*, Leipzig 1923, § 14, S. 17.

[27] Ebenda, § 64, S. 64.

[28] Ebenda, § 85, S. 91.

[29] Siehe: *Sechzig Upanishad's des Veda.* Aus dem Sanskrit übersetzt und eingeleitet von Paul Deussen, Leipzig 1921. Kathe Upanishad, VI, 1.

[30] Vgl. Jung, *Psychologie und Alchemie*, a. a. O., sowie: Der philosophische Baum, in: *Von den Wurzeln ...*, a. a. O.

baum, dessen Wipfel mit dem Sternhimmel identisch ist, in dem der Phönix oder Pelikan sein Nest der unsterblichen Wandlung aufgeschlagen hat, wie der Benu-Reiher, der im ägyptischen Baum der Wandlung zur oberen Ra-Seele wird[31].

In der Alchemie wird gerade die psychologische Bedeutung der «Baumgeburt» oder der Geburt aus der Blüte deutlich. Eine derartige Geburt ist immer das Endergebnis von Entwicklungs- und Wandlungsprozessen, die nicht der animalischen Triebsphäre zuzurechnen sind. Sie stammt aus psychischen Schichten, in denen – wie in der Pflanze – die Elemente synthetisiert werden und in einer dem Unbewußten unterstellten Wandlung zu neuer Einheit und Formung gelangen. Sie gehören zum «matriarchalen Bewußtsein»[32], dessen Wesen und Symbolik ebenso mit der Welt des Pflanzlichen wie mit der des Weiblichen verbunden ist. Seine – weitgehend von Ich und Bewußtsein unabhängig verlaufenden – psychischen Prozesse sind ebenso wie ihre Frucht, das Auftauchen einer Lichtqualität des Bewußtseins, spezifisch auf die Zeit und auf das Phänomen des Schicksals bezogen.

Die Schicksalsbedeutung des Baumes wird besonders in der germanischen Mythologie deutlich.

«Der Baum hat Schicksalsbedeutung davon, daß er in der Tiefe wurzelt. Wichtiger aber ist, daß er in die Zeit hineinwächst, seine Äste verzweigt gleich dem Stammbaum eines Geschlechts, Jahr um Jahr einen neuen Ring um sich legt, sein Alter *Fig. 55* damit sinnfällig bezeichnend. Allbeherrschend steht Yggdrasill, ‚der größte und beste von allen Bäumen', im mythischen Weltbild der Edda, hoch aufpfeilernd die Krone, daß ‚die Zweige bis über den Himmel emporragen', in Abgrundtiefen hinabreichend mit den drei Wurzeln, die Niflheim, das Reich der Asen und das der Reifriesen umspannen ...[33]»

«Das Schicksal wächst von innen heraus wie ein Baum, der, in der Tiefe wurzelnd, langsam groß wird, wie die Esche, die, hoch und gewaltig aufgewachsen, in ein Steinalter zurückreicht und in der Tiefe neun Weltreiche mit ihren drei mächtigen Wurzeln umklammert.

Das Schicksal ist die heilige Mitte des Lebens. Aus seinem Schoß fließt Reichtum und Not (auþr und nauþr), Glück und Unglück, Leben und Tod. An. skop, im Plural für Schicksal gebraucht, ist zugleich Genital[34], und skop schließt sich an got. gaskapjan, ags. scyppan, as. skeppian, ahd. scaffon ‚schaffen, verordnen, bestimmen', das in Schöffe ‚Verordner', in unserem ‚Beschaffenheit' und in der Endung -schaft weiterlebt. So ist des Schicksals Wirken ewiges Werden (Urd und Werdandi

[31] Vgl. Neumann, *Ursprungsgeschichte* ..., a. a. O., S. 257f.

[32] Neumann, Über den Mond ..., a. a. O.

[33] Ninck, *Wodan* ..., a. a. O., S. 215. (Das Bild des Baumes, das wir hier reproduzieren, entstammt selbstverständlich der Vorstellung eines modernen Menschen [18. Jahrhundert]. Es konnte keine alte Darstellung davon ausfindig gemacht werden.)

[34] Die Nornen sind Geburtshelferinnen: «Sage mir, Fafnir ... welche Nornen bringen in Nöten Hilfe und erlösen durch Zauber die Mütter von Leibesfrucht?» In: *Thule*, a. a. O., Bd. II, S. 77.

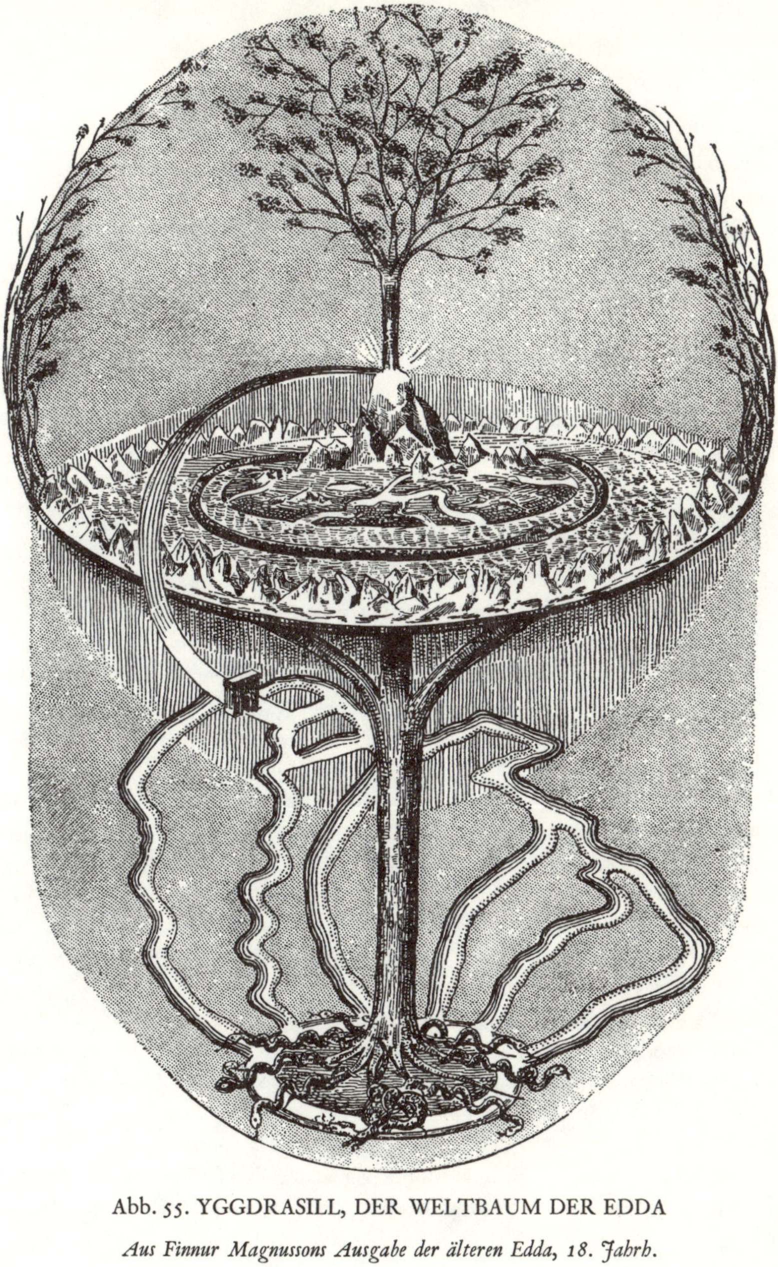

Abb. 55. YGGDRASILL, DER WELTBAUM DER EDDA

Aus Finnur Magnussons Ausgabe der älteren Edda, 18. Jahrh.

haben davon den Namen), ein Weben und Schaffen, und allem, was wird, sind Lebensanteil und Eigenart von ihm zugemessen.

Grausam schneidet die dritte der Schwestern den Faden ab, und Urd selber heißt todesgrimm; aber die Nornen führen auch ins Leben ein, und ihr Schoß ist über-
T. 112 strömende Fülle. Mit dem Fruchtkorb im Schoß erscheinen sie auf römisch-germanischen Muttersteinen; sie wohnen am Urdbrunnen, schöpfen Tag um Tag Wasser daraus und besprengen damit den Baum, damit er nicht faule[35].»

Der Schicksalscharakter des Weiblichen als Baum und als Nacht steht dabei zunächst im Vordergrund.

«Immer und überall galt das Schicksal den Germanen als weibliche Macht. Der Urmutter Schoß gebiert alles. Die Nornen halten das Geschehen in Händen, sie spinnen den Faden an, reißen ihn ab und bestimmen über das Kommende. Von den Nornen wirkt in den Frauen etwas herauf; jede kann als Ort der Empfängnis, des Wachsens, Reifens und Ausgebärens Stimme der Urmutter werden. Mehr als der Mann ist die Frau befähigt, den Gang des Geschehens vorauszuwissen und Rat zu erteilen, um menschliches Tun mit dem Schicksal in Einklang zu bringen. Daher ihre Unverletzlichkeit, ihre bei den Kimbern bezeugte priesterliche Heiligkeit. Unnötig, die vielzitierten Worte des Tacitus vom sanctum et providum germanischer Frauen zu wiederholen. Im Norden ist es so geblieben, bis das Christentum die Seherinnen als Hexen verfolgte. In der Edda wissen Frigg und Gefjon die Weltgeschicke voraus, Croa singt über Thor Zauberlieder, und Odin holt sich sein Wissen bei den Wölwen. In den Sagas genießen Seherinnen hohe Ehren, wenn sie im Land bei den Bauern umziehen, und selbst dafür findet sich eine Bestätigung, daß ‚einzelne bis zum Range von Göttinnen aufrückten' (Tacitus, hist. IV 61), da denn Jarl Hakon der Seherin Thorgerd einen eigenen Tempel bauen ließ.

Aber nicht die Seherin allein, das Element selber kann vermittelnde Stimme zwischen Mensch und Urbestimmung werden (worin denn ein Hinweis gegeben ist, daß auch die Frau nicht als Person, sondern als Vertreterin des Allgemeinen zu ihrem hohen Berufe kommt). Alles, was in der Tiefe, in Nornennähe wohnt, zeugt vom Schicksal, vor allem das ihr entquellende Wasser und der in ihr wurzelnde Baum. Wasser und Baum sind eben darum die wichtigsten Elementarsymbole, und sie galten urheilig allen Germanenstämmen[36].»

«Spiegelt sich in Odins Verhältnis zu Mimir seine Beziehung zum urheiligen Schicksalswasser, so im Mythos von seinem Hängen an Yggdrasill die Beziehung zum heiligen Schicksalsbaum, und wie die Verbindung mit der Quelle so enge gedacht wurde, daß Odin dort die Gerichtstätte gründet, so zeugt der Name der Weltesche von der großen Bedeutung des Hängemythos; denn Yggdrasill ist ‚Roß des Yggr, des Schreckers Odin'. Ähnlich spricht aus den früher erwähnten Hängeopfern, die dem Gott in Anlehnung an den von ihm selber vollzogenen Weiheakt

[35] Ninck, *Wodan* ..., a. a. O., S. 191.
[36] Ebenda, S. 203.

dargebracht wurden, wie aus den skaldischen Odinsnamen Hangaguþ ‚Hängegott', Geiguþr ‚der Baumelnde', Galgagramr ‚Galgenherr' und Hangi ‚der Gehängte' das hohe Ansehen des Mythos. Kaum etwas denn hat den Übertritt der Germanen zum Christentum so erleichtert wie die scheinbare Ähnlichkeit ihres Hängegottes mit dem Kruzifixus, wobei wiederum bezeichnend bleibt, daß Goten und Angelsachsen in ihrer Sprache das Wort ‚Kreuz' mit ‚Galgen' (got. *Galga*, ags. *Gealga*) übertrugen. Auch im Süden und durchs Mittelalter hindurch ist der Mythos nachzuweisen, wenn auch in charakteristisch veränderten Gestalten und Formen[37].»

Die entscheidenden Verse aus dem «Hängemythos» Wodans[38] lauten:

«Ich weiß, daß ich hing am windigen Baum
Neun Nächte lang,
Mit dem Ger verwundet,
Geweiht dem Odin,
Ich selbst mir selbst,
An jenem Baum,
Da jedem fremd,
Aus welcher Wurzel er wächst.

Sie spendeten mir
Nicht Speise noch Trank;
Nieder neigt ich mich,
Nahm auf die Stäbe,
Nahm sie stöhnend auf,
dann stürzte ich herab.

Zu wachsen begann ich
Und wohl zu gedeihn,
Weise ward ich da;
Wort mich von Wort
Zu Wort führte,
Werk mich von Werk
zu Werk führte.»

[37] Ninck, *Wodan*..., a. a. O., S. 299ff. Wie Odin im Niederfallen vom Baum Weisheit erlangt, so rühmt sich im mittelalterlichen Schwank von der Rübe der Gehängte, daß ihm schwebend am Baum der Lauf der Sterne um den Pol und die Natur aller Dinge, der Pflanzen, Tiere, Steine, Elemente kundgeworden (Grimm, a. a. O., Nr. 146 nach einem lat. Gedicht, dessen älteste Hs. in den Anfang des 14. Jh. zurückreicht, abgedruckt bei Johannes Bolte und Georg Polivka, *Anmerkungen zu den Kinder- und Hausmärchen der Brüder Grimm*, 5 Bde., Leipzig 1912–1932, Bd. III, S. 170ff. An Bekanntschaft des Schreibers mit den Aristophanischen Wolken läßt sich in dieser Zeit nicht denken, abgesehen davon, daß der Baum in ihnen kein Analogon hätte). Es gehört auch hierher, daß das Volk den Relikten des Gehängten, dem Strick, seinem letzten Samenfluß und dem daraus aufsprießenden Alraun (über diesen vgl. Oskar von Hovorka und Adam Kronfeld, *Vergleichende Volksmedizin*, 2 Bde., Stuttgart 1908f., Bd. I, S. 14ff.) besondere Zauberkraft zumißt. Das Englische hat mit seinem gallow-tree die Erinnerung bewahrt, daß mit dem Galgen ursprünglich ein Baum gemeint war.

[38] Ninck, *Wodan*..., a. a. O., S. 299f. *Thule*, Band II, S. 170f.

Es wird jetzt verständlich geworden sein, wie hier Opfer, Tod, Wiedergeburt und Weisheit auf einer Ebene zusammengehören[39]. So sind Lebensbaum, Galgenbaum und Kreuz die doppeldeutigen Formen des mütterlichen Baumes. Das am Baum Hängende, das Kind der Baummutter, erleidet zwar durch sie den Tod, aber es empfängt die Unsterblichkeit, indem sie es an ihrem unsterblichen Himmel aufgehen läßt, wo es an ihr als der Weisheitsgebenden, der Sophia, teilhat. Opfer und Leiden sind die Voraussetzungen der von ihr gewährten Wandlung; dies Stirb-und-Werde-Gesetz gehört zu den zentralen Weisheiten der Großen Göttin des Lebendigen, der Herrin jedes, auch jedes seelischen, Wachstums.

Die archetypische Symbolik des Baumes reicht – unabhängig von allem theologischen Überbau – weit in die mythische Welt des Christentums und des Juden-
T. 114 tums. So ist Christus, der am Todesholz Hängende, der als Leidensfrucht die Verheißung des gelobten Landes der Seligkeit ist, zugleich der Lebensbaum als der
T. 115 Herr der Traube. Wie Dionysos ist er «endendros», das im Baum wirkende Leben, und verwirklicht die geheimnisvolle Doppelnatur des die Gegensätze in sich enthaltenden Baumes. Dasselbe gilt für den im christlichen Mythos mit dem Lebens- und Todesbaum des Kreuzes identifizierten Baum der Erkenntnis. Nach diesem Mythos wurde das Kreuz auf der Stelle errichtet, an welcher der Baum der Erkenntnis gestanden hatte, und Christus als «mystische Frucht» des Lebensbaumes der Erlösung ist an die Stelle der Frucht des Erkenntnisbaumes getreten, durch den die Sünde in die Welt gekommen war.

Die mythische Doppelnatur des durch den Gegensatz von «Gut» und «Böse»
Fig. 56 charakterisierten Baumes der Erkenntnis zeigt unser nächstes Bild. Seine beiden Aspekte werden durch Judentum und Christentum, Synagoge und Kirche gebildet, wobei natürlich zum Judentum der Teufel und der Tod, zum Christentum die Erlösung und das Leben gehören. Um der mythischen, paradoxen und doppeldeutigen Gerechtigkeit willen sind in der jüdisch lebensbejahenden Seite, der nackten Eva, Leben und Tod so vereinigt, daß ihr Schoß das durch die Fülle der Traube symbolisierte Leben ist, sie aber in der Hand als Frucht des Baumes den Totenschädel hält. Die Kirche dagegen, die andere, lebensverneinende Seite, zeigt, wenn auch verdeckt, den durch die Kreuzigung gekennzeichneten Todes-Schoß, denn sie ist der Todesbaum und die Todesbraut. Die Frucht aber, die sie hält, ist die Hostie, das Brot des Lebens. Überhöht wird dieser Doppelbaum von Gut und Böse durch das Kreuz, dessen Zweideutigkeit dadurch betont wird, daß es von dem guten und dem bösen Schächer flankiert wird.

Auch dieses späte und theologische Weibliche ist noch das mit Nahrung und Geburt verbundene symbolische Weihegefäß. So ist die Kirche mit dem Kelch das
T. 113 Gefäß des Heils, Eva mit dem Apfel das der Sünde. Noch im Wandlungsgefäß der Taufe[40] zeigt das Weibliche als Westliches, Hölle und Unterwelt, seine negative,

[39] s. u. S. 286f.
[40] s. u. S. 305f.

Abb. 56. DER BAUM DER ERKENNTNIS

Aus einem Schweizer Manuskript, 15. Jahrh.

als Kirche, Östliches, Gnadenhimmel und Paradies, seine positive Seite. Und der von den Schlangen umschlungene Unheilsbaum, dessen Blätter die menschlichen Sünden sind, wurzelt im Kopf der babylonischen Hure mit dem goldenen Kelch und ist bekrönt mit dem Eva-Astarte-Gaia gleichenden Bild einer ihre nackte Brust haltenden Luxuria.

T. 111

T. 116 Im nächsten Bild ragt Christus als das Dritte und Neue über die Doppelbedeutung des mütterlichen Baumes hinaus. Auch hier sind die beiden Seiten durch Eva und durch die Kirche, die zu Christus als dem neuen Adam hinaufschauen, repräsentiert. Die entscheidende Linie des Bildes aber bildet die Senkrechte, in der Christus nicht am Kreuz, sondern am Lebensbaum hängt, der den doppeldeutig zweiästigen alten Baum der Erkenntnis von Gut und Böse ebenso überhöht wie Christus als «Schlange des Heils» die alte Schlange des Unheils.

Erst beide Muttergestalten zusammen, Eva *und* Kirche, Irdisches *und* Oberes, Böses *und* Gutes, bilden die Einheit des weiblichen Baumes, das Sünde *und* Erlösung spendende Weibliche.

Fig. 57; T. 117a, 117b In unheimlicher Deutlichkeit erscheint das Bild der Kreuz-Mutter in Schottland und Irland. Die plastische Ausarbeitung des einen Kreuzes erhöht noch die Ähnlichkeit mit der Diana von Ephesos und mit der kretischen Göttin, die bis zum Schlangenknäuel der Schoßgegend reicht. Das dritte Kreuz versinnbildlicht das an der Großen Todesmutter Hängen des kindlichen Menschen; auch hier hält die Mutter das Kind in ihrem Arm, sie umfaßt es im Tode wie bei der Geburt.

T. 56

T. 117b

Die Bedeutung des Kreuzes als Todes- und Lebensbaum setzt sich darin fort, daß das Kreuz-Holz symbolisch auch als Bett verstanden wird. «Das Kreuz ist sein Brautbett geworden, der Tag seines bitteren Todes gebiert dich zu süßem Leben», singt Ephraim der Syrer[41]. Das weibliche Holz, die Materia, der mütterliche Stoff des Baumes, erscheint als symbolische Grundlage im Braut-, Geburts- und Todesbett. Diese Mater-materia ist das Bett des hieros gamos, des Sakralortes des Fruchtbarkeitsrituals, ebenso wie sie als Krippe, Wiege und Nest das Geburtsbett und als Todesbaum, Kreuz, Galgen, Sarg und Totenschiff das Todesbett ist.

T. 118 Die uns von den Mythen des ausgesetzten Heldenkindes bekannte[42] Wiegen- und Krippensymbolik des Schiffes gehört ebenso wie die Geburtssymbolik der das Leben bewahrenden Arche Noah zum Gefäß-Kreis des Weiblichen. Das bestätigt sich etymologisch dadurch, daß es heißt: «In älterer Sprache bedeutet das Wort Schiff auch «Gefäß, Geschirr», ein Rest dieses Gebrauches ist Schiff als ein im Herd oder Ofen eingemauerter Wasserbehälter[43].» Die Bezeichnung für Gefäß und Schiff ist in vielen Sprachen gleich. So sind auch die Wurzeln von «Kanne» und «Kahn» miteinander identisch. Andererseits ist die Zusammengehörigkeit von Schiff –

[41] *Mater Ecclesia: Lobpreis der Kirche aus dem ersten Jahrtausend christlicher Literatur*, hg. von Hugo Rahner, Einsiedeln und Köln 1944, S. 118.

[42] Vgl. Otto Rank, *Mythos von der Geburt des Helden*, Schriften zur angewandten Seelenkunde, hg. von S. Freud, Heft 5, Leipzig und Wien 1922, und Neumann, *Ursprungsgeschichte ...*, a. a. O., S. 194.

[43] Friedrich Kluge und Alfred Götze, *Etymologisches Wörterbuch der deutschen Sprache*, Berlin 1948.

Nachen – und Baum evident; vergleiche die Bezeichnung: «Einbaum». Diesem Bezirk ist im Nordischen die Gleichheit von Boot, dem Mahlkasten der alten Handmühle[44] und dem Bett für das neugeborene Kind, der Wiege, anzufügen[45]. Die

Abb. 57. STEINKREUZ

Schottland, vor dem 12. Jahrh.

(Vorder-, Ober- und Seitenansicht)

Schaukelwiege ist das Nachbild des Uterus-Schiffes, in dem der schlafende Embryo auf dem Urmeer schaukelnd ins Leben fährt, so wie die Götter in der kosmischen Barke das Himmelsmeer des Großen Weiblichen durchkreuzen.

Der Mond, das Schiff des Nachtmeeres, ist die große Lichtschale der weiblichen Gottheit, die auch als Seelenbehälter und Seelenschiff gilt, in dem die von der Erde wie Feuchtigkeit aufsteigenden Seelen gesammelt und zu ihrem Aufstieg an das Große Runde weitergegeben werden.

Das Schiff ist aber auch das Totenschiff,

«welches zum schwebenden, gleitenden Schlummerrhythmus der frühesten Jugend, des Urmeeres und der Nacht zurückführt. Durch Jahrtausende sehen wir diesen Begräbnisge-

[44] Vgl. zur Handmühle o. S. 222f. und u. S. 270.

[45] Ninck, *Wodan* ..., a. a. O., S. 218.

brauch erhalten, und noch ein Jahrtausend länger hielt sich die Schaukelwiege. Ein Urgedanke der Menschheit lebt darin nach, an welchem die Nordgruppe der indogermanischen Völker besonders zäh festhielt. Erst so versteht man es recht, was die Germanen bewog, bis zur Einführung des Christentums und zum Teil lange darüber hinaus ihre Häuser und Tempel ausschließlich aus Holz zu bauen (ursprünglich um den Schicksalsbaum herum), warum sie im Schiffsbau wie im Schnitzen so lange ihr Bestes leisteten und noch den späten gotischen Baustil zur Hauptsache aus Symbolen der Baum- und übrigen Pflanzenwelt, aus Leitgedanken des Schiffsbaus und aus Kerbschnittmustern entwickelten[46].»

Das Begräbnis im Schiff läßt sich bei den Germanen bis in die Bronzezeit verfolgen[47], und die großen Schiffsgräber bezeugen bis in die Normannenzeit hinein den Zusammenhang des Schiffs mit der «großen Reise» ins Totenland[48]; aber auch die nordwestamerikanischen Indianer setzen die Leiche im Boot als Sarg aus[49]. Das Meer wird nicht nur archetypisch als Mutter erfahren, sondern auch als das verschlingende Urwasser, welches seine Kinder in sich zurücknimmt.

Der Fruchtbarkeitsritus, in dem das Schiff als Schiffskarren über Land gezogen wird, hängt ebenfalls mit der weiblichen Symbolik des Schiffes zusammen, das für den Schiffer den Mutterleib – den Höhlen- und Haus-Charakter des Bergens und Schützens – mit dem der «Geliebten» vereinigt. Darum sind die antiken Schiffe stets «weiblich gedacht»[50] und tragen Namen, welche die rettende Funktion des Weiblichen betonen. So heißen griechische Schiffe: «Heil, Gnade, Lichtträger, Selige, Siegreiche, Jungfrau, Taube, Retterin, Vorsehung und Friede»[51].

Auch der rettende Christus selber wird als Schiff gesehen,

> «Und dies Kreuzholz wurde zum Schifflein, trägt sie sicher durch die Fluten der Welten»[52],

T. 120 oder aber das Kreuz mit Christus ist der Mastbaum des Schiffes, dessen Mutterbedeutung dann die Kirche übernimmt, zu der der Sohn am Kreuz als Männliches ebenso wie auf den nordischen Kultbildern des Schiffes der Mann mit dem Speer gehört[53].

So bedeutet in der christlichen Symbolik das Schiff «die Glückseligkeit und das Mittel zur Erlangung derselben, das heißt die Kirche, der Schutz gegen die Sündflut der Versuchung. Als solche trägt das Schiff das Kreuz als Mast, auf dem bis-

[46] Ebenda, S. 218f.

[47] Unsere Tafel 119 zeigt Christus während des Sturmes schlafend, aber das Schiff ruft germanische Assoziationen wach, und «die Komposition erinnert in ihrer Stille mehr an eine Grablegung». (*Miniaturen des frühen Mittelalters*, mit einer Einleitung von Hans Swarzenski, Bern 1951, Tafel XII, S. 19.)

[48] Vgl. zum Schiff, Todessehnsucht usw. in der Moderne, Neumann, *Ursprungsgeschichte* . . ., a. a. O., S. 299: das Gedicht von D. H. Lawrence und seine Deutung.

[49] Siehe die Illustration in Frobenius, *Völkerkunde in Charakterbildern*, Hannover 1902, S. 107, Fig. 167.

[50] Rahner, Das Schiff aus Holz, in: *ZS für katholische Theologie*, Innsbruck 1943, LXVII.

[51] August Boeckh, *Urkunden über das Seewesen des attischen Staates*, Berlin 1840, zit. bei Rahner, Das Schiff . . ., a. a. O.

[52] Rahner, *Mater* . . ., a. a. O., S. 69.

[53] Vgl. Ninck, *Wodan* . . ., a. a. O.

weilen eine Taube sitzt[54]». Das Kreuz als Mastbaum im Schiff der Kirche – noch heute sprechen wir von einem Teil des Kirchengebäudes als vom Schiff – sind Varianten des Lebensbaumes und des Lichtschiffes. Christus ist die Sonnenfrucht des Kreuzbaumes und fährt im christlichen Schiff wie der Sonnengott Ra im ägyptischen.

So ist das Schiff als Ort der Geburt, als Weg des Heils und als Totenschiff, das Holz des Anfangs, der Mitte und des Endes. Es ist die dreifältige Göttin als Herrin des Schicksals, als Baum-Mutter, welche das Leben des Menschen überdacht und ihn wie von Erde zu Erde, so auch vom Holz zum Holz, immer aber zu ihr selber zurückführt. *T. 118–120*

Als Symbol der Rettung ist das Schiff ein allgemeines Menschheitssymbol. Das «Kleine» und das «Große Fahrzeug» sind Symbole der rettenden Lehre im Buddhismus, und die Große Gute Göttin als Tara[55] ist auch die «Herrin der Boote», «fähig, die Wasserflut zu beruhigen». «Sie hat zahllose Bootsfrauen, ihr ähnlich, in Dienst, die beschäftigt sind, in Kähnen Schiffbrüchige zu retten.» Sie sagt von sich: «Aus dem Weltmeer vieler Ängste will ich die Wesen erretten, darum feiern mich die Stiere unter den Weisen als Tara[56]», und gleicht als Erretterin der Madonna als «stella maris», zu der die christlichen Seefahrer um Schutz und Hilfe beten.

Die zentrale Rolle des Mai-, Frühlings- und Weihnachtsbaumes in den Vegetationsriten und Fruchtbarkeitsfesten ist nach den Forschungen Mannhardts und Frazers so weit bekannt, daß wir darauf nur hinzuweisen brauchen. Das numinosweibliche Wesen des Baumes spricht auch mantisch im Rauschen seiner Blätter nicht nur in Griechenland und Germanien, sondern auch im Alten Testament[57]. Ebenso sind wir über die Verehrung des Baumes bei den Semiten, den Baumkult auf den Höhen, die Verehrung des Kultpfahles der Aschera, der Göttin des Himmels, und den rituellen Tanz um den Baum durch die Polemik gegen sie im Alten Testament orientiert.

Der Baum hat aber nicht nur weibliche, sondern seiner uroborischen Natur nach auch männliche Eigenschaften, so ist sein «Geist» häufig nicht nur ein weiblicher Dryadengeist, sondern eine Schlange, die als männliche Kraft in seinen Zweigen haust, wie im Medea- oder im Paradies-Mythos. Gerte, Rute und Zweig als phallische, Befruchtung gewährende Symbole, mit denen das Weibliche rituell geschlagen wird, sind der bekannteste Ausdruck dieser Zusammenhänge. Der Jünglings-Geliebte als Pflanze und Baum hat uns an anderer Stelle ausführlich beschäftigt[58].

Aber auch das Männliche als Baum und als «Schößling» ist «enthalten», seine

[54] Wilhelm Spemann, *Kunstlexikon*, Berlin 1905, S. 841.

[55] s. u. S. 311. (Vgl. Zimmer, *Philosophies of India*, hg. von Joseph Campbell, New York und London 1951, Index s. v. «ferryboat».)

[56] Zimmer, *Die indische Weltmutter*, a. a. O., S. 195.

[57] II. *Samuel*, Kap. V, V. 24.

[58] Vgl. Neumann, *Ursprungsgeschichte* ..., a. a. O., S. 64, und Kerényi, «Arbor intrat», in: *Niobe*, Zürich 1949.

Abhängigkeit vom weiblichen Erdschoßcharakter bleibt gewahrt. Wenn der Stamm-Baum als genealogischer Familienzusammenhang oft als Phallus auftritt, ist das tiefer liegende Erdreich, in dem dies Männliche wurzelt, und das in der Tiefe hinter dem phallischen Männlichen lebendig ist, die Große Göttin.

So zitiert Bachofen den großen Schwur der Frauen von Priene «Beim Dunkel der Eiche» und fährt fort:

> «Die Weiber rufen die Urmutter des finsteren Stoffes, nicht das aus ihm ans Licht getretene Erzeugnis, die nächtliche Eiche, an. Höher als der Götterbaum steht der Urschatten, der ihm als dunkler Mutterschoß seine Entstehung gegeben hat, zu welchem die Toten zurückkehren und den daher die Frauen zunächst zu ihrem heißesten Schwure erheben[59].»

In diesem Sinne gehört der Baum zur Stufe des Lebendigen, das der Erde in seinem Leben und Wachstum am direktesten verhaftet ist.

Deswegen hausen die weiblichen Gewalten nicht nur in Teichen, Quellen, Strömen und Sümpfen, sondern auch in der Erde, in Bergen, Hügeln, Felsen und – zusammen mit den Toten und Ungeborenen – in der Unterwelt. Besonders die Mischung der Elemente Wasser und Erde ist ein Urweibliches als fruchtbarkeitsquellender Sumpf und als Moor, in dessen uroborischer Natur das Wasser ebenso oft als männlich befruchtend wie als weiblich gebärend aufgefaßt wird. Das Territorium des Sumpfes ist in seiner symbolischen Bedeutung so eingehend von Bachofen[60] dargestellt worden, daß es sich erübrigt, hier näher darauf einzugehen[61]. Bei den Germanen ist die Wasserfrau nicht nur die Urmutter, sondern auch der sprachliche Zusammenhang von Mutter, Moder, Moor, Marsch und Meer ist bei ihnen noch evident[62].

Numinose Stätten einer vor-organischen Lebendigkeit, die in participation mystique zur Großen Erdmutter erfahren wurden, sind Berg, Höhle, Steinpfeiler und der Felsen – auch der gebärende Felsen – als Thron, Sitz, Ort und Inkarnation der Großen Mutter. Wie die Kagaba-Indianer[63] sagen: «Sie ist die Mutter der Welt und der älteren Brüder Steine.» Nicht zufällig gehören daher «Steine» zu den ältesten Symbolen der Großen Mutter-Göttin, von der Kybele und dem nach Rom überführten Stein von Pessinus bis zu der Kaaba des Islam und dem Stein des Tempels in Jerusalem, ganz abgesehen von den «Omphaloi», den Nabelsteinen, die wir an so vielen Orten der Welt finden[64].

Die Große Erdmutter ist die Mutter der Steine, der Steinwerkzeuge und des Feuers. In der «Obsidian-Religion» Amerikas lebt noch ein Rest dieser Anschau- *Fig. 33*

[59] Bachofen, *Das Mutterrecht*, a. a. O., Bd. I, S. 427.
[60] Ebenda.
[61] Neumann, *Ursprungsgeschichte* . . ., a. a. O., S. 40.
[62] Ninck, *Götter- und Jenseitsglaube*, a. a. O., S. 115.
[63] s. o. Motto Teil II und Preuss, *Forschungsreise zu den Kagaba-Indianern*, Wien 1926f., S. 133f., in: Preuss, *Die Eingeborenen Amerikas*, a. a. O., S. 39.
[64] Z. B. in Cuzco, Delphi, Delhi, Jerusalem, Peiping.

ung. Die sakrale Bedeutung des Steinmessers als Opfermesser, die wir noch erhalten finden, wo längst das Metallmesser sonst das Steinwerkzeug verdrängt hat, ist ein altes Zeugnis für die Zusammengehörigkeit des Steinwerkzeugs – gerade auch als des Todeswerkzeugs – mit dem Kult der Großen Mutter. *Fig. 38*

Chaos und Nacht, Urwasser und Urhimmel, Erde, Berg und Stein – und dann beginnt das Wachstum des Lebendigen. Überall wird es als vegetatives Leben aus dieser Tiefe und Dunkelheit des nächtlichen Anfangs herausgeboren, als Pflanze und Baum, als Stern und als Kraut. Im frühesten Stadium der Menschheit hat das Sammeln der Pflanzen, Wurzeln und Knollen zu den Hauptarbeiten des Weiblichen, ebenso wie die Jagd zu denen des Männlichen gehört. Weil das Weibliche von Urzeit mit der Pflanzenwelt vertraut ist, besitzt es eine Fülle von Wissen um diesen Lebensbereich, der in den Urmysterien des Weiblichen eine so bedeutende Rolle einnimmt.

Derartige «Arbeitsteilungen» der Frühmenschheit sind immer archetypisch bedingt und nicht von außen her soziologisch zu erklären[65]. Eine geschlechtsbedingte Disposition oder Unfähigkeit zu einer oder der anderen für die Gruppe wichtigen Leistung gibt es nicht. Wir finden müßige Männer und kämpfende Frauen ebenso wie müßige Frauen und kämpfende Männer, und einmal ist die Beziehung zu den Mächten Sache der Männer, ein anderes Mal die der Frauen.

Neben den wirtschaftlichen sind für das Leben der Gruppe die «psychischen Produktionsmittel» von mindestens gleicher Bedeutung. Wie von den einen das äußere, hängt von den anderen das ebenso wichtige innere Leben ab, das sich auf der Primitivstufe als Beziehung zu den Mächten ausdrückt. Die Verteilung dieser Aufgaben auf die Geschlechter und der Wandel ihrer Zuordnung gehört zu den wesentlichen Problemen der Menschheitsgeschichte.

Als Erd- und Fruchtbarkeits- ebenso wie als Himmels- und Regengöttin, deren Priesterin ursprünglich die magische Verwalterin des Regenzaubers war, ist die Große Göttin überall Herrin über die der Erde entsprießende Nahrung, und alle damit verbundenen Bräuche unterstehen ihr und hängen mit ihr zusammen. Sie ist die Herrin der «Ackerbaukultur», ob die Frucht dieses Ackers nun Reis, Mais oder Weizen, Gerste, Tapioka oder irgendeine andere Nährfrucht des Bodens sei. Aus diesem Grunde ist die Große Göttin so oft mit einem Pflanzensymbol verbunden, in Indien wie in Ägypten mit dem Lotos, als Isis ebenso wie als Demeter *T. 121* und später als Madonna mit der Rose. Blüte und Frucht gehören zu den typischen Symbolen, welche die griechische Mutter-Tochter-Göttin[66] in den Händen hält, und die Ähre ist nicht nur das Symbol der Göttin von Ras Schamra und der Ischtar, *T. 123; Fig. 68*

[65] Wo der archetypische Charakter des ernährenden Weiblichen betont ist, wie bei den Tchambuli in Neu-Guinea (Margaret Mead, *Sex and Temperament in Three Primitive Societies*, New York 1935), kann es dazu kommen, daß die Frauen die Fischerei übernehmen, auf welche die Ernährung der Bevölkerung angewiesen ist, während die Männer für die wirtschaftliche «Produktion» der Gruppe nichts leisten, obgleich es sonst ungewöhnlich ist, daß Frauen fischen.

[66] s. u. S. 288f.

T. 60; Fig. 58 sondern auch das der Demeter[67], der Ceres und der Madonna, die als Erdmutter die *Fig. 59* Madonna im «Ährenkleid» ist.

Äpfel, Granatäpfel, Mohnkapseln und andere Früchte oder Zweige können Symbole der Fruchtbarkeit sein. Schon in Sumer wurde der Zweig, das Sprossende, mit der *Fig. 67, 68* Großen Göttin verbunden, auf unzähligen Bildern der Ischtar und der kretischen Göttin erscheinen Zweige und Blüten als Kultobjekte der Göttin, und noch im *Fig. 60* Dionysoskult ebenso wie später in Rom und in allen heidnisch-bäuerlichen Lebenskreisen begegnet uns die Verehrung des Baumes. Noch heute zeigt sie sich daran, daß Gegenstände, Opfer usw. an seine Äste gebunden werden.

Weil das menschliche Leben ursprünglich so stark durch seine participation mystique mit der Außenwelt bestimmt ist, daß ein einheitlicher Strom Stein, Pflanze, Mensch, Tier und Stern miteinander verbindet, kann sich immer auch das eine in das andere verwandeln. So wie Menschen und Götter aus Bäumen geboren und in Bäumen begraben werden, verwandelt sich auch Menschliches in Pflanzliches, beides ist so dicht beieinander, daß es ineinander übergehen kann. Seine Selbständigkeit ist noch nicht groß und seine Nähe zum Mutterschoß noch eng. Diese Nähe ist nicht nur die Ursache der häufigen mythischen Verwandlung des Menschlichen in die Pflanze, sondern auch der magischen Bewirkung, in der pflanzliches Wachstum vom Menschen und ursprünglich gerade vom Weiblichen zu beeinflussen versucht wird.

Die Verbundenheit des Weiblichen mit der Pflanze läßt sich bis in die differenzierten Schichten der Symbolik des Geistes hinein verfolgen. Die Ganzheit des *T. 152* Seelischen als Blüte, Lotos, Lilie und Rose, ebenso wie die Jungfrau als Blüte *T. 128b* im Eleusinischen Bezirk tritt als Symbol blütenhafter Entfaltung höchster geistig-seelischer Entwicklungen[68] auf. So ist die Geburt aus der weiblichen Blüte *Fig. 61* eine archetypische Form der göttlichen Geburt[69], sei es in Ägypten die des Ra oder Nefertem, im Buddhismus die des «göttlichen Kleinodes im Lotos» oder in China ebenso wie in der Moderne die Geburt des Selbst in der Goldenen Blüte[70].

An den Grenzen der Bezirke von Pflanzlichem und Tierischem, welche der Großen Mutter unterstellt sind, lebt die Biene. Ihr Honig gehört neben der Milch zu den alten Opfergaben, welche den Erdherrinnen dargebracht wurden. Im Gegensatz zu der blutigen Todessymbolik der tierischen Welt und gewissermaßen zwischen dem Pflanzlichen und Tierischen vermittelnd ist sie ein bevorzugtes Tier der Großen Mutter. Bachofen faßt ihre symbolische Bedeutung, nachdem er die Abstammung des Stockes von der einen Mutter-Königin[71] und die Bindung der Ge-

[67] s. u. den Abschnitt von den Eleusinischen Mysterien.

[68] s. u. S. 305.

[69] s. u. S. 291.

[70] Jung und Richard Wilhelm, Das Geheimnis der Goldenen Blüte, Zürich 1929.

[71] Die Zuordnung der Biene zur Großen Muttergöttin läßt sich nur so erklären, offenbar ist die – antik belegte – Auffassung vom «Bienenkönig» sekundär.

Abb. 58. SPES MIT GARBEN UND BIENENKORB

Nach einem römischen Original

Abb. 59. DIE GARBENMADONNA

Holzschnitt, vielleicht Bayern, etwa 1450

meinschaft an sie im Gegensatz zu den vielen und «fremden» Drohnenvätern charakterisiert hat, mit folgenden Worten zusammen:

«Durch diese Eigenschaft ist der Bienenschwarm das vollständigste Vorbild der ersten menschlichen, auf der Gynäkokratie des Muttertums beruhenden Vereinigung, wie wir sie in den Zuständen der genannten Völker finden. Ja Aristoteles

Abb. 60. BAUM, MIT BACCHUSMASKEN BEHANGEN

Gemme, römisch

stellt die Bienen höher als die Menschen jener ersten Zeit, weil das große Naturgesetz in ihnen viel vollkommener und fester zum Ausdruck gelange als bei den Menschen selbst. Daher erscheint nun die Biene mit Recht als Darstellung der weiblichen Naturpotenz. Mit Demeter, Artemis und Persephone ist sie vorzugsweise verbunden und hier eine Darstellung des Erdstoffes nach seiner Mütterlichkeit, seiner nie rastenden, kunstreich formenden Geschäftigkeit, mithin das Bild der demetrischen Erdseele in ihrer höchsten Reinheit. Der Zusammenhang mit der ganz physisch gedachten Mütterlichkeit hat in einem Gebrauche, den Heraklides bezeugt, seinen Ausdruck gefunden. An den syrakusischen Thesmophorien werden sogenannte Mülloi herumgetragen. Sie sind aus Sesam und Honig bereitet und geben das Bild der weiblichen Geschlechtsteile, ein Gebrauch, mit welchem Menzel in der Monographie über die Bienen die indische Sitte, bei Hochzeiten die Genitalien der Braut mit Honig zu bestreichen, passend zusammengestellt hat. In Deutschland heißt die Honigblume Melissa, das Mutterkraut, und dieses gilt in weiblichen Geschlechtskrankheiten als besonderes Heilmittel. Als Ammen setzen die Bienen ihre Muttereigenschaften fort. Mit Honig nähren sie das neugeborene Zeuskind. Das reinste Erzeugnis der organischen Natur, dasjenige, in welchem tierische und pflanzliche Produktion so innig verbunden erscheint, ist auch die reinste Mutternahrung, deren sich die älteste Menschheit bediente und zu welcher priesterliche

Männer, die Pythagoreer, Melchizedek, Johannes wieder zurückkehrten. Honig und Milch gehören dem Muttertum, der Wein dem männlichen dionysischen Naturprinzip[72].»

Die «Jungfräulichkeit» der Großen Mutter, das heißt ihre Unbezogenheit auf den Mann, wird im amazonischen Bienenstaat, in welchem nur die Königin und

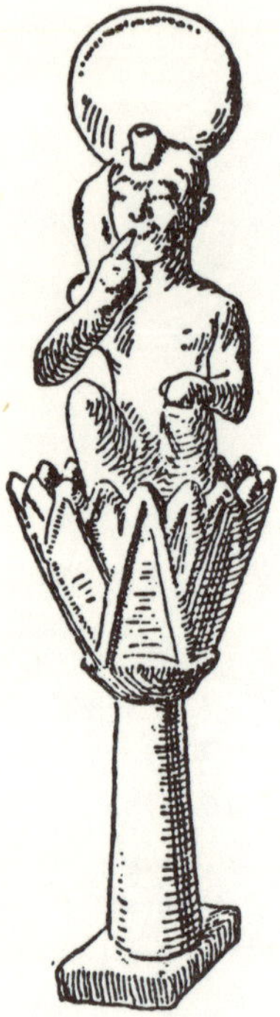

Abb. 61. GEBURT DES SONNENGOTTES AUS EINER BLUME

Ägypten

auch diese nur einmal vom Männlichen befruchtet wird, besonders augenfällig. Deswegen und wegen ihrer Nahrung ist die Biene rein, Demeter die «reine Bienenmutter»[73], und die Bienenpriesterinnen der Demeter müssen wie die Vestalinnen und viele andere Priesterinnen der Großen Mutter Jungfrauen sein. Wie so oft, erweist sich der matriarchale Charakter des Weiblichen dem Männlichen gegenüber auch bei der Biene als «furchtbar», da das Drohnenmännchen nach der Begattung mit allen anderen Drohnen wie Stammfremde von der weiblichen Gruppe, die den Stock bewohnt, umgebracht wird.

Der Zusammenhang der Biene nicht nur mit der Großen Göttin – der Bienen-
Fig. 58 stock ist ein Attribut der Demeter-Ceres-Spes –, sondern auch mit dem Monde

[72] Bachofen, *Das Mutterrecht*, a. a. O., Bd. I, S. 114f.

[73] Ebenda, S. 584 und S. 879.

zeigt sich darin, daß die Priesterinnen der Mondgöttin «Bienen» heißen, und man glaubte, aller Honig komme vom Monde, dem Bienenkorb, dessen Bienen die Sterne sind[74].

Aber der Honig ist nicht nur Lebensessenz und köstliche höchste Nahrung der Pflanzen-Mutter, auch die Todessymbolik ist mit ihm verbunden. Bachofens Hinweis auf den Zusammenhang zwischen dem Begräbnis des Glaukos im Honig und dem matriarchalen Prinzip Lykiens ist in letzter Zeit wieder aufgenommen worden[75]. Das Todesgefäß mit dem mütterlich nährenden Honig führt zum Honig-Tode, der Einbalsamierung im Honig.

> "'To fall into a jar of honey' is to be identified with 'to die'[76]."

Den Brauch, den Toten in einem großen Gefäß beizusetzen, kennen wir von Kleinasien aus vorgriechischer Zeit (3500 bis 1750 vor Christus), aber auch die Verwendung des Honigs für den Totenkult ebenso wie für die Einbalsamierung war weit verbreitet.

[74] Briffault, a. a. O., Bd. III, S. 179.
[75] Persson, a. a. O., S. 9ff.
[76] Ebenda, S. 12.

Dreizehntes Kapitel

DIE HERRIN DER TIERE

Die Große Göttin als Herrin des Lebendigen gebiert nicht nur das kosmische Leben und verfügt über die Elemente und die Erdvegetation. Auch als «Herrin der Tiere» wurde sie in der matriarchalen Schicht der Völker von Indien bis zum Mittelmeer, in Kleinasien, Kreta, Griechenland, Syrien, Mesopotamien, Ägypten, in Afrika und westlich bis nach Malta, Sizilien und Südspanien verehrt.

Gerade weil die soziologische Forschung die Große Mutter dem Ackerbau und der durch ihn bedingten wirtschaftlichen Machtstellung der Frau zuordnen zu können glaubt, ist der Aspekt der Göttin als Herrin der Tiere bedeutsam. Unzweifelhaft hat die Bewußtseinsentwicklung, die von der Gruppenpsyche zur Ichzentrierung und Individualität des Einzelnen ebenso wie von der matriarchalen zur patriarchalen Dominanz im Psychischen führt, ihre Entsprechung im sozialen Geschehen. Die Entwicklung zum Ich und Einzelnen führt nicht nur zur Erwerbung der individuellen Seele, des eigenen Namens und der persönlichen Ahnenreihe, sondern auch zur Entstehung des Privateigentums.

Ob aber das soziale Geschehen das Fundament und das psychische ein Epiphänomen, oder ob nicht umgekehrt das psychische Geschehen das Fundament und das soziale eine seiner Ausdrucksformen ist, muß heute zu diskutieren begonnen werden. Die materialistische Geschichtsauffassung ist vor-psychologisch, die Erkenntnisse der Tiefenpsychologie der menschlichen Natur waren den Gründern der soziologischen Weltbetrachtung noch unbekannt, und sie sind es den Soziologen bis heute in hohem Maße geblieben. Das In-Beziehung-Setzen jeder Ideologie zu ihren Grundlagen in der menschlichen Natur gehört zu den unverlierbaren Wahrheitsgewinnen unserer Zeit, nur muß die echte Reduktion weiterhin auf die unbewußte psychische Wirklichkeit des Menschen erfolgen, nicht aber nur auf eine äußere Wirklichkeit, die ja in hohem Maße Ausdruckswirklichkeit der menschlichen Psyche ist. Die Daten, die dafür sprechen, daß die entscheidenden Prägungen der Primitivpsyche, Religion und Kunst ebenso wie die soziale Ordnung, Symbolausdruck unbewußter Prozesse sind, sind in ihrem außerordentlichen Umfang unübersehbar. Die Zurückleitung dieser Ausdrucksformen auf die menschliche Psyche in der Psychoanalyse Freuds ist trotz ihrer Unzulänglichkeit bahnbrechend gewesen. Aber ebenso wie die Sozialwissenschaft von der Gruppe und nicht von der späteren sozialen Struktur des Einzelnen ausgeht, muß auch die Tiefenpsychologie von der Kollektivpsyche des Unbewußten und nicht von der Bewußtseinssituation des modernen Menschen, seiner «Familienkonstellation» und seinem persönlichen Unbewußten ausgehen.

In der Frühsituation der menschlichen Kultur herrscht die Gruppenpsyche, in welcher der Mensch nicht nur mit seiner Gruppe, sondern auch die Gruppe mit ihrer Umgebung, besonders aber mit den Pflanzen und Tieren der umgebenden Welt in der Beziehung der participation mystique steht[1]. Der deutlichste Ausdruck dieser Situation ist der Totemismus, die Tatsache, daß fast überall in der Welt die ursprüngliche Gruppe sich in einem Abstammungs- und Verwandtschaftsverhältnis zu einem Tier oder einer Pflanze erlebt hat. Dieses Phänomen fußt darauf, daß die Unterschiede zwischen dem Lebendigen nicht in der Art erfahren wurden, wie das moderne Bewußtsein diese Verschiedenheit zwischen Mensch, Tier, Pflanze und Unorganischem erfaßt.

An dieser Stelle ist einiges über den Zusammenhang der Entstehung des Totemismus mit der Psychologie des Weiblichen, wenn auch nur als Anmerkung, einzufügen. Das Weibliche als Große Mutter ist[2] die «Jungfrau» als das schöpferische Prinzip in seiner Unabhängigkeit vom persönlichen Mann[3]. Diese matriarchale Grundkonzeption bringt die Entstehung des Kindes aus vielen und guten Gründen nicht in Zusammenhang mit dem Geschlechtsverkehr. Sowohl für die innere wie für die äußere Erfahrung des Weiblichen ist die Schwangerschaft losgelöst von der Sexualbeziehung. Das ist besonders verständlich für eine primitive Gesellschaft mit einem Geschlechtsleben der Promiskuität, das lange vor der Geschlechtsreife beginnt. Die Kontinuität dieses personalen Sexuallebens wird ebenso unvorhergesehen durch das Einsetzen der Menstruation, wie irgendwann einmal durch ihr Aufhören und das Wunder der Schwangerschaft durchbrochen. Beide Phänomene erfolgen im inneren weiblich-matriarchalen Bezirk und stehen ebensowenig in Zusammenhang mit dem lustbetonten Liebesspiel der Sexualität wie mit der tieferen Liebeserfahrung an einem persönlichen Mann, falls wir eine solche, was mehr als fraglich ist, auf der Primitivstufe voraussetzen dürfen.

Aus diesem Grunde empfängt das Weibliche ursprünglich immer und grundsätzlich von einem Außermenschlichen, von einer transpersonalen Macht. Die Mythologie und die von ihr stammenden Märchen aller Völker und Zeiten lehren, daß das Weibliche vorwiegend durch den Kontakt mit numinosen Tieren, Schlange und Vogel, Stier und Widder, ebenso aber durch das Essen von Früchten, durch den

[1] Neumann, *Ursprungsgeschichte* . . ., a. a. O., S. 120.

[2] Briffault, a. a. O., Bd. III, S. 168–171.

[3] s. o. S. 211.

Wind, durch den Mond, durch Ahnengeister, Dämonen, Götter usw. empfängt. Eine derartige unpersönliche und geisthaft zeugerische Wirklichkeit ist der Totem.

Die Befruchtung macht das Weibliche ebenso für sich selber wie für den Mann zu einem numinosen Wesen. Diese matriarchale Bedeutung des Weiblichen ist unendlich viel älter als die «Ackerbauphase», von der man das Matriarchat hat ableiten wollen. Nicht erst die Ackerbauzeit mit dem Ritual der heiligen Ehe und des Regenzaubers, sondern gerade die Urzeit und der zu ihr gehörende Jagd-Zauber haben die matriarchale Welt geformt, deren spätere Ausläufer uns in den Früh- und Primitiv-Kulturen begegnen[4].

Der Zusammenhang des Totem mit der Fruchtbarkeit ebenso wie mit der Nahrung und dem Nahrungstabu weist darauf hin, daß er ursprünglich in die Domäne des Weibes, der Verwalterin der Fruchtbarkeits- wie der Nahrungs-Mysterien, gehörte. Auch die Exogamie bekommt in diesem Zusammenhang den psychologisch sinnvollen Ort, den ihr bereits Briffault angewiesen hat[5].

Zwei Merkmale zeichnen die Exogamie aus: erstens das Zusammenbleiben der Frauengruppe von Großmutter, Mutter, Tochter und Kindern, den Trägern der matriarchalen Psychologie und der Mysterien, welche durch die Urbeziehung zwischen Mutter und Tochter charakterisiert sind[6]. Das Zweite ist die «Ausstoßung» des Männlichen, der Söhne, welche auf diese Weise immer nur am Rand der Frauengruppe, mit der sie sexuell verbunden sind[7], bleiben. Die Exogamie konstelliert so nicht nur die Macht der Frauengruppe, sondern, was ebenso wichtig ist, gleichzeitig die spezifisch männliche Qualität der Männer und führt zu der entwicklungsgeschichtlich notwendigen männlichen Differenzierung und Spezialisierung.

Während das Enthaltensein in der Urbeziehung zur Mutter für das Weibliche in einem gewissen Umfang eine Stärkung seiner Weiblichkeit bedeutet, bewirkt die inzestöse Bindung des Männlichen an die Mütter- und Frauengruppe, das heißt sein Verbleiben in der Urbeziehung, umgekehrt eine Schwächung seiner Männlichkeit[8]. Alle die Prozesse dagegen, welche zur Ausstoßung des Männlichen aus der Frauengruppe und zur Bildung der Männergruppe führen, verstärken und entwickeln die männliche Seite des Männlichen.

Eine derartig einseitige Entwicklung des Männlichen führt nicht nur zu einer für den Schutz und die Erhaltung der Frauengruppe notwendigen erhöhten Kampf- und Jagdfähigkeit, sondern verstärkt auch kraft der entstehenden Polarisierung zwischen Männlichem und Weiblichem die gegenseitige sexuelle Attraktion. Die Entwicklung der Gegensatzstruktur mit der daraus entstehenden Spannung wird

[4] Die matriarchale Mentalität, in der ein Männliches numinos und transpersonal im Gegensatz zu der nur persönlichen Wirklichkeit des Mannes als Sexualpartner auftritt, entspricht einer Stufe der weiblichen Psyche, die wir noch in der Psyche der modernen Frau wiederfinden können.

[5] Vgl. Briffault, a. a. O., wo alles sachdienliche Material angeführt ist.

[6] Neumann, Die Urbeziehung zur Mutter, in: *Der Psychologe*, Bern 1951, III, 7 und 8.

[7] Neumann, *Ursprungsgeschichte*..., a. a. O., S. 156.

[8] Neumann, Die Urbeziehung..., a. a. O.

so zur frühesten Form der sozialen Gliederung, und die Exogamie ist dem entsprechend anfangs häufig in der Weise geordnet, daß symbolisch Gleichartiges niemals miteinander gepaart werden darf, sondern daß immer nur Gegensatzgruppen, zum Beispiel mit den Clansymbolen Sonne und Mond, Tag und Nacht, schwarz und weiß, heiraten dürfen.

Aber die Macht der Göttin treibt das Männliche auch in die blutige Aktivität des Tötens. Deswegen ist die Große Göttin als Jagd- und Kriegsgöttin für das Männliche auch Todesgöttin. Sie entmenschlicht die Männer zauberisch und verwandelt sie in Kampftiere, die als Trabanten der Göttin tötend untergehen. Auch in dieser Form ist sie Herrin der Tiere, und die orgiastische Form ihres Kultes verbindet sich mit der Erregung des raubtierhaft Kriegerischen im Männlichen.

> «Die an der Pauken und Klappern Getön und dem Klange der Flöten
> Und an der Wölfe Geheul sich freut, an den funkelnden Augen
> Zorniger Löwen[9].»

Aber ebenso wie die Krieger- und Jägergruppen sind auch die Häuptlinge und Führer, die Opferpriester und Seher ihre Trabanten. Die Entwicklung der Willens- und Handlungsaktivität des Männlichen wird von der Großen Göttin, wenn auch nur indirekt, ebenso begünstigt wie die Entwicklung der Geistseite. Denn auch in dem ursprünglichen Auftauchen des Geistes aus dem Unbewußten ist das Männliche auf den Ur-Brunnen der Wasser und der Tiefe angewiesen, welchen die Große Mutter verwaltet.

Daß und wie diese matriarchale Grundsituation vom Männlichen aus erfahren, wie sie überwunden wurde, und aus welchen Gründen es zum Herrschaftsantritt der Männergruppe und des Patriarchats kommen mußte, ist an anderer Stelle ausführlich dargestellt worden[10].

In dieser Entwicklung wendet sich das selbständig gewordene Männliche kraft *der* Qualität gegen das Weibliche, zu deren Differenzierung es durch dieses Weibliche veranlaßt worden war. Auch der Totem-Ahn, das Transpersonal-Männliche, das ursprünglich für das Weibliche im Gegensatz zum irdisch Männlichen der Männergruppe gestanden hatte, wird jetzt vom Männlichen usurpiert und im Gegensatz zur Großen Mutter zum Ursprung des männlichen Geistes erhoben.

Die Tiergestalt der Götter und der Göttinnen ist nur ein später Ausdruck des für die totemistische Psychologie des Frühmenschen Selbstverständlichen. Die Tiergestalt des Numinos-Zeugenden ist für ihn ebenso natürlich, wie daß die weibliche Große Gottheit mit einer Fülle tierischer Attribute ausgestattet ist und als Tiergöttin oder als Göttin mit dem Begleittier auftritt.

Es scheint dabei zunächst kein Unterschied zwischen männlichen und weiblichen Gottheiten zu bestehen, beide können Tiergestalt annehmen. Während die männliche Gottheit im Mythos aber, wie der männliche Held, vorwiegend im Gegensatz

[9] *Die Homerischen Götterhymnen*, übersetzt von Thassilo von Scheffer, Jena 1927, S. 82.

[10] Neumann, *Ursprungsgeschichte* ..., a. a. O., Index s. v. «Patriarchat».

zum Tier erscheint, das er bekämpft und besiegt, beherrscht die Große Göttin als Herrin der Tiere diese zwar, aber sie bekämpft sie nur selten. Zwischen ihr und der Tierwelt besteht kein feindlicher Gegensatz, obgleich sie mit «wilden» und wildlebenden ebenso wie mit friedlichen und zahmen Tieren umgeht.

Als schlangen- und vogelköpfig oder auch als geflügelt und mit Vogelfüßen kennen wir die Göttin im frühen Mesopotamien wie in Böotien, die in Sumer und in Ägypten u. a. als Kuhgöttin und als Herrin der Kuhherde erscheint[11]. In den gleichen Zusammenhang weist die Göttin von Ras Shamra, die, Getreidebüschel in den Händen und umsprungen von den Ziegenböcken, über die Fruchtbarkeit der Vegetation und des Viehs herrscht. *T. 17, 122* *T. 126, 124* *T. 123*

Abb. 62. DIE GÖTTIN AUF EINEM BERG

Siegeldruck, Kreta, späte Palastperiode

Der Pfeiler der Großen Göttin beim Kuhgatter und neben dem Stier beherrscht auch die Löwen. Und auf Löwen thront sie über Jahrtausende, ob sie als mesopotamische Göttin der Nacht, des Bösen und des Todes mit Flügeln, Vogelfüßen und von Eulen begleitet wird, mit dem Kind an der Brust eine hethitische Göttin ist, ob sie in Mykenae auf dem Tor in ihrem Symbol als Baum oder Pfeiler zwischen den Löwen ragt, in Kreta mit dem Löwenpaar spielt oder auf dem von Löwen flankierten Berg vom Jüngling verehrt wird. Dieselbe Herrin wurde in Phrygien zusammen mit Attis zwischen zwei Löwen[12] dargestellt und in Lykien, Lydien, Thrazien, Syrien[13] und Phönizien angebetet. In späterer Zeit steht sie in Sparta auf dem Lö- *T. 124b* *T. 124a* *T. 37* *Fig. 62* *T. 127*

[11] s. o. S. 156.

[12] Karl Hoenn, *Artemis: Gestaltwandel einer Göttin*, Zürich 1946, S. 55.

[13] Vgl. besonders die Bilder der Kedesha, in: Hugo Gressmann, *Altorientalische Texte und Bilder zum Alten Testament*, Tübingen 1909.

T. 125, 80 wen, hält Löwen als geflügelte Artemis von Capua, würgt sie als Gorgo, thront als
T. 128a, 129 Kybele oder – Jahrtausende später – als Fortuna auf dem von Löwen gezogenen
T. 130 Wagen, reitet in Indien oder als tibetanische Tara auf dem Löwen, die Sonne in der
T. 131a Hand, oder sitzt noch als christliche Madonna auf dem Löwenthron.

Auch die der Aphrodite gleichende Kirke der Odyssee trägt die Züge der Herrin der Tiere:

«Ihn umwandelten rings Bergwölfe und mähnichte Löwen,
Durch die verderblichen Säfte der mächtigen Kirke bezaubert.
Diese sprangen nicht wild auf die Männer, sondern sie stiegen
Schmeichelnd an ihnen empor mit langen, wedelnden Schwänzen.
Also umwedeln die Hunde den Hausherrn, wenn er vom Schmause
Wiederkehrt, denn er bringt beständig leckere Bissen;
Also umwedelten sie starkklauige Löwen und Wölfe.
Aber sie fürchteten sich vor den schrecklichen Ungeheuern[14].»

Ebendahin gehört Aphrodite, wie sie im Homerischen Hymnus geschildert wird:

«ihr folgten
Wedelnd graue Wölfe und Löwen mit funkelnden Augen,
Bären und schnelle Pardel, die unersättlich nach Rehen
Gierig; und dieser Anblick erfreute die Sinne der Göttin,
Und sie erweckte in ihnen süße Begierde, daß alle
Paarweis sich zueinander in schattige Lager gesellten[15].»

T. 132, 133, 134 Als Herrin der Raubtiere und der Hirsche und als vogelwürgende Gorgo ebenso wie als Herrscherin über die drei Reiche Wasser, Erde und Luft, mit Fisch, Wolf
Fig. 63 und Vogel in Böotien, als aus Anatolien[16] stammende Orthia Spartas wie als Göttin
T. 135 auf der Bronzehydra der Hallstattzeit ist sie die Große Artemis und Diana, die Herrin der Tierwelt.

Uns interessiert an dieser Stelle nicht, welche Form diese Große Göttin in den verschiedenen Landschaften angenommen hat. Ihre Namen sind unzählig – Britomartis und Diktyimna, Kybele und Ma, Dindysene und Hekate, Pheraia und Artemis, Baubo und Aphaia, Orthia und Nemesis, Demeter, Persephone und Selene, Medusa und Eleuthera, Taeit und Leto, Aphrodite und Bendis. Aber auch Hathor und Isis und alle anderen Großen Göttinnen, welche die Gestalt eines Tieres haben, sind in Wahrheit Herrinnen der Tiere. Ihnen sind alle Tiere untertan, die Schlange und der Skorpion ebenso wie die Fische der Flüsse und Meere, die schoßartigen Muscheln und die unheilvollen Kraken, Wildtiere der Wälder und Berge, gejagte
T. 36, 137 und jagende, friedliche und räuberische, die Vögel der Sümpfe, Gans, Ente und Reiher ebenso wie die Eule der Nacht und die Taube. Das gezähmte Tier, Kuh und Stier, Ziege, Schwein und Schaf, aber auch die Biene und Phantasietiere, wie Greifen und Sphinxe[17].

[14] 10. Gesang.
[15] *Homerische Götterhymnen*, a. a. O., S. 46.
[16] Thomson, a. a. O., S. 271 f.
[17] Vgl. Hoenn, a. a. O.

Wenn wir alle diese nennen, üben wir in Wirklichkeit eine uralte Form der Verehrung, denn die Aufzählung, die wir auch bei Apuleius finden, der die Isis mit einer Unzahl ihr entsprechender anderer Göttinnen identifiziert[18], ist eine Form der

Abb. 63. ARTEMIS ORTHIA

Elfenbeinagraffe, Sparta, etwa 740 v. Chr.

kultischen Anbetung. Die Fülle der Erscheinungsformen ist ein Merkmal des Archetyps, und die vielnamigen Anrufungen der Mächte bei allen Völkern sind Ausdruck ihrer numinosen Unaussprechbarkeit.

Wie unsere Bilder zeigen, ist die Herrin der Tiere oft geflügelt, das heißt eine himmlische, nicht eine «chthonische» Göttin. Sie ist das Ganze als Herrin der Gegensätze und enthält die drei Reiche von Himmel, Meer und Unterwelt, die in Griechenland später ihre Söhne Zeus, Poseidon und Hades unter sich teilen.

Als ein Beispiel für das Auftreten der Herrin der Tiere in einem nicht-mediterranen Bezirk bringen wir die Göttin mit den wilden Tieren aus Jütland. *T. 133*

Auf dem in der Schweiz gefundenen Bronzegefäß hält die Göttin, die immer auch *T. 135*
die Herrin der Zwillinge, das heißt des Gegensatzprinzips, ist[19], den einen Hasen *T. 45*

[18] Apuleius, *Der Goldene Esel*, a. a. O.

[19] Neumann, *Ursprungsgeschichte* ..., a. a. O., S. 110.

nach oben, den anderen nach unten. Daß dies nicht Zufall ist, zeigt die böotische *T. 134* von Wölfen flankierte Göttin, von denen ebenfalls einer den Spiralschwanz nach *T. 6* oben, der andere nach unten trägt, entsprechend der Spirale auf dem Schoß der Frühzeitmutter. Auf der böotischen Amphore ist der Leben-Tod-Gegensatz, den die Göttin vertritt, dadurch verdeutlicht, daß nicht nur die lebenspendenden Hakenkreuze neben ihr abgebildet sind, sondern auch Stierschenkel und Stierkopf als Symbole des Todes, der Kastration und des Opfers.

Der Artemis wurden verstümmelte Opfertiere dargebracht, denen man «ein Glied abschnitt[20]». Nicht nur in Böotien, auch in Euboia und Attika opferte man ihr *T. 93* verstümmelte Tiere, und man hat – nicht ohne Grund – ihren Namen von dem Verb artamein, schlachten, ableiten wollen. Der Stier- oder Nilpferdschenkel der Toeris[21], die zu Eunuchen verschnittenen Priester der Kybele und der Diana von Ephesos – sie alle gehören in den gleichen Zusammenhang.

Was bedeutet es jedoch, daß die Herrin der Tiere – die, selbst wenn ihr Todescharakter zum Beispiel als die Tiere würgende Gorgo betont ist – das Tierreich nicht nur beherrscht, sondern, wie bei der böotischen Göttin, sogar birgt und schützt? Es genügt nicht, in ihr die Überlegenheit des aphroditischen Naturprinzips zu sehen, dem sich die ganze Welt, auch die der Tiere und Raubtiere, unterordnet. Und warum tritt hier das Große Weibliche gerade in menschlicher Gestalt auf und nicht in tierischer?

Wir wissen, wie oft die Göttin als Tier erscheint, als Kuh und als Sumpfvogel ebenso wie als Mutterschaf und als Löwin; auch die Kaltblüterstufe der Fische «ist» sie. Sie trägt den Fischschwanz der Nixe und ist mit heiligen Fischteichen verbunden als Artemis, Aphaia, Dictymna, Britomartis und Atargatis, und noch bei *T. 134* der böotischen Großen Göttin wird ihr Kleid und Unterleib vom wasserumspülten Fisch gebildet.

Aber so wie sie später nicht mehr die Gans selber ist, sondern auf ihr thront, oder auf ihrem Gewand die Lebenssymbole und das Tier trägt, so wie sie nicht mehr die Löwin ist, sondern auf ihr steht, nicht mehr die Schlange ist, sondern unzählige Male von ihr begleitet wird, so herrscht sie auf höherer Stufe als menschgestaltige *T. 29* Gottheit über die Tierwelt und nährt noch in der Alchemie als Erdmutter mit erhobenen Händen die Tiere.

Wenn man die Artemis als Göttin des «Draußen» bezeichnet hat, als Göttin des freien Wildlebens, in dem sie die Tierwelt jagend beherrscht, so ist dies eine symbolische Projektion davon, daß sie als Herrin der unbewußten Kräfte und Mächte, die ja noch in unseren Träumen in Tiergestalt erscheinen, das «Draußen» der Kultur- und Bewußtseinswelt ist.

Die Herrin der Tiere ist nicht die der Kultur- und Ackerbaustufe, sie ist nicht die Kultur und Sitte bringende Demeter des Weizens. Sie steht der menschlichen

[20] Hoenn, a. a. O., S. 24.
[21] s. o. S. 214.

Wild- und Frühnatur nahe, dem wilden trieb- und instinktausgelieferten Wesen, das mit den Jagd- und Raubtieren und mit den wilden Pflanzen der freiwachsenden Vegetation zusammenlebt.

Während die Pflanze das Symbol des «vegetativen Lebens» ist, eines Lebens ohne Bewußtsein und ohne Trieb, wesentlich auf die Welt reagierend und nur mit einem Minimum an Eigenbewegung, ist das Tier das Symbol der nächsthöheren Lebensstufe. In ihm herrscht Trieb und Aktivität, Bewegung innen und außen, das Sinnesbewußtsein des Einzelwesens ebenso wie der die Gruppen zusammenhaltende und leitende Gemeinschaftssinn, die Vorstufe dessen, was auf menschlicher Ebene die Grundlage aller menschlichen Kultur darstellt. Aber gleichzeitig ist dieser Drang und diese Aktivität blind dem Leben und Sinn der Spezies unterworfen, und die Einzelwesen, die mit einer Fülle von Organen, welche die Welt fassen und ordnen, ausgestattet sind, bleiben doch unwissende Opfer ihres eigenen Daseins im Leben ebenso wie im Tode.

Was bedeutet dann aber das Erscheinen eines Göttlichen in Menschengestalt, das als Weibliches innerhalb der Tierwelt der Instinkte und Triebe herrscht und wie der Baum unter seinen Ästen die Tiere unter seinen Flügeln sammelt?

Lange bevor ein im Ich zentriertes Bewußtsein von dem Selbst als dem Zentrum der psychophysischen Ganzheit Kenntnis genommen hat, tritt dieses als Körperselbst auf, als die den Körper und die Fülle seiner Funktionen dirigierende Ganzheit[22].

Die sinnhafte Ordnung von an sich selbständigen Triebkräften und Instinkten, für die der menschliche Körper das Urbild ist, wird, projiziert als Welt der Pflanzen und Tiere draußen, als «Natur» erfahren. Es läßt sich sogar an der Geschichte der Naturwissenschaft nachweisen, daß das Bild der Natur sich in ebendem Sinne und in ebender Richtung wandelt, wie die Erfahrung des Menschen von seiner eigenen Natur. Wenn in einer späteren Entwicklungsphase der Mensch im Bewußtsein, Ich und Willen zentriert zu sein scheint, «lenkt» eine patriarchale Gottheit des Himmels die Natur. Im Gegensatz dazu wird in der matriarchalen Phase, der des Lebens im Unbewußten, eine innere Hierarchie der Kräfte hergestellt, die von der Großen Göttin als dem weiblichen Selbst bestimmt wird. Es ist der unbewußte und ungewollte sinnvolle Naturzusammenhang, der in ihrem Bilde in der menschlichen Psyche auftaucht.

Grausamkeit, Tod und Willkür neben höchster Planung, vollendeter Sinnhaftigkeit und unsterblichem Leben. Gerade da, wo der Mensch als Triebwesen im Bilde des Tieres oder Halbtieres, ganz oder halb von der Triebseite des Unbewußten beherrscht ist, erscheint der leitende Sinnzusammenhang, die unbewußte «geistige» Ordnung des Ganzen, als weibliche Gottheit und als überlegene menschgestaltige Herrin der Tiere.

Daß der Mensch die Göttin in Menschengestalt erlebt, ist der erste Ausdruck

[22] Neumann, *Ursprungsgeschichte* ..., a. a. O., S. 309ff.

dessen, daß er nun die Vielheit seiner eigenen Triebrichtungen, die er in der Projektion auf die Tiere erfahren hatte, dem ihm spezifischen menschlichen Prinzip unterlegen weiß. Er erfährt die den Trieb dirigierende und ordnende Instanz an der Gestalt der Großen Göttin, die als Körperselbst auch alle triebüberlegenen psychischen Strukturen vertritt. In dieser Phase herrscht noch nicht das männliche Ich des Menschen, sein eigener Wille, sein Bewußtsein und seine patriarchale Wertsetzung. Aber im Phänomen der menschlichen Gestalt der Herrin der Tiere wird deutlich, daß in der Natur des Menschen triebüberlegene geistige Kräfte wirksam sind, die, weil sie für das Ich noch nicht frei verfügbar sind, vom Ich als numinos Göttliches außen erfahren werden[23].

Dieser weibliche göttliche Geist, der in der Herrin der Tiere sich inkarniert, ordnet die Welt hierarchisch. Er kennt Stufen der Stärke und der Lebendigkeit, der Sinnähe und der Sinnferne, aber er leuchtet barmherzig und mütterlich – im Gegensatz zur akzentuierenden männlichen Gottheit – über Gute und Böse, Gerechte und Ungerechte. Denn diese Große Göttin hat Lieblinge, die sie beschenkt, und Stiefkinder, die sie anscheinend schlecht ausgestattet und halbfertig aus sich hinausläßt, spielend, versuchend, grausam und oft – so scheint es – von willkürhafter Ungerechtigkeit. Aber ein tieferes Eingeweihtsein in ihr Geheimnis läßt oft genug hinter dem Sinnlosen Sinnhaftes sichtbar werden, und wie im Märchen schüttelt plötzlich der mütterliche Baum, dessen Wurzeln in die Totenwelt hinabreichen, seine Reichtümer über ein Aschenputtel herab, und ein himmlisches Wachstum, dessen verborgene Kräfte aus der Welt der Ahnen und Urbilder stammen, entfaltet unerwartet eine Blütenfülle seelischen Lebens. Aber es gehört zu den Mysterien der Großen Göttin und zum Wesen ihres Geistcharakters, daß sie nur über den Tod das Leben und nur über das Leiden die Entwicklung zur neuen Geburt gewährt, ebenso wie sie als Herrin der Tiere und Menschen keine Geburt und kein Leben ohne Leiden zu gestatten gewillt ist.

Die kulturierende Bedeutung des Großen Weiblichen besteht darin, daß es als Menschliches zwischen und über den tierischen Mächten herrscht. Hierher gehört ein großer Teil der Daten, die Bachofens Intuition mit dem Segen der demetrischen Stufe in Verbindung gebracht hat, auch wenn er sie allzu einseitig auf die vom Weiblichen geforderte Ordnung der Ehe beschränkt hat. So wie die hierarchische Ordnung des Körpers Unterordnung der einzelnen Organsysteme und auch Opfer ihrer Selbständigkeit zugunsten der großen Zusammenhänge auferlegt, so zwingt die Große Göttin allgemein zum Opfer. Opfer bedeutet hier aber sinnvolle Abgabe

[23] Daß derartige Kultursituationen als Ritual-Projektion einer psychischen Wirklichkeit sich noch lange erhalten, nachdem die projizierte psychische Realität verfallen ist, macht es so schwierig, die psychische Entwicklung der Menschheit zu datieren. Das *erste* Auftreten innerhalb der Menschheit ebenso wie innerhalb der einzelnen Kulturbezirke ist das entscheidende Datum. Ob die Dauer einer Kultur oder eines ihrer Rituale einer lebendigen psychischen Wirklichkeit entspricht oder nur die Folge der konservativen Tendenz der Menschheit ist, sich von lange atavistisch gewordenen Ritualen nicht trennen zu können, kann nur die Einzeluntersuchung erweisen.

zugunsten eines größeren Zusammenhanges, welcher das Ganze des Lebens und damit auch des menschlichen Daseins umfaßt.

Deswegen ist der Opferbegriff ein Grundsymbol im Leben des primitiven Menschen. Weil die Einheit des Lebenszusammenhanges das zentrale Phänomen der psychischen Ursprungssituation ist, muß jede Störung dieser Einheit, sei es die Fällung eines Baumes, die Tötung eines Tieres oder dessen Einverleibung in der Mahlzeit usw., vom Menschen durch eine rituelle Darbringung, mit einem Opfer, ausgeglichen werden. Daß für den Frühmenschen alles Geschehen von dem kraftspendenden menschlichen Opfer und seiner dynamisierenden Aktivität abhängt, ist der Ausdruck dessen, daß der lebendige Zusammenhang des Menschen mit der Welt und mit der menschlichen Gruppe auf den Naturzusammenhang projiziert wird.

Weil die entscheidenden Lebenspunkte des Weiblichen, Menstruation, Defloration, Empfängnis und Geburt mit der Opferung des Blutes aufs innigste verbunden sind, sorgt die weibliche Gottheit als Garant des Lebens dafür, daß mit Hilfe des blutigen Opfers die Fruchtbarkeit des zu jagenden Wildes ebenso wie die der Frauen und Felder, das Aufsteigen der Sonne ebenso wie der Erfolg des Kriegszuges gesichert wird. Aber so wie das Weibliche seiner Natur nach selber zum Opfer bereit ist, drängt es auch das Männliche zum Opfer. Während es einerseits die Entwicklung der männlichen Aggression – zum Beispiel beim Krieger – provoziert, zwingt es das Männliche andererseits wieder zu deren Opfer.

Das Symbol der Kastration, das zu den wesentlichen Symbolen der furchtbaren Mutter gehört, erscheint hier in einem neuen Licht. Der Stierkampf und das Spiel mit dem Stier gehören als Herrschaft der Menschheit über das Tierische zu den Ritualen des Großen Weiblichen. Diese Herrschaft fußt auf der magischen Beherrschung der Tiere, dem Fruchtbarkeits- und Jagdzauber der frühen Vorzeit, läßt sich aber über die kretische Kultur bis zum Mithraismus, den römischen Gladiatorenkämpfen und den Stierkämpfen Spaniens verfolgen.

In Kreta spielt das Weibliche selber siegreich mit dem Stier, und die Jünglingsgeliebten und Epheben sind seine priesterlichen Helfer und Trabanten. Die Große Göttin, die Tauropolos, ist die Stierherrin, und als Pheraia ebenso wie als Europa auf dem Stier zähmt sie das Männlich-Tierhafte.

Das Weibliche war nicht nur durch die Aufzucht der gefangenen jungen Tiere die Zähmerin der Haustiere und die Begründerin der Viehzucht, sondern hat auch durch die auferlegten Tabus das Männliche domestiziert und die früheste menschheitliche Kultur geschaffen. Triebbeherrschung, Triebeinschränkung und Triebopfer gehören zu den Forderungen der Herrin der Tiere, die nicht nur schützend und paarend das Prinzip der natürlichen Ordnung repräsentiert. Die in der Nähe gestaltende Kraft des Weiblichen, die sich in der Beziehung verwirklicht, geht zwar vom Engsten der Familie, des Stammes und der blutsverwandten Gruppe aus, aber sie verharrt nicht dabei, sondern erreicht im Laufe der menschlichen Entwicklung

Formen der Wandlung, die es verständlich machen, daß die höchste Verkörperung des Großen Weiblichen immer mit der Liebesfähigkeit und Liebeswilligkeit des Weiblichen verbunden bleibt.

Denn die Forderung des Opfers ebensowenig wie die Herrschaft über die Welt der Pflanzen und Tiere, die Instinktwelt des Unbewußten, ist das eigentliche Anliegen der Großen Göttin. Über beiden steht ihr Gesetz der Wandlung, in dem sie das Lebendige erhöht und zu einer Entwicklung führt, in welcher, ohne die Verbindung mit dem Wurzelgrund zu verlieren, die höchsten Formen der seelischen Wirklichkeit erreicht werden.

Vierzehntes Kapitel

DIE GEISTWANDLUNG

Wir haben mehrfach auf die «Urmysterien des Weiblichen» hingewiesen und müssen, obgleich ihre Darstellung in eine «Psychologie des Weiblichen» gehört, versuchen, sie an dieser Stelle wenigstens zusammenfassend zu skizzieren.

Briffault hat die noch keineswegs genügend gewürdigte Tatsache entdeckt, in wie hohem Maße die Frühkultur das Produkt der Frauengruppe ist[1], und wie die relative Seßhaftigkeit der matriarchalen Gruppe von Müttern und Kindern biologisch, psychologisch und soziologisch zu einer «Veredelung» und Kulturierung des ursprünglichen Naturzustandes gedrängt hat.

Die Bewußtmachung des Menschen verläuft zunächst immer über ein unbewußtes der Gruppe wie dem Individuum bedeutsam scheinendes Tun, das wir als Ritual bezeichnen[2]. Jede wesentliche Tätigkeit des Primitivmenschen ist in diesem Sinne rituell, die Jagd ebenso wie die Nahrungszubereitung, das Essen ebenso wie das Weben, das Töpfern, die Bereitung des Rauschtrankes wie der Jagdgeräte usw. Das äußert sich darin, daß diese Fertigkeiten oft geheim tradiert wurden und ursprünglich eine besondere rituelle Vorbereitung der Beteiligten voraussetzen. Die Ausläufer derartiger ritueller Zusammenhänge reichen bis tief in die abendländische Welt. Nicht nur die Stände und Zünfte mit ihren Berufstrachten – Sitten – Codices, auch die Begleitung des Lebens durch Gebete und Symbole, die Feierlichkeiten, Versammlungen, Prozessionen der Gruppen, Genossenschaften, Verbände und Vereine sind Reste derartiger Riten.

Während sich aber die Mysterien des Männlichen, soweit es sich nicht nur um die Usurpation ursprünglich weiblicher Mysterien handelt, vorwiegend in einem abstrakten Geistraum abspielen, sind die Urmysterien des Weiblichen mehr mit dem Nächsten des alltäglichen Lebens und seiner Wirklichkeit verbunden. Erst spät, in den Eleusinischen Mysterien, denen der Isis und anderer, dringen die Mysterien auch in das Bewußtsein und Selbst-Bewußtsein des Weiblichen, bis dahin

[1] Vgl. Briffault, a. a. O., Bd. I, S. 447–490.
[2] Vgl. Neumann, Zur psychologischen Bedeutung des Ritus, a. a. O.

aber ereignen sie sich, einem wesentlichen Zug weiblicher Psychologie gemäß, auf der Stufe der direkten, aber unbewußten Erfahrung. Die Frau macht in der Gestaltung eines Stückes Wirklichkeit, in der diese Wirklichkeit zum «symbolischen Leben» wird, eine innere Erfahrung, ohne daß ihr etwa derartiges bewußt zu werden braucht. Nur die Intensität und Gefühlsbetontheit des Tuns und oft seine «Verhüllung» verrät seinen Mysteriencharakter.

Das Weibliche, dessen Wesen wir an den Funktionen des Elementar- und des Wandlungscharakters und seiner Symbole abzulesen versucht haben, wird in den Urmysterien schöpferisch und zum bestimmenden Faktor der menschlichen Frühkultur.

Während die Instinktmysterien um die Zentralstellen des weiblichen Lebens, um Geburt, Menstruation, Empfängnis, Schwangerschaft, Sexualität, Klimakterium und Tod kreisen, handelt es sich bei den Ur-Mysterien um die Projektion einer psychischen Symbolik in die Wirklichkeit, die durch das projizierte Symbol umgestaltet wird.

Wir unterscheiden bei den weiblichen Mysterien im wesentlichen solche der Bewahrung, der Formung, der Nahrung und der Wandlung.

Zum Elementarcharakter des Weiblichen gehört, wie wir ausgeführt haben, das Gefäß, das nun auf allen Stufen der Urmysterien zum Kernsymbol der Verwirklichung wird. Bei den Mysterien der Bewahrung projiziert sich diese Symbolik auf die Höhle[3], sowohl als Sakralbezirk, als Tempel, wie auf ihre Ausgestaltung zum Wohnraum, auf das Zelt, später das Haus und das Vorratshaus. Deswegen ist das Bauen und die Errichtung eines Gehäuses so häufig Angelegenheit der Frauen[4], und von der «bergenden Struktur» des Gefäßes wird ebenso das Grab, das Unterweltshaus, wie das Wohnhaus auf der Erde und der Tempel, das Haus für die Mächte der Oberwelt bestimmt. In Lykien und Kleinasien sind die Häuser "the exact counterpart of the ancient tombs and temples, the ruins of which are found in that ancient land of matriarchy[5]".

Aber nicht nur Tempel, Grab und Haus, auch der die Hausstruktur stützende Pfeiler ist als sein Zentrum das Symbol der Großen Mutter. Die frühesten Häuser zum Beispiel in Mesopotamien bestanden aus Matten, welche durch Pfeiler gestützt wurden, von denen R. Levy[6] das Pfeilersymbol der Großen Mutter abgeleitet hat.

Ebenso wie das Tor, das Gatter und die Hürde[7] sind das Kollektiv des Dorfes und der Stadt Symbole des Weiblichen. Ihre Gründung beginnt ursprünglich mit der Umkreisung, der Beschwörung des «Großen Runden», das als enthaltende Peripherie ebenso wie als Schoß-Mittelpunkt seine weibliche Natur verrät. Letzte Ausläufer davon sind die Mauerkronen der Göttinnen und die weiblichen Bezeichnun-

[3] Vgl. Levy, a. a. O., S. 62.
[4] Briffault, a. a. O., Bd. I, S. 477–483.
[5] Ebenda, S. 482.
[6] Levy, a. a. O., S. 99f.
[7] s. o. S. 156f.

gen aller Städte. Die römischen Penaten und Laren sind als Haus- und Ackergötter Begleiter der «Mater larum», welche als Mania mit dem in der Erdtiefe liegenden Zentrum der Stadt, dem Mundus und der Mauer zusammenhängt. Zum Weiblichen gehören so nicht nur Haus, Pfeiler, Tür, Schwelle und das oft in oder unter dem Hause befindliche Grab, sondern auch der Penus, die Vorratskammer, deren Schutzgötter die Penaten sind.

Die Frau ist das von Natur her Nährende und damit Herrin alles dessen, was Nahrung bedeutet. Ihre Auffindung, Zusammenstellung und Zubereitung ebenso wie die Sammel-Nahrung der Frühkulturen untersteht der weiblichen Gruppe. Nur die Tötung der Großtiere war Angelegenheit der Männer, aber das Leben und die Fruchtbarkeit der Tiere unterstand dem Weiblichen, da die magische Garantie der Jagd, der Jagdzauber, von ihm abhing, wenn er auch später von der die Jagd durchführenden männlichen Gruppe exekutiert wurde[8]. Diese Herrschaft über die Nahrung fußte weitgehend darauf, daß die Frauengruppe das Zentrum der Behausung, die eigentliche Heimat war, zu der das schweifende Männliche immer wieder zurückkehrte.

Die Bergung und Bewahrung, deren Funktion dem Weiblichen oblag, und die im großen zur Bildung des «Gehäuses» führte, wird durch das Flechten, Weben, Binden und Knüpfen vorbereitet, durch welche die Matte und der Schirm, die ursprünglichen Schutzgeräte der Frühkultur, angefertigt wurden.

Zu der gleichen Funktion des weiblichen Elementarcharakters gehört die Verhüllung und Kleidung des Körpers, sein Schutz und seine Bedeckung, die wieder weitgehend Angelegenheit der Frauengruppe sind. Dieser Prozeß beginnt mit dem Herrichten der Felle und der Lederzubereitung, die, wie die Unzahl der «scrapers» beweist, schon prähistorisch eine bedeutende Rolle in den Frühkulturen gespielt hat. Er setzt sich fort im Nähen der Gewänder und der Bearbeitung der Bast-, Borken- und Blattfasern, ihrer Wasserdichtmachung, Färbung und Bemalung, dem Gerben der Felle usf., welche der Kleidung, der Anfertigung der häuslichen Geräte und der primitiven Ausstattung der Wohnung dienen.

Zu den mit der Nahrung verbundenen Urmysterien des Weiblichen gehört auch die Herstellung des Gefäßes[9], mit dem gesammelt und Wasser gebracht wird, von der Verwendung der Fruchtschale bis zur Tasche, zum Schlauch, zum Netz und zur primitiven Keramik. Diese Geräte der Bewahrung sind wichtig für einen weiteren Bezirk der weiblichen Herrschaft, der für die Kulturentwicklung entscheidende Bedeutung besitzt, nämlich für die Nahrungs-Speicherung. Sie war nicht nur die erste Vor-Sorge-Aktion, welche den Hunger von der Gruppe fernhielt, wenn die Jagden ungünstig ausfielen, sondern sie war die Grundlage für die Besitzentwicklung, denn fraglos gehörten diese «Vorräte» den Frauen, deren Herrschaft als Näh-

[8] Hier setzt dann die Emanzipation der Männergruppe ein, deren Entwicklung später zum Patriarchat geführt hat. Siehe Neumann, *Ursprungsgeschichte* . . ., a. a. O., S. 461 f.

[9] s. o. S. 124, S. 134 f.

rende auf diese Weise verstärkt wurde. Aus der Nahrungs-Speicherung hat sich, zunächst wahrscheinlich durch Zufall, später bewußt dirigiert, durch Auskeimen und sich Verwurzeln von lagernden Körnern und Knollen im Bezirk der relativ seßhaften Frauengruppe die Garten- und Ackerbaukultur entwickelt.

Aber im Mittelpunkt der Mysterien, welche die Frauengruppe verwaltet, steht die Hütung und Bewahrung des Feuers. Der Bezirk der weiblichen Herrschaft symbolisiert sich ebenso im umgebenden Haus wie in dessen Zentrum, der wärmenden Feuerstelle, dem Ort der Nahrungsbereitung, dem «Herd», welcher charakteristischerweise auch der ursprüngliche Altar ist. Im alten Rom hat sich dieses matriarchale Grundelement im Kult der Vesta[10] und in seinem Rundtempel besonders deutlich erhalten.

Dieser ist das «alte Rundhaus oder Zelt, das die Feuerstätte in der Mitte hat. Man hat Modelle dieser prähistorischen Häuser als Leichenurnen auf dem Forum Romanum gefunden[11].»

Das dritte Zentralsymbol des weiblichen Herrschafts-Bezirks ist das Lager, das «Bett», der Ort der Sexualität und des mit ihr verbundenen Fruchtbarkeitsrituals. Bis heute beruht die Existenz der Familie auf diesen zentralen Symbolen, welche die weibliche Herrschaft im Innenraum der Familie konstellieren: dem Haus, dem Tisch – oder Herd – und dem Bett.

Mit der Verwendung des Feuers als dem Symbol und Instrument der Wandlung kommt es zur Gefäß-Wandlung, dem Ursprung der Keramik und zur Nahrungsveredelung, der Röstung, Bratung, Kochung ebenso wie später der Backung, die zentral mit den Ackerbau-, Korn- und Brotmysterien zusammenhängt[12]. So wird das Weibliche in den Urmysterien zur Herrin der Wandlung und legt die Grundlage der menschlichen Kultur, die gewandelte Natur ist.

Auf die Todesbedeutung der Mühle ebenso wie auf die Fruchtbarkeitsbedeutung von Kuchen und als Kuchen geformten Symbolen haben wir bereits hingewiesen. Daß in Griechenland und Rom ebenso wie im Mittelalter Mühlen und Bäckereien häufig mit Bordellen verbunden waren[13], gehört ebenso wie die volksliedhafte Gefahrgestalt der «schönen Müllerin» hierhin. Der ganze Umfang dieser Symbolik beruht auf der tiefen Identität des Nahrung gebenden und Nahrung wandelnden Weiblichen nicht nur negativ mit der Mühle, sondern auch positiv mit dem Ofen, besonders aber dem Backofen und dem Brot selber.

Uns beschäftigt an dieser Stelle nur der Wandlungsaspekt des Ofens, der als das sakrale Wandlungsgefäß des Lebens, als das Mysterium des Uterus, erscheint. So spielen in der römischen Mythologie die Göttin des Ofens und ihre Feier, die fornacalia, eine wichtige Rolle im Zusammenhang mit dem altertümlichen nationalen

[10] Siehe auch die Werke von Angelo Brelich: *Die geheime Schutzgottheit von Rom*, und: *Vesta*, beide in: Albae Vigiliae, Neue Folge, Nr. 6 und Nr. 7, Zürich 1949.

[11] Van der Leeuw, a. a. O., S. 374.

[12] Vgl. auch Jacob, a. a. O.

[13] Iwan Bloch, *Die Prostitution*, Berlin 1912, S. 277.

Brot, dem far. Die Verbindung von Wandlung, Geburt des Brotes, Ernährung und Weiblichem ist so deutlich, daß das Sprichwort sagt: «Der Ofen ist die Mutter.» So heißt es von einer Frau vor der Geburt: «Der Ofen wird bald einfallen», und Kranke und Krüppel müssen in vielen folkloristischen Bräuchen «umgebacken» werden[14]. Wie vollständig diese Identifizierung des Ofens mit dem Großen Weiblichen ist, geht auch daraus hervor, daß der Ofen als «prophetisch» gilt, befragt wird und das Schicksal verkündet.

Schon in diesen Ur-Mysterien des Weiblichen, die alle auf der stofflichen Naturebene liegen, erweist sich das Weibliche als Herrin der Wandlung. Es ist die Wandlung der Materie und des Lebens, die ihr untersteht, ob sie als Herrin des Wassers und als «Verheißerin der Regengüsse[15]» die Magie des Regens, als Herrin der Erde die Erdfruchtbarkeit des Bodens, als Herrin der Tiere die Fruchtbarkeit der Tiere oder als Herrin des Blutes die Wandlung aus dem Blut in das zu Gebärende, aus dem Blut in die Milch oder aus dem Blut in den Regen[16] verwaltet.

Darüber hinaus aber ist sie die Wandlerin des Naturhaften in ein Höher-Wirkendes, ein Geistig-Wirkendes, das sie aus der natürlichen Unterlage des Stoffes heraus zu destillieren vermag.

So wird sie als Göttin der Korn- und Nahrungspflanzen, der Kräuter und Früchte, zur numinosen Wandlerin dieser Grundelemente im Rausch-, Heil- und Gifttrank. Daß die Nahrungsbereitung und Nahrungsspeicherung die Frauen den Prozeß der Gärung und die Entstehung des Rauschtranks gelehrt hat, ist ebenso evident, wie daß sie als Sammlerin und später Pflegerin der Kräuter, Pflanzen und Früchte zur Erfinderin und Hüterin der Heilpflanzen und des Heiltrankes, der Medizinen ebenso wie der Gifte wurde[17]. Schon bei den Sumerern ist die Innini, die «himmlische

[14] Daß die alten Mysterien noch heute als solche erfahren werden können, beweist die Stelle aus einer Erzählung des tschechischen Dichters K. Capek, Die Nadel (in: *Der gestohlene Kaktus*, Leipzig und Wien 1937): «Sie können sich gar nicht vorstellen, was für eine hübsche Arbeit das Semmelbacken und besonders das Brotbacken ist. Ich kenne das, weil mein seliger Großvater eine Bäckerei hatte. Beim Brotbacken gibt es zwei, drei große, beinahe göttliche Geheimnisse. Das erste Mysterium tritt ein, wenn der Sauerteig angemacht wird. Man läßt ihn im Backtrog stehen, und nun vollzieht sich unter dem Deckel eine zauberhafte Verwandlung: Man muß sie nur abwarten – aus dem Mehl und dem Wasser ist lebendiger Gärteig geworden. Dann wird dieser Teig mit dem anderen vermengt und mit dem Knetscheit umgerührt. Auch das mutet wie etwas Religiöses an, wie ein kultischer Tanz oder dergleichen. Nun kommt eine Plache über das Ganze, und der Teig gärt. Das ist dann die zweite geheimnisvolle Verwandlung, wie der Teig majestätisch aufgeht, und dabei darf man das Tuch nicht aufheben und neugierig zugucken – ich sage Ihnen, das ist nicht weniger schön und nicht weniger sonderbar als eine Schwangerschaft. Ich habe mir oft gedacht, daß ‚der Backtrog' eigentlich weiblichen Geschlechtes sein sollte. Das dritte Geheimnis ist das Backen selbst. Was wird da nur im Backofen aus dem weichen, blassen Teig! Du lieber Gott, ist es denn nicht wie bei einem Wunder, wenn die Leute so einen goldbräunlichen Laib herausziehen, der duftet, wie selbst ein kleines Kind nicht köstlicher duften kann? Ich glaube, man sollte bei den drei Verwandlungen in den Backstuben läuten, wie man bei der Wandlung in den Kirchen läutet.»

[15] Vgl. Richard Pietschmann, *Geschichte der Phönizier* (Allgemeine Geschichte in Einzeldarstellungen, Bd. I, Buch 4), Berlin 1889, S. 235, Anm.

[16] Spence, *The Religion* . . ., a. a. O., S. 27.

[17] Fast überall ist es deswegen bei den primitiven Völkern die Frauengruppe, welche den Rausch-

Muttergöttin des Weines», auch die Korngöttin, und beide entsprechen astronomisch-astrologisch der Jungfrau mit der Ähre[18]. So ist die Göttin nicht nur Herrin der veredelten Erdfrucht, sondern auch des Geist-Stoffes der Wandlung, welcher im Wein verkörpert ist. Damit erhebt sich der Wandlungscharakter des Weiblichen von der Natur- auf die Geistebene. Die Urmysterien mit ihrer kulturschöpferischen Wirkung münden in einer Geistwirklichkeit, in welcher der Mysteriencharakter des Weiblichen sich vollendet.

DIE FRAU ALS MANAFIGUR

So entfaltet sich vor uns eine großartige Welt weiblicher Kultur-, aber auch Machtentfaltung, welche in immer neuen Kreisen des Numinosen und Faszinierenden sich um das Große Weibliche legt, das als Gottheit die Mitte der Frauengruppe und das Selbst der Einzelpsyche darstellt. Während anfangs das Bild des Großen Weiblichen als Göttin und als Großes Rundes den Menschheitshorizont erfüllte, tritt mit fortschreitender Entwicklung die irdisch-menschliche Verwalterin dieses Numinosen und ihre Trägerin, die Frau als Manafigur, in den Vordergrund und dann in den Mittelpunkt des menschlichen Bewußtseins. Und wie das Weibliche, das man zunächst als ein Tier – Löwin, Bärin, Vogel, Schlange usw. – verehrt hatte, allmählich zu einer menschgestaltigen Gottheit wurde, neben der das Tier als Begleittier steht, so sehen wir, daß ebenfalls das Zentralsymbol des Weiblichen, das Gefäß, nun endgültig zu seinem Attribut und Werkzeug wird. Psychische, symbolische und reale soziologische Faktoren treten hier – wie so oft – zusammen. Das Gefäß ist die Form, in der sich, einprägsam genug, der Stoff wandelt, ob er nun gekocht wird, gärt, oder die Heil-, Gift- oder Rauschtrankstoffe in sich enthält. Gleichzeitig aber wirkt das Grundphänomen, daß diese magisch verstandene Wandlung von der Frau und nur von ihr durchgeführt werden kann, weil sie selber in ihrer Körperlichkeit in Entsprechung zum «Großen Weiblichen» der Kessel der Menschwerdung, der Geburt und Wiedergeburt ist. Deswegen ist der magische Kessel und Topf immer in der Hand der weiblichen Manafigur, der Priesterin oder später der «Hexe»[19].
T. 138 Helios fährt am Himmel im Kessel der Wandlung, zu dem er jeden Abend untergehend heimkehrt, und in welchem er ursprünglich in der Nacht erneuert wurde. Und so wie Pelops, nachdem er im heiligen Kessel gekocht wurde, durch die
T. 139 Schicksalsgöttin Klotho oder die Muttergöttin Rhea zur Erneuerung gelangte,

trank bestellt, und die Verwaltung der Heil- und Giftkräuter durch die alte Frau ist noch bis heute in der Anschauung – und Wirklichkeit – von der Kräuterhexe und der Frau als Giftmischerin übriggeblieben.

[18] Vgl. Stephen Herbert Langdon, *Tammuz und Ishtar*, Oxford 1914, S. 43f.

[19] Zur Gottheit als Topf s. o. S. 133f.

wurde auch Dionysos nach seiner Umkochung in einem magischen Wandlungskessel[20] «ganz und vollständig».

Die weibliche Mana-Figur, welche dieses Wandlungsprinzip in der Antike am deutlichsten repräsentiert, ist Medea. In ihr lebt die Gestalt des untergehenden Matriarchats, aber sie ist vom patriarchalen Prinzip bereits entwertet, und die mythische Wirklichkeit, die sie eigentlich vertritt, ist in ihr schon personalisiert[21], das heißt ins nur Persönliche verkleinert und negativiert. Sie ist, wie Kirke, ursprünglich eine Göttin, im patriarchal gefärbten Mythos aber zur «Hexe» geworden.

Der Wandlungskessel ist mit dem Opfergefäß identisch, dessen Blut-Inhalt für die Priesterin notwendig ist, um das magische Ziel zu erreichen. Das Blut hat hier noch nicht die spätere «geistige» Bedeutung einer Opferdarbringung, sondern noch eine magische: es «enthält» die Seele, wie noch das Alte Testament lehrt. Die Notwendigkeit seiner Verwendung fußt auf dem matriarchalen Glauben, daß auch im mütterlichen Leibe kein Lebendiges ohne Blut aufgebaut werden kann[22]. Deswegen sind die Kessel Mexikos ebenso wie die Kessel der Unterwelt[23], die Wandlungskes- *T. 76; Fig.*
sel, von denen Leben, Fruchtbarkeit, Licht und Wandlung abhängen, Blutschalen[24].

Gleicherweise berichtet Strabo[25] aus dem alten Norden Europas von den Zimbern:

> "Their women who travelled with them were accompanied by sacred priestesses, grey-haired, white-robed, with a linen scarf buckled over their shoulder and a girdle of brass, and walking bare-footed. These priestesses, with a sword in their hand, met the prisoners of war when they were brought to the camp; and, having crowned them, they led them to a brass basin as large as thirty amphorae. They had a ladder, which the priestess mounted, and, standing over the basin, she cut the throat of each prisoner as he was handed up to her. With the blood that gushed into the basin they made a prophecy."

Ein derartiger Zauber-Opfer-Kessel aus Silber, in dem eine Opferszene darge- *T. 140*
stellt ist, wurde in Jütland gefunden. Die auf ihm abgebildete Göttin, die Briffault als Mondgöttin beschreibt[26], kennen wir bereits als Herrin der Tiere. Auf den uns vorliegenden Abbildungen sind deutlich zwei weibliche Typen zu unterscheiden: die alten Priesterinnen, deren Haartracht der großen Göttin der Tiere entspricht, an welche sie sich wenden; sie sind offenbar die eigentlichen Fruchtbarkeits- und Wahrsagepriesterinnen. Daneben sehen wir jugendliche weibliche «schwebende» Figuren, die schon den später auf Besenstielen reitenden jungen Hexen ähneln. Sie

[20] Briffault, a. a. O., Bd. III, S. 451, Anm. 3.
[21] Neumann, *Ursprungsgeschichte* ..., a. a. O., S. 221f.
[22] s. o. S. 45.
[23] s. o. S. 185f.
[24] s. o. S. 185, Anm. 154.
[25] Strabo, The Geography of Strabo, mit einer engl. Übersetzung von H. L. Jones, London 1917, Buch VII, Kap. 2.
[26] Briffault, a. a. O., Bd. II, S. 542.

haben als artemisartige Jagdgöttinnen amazonisch-walkyrischen Charakter. Die eine kämpft mit einem Raubtier, die andere, mit einem Schwert in der Hand, tötet anscheinend einen Auerochsen. Dieser Gegensatz zwischen der jungen und der alten Priesterin beziehungsweise Gottheit ebenso wie ihre Zusammengehörigkeit wird uns immer wieder beschäftigen[27].

Der Zauberkessel ist ursprünglich ein Fruchtbarkeitssymbol, das zum Elementarcharakter des Weiblichen gehört. Als solches gibt er die Nahrung, ist das Füllhorn, und selbst in seiner spätesten Form, in der er als Gral, christianisiert und sublimiert, seine ursprüngliche Bedeutung als kultisch magischer Kessel der Priesterin fast verloren hat, ist seine nahrungspendende Wirklichkeit noch erhalten. Dieses Nahrungspenden wird von vielen magischen Kesseln der Irischen Legende erzählt[28], aber auch der Gral selbst hat nach der Legende nicht nur Joseph von Arimathia während seiner Gefangenschaft ernährt, sondern erfüllt auch noch in der Gralsburg diese Funktion. "It proceeded to every place in the hall, and as it came before the tables, it filled them with every kind of meal that a man could desire[29]."

Neben dem Elementarcharakter des magischen Gefäßes ist aber sein Wandlungscharakter von Anfang an wirksam. Es hat sich nicht erst später, im Laufe der Zeit, eine sublimiertere oder spirituelle «Auffassung» durchgesetzt, sondern der Wandlungscharakter ist mit der magischen Bedeutsamkeit der Frau als Mana-Figur von Anbeginn verbunden. Es scheint zur Grundlage der magischen Weltauffassung überhaupt zu gehören, daß das Weibliche aus unbekannten, das heißt numinosen Gründen in sich Leben erschaffen kann.

Wie Briffault nachgewiesen hat, stammt jedes Tabu ursprünglich von dem Menstruations-Tabu, welches das Weibliche für diese Periode über sich und über die Männer verhängt hat. So wie die matriarchale Epoche mit der Dominanz des Weiblichen Ursache des Totemismus und der Exogamie gewesen ist, scheint auch das Tabu und das Prinzip der Einweihungsriten ursprünglich zu den Grundinstitutionen der Frauengruppe gehört zu haben. Dafür spricht die nachweisbare Übernahme weiblicher Mysterien durch die Männer[30], daß in verschiedenen Mysterien die Männer noch die – ursprüngliche – Frauenkleidung tragen[31], und daß sogar Überlieferungen, zum Beispiel bei den primitiven Ureinwohnern Feuerlands, bestehen, nach denen die Mysterien ursprünglich weibliche Mysterien der Mondgöttin waren, gegen welche die Männer dann unter der Führung der Sonne revoltierten, indem sie alle erwachsenen Frauen umbrachten und nur unwissende und uneingeweihte kleine Mädchen überleben ließen[32].

[27] s. u. S. 288f.

[28] Briffault, a. a. O., Bd. III, S. 452.

[29] Ebenda.

[30] Ebenda, Bd. II, S. 543–555.

[31] Ebenda.

[32] Ebenda. Vgl. auch Wilhelm Koppers, Zum Ursprung des Mysterienwesens im Lichte von Völkerkunde und Indologie, in: *Eranos-Jahrbuch 1945*, XIII.

Wenn man die psychologischen Bedingungen betrachtet, welche Anlaß zu einer Pubertätseinweihung, zu Geheimriten und zur Abgeschlossenheit bilden könnten oder besser müßten, dann findet man in der normalen männlichen Entwicklung nichts dergleichen, während das geheimnisvolle Eintreten der Menstruation ebenso wie das der Schwangerschaft und das überaus gefährliche Ereignis der Geburt geradezu eine psychologische Nötigung dafür darstellen, daß die unerfahrene Frau von denen, welche um diese Dinge wissen, eingeweiht wird. Die monatliche «Absonderung» in dem geschlossenen, tabuierten weiblichen Sakralbezirk ist nur die sinngemäße Fortsetzung der an diesem Ort mit der ersten Menstruation erfolgenden Initiation. Am gleichen Ort, der das natürliche, soziale und psychologische Zentrum der Frauengruppe ist, in dem die alten erfahrenen Frauen herrschen, erfolgt die Geburt. Daß dabei das Wissen um die Wirkung der Kräuter, Früchte usw. zur ersten Verwendung bei der Blutstillung, Wundheilung und Schmerzbetäubung führen mußte, ist ebenfalls durchaus natürlich.

Anfangs, in der Blüte der matriarchalen Epoche, stand das Kollektivdasein der Gruppe im Vordergrund, und die Individualitäten waren relativ ebenso wenig entwickelt wie individuelle Beziehungen zwischen Frauen und Männern. In dieser Zeit war der Inhalt der Frauenmysterien überwiegend das auf die Allgemeinheit bezogene Fruchtbarkeitsritual. Dazu kam später die Tradierung der Urmysterien, der Kulte, die, wie wir wissen, von den Frauen als Geheimnis bewahrt wurden[33]. Zu diesen Geheimnissen der Fraueneinweihungen traten später Lehren über den Geschlechtsverkehr, über die Konzeptionsverhütung und schließlich der Liebeszauber.

Für das Grundverständnis der magischen Wirksamkeit der Frau und der Frau als Mana-Figur ist es bedeutsam, daß diese sich mit Notwendigkeit selber als Objekt und Subjekt rätselhaft-numinosen Geschehens und als Gefäß der Wandlung erfahren mußte. Die geheimnisvollen Ereignisse ihrer Körperlichkeit – die Instinktmysterien ihres Daseins – sind ausschließlicher Besitz des Weiblichen. Ihnen vermochte das Männliche außer seiner technischen Kraft und Geschicklichkeit nichts Entsprechendes entgegenzusetzen; erst mit der Entwicklung des spezifisch männlichen Bewußtseins wurde das anders.

Die magische Wirksamkeit des Weiblichen ist aber nicht an den Elementarcharakter und das Fruchtbarkeitsritual gebunden, sondern über die Fruchtbarkeit der Tiere und Menschen, der Erde und des Himmels hinaus wird die weibliche Gottheit als Großes Rundes zu unendlich viel mehr, nämlich zum Garanten der Steigerung und Wiedergeburt des Lebens. Die Nacht, die über Tod und Schlaf zur Heilung und Geburt führt, erneuert das Lebendige nicht nur in seinem Kreislauf, sondern sie führt es auch über das irdische Dunkel aufsteigend zur Erhöhung seines Wesens im Aufbrechen der Tiefenkräfte, die im Rausch und in der Ekstase, in *T. 141*

[33] Derartige Tendenzen lassen sich noch bis in die Moderne hinein verfolgen, in der Rezepte und dergleichen innerhalb von Familien tradiert werden.

Dichtung und Erleuchtung, Sehertum und Weisheit dem Menschlichen die Erreichung einer neuen Geist- und Lichtdimension ermöglichen.

Wir haben schon mehrfach diese Geistseite des weiblichen Wandlungscharakters erwähnt, der durch Leiden und Tod, Opfer und Vernichtung führt, um dann das Sterbliche zum Unsterblichen gewandelt, erneuert und wiedergeboren aus sich zu entlassen. Eine derartige Wandlung ist aber an die Bedingung gebunden, daß das zu Wandelnde in seiner Ganzheit in das Große Weibliche eingeht, das heißt in der Rückkehr in das Mutter-Gefäß stirbt, mag dies als Erde, Wasser, Unterwelt, Urne, Sarg, Höhle, Berg, Schiff oder Zauberkessel erscheinen. Meist sind sogar einige dieser Symbole des Gefäßbezirks miteinander kombiniert; sie alle aber sind wieder in der umfassenden psychischen Wirklichkeit, dem mütterlichen Schoß der Nacht oder des Unbewußten, enthalten. Es kann sich bei dem Wiedergeburtsgeschehen um einen Schlaf in der nächtlichen Höhle, um den Abstieg in eine Welt unter der Erde zu den Geistern und Ahnen der Unterwelt, um die Fahrt über das Nachtmeer oder aber um eine durch irgendwelche Mittel verursachte Betäubung handeln – in jedem Falle ist die Rückkehr zur Erneuerung nur nach dem Tode der alten Persönlichkeit möglich. Ob der Kranke in einem Inkubationsschlaf – wie in Malta lange vor der Heilung in den griechischen Heiligtümern des Asklepios – in unterirdischen Gemächern mit der heilenden Gottheit in Gestalt der Schlange in Berührung kam, ob er durch einen Dolmen oder ein Steintor gezogen oder sonst zur Wiedergeburt gebracht wurde, immer handelt es sich um die Belebung der gleichen archetypischen Konstellation.

Auch wenn später im alten Orient die Erneuerung des Gottkönigtums zu einer für das Kollektiv lebenswichtigen Institution geworden war, waren es die alten Symbole und Riten, mit welchen die Wiedergeburt des Königs verbunden war: die Besteigung des die Große Mutter vertretenden Thrones, das Hindurchziehen durch ein Tierfell, oder ein Sterberitual, in dem der König, wie in Ägypten, mit dem toten Osiris identifiziert und wie dieser von der großen Göttin Isis aufgeweckt werden mußte.

Jedes magische Geschehen setzt ein Ritual voraus und jedes Ritual eine Veränderung der menschlichen Persönlichkeit, in der sie ritualfähig wird und über Kräfte verfügt, die ihr normalerweise nicht zu Gebote stehen[34]. Uns braucht hier nicht zu interessieren, ob ein derartiges Wiedergeburts-Ritual ursprünglich von der Frauengruppe, von einzelnen Priesterinnen oder von der gesamten Gruppe begangen wurde, das eine steht fest, daß überall auf der Erde der Frau eine besondere magisch-mantische Wirksamkeit und Möglichkeit zugesprochen wird. Das ist auch psychologisch durchaus verständlich, denn während die Männerwelt in der Entwicklung des männlichen Bewußtseins und des rationalen Geistes zu ihrer spezifischen Eigenleistung gekommen ist, ist die Psyche der Frau in weit höherem Maße auf die Produktivität des Unbewußten angewiesen, die mit einem von uns deswegen

[34] Vgl. Neumann, Zur psychologischen Bedeutung des Ritus, a. a. O.

als «matriarchal» bezeichneten Bewußtsein eng zusammenhängt[35]. Dieses matriarchale Bewußtsein, das weitgehend auf der participation mystique des Menschen mit der Umwelt beruht, und in dem teilweise noch eine Ungeteiltheit von menschlicher Psyche und außermenschlicher Welt wirksam ist[36], bildet aber auch gerade die Grundlage für die magisch-mantische Fähigkeit der menschlichen Persönlichkeit. Das matriarchale Bewußtsein ist mit seiner größeren Nähe zu dieser Wirklichkeit und mit seiner großen Offenheit den Mächten des Unbewußten gegenüber gerade im weiblichen Menschen ursprünglich stärker und weniger durch die abstrahierende Form des patriarchalen Bewußtseins überdeckt.

Es kann nicht unsere Aufgabe sein, das Material zu zitieren, das beweist, welche Rolle die Frau als Mana-Figur, als Herrin der positiven wie der negativen magischen Wirkung, als Priesterin ebenso wie als Hexe innerhalb der Menschheit ausgeübt hat. Es genügt, darauf hinzuweisen, daß sie diese Rolle in Sumer, Assyrien, Babylonien, Ägypten, Griechenland, Rom, bei den keltischen und germanischen Völkern, in Afrika, Asien, ganz Amerika, Indonesien, Polynesien, Australien, kurzum in der ganzen unzivilisierten und zivilisierten Welt ursprünglich gespielt hat[37]. Unsere eigentliche Aufgabe ist vielmehr, die psychologischen Ursachen verständlich zu machen, die zu dieser Funktion des Weiblichen als Mana-Figur geführt haben.

Auch hier hat erstmalig Bachofen, wenn auch in einer gewissen einseitig moralisierenden Wertsetzung, etwas Grundsätzliches erfaßt, wenn er im Zusammenhang mit der Natur der Frau schreibt:

> «Jene mania der Bacchen, welche uns Euripides schildert, und die auf so manchem Kunstwerk in ihrer körperlichen Erscheinung dargestellt ist, wurzelt in den Tiefen des weiblichen Gemütslebens und wird durch die unlösbare Verbindung der beiden gewaltigsten Mächte, religiöser Erregung und sinnlicher Sehnsucht, zu der Wut der Begeisterung gesteigert, deren taumelnder Rausch als unmittelbare Offenbarung der herrlichen Götter erscheinen mußte. In dem Sitze seines Lebens getroffen, durchstürmt das Weib die stillen Gebirgshöhen, überall den erkannten Gott suchend, der selbst am liebsten über die Anhöhe einherschreitet... Die Glut des aus Religion und Sinnlichkeit gemischten Orgiasmus zeigt, wie das Weib, wenngleich schwächer als der Mann, sich doch zu Zeiten höher zu schwingen vermag als jener. Durch sein Mysterium ergreift Dionysos die weibliche Seele bei ihrem Hang für alles Übernatürliche, dem Gesetzmäßigen sich Entziehende, durch seine sinnlich blendende Erscheinung wirkt er auf die Einbildungskraft, welche für das Weib der Ausgangspunkt aller seiner inneren Erregungen bildet, und auf das Liebesgefühl, ohne welches es nichts vermag, dem es aber unter dem Schutze der Religion einen alle Schranken durchbrechenden Ausdruck verleiht[38].»

Wir haben wiederholt auf die Bedeutung des «transpersonalen Männlichen», des patriarchalen Uroboros[39], hingewiesen, die tiefere Schicht dessen, was C. G. Jung

[35] Derselbe, Über den Mond..., a. a. O.

[36] Derselbe, Die Psyche und die Wandlung der Wirklichkeitsebenen. In: *Eranos-Jahrbuch 1952*, XXI.

[37] Siehe Briffault, a. a. O., Bd. II, S. 502–570.

[38] Bachofen, *Das Mutterrecht*, a. a. O., Bd. I, S. 587f.

[39] Neumann, *Ein Beitrag zur seelischen Entwicklung des Weiblichen*, a. a. O., S. 133f. und S. 142.

als «Animus»-Seite[40], als männliche Geistseite des Weiblichen, dargestellt hat. Die Geistseite des Unbewußten tritt dem Weiblichen als unsichtbar erregender und bewirkender, befruchtender und inspirierender männlicher Geist entgegen, ob dies Männliche nun als Totem, Dämon, Ahnengeist oder Gott erscheint[41]. Jede psychische Situation, die zu einer Belebung des Unbewußten oder zu einem «abaissement du niveau mental» führt, setzt bei der Frau die unbewußten Partialstrukturen der Animus-Welt, dahinter aber die Welt des patriarchalen Uroboros, in Bewegung. Dabei ist es uninteressant, ob es sich um konstitutionelle Begabung, durch Initiation entwickelte Fähigkeiten, durch natürliche Schwächung (Menstruation, Geburt, Krankheit, Hunger), durch die Altersentwicklung bedingte, durch Not-Situationen provozierte oder um eine durch besondere Maßnahmen hervorgerufene Veränderung der Normal-Persönlichkeit handelt.

Daß derartige Maßnahmen zur mantisch-magischen Vorbereitung gehören, wissen wir, seien diese Isolierung, Hunger, Ertragen von Schmerzen, Einnahme mannigfach erregender Rauschmittel, Trinken von Blut, die rauschbringende Vergiftung durch das Kauen von Pflanzen, wie Lorbeer und Efeu, oder die Einnahme von Pflanzengiften, wie Opium, Tabak oder unzählige andere Stoffe der Pflanzenwelt, die aus Früchten, Blättern, Knollen und Samen gewonnen werden. Das Wissen um diese Kräfte gehört zum Urwissen des Weiblichen, von der frühesten Herrschaft über die Rituale des Wachstums bis zur Hexe und Kräuterfrau der Verfallszeit.

Alle diese Hilfsmittel setzen nur eine natürliche vorgegebene Möglichkeit der weiblichen Psyche in Bewegung, durch die sie von jeher als Schamanin, Sibylle, Priesterin und weise Frau innerhalb der Menschheit gewirkt hat. Diese psychologische Situation wird noch dadurch verstärkt, daß die Männer die in ihnen lebendige Anima-Figur[42] auf das Weibliche projizieren, beziehungsweise an ihm erleben. Die Anima-Figur ist, wie die Psychologie auch des modernen Mannes beweist, in hohem Maße mitgeprägt durch das Weibliche als die junge Priesterin, die Sophia oder die junge Hexe. Je unbewußter ein Mann ist, desto mehr bleibt die Anima-Figur mit der Mana-Figur der Mutter oder der alten Frau verschmolzen oder verbunden. Die unbewußte Psyche des Mannes wird so durch eine Einheit von alten und jungen Frauen mit magischer Wirkung dirigiert. Eine derartige Konstellation finden wir in dem äußeren Leben der Primitivmenschheit in der magisch-mantischen Dominanz der Frauengruppe verwirklicht. Psychologisch ergibt sich so eine Hierarchie «geistig-magischer» Potenzen und Machtebenen, in der auf oberster Stufe

[40] Jung, *Die Beziehungen* . . ., a. a. O., S. 117ff.

[41] Nicht zufällig heißen darum die ältesten der ägyptischen Göttinnen, die Geiergöttin Nechbet und die Schlangengöttin von Buto «Die Zauberreichen». Der Geier, der angeblich nur als vom Winde empfangendes Weibchen vorkommt, ist wie die Geiergöttin Mut die schützende und nährende Himmelsmutter gerade des Königskindes. Sein Vater ist die Gottheit, welche auf der matriarchalen Stufe als «patriarchaler Uroboros», als anonym Transpersonales, hier als «Geist-Wind», im Patriarchat später als «Geist-Sonne» erfahren wird. Zur Schlange vgl. o. an vielen Stellen. Der Verbindung des Weiblichen mit dem Transpersonalen entstammt der «Zauber».

[42] s. o. S. 39ff.

die «Große Mutter» steht, neben ihr als wirksames Prinzip die Animus-Welt des Transpersonal-Männlichen. Von dieser Welt, die ihren Brennpunkt in der Figur des Mondes besitzt, als dem «Herrn der Frauen», hängt die Frauengruppe in ihrer magisch-geistigen Wirklichkeit ab. Diese Frauengruppe aber, deren Bedeutung noch durch die Projektion des Männlichen verstärkt wird, beherrscht – in der matriarchalen Phase, von der hier die Rede ist – die Welt der Männer, die sich in ihrer Entwicklung noch nicht mit dem Transpersonal-Männlichen, das die Frau erfährt, identifiziert haben.

Wenn nicht wie in einer späteren menschheitlichen Entwicklung das Bewußtsein und die Ratio zur Entscheidung einer Situation herangezogen werden können, greift das Männliche auf die das Weibliche inspirierende Weisheit des Unbewußten zurück, das nun im Ritus und Kult angerufen und in Bewegung gesetzt wird. Es ist evident, daß in dieser Phase die Vormachtstellung des Weiblichen – ganz unabhängig von seiner soziologischen Bedeutung und Situation – unerschütterlich ist, denn je weniger entwickelt das Bewußtsein der Menschheit ist, in desto höherem Maße ist sie auf die Orientierung durch das Unbewußte, die transpersonalen Mächte, angewiesen. Auch noch in späterer Zeit ist der männliche Schamane und Seher in hohem Maße «weiblich», indem er von seiner Anima-Seite abhängt. Deswegen trägt er häufig Frauenkleidung[43].

So ist die Frau die ursprüngliche Seherin, die Herrin der weisheitbringenden Wasser der Tiefe, der murmelnden Quellen und des Brunnens, denn «die» oder, besser, *eine* «ursprüngliche Verlautbarung des Sehertums ist die des Wassers[44]». Aber die Frau weiß auch um das Rauschen der Bäume und um alle Zeichen der Natur, mit deren Leben sie so eng verbunden ist. Das Murmeln des Wassers der Tiefe ist nur ein Außen des in ihr selber aufmurmelnden Sprechens des Unbewußten, das wie das Wasser des Geysirs in ihr «aufgeistet».

Weil die ekstatische Situation der Seherin aus ihrem Überwältigtsein durch den in ihr aufsteigenden Geist stammt, der aus ihr spricht oder besser in rhythmisch gesteigerter Sprachbeschwörung aus ihr sich kundtut und singt, ist sie das Zentrum der Magie, des magischen Gesanges und schließlich der Dichtung. Sie ist die Quelle, von der Wodan die Runen der Weisheit erlangt, ebenso wie sie die Muse ist, der Ursprung des aus der Tiefe strömenden Spruchs und die inspiratorische Anima der Dichter[45].

Als inspiratorische Kraft kann sie einzeln und in der uns bekannten Dreiheit auftreten ebenso wie in ihrer Vervielfachung. Chariten, Nymphen, Nixen, Musen,

[43] In diesem Sinne ist der archetypische Aspekt des Weiblichen, so wie er in beiden Geschlechtern lebendig ist, das für uns psychologisch Bedeutsame. Auch wo später – oder gleichzeitig mit der Frau – das Mantische im Manne bestimmend wird, ist es seine weibliche Seite, die Anima in ihm, mit deren Hilfe er die Tiefenschicht des Unbewußten erreicht.

[44] Ninck, *Wodan* . . ., a. a. O., S. 305.

[45] Vgl. dazu Robert Graves, *The White Goddess*, New York und London 1948, sowie die oben zitierten Werke von Briffault und Thomson.

Grazien, Moiren und unzählige entsprechende Figuren sind die singenden, tanzenden und verkündenden Kräfte dieses inspiriert-inspiratorischen Weiblichen, bei dem, wenn die Not drängt, das ursprungsentferntere Männliche Weisheit sucht. Und immer wieder finden wir dies mantisch Weibliche verbunden mit den Sym-
T. 141 bolen von Kessel und Höhle, Nacht und Mond.

Denn der Kessel ist nicht nur das Gefäß des Lebens und des Todes, der Erneuerung und Wiedergeburt, sondern auch das des Zaubers und der Inspiration. Sein Wandlungscharakter führt über Auflösung und Tod zur ekstatischen Steigerung und zur Geburt des sich aussprechenden Geistes, welcher als Symptom der Wiedergeburt in ekstatischer Inspiration zur Schau und zum Spruch, zum Gesang und zur Verkündung führt.

Der Spruch aber ist auch das Schicksal, denn er verkündet, was die Mächte beschlossen haben, und Fluch ebenso wie Segen sind von den in der Hand der Frauen liegenden magischen Ritualien abhängig. Das, was wir später als Dichtung bezeichnen, stammt aus dem magischen Spruch und Gesang, der spontan aus der Tiefe des Unbewußten aufsteigt und seine eigene Form, seinen eigenen Rhythmus ebenso wie seine eigene Bild- und Sinngewalt aus dieser Tiefe mit heraufbringt.

In dem schönen Kapitel "The Art of Poetry" seines mehrfach zitierten Werkes[46] und besonders in dem Abschnitt "Improvisation and Inspiration" führt Thomson die psychische Wirklichkeit der Dichter auf die der Propheten und diese auf die in der Primitivphase mit der Inspiration identische Besessenheit zurück. Diese «Besessenheit» aber können wir auf Grund unserer tiefenpsychologischen Einsicht heute besser verstehen als früher. Es ist die Besessenheit durch das, was die analytische Psychologie eine «Teilseele» nennt, eine unbewußte Komponente der menschlichen Psyche, welche sich an die Stelle des noch relativ schwachen und im Bewußtsein nicht fest fixierten Ich setzt.

Wie es möglich ist, daß bei dieser Besessenheit nicht sinnlose oder «wunschgemäße» Produkte, sondern integrierte und sogar dem jeweiligen Bewußtsein überlegene Inhalte aus dem Unbewußten auftauchen, kann uns hier nicht beschäftigen. Aber das Grundphänomen, daß das transpersonale Unbewußte auch kulturschaffend ist und das jeweilige Bewußtsein des Einzelnen und der Gruppe bereichert – denn alle primitive und fast alle Kultur überhaupt stammt aus der einfallenden Gewalt des Unbewußten –, das gerade macht den Träger des «unbewußten Spruchs» zur Mana-Figur, zum «Großen Einzelnen» und zum hervorgehobenen Werkzeug der Mächte.

Am Beispiel von Wodan-Odin ist die allgemeingültige Zusammengehörigkeit von Ergriffenheit, Wut, Geist und Dichtung ausführlich dargestellt worden[47]. Seine Namensableitung ist in Wirklichkeit eine Ausführung des etymologischen Stammes «Wut», über den es heißt:

[46] Thomson, a. a. O., S. 454ff.
[47] Ninck, *Wodan* ..., a. a. O., Index s. v. «Wodan».

«Wut, ahd. *wuot* ,Raserei'. Daneben das Adjektiv ahd. *wuot*, ags. *wod*, anord. *oor* ,rasend', got. *wods* ,besessen, geisteskrank'. Neben dieser Sippe steht ags. *wop* ,Stimme, Gesang', anord. *oor* ,Leidenschaft, Poesie'. Die Bedeutung vermittelt das urverwandte lat. *vates* ,gottbegeisterter Sänger' (air. *faith* ,Dichter'), vgl. air. *api-vatagati* ,regt geistig an, macht verstehen', avest. *aipi-vat* ,verstehen'. Wahrscheinlich gehört zur selben Sippe der Göttername Wodan (anord. *Odin*)[48].»

Wichtig ist die Ergänzung Nincks, daß zu diesem Stamme auch die Bedeutung ,Brunst' gehört, mittelniederländisch ,wütend, rasend, heftig begehrend, von Liebe brennend'. Der etymologische Zusammenhang von Wut, Sturm, Erregung, Rausch, Brunst, Sehertum und Dichtung ist außerdem mit der Geist-Mond-Wurzel[49] zu verbinden, zu der auch Mimir, der Weise am Brunnen, gehört, ebenso wie mit den Bedeutungen des Wortes ,Geist':

«Als Grundbedeutung folgert man ,Aufgeregtheit' aus anord. *geisa* ,wüten' (von Feuer und Leidenschaft) und got. *usgaisjan* ,außer sich bringen', engl. *aghast* ,außer sich'[50].»

Diesem Sinnzusammenhang ist außerdem noch die zu singen gehörende Bedeutungsgruppe anzuschließen:

«german. Wurzel *sengw* aus idg. *sengah* scheint nur noch in gr. ὀηφή (aus *songuha*) ,göttliche Stimme, Orakel' einen Verwandten zu haben[51].»

Alle diese etymologischen und Sinnzusammenhänge von Ergriffenheit, Wut, Leidenschaft, Geist, Gesang, Inbrunst, Außersichsein, Dichtung und Orakel umkreisen die schöpferische Seite des Unbewußten, dessen Aktivität den Menschen in Bewegung setzt, überwältigt und zum Werkzeug macht. Die Überlegenheit der einbrechenden Kräfte des Unbewußten schaltet, wenn sie spontan auftreten, das Ich und das Bewußtsein mehr oder weniger aus, das heißt die Menschen sind von diesen Kräften ergriffen und besessen. Da diese Besessenheit aber «höhere» und bewußtseinsüberlegene Kräfte im Menschen auftauchen läßt, wird sie methodisch im Kult und Ritual gesucht.

Eine entscheidende Rolle spielt in diesem Zusammenhang der Tanz als Ausdruck der natürlichen Ergriffenheit des frühen Menschen. Das Ritual ist ursprünglich immer auch Tanz, in dem die Ganzheit der Körperpsyche sich im wahren Sinne des Wortes in Bewegung setzt[52]. Und so wird gerade auch im Tanz, besonders im orgiastisch erregten und erregenden Tanz, die Große Göttin gefeiert.

Das älteste Beispiel eines solchen Tanzes, und zwar offenbar im Zusammenhang *Fig. 64* mit einer phallischen Knabenfigur, finden wir schon in den Felszeichnungen der Eiszeit. Eine Entsprechung dazu aus der amerikanischen Kultur ist der Tanz der *T. 143* Frauen um die Gestalten mit den Stäben. Auch die archaische Göttin Böotiens steht *T. 144* im Mittelpunkt des Ringtanzes von Frauen, und auf dem mit den Köpfen der

[48] Vgl. Kluge und Götze, a. a. O., S. 700.

[49] Vgl. Neumann, Über den Mond ..., a. a. O., S. 342f.

[50] Vgl. Kluge und Götze, a. a. O., S. 194.

[51] Vgl. ebenda, S. 564.

[52] Vgl. Neumann, Zur psychologischen Bedeutung des Ritus, a. a. O.

T. 145 Hathor und Blütenrosetten geschmückten Kopfputz der zyprischen Göttin tanzen Faune mit Frauen den orgiastischen Kreistanz.

Weil die Ergriffenheit in hohem Maße eine Ausschaltung des normalen Tagesbewußtseins voraussetzt, ist die Große Göttin der Nacht als Herrin des Unbewußten nicht nur die Herrin der Gifte und des Rauschtrankes, sondern auch die der

Abb. 64. TANZGRUPPE

Felsenmalerei, Cogul, Spanien, paläolithisch

Betäubung und des Schlafes. Ihre Priesterin ist die ursprüngliche Spenderin der Inkubation, des Schlafs der Heilung, Wandlung und Erweckung, deren Eingreifen überall da notwendig ist, wo der Umgang mit den Mächten nur der vom Körper im Traum oder in der Ekstase befreiten Seele möglich ist.

Schon in den Pfahlbauten der Steinzeit finden wir den Mohn, die typische Pflanze *Fig. 58; T. 60* der Großen Göttin in Kreta, der Demeter, Ceres und Spes, als Nutzpflanze angebaut[53]. Die Wirkung eines Vergessenheits- und Zaubertrankes ist uns auch von Homer überliefert. Auffälligerweise wird Telemach mit diesem Trank «Nepenthes» im matriarchalen Sparta vertraut gemacht. Die den Trank kredenzende troja-

[53] Vgl. Louis Lewin, *Phantastica: Die betäubenden und erregenden Genußmittel*, Berlin 1924, S. 41.

nische Helena gehört ebenso wie sein Herkunftsland Ägypten in den matriarchalen Bezirk[54].

«Warf alsbald in den Wein, von dem sie tranken, ein Mittel
Kummer zu scheuchen und Gram und jeglichen Leides Gedächtnis.
Wer von diesem genoß, nachdem in den Krug es gemischt ward,
Nicht an dem ganzen Tag netzt ihm die Träne das Antlitz,
Nicht ob selbst gestorben ihm wär' die Mutter, der Vater,
Nicht ob den Bruder vor ihm, ob selbst den geliebtesten Sohn ihm
Tötete feindliches Erz, und er mit den Augen es sähe.
Solcherlei zaubrische Mittel besaß sie, die Tochter des Gottes,
Wirksame, die ihr schenkte die Gattin des Thon, Polydamna,
eine Ägypterin . .[55].»

Der den Tempel der Hesperiden bewachende Drache wird von der Priesterin mit Hilfe des Opiums betäubt[56]; die zauberische Wirkung des Mohnes liegt in der Hand der Frau.

In einem von der mediterranen Kultur ganz unabhängigen und zeitlich wie örtlich fernen Gebiet, in Mexiko, finden wir die gleichen archetypischen Zuordnungen zum Großen Weiblichen. Die Mayauel, die Göttin des Agaven-Rauschtrankes, besitzt in Mexiko das Geheimnis der Pflanze, welche den Saft fermentiert und damit:

"the wort or medicine, which gave a narcotic quality to the octli drink and which was thought of as 'strangling' or choking the drunkard. The plant in question has the appearance of a rope[57]."

Sie ist die Würgende, und alles Männliche ist der Lust, dem Zauber und dem Rausch, den sie vermittelt, verfallen, aber sie ist auch die Heilende, und ihr Mann ist der «vom Medizinland». So wie die Tlazolteotl Lust- und Todesgottheit ist und zu ihrem Gefolge die Medizinmänner, Ärzte, Wahrsager und Zauberer gehören, so ist auch die Mayauel rauschbringend und tödlich zugleich.

Die Göttin des Rauschtrankes ist die Große Göttin, die Mutter-, Erd- und Nachtgöttin, deswegen ist die Mayauel das Erdungeheuer, die Erd- und Maisgöttin, aber auch der Nachthimmel[58]. Als Göttin mit den «vierhundert», das heißt mit den unzähligen Brüsten nährt sie als Himmelsmutter die Sterne, die im Himmelsozean schwimmenden Fische, mit denen die vierhundert Actli- oder Pulque-Götter als ihre Söhne identisch sind[59].

[54] Thomson, a. a. O., S. 416.

[55] Homer, *Odyssee*, a. a. O., 4. Gesang.

[56] Siehe Virgil, *Aeneis*, 4. Gesang, Vers 486. Aber nicht nur Troja, Sparta und Ägypten, das ganze altmediterrane Gebiet und besonders auch Malta mit seinem Inkubationskult bilden eine zusammengehörende Einheit. Dieser Kult (Levy, a. a. O., S. 134ff.) umfaßt ein Territorium, das das westliche Mittelmeer mit Afrika, Sizilien und Sardinien einschließt und bis nach Irland, Schottland, Südengland, Nordfrankreich, Portugal und den Kanarischen Inseln reicht. Siehe ferner A. Hefel, Der unterirdische Vielkammerbau in Afrika und im Mittelmeergebiet. In: *Archiv für Völkerkunde*, Wien 1946, Bd. I.

[57] Spence, *The Religion* . . ., a. a. O., S. 117.

[58] Ebenda.

[59] Weil sie mit dem Mond verbunden ist, denn der Mond nährt sich vom Agavenwein (Krickeberg,

Das dem Jugendlichen verbotene Pulquegetränk – ein sich in der Öffentlichkeit zeigender Betrunkener wurde mit dem Tode bestraft – begleitet zwar maßvoll viele Feste, aber seine eigentliche Bedeutung liegt darin, daß die Krieger, bevor sie in die Schlacht, und die Gefangenen, bevor sie zum Opfertode gingen, das berauschende Pulquegetränk tranken[60]. Die magisch-zauberische Kraft des Getränks ist ein Mittel der Kriegsgöttin, die Männer kampffähiger zu machen, aber auch das Symbol der tödlichen Macht des Weiblichen selbst, in dem Rausch und Tod auf unheimliche Weise miteinander verbunden sind. Die «Kriegs»-Bedeutung des Rauschtrankes, die sich überall auf der Erde und bis in die späte historische Zeit hinein verfolgen läßt, geht auch daraus hervor, daß die Mexikaner glaubten, ein Mann, der unter dem Zeichen der Pulque-Medizin-Pflanze geboren wird, werde ein guter Krieger sein[61]. Aber das Phänomen der Kampfbesessenheit ist keineswegs auf die Vergiftung durch ein Rauschmittel zu beschränken, obgleich derartige «Hilfe» sicher in hohem Maße in Geheimbünden verbreitet war.

Wir haben mehrfach auf die kriegerischen Begleitfiguren der Großen Mutter hingewiesen, die als männliche Trabanten ihre Destruktivseite repräsentieren. Das Phänomen der Kampfbesessenheit ist uns besonders von den germanischen Völkern mit ihren in Tiere, Bären oder Wölfe, verwandelten Berserkern bekannt.

Eine psychologische Analyse der kämpferischen Ekstase der Berserker, «die kein Eisen biß»[62], bei der es sich um Anfälle einer unkontrollierbaren Kampfraserei handelt[63], ist uns heute noch unmöglich. Um ein Beispiel zu nennen, heißt es von zwölf seefahrenden Berserkern:

> «Und das war ihre Gewohnheit, wenn sie mit sich allein waren, daß sie an Land fuhren, wenn sie fanden, der Berserkergang komme über sie, und losbrachen gegen Wälder und große Felsen, war es ihnen doch schon geschehen, daß sie ihre eigenen Leute erschlagen und ihre Schiffe geleert hatten[64].»

Wenn von einem anderen Berserker berichtet wird, daß er in der Raserei feurige

Märchen ..., a. a. O., S. 324), sitzt die Mayauel häufig auf einer Schildkröte, dem sich wie der Mond ins Dunkel zurückziehenden mütterlichen Mond- und Erdtier (ebenda, S. 368). Auch dies ist archetypisch, da die Schildkröte ebenso in Ägypten im Gegensatz zur Sonne steht (*The Book of the Dead*, a. a. O., Kap. CXLI) und als Orakeltier in China in den gleichen Zusammenhang gehört.

[60] Charakteristischerweise spricht man noch heute in Mexiko bei der rituell betonten Zubereitung des Pulquetrankes vom «Herausschneiden des Herzens» der Pflanze und nennt dies «Kastration» (Frances Toor, *A Treasury of Mexican Folkways*, New York 1950, S. 16). Die Zusammengehörigkeit von Kastration, Opfer und Fruchtbarkeit, für die wir in dem Kapitel über den negativen Elementarcharakter so viel Material zusammengestellt haben, kehrt auch hier wieder.

[61] Spence, *The Religion* ..., a. a. O., S. 117. Die entsprechende Bedeutung des Alkohols für unsere Kultur ist augenfällig. Bei Pierre Belon heißt es in seinem Reisebericht aus dem 16. Jahrhundert vom Opium: «Es gibt keinen Türken, der für sein letztes Geld sich nicht Opium kauft, das er in Friedens- und Kriegszeiten bei sich trägt. Der Grund für das Opiumessen liegt in der Überzeugung, daß sie dadurch kühner werden und die Gefahr des Krieges weniger fürchten.» (Zit. bei Lewin, a. a. O., S. 45.) Die gleiche Bedeutung hatte der Nepenthes-Trank.

[62] Egils Saga Skallagrimssonar, in: *Thule* ..., a. a. O., Bd. III, S. 44.

[63] Ninck, *Wodan* ..., a. a. O., S. 34ff.

[64] Ebenda, S. 37.

Kohlen verschluckt, durch prasselndes Feuer schreitet usw., dann entspricht das ganz den von Primitiven berichteten Phänomenen, die bei ihnen nach der Einweihung in bestimmte Geheimbünde auftreten[65].

Auch das «Amoklaufen» und die Unverwundbarkeit der in Trance befindlichen Tänzer auf Bali gehören in diesen Zusammenhang, ebenso wie der Tobsuchtsanfall des großen griechischen Kämpfers Ajax, der in einem Anfall unter dem Vieh, das er mit seinen Feinden verwechselt, wütet, und der Wahnsinn des Herakles, der seine eigene Frau und seine Kinder tötet. Charakteristischerweise wird immer wieder berichtet, daß am Ende eines solchen anscheinend im Trancezustand durchgeführten Berserkerlaufs eine totale bis zur Depression führende Erschöpfung steht[66].

Es mag dahingestellt sein, ob nicht auch die Kämpfe der orientalischen Helden und Könige mit Raubtieren psychologisch hier einzuordnen sind. Die Herrschaft über das Tier im Einzelkampf der Jagd gehört zu den Helden-Taten, welche den König als solchen beglaubigen, und die Kampfwut ist möglicherweise ein urtümliches Symptom des Kriegs-Führers gewesen. Jedenfalls ist es im germanischen Bereich fraglos so. Die zähneknirschende Wut der Berserker macht sie im Nordischen gleichzeitig zu Fürsten, das heißt Kampfführern, denn Grimm steht neben Gram = Fürst. Zum selben Stamm gehört Grimasse, das in der Leidenschaft verzerrte Gesicht, da die Befallenen im Kampf zu Tieren werden. Sie verwandeln sich in Wölfe, Bären, Eber und Stiere. Ein derartiger Gestaltwechsel aber ist für die Tierverwandlung wie für die zauberische Seelenwandlung überhaupt charakteristisch, welche das Werk der großen weiblichen Göttin ist.

Es wird nun verständlich, daß auf dem Jütlandkessel mit der Göttin als Herrin der Tiere nicht nur die Göttin mit den Tieren und die Opferung, sondern auch Krieger zu Fuß und zu Pferde dargestellt sind. Es handelt sich offenbar auch hier um einen Kriegs- und Kampfzauber, der mit der Blutdarbringung und Blutprophezeiung verbunden ist.

> «Die nordischen Felsbilder, diese ältesten Zeugen germanischen Wesens, sind erfüllt mit Kampf und kriegerischem Wesen. Einen Lanzenschwinger von mehr als gewöhnlicher Größe, von Tieren und Schiffen umgeben, zeigt eine Granitplatte bei Litsleberg. Gewaltig reckt sich das Glied dieses Kämpfers (mag er nun ein Gott oder ein menschlicher Held gewesen sein): Sinnbild seiner kämpferischen Ekstase, nicht seiner Fruchtbarkeit, wie man gemeint hat. Eben dieses Ekstatische, ein dämonisches und unergründliches Wesen macht den Gott Wodan zu dem, was er ist; sie kommen selbst in seinem Namen zum Ausdruck[67].»

In Wirklichkeit besteht kein Gegensatz zwischen den Bereichen der kämpferischen Ekstase und der Fruchtbarkeit. Die männlich-phallische Existenz ist für das

[65] Z. B. Buschan, *Die Sitten der Völker*, 4 Bde., Stuttgart, Berlin, Leipzig 1914–1922, Bd. I, S. 46f.

[66] Zu den übrigen Begleiterscheinungen, wie bellen, geifern, dem Blutrausch, der Empfindungslosigkeit usw., vgl. Ninck, *Wodan...*, a. a. O.

[67] Franz Altheim, *Die Soldatenkaiser*, Frankfurt a.M. 1939, S. 87f.

Bestehen des Lebens, wie es vom Matriarchat erfahren wird, notwendig. Auf die jagende, kämpfende, tötende und opfernde Männlichkeit, das «Messer der Großen Göttin», den das Weibliche blutig eröffnenden Phallus und den die Erde aufreißenden Pflug ist das Weibliche angewiesen, das mit dem dreimal gepflügten Felde identisch ist, auf dem es sich dem Männlichen zur Befruchtung, unbezogen und sich des Männlichen bedienend, hingibt[68]. Gerade bei dem ursprünglichen mit seiner phallischen Kraft identischen Gottkönigtum, das kämpfend seine Kraft erweisen mußte oder geopfert wurde, sehen wir diese doppelte kriegerische und zeugende Wirklichkeit des Männlichen und seine wesentliche Funktion innerhalb der Gemeinschaft.

Das Männliche bleibt dem Großen Weiblichen, das ihm als Schicksalsmacht entgegentritt, ausgeliefert und unterlegen. So wurde der König abgesetzt und umgebracht, wenn ihn das Kriegsglück verließ oder die Erde den Erntesegen verweigerte, für den er verantwortlich war. Er war wie alles Männliche immer nur «Lehensmann» der Mächte, auf deren Gnade und Ungnade er angewiesen war.

Das Symbol des am Schicksalsbaum hängenden Wodan ist typisch für diese – im germanischen Bezirk besonders deutliche – Phase, in der nur das Annehmen des Schicksals den König und Helden ausmacht. Das Männliche, das auf dieser Stufe weitgehend unbewußt ist, lebt in einer fatalistischen Welt des Erfaßt- und vom Schicksalswind Getriebenwerdens.

«Es zeigt, daß das Schicksal immer nur leidend erlebt wird, wofür das gemeingermanische Wort «werden» gleich einen neuen Beweis liefert: Stammwort im Namen der ältesten und zweitältesten Norne (Urd – Werdandi) und im Norden älterer Zeit noch in der Bedeutung «müssen» verwendet, findet es sich gleichzeitig als das vielgebrauchte Hilfszeitwort, um das Passivum damit zu bilden[69]!»

Dieses Schicksal erscheint als Altes, mütterlich Weibliches, welches die Herkunft und Zukunft bestimmt, oder als faszinierendes Junges Weibliches, als Seele. Als Walkyre, als «Folgegeist», als beherrschende Affektseite der Kampfeswut, folgt es anscheinend dem männlichen Ich nach. In Wirklichkeit aber ist es die dirigierende Kraft, der das männliche Ich gehorcht.

Die Abhängigkeit von den Mächten und vom Unbewußten ist eine unumstößliche Wahrheit, nur die Bezogenheit des Menschen zu ihr wechselt. In der matriarchalen Phase ist der Akzent des Beherrscht-, Überschwemmt- und Vergewaltigtwerdens für das Männliche überstark. Die Fremdartigkeit des Geschehens äußert sich darin, daß dieses Vergewaltigende vom Männlichen nicht als Eigenes, sondern als «Anderes», Fremdes, und deswegen als weiblich erfahren wird.

Das gilt besonders von all den Wandlungen, die dem Männlichen geschehen, sei es, daß es in das Tier, das heißt in eine tiefere, aber in ihrer Art einheitlich vollkom-

[68] Daß die Fruchtbarkeitsrituale des Ackerbaus immer wieder mit der sexuellen Vereinigung auf dem Acker verbunden sind, fußt auf der Identität der Frau mit Erde und Furche, des Mannes mit dem Pflug. Die nackte liegende Göttin ist immer die Erde selber.

[69] Ninck, *Wodan...*, a. a. O., S. 198.

mene Art des Lebens verwandelt wird, daß es seine «Eigentlichkeit» verliert und kastriert wird, oder in Frauenkleidung in Identifikation mit dem Weiblichen, der Großen Göttin, der Anima, der Priesterin, sein Amt verrichtet.

Deswegen heißt es von Wodan:

«Wie seine Runenkunde und Zauberkraft, so kommt sein Dichten vom Wasser, vom Baum, von der Norn, der Wölwa, von den Toten. Auch sein Dichten hat einen weiblich empfangenden Urgrund, wie das Altertum voll anerkannt hat. Gunnlöd reicht ihm den Becher nach drei Hochzeitsnächten im Dunkel des Berges, die Wölwa singt das Hauptlied der Edda auf Walvaters Wunsch und Geheiß – – – Dichten ist ein Weben, Spinnen, Schnüren, Binden, Heften nach Ausweis zahlloser Ausdrücke der germanischen Sprache, also ein weibliches, nornisches Wirken, aber freilich bedarf es auch in der Hand der Wölwa des männlichen Seidstabs, das Lied zu ‚wecken' und ‚aufzuregen'[70].»

Der Stab ist das männliche Symbol in der Hand des Weibes, der Becher, das Gefäß, das Weibliche. Der Zaubertrank, Liebestrank, Dichtertrank, Rauschtrank, Todestrank, welchen dieses Weibliche kredenzt, wie Soma, Nektar usw., sind Wandlungstränke, Wandlungsformen des Lebenswassers, welches das Weibliche selber ist. Durch sie gerät das Männliche auf die Stufe eines erhöhten, berauschten, begeisterten und begeisteten Daseins der Schau, Ekstase und Schöpferischkeit ebenso wie in den Zustand eines Außer-sich-Seins, in dem es zum Werkzeug höherer Mächte wird, seien diese «gut» oder «böse».

Die zweideutige weibliche Mana-Figur kann das Männliche ebenso führen wie *ver*führen. Neben der Erhöhung steht die Erniedrigung, wie in der Tierverwandlung, in der Menschliches für tierische Überkraft verlorengeht. Und wie nahe die Ekstase dem Wahnsinn, die Begeisterung dem Tode, der schöpferische Durchbruch dem zerreißenden Einbruch ist, lehrt die Mythologie, die Religionsgeschichte und das Schicksal unzähliger Großen, die an dem Geschenk der Tiefe zugrunde gegangen sind.

DIE SELBSTERFAHRUNG DES WEIBLICHEN UND DIE ELEUSINISCHEN MYSTERIEN

In unserer Darstellung des Wandlungscharakters ist bisher die Reaktion des Männlichen als des Gewandelten in den Vordergrund getreten. Wir dürfen aber nicht vergessen, was es für das Selbstverständnis des Weiblichen bedeutet, wie es seinen eigenen Wandlungscharakter erfährt[71].

Das Weibliche erfaßt zunächst sich selber als Lebensursprung. Als Ebenbild der großen weiblichen Gottheit ist es mit dem alles hervorbringenden Lebensprinzip

[70] Ebenda, S. 328.

[71] Auch hier können wir, wie bei den Urmysterien, nur schlagwortartig andeuten, was in einer «Psychologie des Weiblichen» ausgeführt werden muß.

verbunden, das schöpferische Natur und kulturschaffendes Prinzip in einem ist. Die enge Beziehung zwischen Mutter und Tochter, welche den Kern der Frauengruppe bilden, ist durch die Erhaltung der «Urbeziehung» zwischen Mutter und Tochter charakterisiert. Diesem Weiblichen gegenüber ist das Männliche ein Fremdes, das von außen kommend die Tochter der Mutter gewaltsam fortnimmt, sogar wenn es am Ort der Frauengruppe bleibt, wieviel mehr, wenn es die Frau in seine eigene Gruppe entführt.

Raub, Vergewaltigung und Todeshochzeit sind die großen Motive, die im Mythos vom Raub der Kore, der Trennung von Mutter und Tochter, das zentrale Geschehen der Eleusinischen Mysterien bestimmen. Die Eleusinischen Mysterien bewahren, obgleich sie spät sind und von den Männern teilweise usurpiert wurden, das Wissen um die Mysterien der matriarchalen Stufe. Fraglos hat die patriarchale Entwicklung, die ja schon sehr früh eingesetzt hat, viele Spuren der matriarchalen Wirklichkeit ausgelöscht oder zum mindesten übermalt, so daß wir wie bei einem Palimpsest die obere Schicht erst entfernen müssen, um überhaupt auf die untere matriarchale Kulturschicht zu stoßen. Die kretisch-mykenische und die griechische Kultur zeigen diese Reste unmißverständlich, obgleich wir die Rituale Kretas nicht kennen.

Aber wir wissen, daß die Große Göttin von Priesterinnen, welche auch die Stierkämpfe und -spiele ausführten, und von oft in Frauenkleidern auftretenden Epheben verehrt wurde, und daß das Zentralsymbol des Kultes, die Doppelaxt, immer nur von Frauen getragen wurde.

Wir kennen die Sohngeliebten und Epheben nicht nur aus der Mythologie[72], sondern auch von den Fresken und Siegeln Kretas, auf denen «Männer» kaum vorkommen außer als Krieger. Charakteristischerweise sind diese Krieger dann mit
T. 131b dem merkwürdigen Schild ausgestattet, welcher als ein Symbol des bergenden Charakters der Großen Mutter wie diese selber angebetet wird. Das Schild-Idol ist einerseits Symbol der bergend-schützenden Macht des Elementar-Weiblichen,
T. 24 andererseits ist seine Form eine alte «Abkürzung» der Vorzeitgöttin, wie unsere
T. 157a Cellofiguren und das entsprechende primitive Idol aus einem anderen Bezirk beweisen.

T. 54 Wir haben schon an anderer Stelle[73] darauf hingewiesen, daß auch in Syrien die
Fig. 26 Göttin in Begleitung eines kleinen Mädchens – wie wir annehmen der Tochter – auftritt und daß die «genealogische» Figur der Mutter mit der Tochter auf ihrem Haupt auf den Zykladen in den gleichen Zusammenhang gehört. Die von einem
T. 146a, 146b oder zwei Mädchen begleitete Göttin finden wir auf mykenischen Siegeln so häufig, daß an ihrer rituellen Zusammengehörigkeit nicht zu zweifeln ist. Dieses Motiv
T. 147 setzt sich in der Demeter-Kore-Plastik aus Böotien fort. Sie bestätigt die Zusammengehörigkeit der Kore als Kind mit der Demeter ebenso wie die bekannten Re-

[72] Neumann, *Ursprungsgeschichte* ..., a. a. O., Index s. v. «Große Mutter», «Sohngeliebter».
[73] s. o. S. 142.

liefs, in denen die Kore erwachsen und fast gleichartig der Jungfrau-Mutter Demeter entgegentritt. Jungfrau und Mutter stehen sich als Blüte und Frucht gegenüber und gehören in ihrer Wandlung von der einen in die andere wesensmäßig zusammen. *T. 148*

Die Göttinnen mit der Blüte und mit der Frucht sind kaum voneinander zu unterscheiden, die Demeter-Kore-Einheit wird deswegen ja auch unter dem Namen «Die Göttinnen» verehrt, und auf den Bildern, auf denen beide zusammen erscheinen, ist – wenn man sich nicht an ihren Attributen orientiert – zunächst niemals zu entscheiden, wer Mutter und wer Tochter ist. Nur wenn man die Andeutungen einer Verschiedenheit unterstreicht, ist die eine jugendliche durch die Blüte charakterisierbar, die andere als Göttin mit der Frucht die ältere und reifere. In dem wunderbaren Relief, in dem beide sich lächelnd und wissend in die Augen schauen, halten beide Blüten. Die frühe Koreform trägt die Blüte und die spätere thronende jugendliche Aphrodite die Frucht in der Hand, aber gerade an dieser auf Sphinxen thronenden und mit Blüten geschmückten Göttin erscheint wieder die Einheit beider Göttinnen. Während im Hintergrund der Aphroditefigur die der Großen Mutter als Herrin der Pflanzen und Tiere hindurchschimmert, ist sie im Vordergrund immer die junge und verführerische weibliche Göttin. Aber auch als solche repräsentiert sie nicht so sehr den Wandlungs-Animacharakter des Weiblichen, sondern das die Welt beherrschende – unindividuelle – Liebes- und Sexualprinzip des Lebendigen. *T. 149* *T. 150b* *T. 153*

Auf dem in seiner Art einzigartigen Relief eines weiblichen Kultes werden beide thronenden Göttinnen als Doppelaspekt der Mutter-Tochter-Einheit sichtbar. Ihre Bedeutung wird durch die nach Kreta weisende Kuh-Kalb-Plastik deutlich, ebenso wie durch die Fülle der uns schon bekannten in diesen Zusammenhang gehörenden Symbole: Blüte, Frucht, Ei und Gefäß. Alles ist durchdrungen von der Einheit des in sich zusammengehörenden und sich ineinander wandelnden Gegensatzes, den Mutter und Tochter, Demeter und Kore bilden. Diese Einheit von Demeter-Kore erscheint als Kerninhalt in den Eleusinischen Mysterien. *T. 150a*

Der eine wesentliche Teil der Eleusinischen Mysterien und damit der matriarchalen Mysterien überhaupt[74] ist die Heuresis der Tochter durch die Mutter, das Wiederfinden Kores durch Demeter, die Wiedervereinigung von Mutter und Tochter.

Diese «Wiederfindung» bedeutet psychologisch das Rückgängigmachen des männlichen Raubes und Einbruchs und die Wiederherstellung der matriarchalen Einheit von Mutter und Tochter *nach* der Ehe. Das heißt die durch die Urbeziehung zur Mutter gegebene Kernsituation der matriarchalen Gruppe, welche durch das Einbrechen des Mannes in die Frauenwelt und die Beziehung zu ihm gefährdet worden war, wird erneuert und im Mysterium gesichert. Dabei bedeutet das Verweilen

[74] Vgl. Neumann, *Ein Beitrag ...*, a. a. O.

der Kore im Hades nicht nur den Raub durch das Männliche – denn Kore-Persephone war ursprünglich selber die Herrin dieses Unterweltsbereiches –, sondern die Faszination durch die männliche Erdseite, das heißt durch die Sexualität.

Das spiegelt sich im Mythos in zwei Symbolen, dem Granatapfel und dem Narkissos. Der Granatapfel symbolisiert in seiner Röte den weiblichen Schoß und in der Fülle seiner Kerne dessen Fruchtbarkeit. Damit, daß Kore von Hades überlistet wird, ein «süßestes Essen», den Granatapfelkern, zu schlucken, hat sie die Ehe mit ihm vollzogen und gehört ihm wenigstens zu einem Teil des Jahres. Von dem anderen Symbol, der verführerischen Narzisse, «die trieb, zu berücken das Mädchen», heißt es:

«Wundervoll in Duft und in Wuchs, es knieten, die's ansahn:
Götter unsterbliche so wie die Menschgeborenen des Eintags.
Ihr von der Wurzel trieb sie herauf einhundert Häupter,
Haucht' ihren süßesten Atem, und breit der Himmel darüber
Lacht ihr all und die Erde und salzige Woge des Sundes.
Sie aber grauste vor Wonne. Und vorwärts warf sie die Hände,
Daß sie das Prachtding griffe: da gähnte die Erde ...[75]»

Gerade im Konkretwerden der die ganze Welt füllenden Verführung, im sich einschränkenden Greifenwollen des Sexus, «verfällt» sie dem Hades und wird vom Männlichen aus Mykone, dem Mondland der Mädchenträume, entführt.

Fig. 65, 66 *T. 154* Das Wiederauftauchen der Kore aus der Erde – das archetypische Frühlingsmotiv – bedeutet die Wiederfindung durch Demeter, für die Kore «gestorben» war, und die Wiedervereinigung mit ihr. Das eigentliche Geheimnis aber, durch das die Urbeziehung nun auf einer neuen Ebene wiederhergestellt wird, besteht darin, daß die Tochter mit der Mutter identisch wird, daß sie Mutter wird und sich so in die Demeter verwandelt. Gerade weil Demeter und Kore archetypische Pole des Ewig Weiblichen sind, die reife Frau und die Jungfrau, ist das Mysterium des Weiblichen unendlicher Erneuerung fähig. Innerhalb der Frauengruppe sind immer die Alten Demeter, die Mutter, immer die Jungen Kore, das Mädchen.

Das zweite Element des Mysteriums ist die Geburt des Sohnes. Mit dieser Sohnesgeburt erlebt das Weibliche ein echtes und für das Matriarchat richtunggebendes Wunder: nicht nur das dem Weiblichen gleiche Weibliche, sondern auch das Männliche stammt vom Weiblichen. Dieses Wunder, daß das Männliche im Weiblichen enthalten ist, äußert sich auf der Primitivstufe in der Selbstverständlichkeit, daß das Männliche dem Weiblichen unterzuordnen ist und letztlich immer – auch als Geliebter und Mann – sein Sohn bleibt. Außerdem aber ist das Männliche als Phallisch-Zeugendes das Werkzeug der Fruchtbarkeit, das im besten – und geistigsten – Falle als Werkzeug eines transpersonalen, dem persönlichen übergeordneten, Männlichen erfahren wird. Auf der unteren Stufe des Matriarchats bleibt das männliche Geborene immer nur das für die Fruchtbarkeit Notwendige.

[75] *Die homerischen Götterhymnen*, a. a. O., S. 54.

Auf der Mysterienebene aber, auf der die neu auftauchende Kore nicht nur die verschwunden-geraubte, sondern eine in jedem Sinne gewandelte Kore ist, erweist sich auch die Geburt als eine gewandelte Geburt und der Sohn als ein besonderer Sohn, nämlich als der Lichtsohn, als «das göttliche Kind[76]».

In zwei Formen wird das Licht-Männliche vom Weiblichen erfahren, als Feuer und als oberes Licht. Das Feuer, das die Frau überall hütet, ist in diesem Zusammen-

Abb. 65. AUFERSTEHUNG DER KORE

Siegeldruck, Böotien, späte helladische Periode

hang unteres Feuer, Erdfeuer und im Weiblichen enthaltenes Feuer, das vom Männlichen nur aus ihm «herausgebohrt» werden muß. Auch die in der Sexualität aufflammende «Libido», das innere Feuer, das zum Orgasmus führt und im Orgasmus der Ekstase seine höhere Entsprechung hat, ist in diesem Sinne ein «im» Weiblichen ruhendes Feuer, das vom Männlichen nur in Bewegung gesetzt wird[77].

Diese Zusammengehörigkeit ist wohl schon so alt wie die Feuererzeugung überhaupt, die oft als sexueller Akt aufgefaßt wird, bei dem das Feuer im weiblichen Holz entsteht oder, besser, aus ihm geboren wird. Für die primitive Mentalität «entsteht» das Feuer nicht durch Reibung, sondern es wird durch sie nur provoziert. So kann archetypisch die «Hitze» des Weiblichen, seine «Brunst», auch als verderblich höllische Macht auftreten, welche das Männliche verbrennt.

So wie Agni, der indische Feuergott, «der in der Mutter (dem Reibholz) Schwellende» heißt[78], finden wir überall die Licht-Feuer-Bedeutung des göttlichen Sohnes

[76] Vgl. Jung und Kerényi, *Einführung* . . ., a. a. O.
[77] s. o. S. 210 und 270.
[78] Paul Deussen, *Allgemeine Geschichte der Philosophie*, Bd. I, 1–3, Leipzig 1920, 1, S. 88f.

bis zum Christus, der sagt: «wer mir nahe ist, ist nah dem Feuer» und «spaltet das Holz – und ich bin dort»[79].

Die Zusammengehörigkeit von Feuer und Sohn, Holz und Weiblich-Mütter-
T. 156, 161, 162 lichem äußert sich auch darin, daß Demeter ebenso wie Hekate und unzählige

Abb. 66. AUFERSTEHUNG DER KORE

Vasenzeichnung, attisch, 4. Jahrh. v. Chr.

andere Göttinnen die Fackel als Symbol tragen. Das Feuer der Fackel, der untere Feuer-Licht-Sohn des Holzes, entspricht den oberen Lichtsöhnen, die als Sterne, als Mond und schließlich auch als Sonne, Geburten der Nacht sind.

T. 157b So hält die geflügelte Gestalt der karthagischen Himmelsgöttin Tanit unter dem Himmelsbogen mit dem Tierkreis Mond und Sonne in ihren Händen, umgeben von den Pfeilern, den Symbolen der Großen Muttergöttin. Auf der unteren Ebene der Stele aber finden wir die gleiche Göttin stilisiert als möglicherweise dem ägyptischen Lebenssymbol angeglichenen Baum, als Göttin mit den erhobenen Armen. Sie hat die Sonne als Kopf, ein Hinweis auf die Baumgeburt der Sonne, und ist von zwei Tauben, den typischen Vogelsymbolen der Großen Göttin[80], begleitet.

[79] Aus Origenes, Homilie zu Jeremias, III, 3, und aus einem Oxyrhynchus Papyrus, I, 5.
[80] Die rechte Hand oberhalb der Stele ist das Symbol der männlichen Gottheit.

Die Licht-Feuersöhne befruchten das mütterliche Dunkel, aus dem sie entstanden sind. Aber der matriarchale Mutter-Sohn-Inzest vollzieht sich nicht nur auf der Stufe der unteren Fruchtbarkeit, sondern ebenso auf höherer Ebene. Fackel und Licht sind auch zeugende Geist-Symbole, und noch im katholischen Ritus der Weihung des Wassers – des mütterlich gebärenden Prinzips – wird die brennende Kerze ins Wasser gesenkt und in ihm ausgelöscht mit dem Spruch:

«ab immaculato divini fontis utero in novam renata creaturam progenies coelestis emergat[81].»

Durch den Hieros Gamos mit dem Licht und dem Feuer wird das obere und das untere Weibliche entzündet, und noch Maria ist «igne sacro inflammata[82]». Immer wieder wird das Dunkel des Weiblich-Nächtlichen vom Licht-Feuer erleuchtet und befruchtet, und auch wenn die Licht-Umarmung für das Weibliche zur Todeshochzeit wird, überhöht sich sein Tod in einer neuen Geburt.

Das Geheimnisvolle dieses Geschehens besteht darin, daß das Weibliche das in ihm zeugende Licht immer auch als den von ihm geborenen Sohn erkennt, und daß das Mysterium des Mutter-Sohn-Inzestes den heimlich-unheimlichen Hintergrund dieser Geisterfahrung des Weiblichen bildet. So ist auch Christus der Bräutigam der Maria-Kirche, die seine Mutter ist und bleibt.

Das alte matriarchale Mysterium der Geburt des Licht-Sohnes lebt in den Worten:

«Die Jungfrau hat geboren, das Licht wächst[83].»

Die Geburt des göttlichen Kindes, ob dies den Namen Horus, Osiris, Helios, Dionysos oder Aion trägt, wurde in Alexandrien im Koreion, dem der Kore geweihten Heiligtum, gefeiert, und zwar am Tag der Wintersonnenwende, der Geburt des neuen göttlichen Lichtes.

Eine der ältesten Darstellungen der Muttergottheit mit dem Sohn ist die aus Akkad aus der Mitte des dritten Jahrtausends[84]. Zu ihr gehören zwei weitere, von denen die eine den Sohn auf dem Schoß der Göttin neben dem Baum, die andere die Göttin und die hinter ihr stehende Tochter (?) zeigt. Beide sind durch die sprießenden Schößlinge als Baum oder Erde charakterisiert. Diesen Darstellungen schließt sich der Ring aus Kreta mit der Anbetung des göttlichen Sohnes an – auch hier steht die Tochter hinter der Mutter – und der rund zweitausend Jahre spätere christliche Ring mit der Anbetung der Könige. *T. 157c* *Fig. 67* *Fig. 68* *Fig. 69* *Fig. 70*

Als weitere Analogie bringen wir das indische Bild, auf dem Mutter und Sohn in der Mondsichel sitzen, beide von dem uroborischen Ring umschlossen, in den die Tierkreisbilder eingezeichnet sind. Es handelt sich um die Herrschaft der Mondgöttin in der Konstellation des Jahres und um die Geburt des Licht-Sohnes. Der auf *Fig. 71*

[81] J. O. O'Connell und H. P. R. Finberg, *The Missal in Latin and English*, London 1949.

[82] Ernesto Buonaiuti, Maria und die jungfräuliche Geburt Jesu. In: *Eranos-Jahrbuch 1938*, VI, S. 359.

[83] Gressmann, Tod und Auferstehung des Osiris nach Festbräuchen und Umzügen. In: *Der alte Orient*, Leipzig 1923, XXIII, 3, S. 24.

[84] Jeremias, a. a. O., S. 255.

dem Sonnenlöwen stehende Vogel[85] ist wohl ein Symbol der Himmelsmutter, deren Thronen auf dem Löwen wahrscheinlich *immer* die Herrschaft des Muttermondes über die Sonne bedeutet[86].

Die Wintersonnenwende, in der die Sonne von der Großen Mutter geboren wird, steht im Zentrum der matriarchalen Mysterien. In der Wintersonnenwende nimmt der Mond als Vollmond den höchsten Punkt des Kreislaufs ein, die Sonne steht im Tiefpunkt, und das Sternbild der Jungfrau geht im Osten auf[87].

Abb. 67. MUTTERGÖTTIN MIT SOHN

Akkadisch, Basaltsiegel

«Nach dieser Stellung heißt im ältesten bisher bekannten semitisch-babylonischen Kalender der erste Monat, der mit der Wintersonnenwende beginnt: muhur ilê, Gegenüberstehen der Götter. Aus dieser Grundstellung ergibt sich, daß der Mond in der Astralmythologie Oberweltcharakter hat, die Sonne Unterweltcharakter. Der Mond bedeutet Leben, die Sonne bedeutet Tod[88].»

Die Geburt des Sonnen-Kindes und die mit ihr verbundene mythologische Konzeption des Jahres ist aber relativ spät und abstrakt. Ihr geht die Mondmythologie mit den eindrucksvoll sichtbaren und augenscheinlich erlebbaren Phasen des Monats voraus. So entspricht der freudigen Geburt der Jahressonne in früherer Zeit die – überall überlieferte – Freude des «eigentlichen» Geburtsereignisses der matriarchalen Phase, die Geburt des «neuen Lichtes», als des jungen Mondes.

Einer frühen matriarchalen Phase gilt der Mond als der Sohn, der Sohngeliebte und Herr der Frauen und schließlich auch als der Geopferte und Zerstückelte, und das Mütterliche ist die das Licht gebärende Nacht-Göttin. In einer späteren Phase beginnt der Konflikt zwischen dem Matriarchat und dem Männlichen sich im Ge-

[85] s. o. S. 259f.

T. 130 [86] s. o. den Hinweis auf das indische Bild der die Sonne haltenden auf dem Löwen reitenden Göttin.

[87] Jeremias, a. a. O., S. 74.

[88] Ebenda.

gensatz zwischen Mond und Sonne durchzusetzen. Diese Phase erweist ihre matriarchale Richtung noch dadurch, daß für sie der Mond Leben, die Sonne Tod bedeutet. So ist der Tod des weiblichen Mondes, der Schwarzmond, identisch mit seinem Geraubtwerden von der männlichen Todes-Sonne (Hades) und der mit ihr identischen Unterwelt.

Diese Umarmung entspricht mythologisch der Todeshochzeit des sterbend sich verhüllenden und zur Unterwelt entführten Mondes mit der Sonne, welche als

Abb. 68. GÖTTIN MIT TOCHTER

Akkadisch, Siegelzylinder

Negativ-Männliches das Weibliche raubt, vergewaltigt und tötet. Als Produkt der Todeshochzeit, in welcher der patriarchale Uroboros als tödliche Sonne das Weibliche umarmt, erfolgt die Sohnesgeburt. Die Urzeugung des Weiblichen wird durch die Zeugung des transpersonalen Männlichen im Weiblichen abgelöst. Im Patriarchat, der nächsten Entwicklungsstufe, tritt dann die Sonne ihre Herrschaft als positives Symbol an[89].

Die leidende Mond-Frau spielt als mythologische Figur noch im Christentum in veränderter patriarchaler Wertung und Umgestaltung als luna patiens[90] ihre Rolle, denn wie die sterbende Mutter in Mexiko, die einen Krieger gebiert[91], heißt es von ihr: «sterbend wird sie gebären[92].»

[89] Wir meinen nicht etwa, das astrale Geschehen habe diese Mythologie bewirkt oder sei in ihr dargestellt, sondern wie immer sehen wir die Projektion eines Psychischen in ein diesem Psychischen entgegenkommendes «Objektives». Dabei sind in der «mythologischen Apperzeption» des Frühmenschen diese beiden Faktoren, die wir als zwei auseinandergelegte Bedingungen – Psyche und Objekt – erfahren, in einem Geschehen zusammengefaßt. Projiziert wird hier das typische Stück weiblich-matriarchaler Psychologie, in dem das Negativ-Männliche das Weibliche zur Todeshochzeit zwingt, dieses aber danach gebiert und so aus Kore, dem Mädchen, zur Mutter wird.

[90] Rahner, Das christliche Mysterium von Sonne und Mond. In: *Eranos-Jahrbuch 1943*, X.

[91] s. o. S. 194.

[92] Rahner, Das christliche Mysterium ..., a. a. O., S. 399.

Der bräutliche «Synodos» von Sonne und Mond, in dem im Neumond die Silene, die Sternherrscherin der Nacht, stirbt, ist als Sterben des Weiblichen in der Hochzeit ein der Antike durchaus bekanntes Motiv. Deswegen galt diese Zeit als für die Eheschließung besonders geeignet[93], denn wie noch Ambrosius schreibt[94]: «Der Mond nimmt ab, um den Dingen ihre Fülle zu geben.»

Die gebärende Jungfrau, die Große Mutter als Einheit von Mutter und Jungfrau, ist schon früh die Jungfrau mit der Ähre, dem himmlischen Sterngold, das dem irdi-

Abb. 69. ANBETUNG DES GÖTTLICHEN SOHNES

Böotien, minoisch, Abdruck eines Siegelrings

schen Weizen- und Ährengold entspricht. Diese goldene Ähre ist ein Symbol des Lichtsohnes, der auf unterer Stufe in der Erde und in der Krippe als Korn geboren wird, auf oberer Stufe als unsterblicher Lichtsohn der Nacht am Himmel erscheint. So ist die Jungfrau mit der Spica, der Ähre, und die Fackelträgerin, die Phosphora, identisch mit der Jungfrau, die das Kind trägt.

Weil die obere Geistseite im Lichtsohn enthalten ist, gehört zum archetypischen Kreis der Jungfrau-Mutter-Göttin das Motiv der «außernatürlichen Geburt», einer Konzeption oder Geburt, die nicht auf irdisch unterem Wege statthat. Die Jungfrau

[93] Nach Rahner, Mysterium Lunae (in: *ZS für katholische Theol.*, Innsbruck 1940, Bd. LXIV), im Procluskommentar zu Hesiod.

[94] Nach Rahner, Mysterium Lunae, a. a. O., im Exameron, Buch 4, Kap. 8, 3.

empfängt, wie immer in der ursprünglich matriarchalen Auffassung, durch den Heiligen Geist, das transpersonale Männliche des patriarchalen Uroboros, im Essen, Berühren, Kuß, im Ohr usw. So ist auch die Geburt nicht «natürlich», sondern erscheint als Geburt aus dem Fels, dem Baum[95], der Erde, dem Mund, der Seite usw. Das ist der symbolische Ausdruck einer geistig-pneumatischen Wirklichkeit, nicht der einer körperfeindlichen «Reinheit».

Abb. 70. ANBETUNG DER DREI KÖNIGE

Abdruck von einem Steinring, in Neapel gefunden, 6. Jahrh. n. Chr.

Eine Fülle dieser Motive der matriarchalen Psychologie kehrt in den Eleusinischen Mysterien wieder, von denen einige in der Arbeit von Jung-Kerényi[96] grundlegend gedeutet, aber nicht in den Zusammenhang der matriarchalen Psychologie eingeordnet worden sind. Otto[97] und Kerényi haben auf die bis in Einzelheiten – zum Beispiel des Fackeltanzes – übereinstimmende archetypische Zusammenge-

[95] s. o. S. 229ff. und Tafel 84.
[96] Einführung ..., a. a. O.
[97] Otto, Der Sinn der Eleusinischen Mysterien. In: *Eranos-Jahrbuch 1933*, I.

hörigkeit des griechischen Mythos vom Raub der Kore mit dem Mythos der Hainuwele von Ceram[98] hingewiesen, in dem ebenfalls Raub und Tötung des Mädchens mit ihrem Aufgang als Mond und mit der Fruchtbarkeitsgarantie für die Welt verbunden sind. Daß «eine mythische Frau sterben mußte, damit aus ihren

Abb. 71. HIMMELSKÖNIGIN MIT SOHN

Indien

toten Gliedern die Feldfrüchte emporsprießen können[99]», ist, wie uns scheint, die Grundlage der ursprünglichen matriarchalen Form des Königinnenrituals, in dem das Weibliche sich selber für die Fruchtbarkeit der Welt zu opfern hatte. Dieses

[98] Hainuwele: *Volkserzählungen von der Molukken-Insel Ceram*, hg. von Adolf E. Jensen und H. Niggemeyer, Frankfurt a.M. 1939.

[99] Otto, Der Sinn..., a. a. O., S. 94.

Königinnenritual ist nach allem, was wir wissen, eine symbolische Todeshochzeit gewesen, in der das königliche Jahrespaar gemeinsam getötet wurde[100].

So heißt es von dem zentralen Geschehen, das sich in der Dunkelheit der Eleusinien abspielt: «Die Gemeinde erwarte ihr Heil von dem, was im unterirdischen Raum geschah.» Man nimmt an, es habe sich dabei um eine Gewalthochzeit gehandelt, die zwischen dem Hierophanten und der Demeter-Priesterin rituell und von den Einzuweihenden wohl in symbolischer Weise vollzogen wurde. Dieses Geschehen des Hieros Gamos ist aber gleichzeitig als Todessituation erfahren worden, denn die Eleusinien wurden mit einem «schaudervollen Fest der Sterbensnacht» verglichen.

Unsere Interpretation wird dadurch bestärkt, daß die den großen Mysterien von Eleusis vorangehenden kleinen Mysterien als Abstiegs-, Todes- und Verhüllungsmysterien der Persephone gefeiert wurden[101], also den Raub der Kore darstellten, als Voraussetzung für die Großen Mysterien mit der Gewalthochzeit.

Die eigentliche Peripetie nach dem Suchen, Irren, Trauern und dem angstvollen Ausgesetztsein im Dunkel des Sterbens beginnt, wenn in völliger Dunkelheit mit dem Schlag des Gongs die Kore aus der Unterwelt gerufen wird und das Totenreich aufbricht. Es erfolgt die Heuresis, die Wiederfindung, indem plötzlich ein Licht- und Feuermeer von Fackeln aufflammt und der Geburtsruf ertönt: «Die hehre Göttin hat ein heiliges Kind geboren, Brimo den Brimos.» Dieses Kind aber, sei es nun Jakchos, Plutos, Dionysos, Zeus-Zagreus oder Phanes Eros, ist das göttliche Kind, das identisch ist mit dem Zentrum der Schau, der Epoptie, der schweigend gezeigten Ähre, die nach später, aber im wesentlichen richtiger, Deutung «das vollkommene große Licht ist, das vom Undarstellbaren kommt[102]».

Die Todeshochzeit als Mysterium in ihrem Zusammenhang mit der Heuresis, der Wiederfindung der Kore durch Demeter oder besser ihre Wiederverbindung spricht den Wandlungscharakter des Weiblichen als Zentrum der Erfahrung aus, die das Weibliche macht, wenn es aus dem Mädchen zum Weibe wird. Geraubtwerden, Anheimfallen, Untergang als Mädchen, Sterben und Geopfertwerden steht im Mittelpunkt dieser Ereignisse, sei es, daß es am unpersönlichen Gott, dem «patriarchalen Uroboros», oder schon personalisiert darin erfahren wird, daß es von dem in jedem Sinne «fremden» Männlichen genommen wird.

Zwar erscheint dieses Geschehen zunächst als ein Anheimfallen an das Männliche, aber diese Selbstaufgabe ist zugleich im tiefsten Sinne ein Anheimfallen an das

[100] Raglan, a. a. O., S. 123. So wie in späterer Zeit der Gott-König des Jahres nicht mehr selber getötet, sondern durch eine andere Person als Opfer stellvertreten wurde, ist es wahrscheinlich und symbolisch sinnvoll, daß auch die matriarchale, die Große Mutter und das Dauernde repräsentierende Königin später nicht mehr getötet wurde, sondern nur ihr sich mit dem Mond und dem Jahr wandelnder männlicher Partner. In dem Maße aber, in dem die matriarchale Position schwächer und das «Negativ Männliche» stärker wurde, trat das Motiv der Todeshochzeit, in der das Mondmädchen stirbt, in den Vordergrund.

[101] Vgl. Kerényi, Mysterien der Kabiren, a. a. O.

[102] Hippolytus, Apostolische Überlieferung über Gnadengaben, Buch V, Kap. 9.

Weibliche, die Große Göttin als weibliches Selbst. Erst wenn dies durchschaut oder im Mysterium gefühlsmäßig erfahren und erduldet wird, ist die Heuresis, die Wiedervereinigung der jungen zur Frau gewordenen Kore mit Demeter, der Großen Mutter, geglückt. Erst dann hat sich das Weibliche zentral gewandelt, nicht so sehr dadurch, daß es Weib und empfangend Mutter geworden ist und damit die irdische Fruchtbarkeit und den Bestand des Lebens garantiert, sondern dadurch, daß es sich auf höherer Stufe mit der weiblichen Geistseite, der Sophiaseite der Großen Mutter, vereinigt hat und so zur Mondgöttin geworden ist.

Denn die aufsteigende Kore weilt nun nicht mehr wie anfangs auf der Erde, oder nur in der Unterwelt als Persephone, sondern sie wird mit Demeter zusammen zur olympischen Kore, zur Unsterblich-Göttlichen, zum seligen Licht. Damit wird sie wie Demeter selber zur Herrin der drei Welten, der Erde, der Unterwelt und des Himmels.

Diese Verwandlung steht im typischen Gegensatz zum Männlichen, dessen Verklärung als eine Erleuchtung des Hauptes, als eine Solifizierung, Krönung und als Heiligenschein auftritt. Ihrer weiblichen Natur getreu wird die Frau zur Licht-Gebärerin oder Lichtträgerin. Ihre Lichtseite wird als «Frucht» ihres Wandlungsprozesses zum Lichtsohn, zum göttlichen Geistsohn, den sie geistig empfangen und
T. 158 geistig geboren auf ihrem Schoß hält, oder der ihr von ihrer schöpferischen Erdmutterseite heraufgereicht wird.

Schon mit der Geburt des Sohnes vollbringt das Weibliche das Wunder der Natur, ein gänzlich Andersartiges und ihm selber Entgegengesetztes zu gebären, darüber hinaus aber ist dieser göttliche Sohn nicht nur seinem Geschlecht, sondern auch seiner Qualität nach etwas durchaus Neues. Er ist nicht nur zeugend im Gegensatz zu ihrem Empfangen und Gebären, sondern Licht im Gegensatz zur Dunkelheit der Nacht, Bewegung im Gegensatz zu ihrer Ruhe. Das Weibliche erfährt, daß es das Licht und den Geist zu gebären imstande ist, und zwar als einen Lichtgeist, der trotz aller Wandlungen und Untergänge ein Dauerndes und Unsterbliches ist.

Das Entzücken, in der Geburt ein Lebendiges und im Sohn ein ergänzend Anderes gebären zu können, überhöht sich durch das größere Entzücken, in der Wandlung der eigenen Natur Geist, Licht und Unsterblichkeit im göttlichen Sohne erstehen zu lassen. Denn auch die Gebärende ist im Mysteriengeschehen eine durch sich selber Erneute. Wohl ist in dem Ruf der Eleusinien, «Die hehre Göttin hat ein heiliges Kind geboren, die Brimo den Brimos», der Name einer alten und eher «primitiven» Göttin erhalten, aber das Mysteriengeschehen lehrt, daß die auferstehende Kore nicht mehr eine Kore ist, die von Hades entführt werden kann. Die späte psychologische Erkenntnis, daß das matriarchale Bewußtsein der echte Mutterboden der geistigen Wachstumsprozesse ist[103], wird im Mysterium zum «Wissen» des Weiblichen, das nicht zufällig dieses Männliche, den Brimos, nur als Variante ihres eigenen Wesens, der Brimo, erfährt.

[103] Neumann, Über den Mond ..., a. a. O.

Diesen göttlichen Sohn stellt das Weibliche als seine eigene unbewußte Geistseite gebärend nach außen, um nun nicht etwa selber Geist zu sein oder den Weg dieses Geistes zu gehen, sondern um sich von ihm befruchten zu lassen, ihn aufzunehmen, ihn in sich wachsen zu lassen und in neuer Geburt wieder von sich fortzugeben, ohne aber sich je gänzlich in ihn zu verwandeln.

Denn auch wenn es den Mond-Lichtsohn geboren hat oder selber der Mond ist, es bleibt das Nächtliche als Großes Rundes, und die Lichtseite ist nur *einer* seiner Aspekte, so wie sie als Sophia nur *ein* Aspekt des Großen Weiblichen ist. Die männliche Psychologie wird die Sophia seiner männlichen Natur nach, als ihren «höchsten» Aspekt ansehen und verehren. Die Große Mutter aber bleibt ihrer wesenhaften und unaufhebbaren geheimnisvollen Dunkelheit treu, in der sie das Mysterienzentrum des Daseins ist.

Erst wenn wir von der Sohn-Beziehung dieses Männlichen zum Weiblichen ausgehen, wird auch die höhere Mysterienfunktion des Weiblichen für das Männliche verständlich. Das Weibliche wird in den Eleusinien zur Belehnerin des Triptolemos, *Fig. 72*
dem es die Ähre zur Verbreitung über die Welt reicht. Auffälligerweise ist dieser Triptolemos ein Knabe, dessen Unterlegenheit den beiden großen Göttinnen gegen- *T. 148*
über auf allen Darstellungen unzweifelhaft ist.

Es handelt sich also bei dieser Belehnung nicht um einen «Ackerbau»-Ritus, obgleich sie in frühester Vorzeit damit zusammengehört haben wird, sondern – jedenfalls im Sinne des Mysteriums – um etwas viel Wesentlicheres. Es ist die Belehnung des Männlichen mit seiner Funktion als irdischem und geistigem Besamer, die ihm vom Weiblichen übergeben wird.

Dabei ist der belehnte Sohn diese goldene Weizenähre des Samens selber, und es ist die große Erdmutter, aus der er gewachsen ist, die ihn in sein eigentliches Wesen als unterer und oberer Fruchtbarkeitsgott-Sohn einsetzt[104]. Deswegen wird sein Wagen von den Drachen-Schlangen, der Kraft der Großen Mutter, getragen, und das Gold der Ähre, das er verbreitet, ist nicht nur das Gold der irdischen Ähre, dessen Samen in den Erdschoß der Großen Mutter gesät wird, um von dort sterbend gewandelt wieder aufzuerstehen. Triptolemos auf seinem himmlischen Wagen ist auch der Träger des Geistgoldes der überirdischen Ähre, deren Mysterienaussaat über den Tod in der Großen Mutter zur Wandlung führt und zur Auferstehung auf den himmlischen Wiesen des nächtlichen Himmels, an dem das Irdisch-Männliche als unsterblicher Gold-Samen-Stern aufgeht.

In einem Gesang des mexikanischen Gottes Xipe heißt es:

«Es mag sein, daß ich dahingehe, dahingehe und verderbe, ich, die junge Maispflanze.

[104] Die gleiche Konstellation finden wir in Ägypten, wo der Mondgott Chons das Kind der großen Geier- und Mutter- und Himmelsgöttin Mut ist, die als beschützende Geiergöttin Nechbet die Mutter des Königs ist (Kees, a. a. O., S. 355). Das Heiligtum dieses Mond-Sohn-Gottes heißt Benent, was ebenso in der Bedeutung, die wir bereits kennen, als «Stätte des Aufsteigens» interpretiert wird wie als «Samenkorn». Schon in Ägypten ist also die Sohn-Licht-Mond-Korn-Symbolik der matriarchalen Stufe offenbar.

Ein grüner Edelstein ist mein Herz[105], aber Gold werde ich schauen, ich werde befriedigt sein, wenn zuerst es reif geworden ist: der Kriegshäuptling ist geboren[106].»

Die Wandlungen Xipes sind die des Maises ebenso wie die des Lichtes, die beide aus der Tiefe des Erddunkels nach oben und zur Reife steigen. Hier wandelt sich

Abb. 72. TRIPTOLEMUS IN SEINEM WAGEN

Griechenland, Zeichnung von einer Amphora

das Grüne, der Jungsonnen- und Maisgott Xipe zu Huitzilopochtli, dem Kriegsgott, denn reif geworden ist Xipe der Mais, das Gold, die Sonne[107]. Der elementare Satz:

[105] Entsprechend war in vielen aztekischen Götter-Plastiken in die Brust ein grüner Stein eingelassen.

[106] Preuss, *Die Eingeborenen Amerikas*, a. a. O., S. 52.

[107] Diese Wandlung zum Gold und zum Licht ist ein Charakteristikum der mexikanischen Mythologie, von der Preuss sagt, «daß die Umwandlung von Nachtgestalten in Sonnengötter überhaupt ein durchgehender Zug in der mexikanischen Religion ist, ohne den die kultischen Jahresfeste nicht zu verstehen sind». (Preuss, *Die Eingeborenen Amerikas*, a. a. O., zit. bei Danzel, *Magie* . . ., a. a. O.)

«Ein grüner Edelstein ist mein Herz, aber Gold werde ich schauen», enthält eine Wandlungssymbolik, die in der Wandlung des grünen Osiris zum Gold-Sonnen-Ra[108] ebenso wie alchemisch in der des «grünen Steins» zum Gold wiederkehrt. So heißt es im Rosarium Philosophorum:

> «Unser Gold ist nicht das gemeine Gold, du aber hast nach dem Grünen (viriditas) gefragt in der Annahme, daß das Erz ein aussätziger Körper sei wegen der Grüne, die es an sich hat. Daher sage ich dir, daß alles jene, das vollkommen ist am Erze, nur jene Grüne ist, weil jene Grüne durch unsere Methode (magisterium) alsbald in unser wahrstes Gold verwandelt wird[109].»

Auch «der grüne Löwe» der Alchemie ist die Jugendform des Korngottes ebenso wie die der Sonne, des Lichtes.

Damit kommen wir zur Beantwortung der Frage, wie es möglich sei, daß Männer in die Eleusinischen Mysterien eingeweiht wurden, und was ihnen diese Mysterien, deren Zentren ausschließlich um die wesentlichen Ereignisse des geheimnisvollen weiblichen Lebens kreisen, bedeuten konnten. Denn wenn es im homerischen Hymnus an Demeter heißt:

«Selig ist der von den Menschen auf Erden, der solches geschaut hat.
Doch wer an heiliger Weihe nicht teilhat, dem widerfährt nie
Gleiches Geschick, auch wenn er gestorben, im modrigen Hades[110]»,

und wenn wir die einheitliche Ehrfurcht der Antike vor diesen Mysterien in Betracht ziehen, dann muß es sich auch für die Männer um eine echte Mysterienerfahrung gehandelt haben.

Der eine Weg zu dieser Erfahrung besteht darin, daß der männliche Eingeweihte, wie aus vielen Einzelheiten hervorgeht, sich mit der Demeter, mit seiner eigenen weiblichen Seite, zu identifizieren suchte. Dabei ist zu betonen, daß die Mysterienerfahrung in den Eleusinien wie in allen Mysterien vorwiegend gefühlsmäßig und im Unbewußten erfolgt, so daß auch noch in später Zeit, als das Bewußtsein des Männlichen längst patriarchal geprägt war, eine derartige vorpatriarchale Erfahrung als Erlebnis im Mysterium möglich war.

Den entscheidenden anderen Faktor sehen wir darin, daß das Männliche die Möglichkeit bekam, über die Erfahrung der schöpferisch wandelnden und wiedergebärenden Kraft des Großen Weiblichen sich selber als ihren Sohn zu erleben, sich ebenso mit dem neugeborenen göttlichen Geist-Sohn als dem Kind der Großen Göttin zu identifizieren, wie mit Triptolemos, dem von ihr mit der goldenen Ähre Belehnten[111].

In diesem Sinne stehen die Eleusinien, an denen Männer und Frauen teilnahmen,

[108] Neumann, *Ursprungsgeschichte* ..., a. a. O., Index s. v. «Verwandlung oder Osiris».

[109] Zit. bei Jung, *Psychologie und Alchemie*, a. a. O., S. 152.

[110] *Die Homerischen Götterhymnen*, a. a. O., S. 69.

[111] Es ist an der Zeit, die Entwicklung der Mysterien gerade darauf hin einmal zu untersuchen, inwiefern Veränderungen, Hinzufügungen usw. durch den Wandel der an den Mysterien teilnehmenden Menschen psychologisch bedingt sind.

zwischen den alten nur für die Frauen bestimmten matriarchalen Mysterien, die sich zum Beispiel in Rom im Kult der bona dea erhalten haben, und den männlichen Mysterien, zum Beispiel denen des Mithras, in denen das Patriarchat psychisch fundiert ist. Nur anmerkungsweise wollen wir in diesem Zusammenhang auf drei Bilder hinweisen, welche diese Entwicklung illustrieren. Es handelt sich um ein Befruchtungsritual, in dem aus einer kleinen Kanne – in den Eleusinien waren die Männer entsprechend Kannenträger – die befruchtende Flüssigkeit in ein großes stehendes Gefäß, das Weibgefäß, eingegossen wurde.

T. 159a In Kreta wird das Ritual nur von Frauen begangen, die Mutter-Tochter-Figuren stehen rechts, die eingießende Figur links trägt ebenfalls Frauengewand. In dem *T. 159, 159b* eleusinischen Relief sehen wir die Mutter-Tochter-Göttin, neben ihr steht der Knabe mit der Kanne, der in das große Gefäß eingießt. Auf dem Vasenbild des *T. 159c* Kabiryon haben wir den mit der Kanne in das große Gefäß eingießenden Knaben. Hinter ihm aber sitzt die Vaterfigur. Wir wissen seit der Arbeit K. Kerényis über Hermes[112] von der Einheit des kabirischen Männlichen, von Vater, Knabe und Samenfaden, wobei die phallische Bedeutung des «gießenden Knaben» unzweifelhaft ist. Obgleich Kerényi hier vom «männlichen Lebensursprung» spricht, und in diesem späten Sinne nennen ja auch wir diese Abbildungen «patriarchal», hat er selber gerade auf ihren alten matriarchalen Grund hingewiesen.

> «Die klassische mythographische Tradition, die in den Angaben über Mysteriengottheiten die Klarheit absichtlich vermeidet, nennt die Urmutter der Kabiren Kabeiro und spricht außerdem noch von drei ‚kabirischen Nymphen'. Sie löst also die Dreigestaltigkeit auf dieselbe klassische Weise auf, wie wenn der Bildhauer eine Hekatestatue mit drei tanzenden Mädchengestalten umgibt und ein anderer sie schon als drei einzelne, kleinere Göttinnen mit den Attributen der großen Göttin ausstattet. So verhalten sich auch die ‚kabirischen Nymphen' zur Kabirenmutter. In Theben heißt die große Göttin Demeter Kabiria und zeugt dadurch sowohl von ihrem Bezug zum Totenreich als auch von dem zu den Kabiren. Sie ist in allen diesen Erscheinungsformen jener weibliche Urgrund des Absolut-Männlichen – des Kabirentums –, von dem uns das Mythologem von der Urherme belehrt hat[113].»

Wie selbstverständlich aber ursprünglich die Belehnung des knabenhaften Männlichen durch das Weibliche war, geht mehr noch als aus dem mykenischen Ring aus *T. 160* der Darstellung hervor, in der Theseus, der patriarchale Held des Griechentums, von Athene zu Amphitrite geführt wird, um von ihr einen goldenen Ring zu er- *T. 146c* halten[114]. Nicht einen Mann und Krieger, der bereits eine Unzahl von Heldentaten hinter sich hat, sehen wir hier, sondern einen von Göttinnen begünstigten Knaben, der beschenkt wird.

[112] Kerényi, Hermes der Seelenführer: Das Mythologem vom männlichen Lebensursprung. In: *Eranos-Jahrbuch 1942*, IX.

[113] Ebenda, S. 90.

[114] Herbert J. A. Rose, *A Handbook of Greek Mythology*, London 1950, S. 265.

SOPHIA

Die Doppelheit der großen Göttinnen in ihrer Einheit von Mutter und Tochter kann die ursprüngliche und wurzelhafte Verbindung zum Elementarcharakter so weit verwandeln, daß sie auch als Sophia, als reines Geist-Weibliches auftritt, als weibliche Geistganzheit, in der alles Schwere und Dumpfe überwunden ist. Dann bildet sie nicht nur die Erde und den Himmel der Retorte, die wir Welt nennen, und ist nicht nur das kreisende Rad der Rotation in ihr, sondern auch die höchste Essenz und Destillation, zu welcher das Leben in dieser Welt sich zu wandeln imstande ist.

Dieses Sophia-Weibliche, das als Blüte die höchste sichtbare Form seiner Entfaltung erreicht[115], verschwindet nicht in der nirwanahaften Abstraktheit eines männlichen Geistes, sondern sein Geist bleibt wie der Duft der Blüte immer an diese als an die irdische Grundlage der Wirklichkeit gebunden. Wandlungsgefäß, Blüte, die Einheit der mit Kore wiedervereinigten Demeter, Isis, die Mondgöttinnen, in denen die Lichtseite das Nächtliche ihrer eigenen Dunkelheit überwindet, sie alle sind Ausdrucksformen dieser Sophia, der höchsten weiblichen Weisheit.

Im patriarchal christlichen Raum wird die Sophia zwar prinzipiell von der männlichen Gottheit an die letzte Stelle zurückgedrängt[116], aber auch hier setzt sich der Geistwandlungsarchetyp des Weiblichen durch. So ist in Dantes Gesang die heilige weiße Rose, die der Madonna zugehört, die äußerste Lichtblüte, die sich oberhalb *T. 163*
des gestirnten Nachthimmels als höchste Geist-Entfaltung des Irdischen offenbart. Auch die Mondsichelmadonna steht als weibliches Zentrum inmitten des irdischen *T. 164*
und himmlischen Weltenkreises. Ebenso stellt das Weibliche auf dem Bild, wo es als Philosophie, einer der mittelalterlichen Formen der Sophia, die Künste um *T. 165*
sich sammelt, die Philosophen lehrt und die Dichter inspiriert, das Zentrum dar. Seltsam genug ist noch diese Gestalt aus dem 12. Jahrhundert dreiköpfig wie Hekate. Dies Weibliche bleibt die Große Mutter, auch wenn es als Philosophie die Weltscheibe mit Tierkreis, Planeten, Sonne und Mond in ihrem Leib trägt (bis in *T. 166*
die Einzelheiten der Darstellung hinein ein genaues Gegenbild des negativen tibetanischen Weltenrades). Ebenso ist es als die Herrin mit dem Kind auf dem Schoß *T. 98*
im Zentrum des Paradieses, der Evangelisten und der Tugenden thronend, das *T. 167*
weibliche Selbst als schöpferisches Zentrum des Mandala[117].

Die Symbolik des Gefäßes erscheint auch auf der höchsten Stufe, und zwar in der Gestalt des Geist-Wandlungsgefäßes. Die matriarchale Symbolik hat sich, obgleich

[115] s. o. S. 248.

[116] Entsprechend wird im patriarchalen Griechenland Athene, deren Bezug zum kretischen Kreis der Großen Mutter, zur Erdschlange, zum Weben ebenso wie ihre Autochthonie, ihre Selbstgezeugtheit, unzweifelhaft ist, zur Tochter des Zeus, welche seinem Haupte entspringt.

[117] Über die psychologische Bedeutung des Mandala vgl. die Arbeiten Jungs und seiner Schule. Besonders Jung und Wilhelm, a. a. O., und «Gestaltungen des Unbewußten» über Mandalasymbolik.

das Christentum immer um ihre Unterdrückung bemüht war, über die zentrale Bedeutung des Abendmahlkelches und – mythologisch – des Grals hinaus durchgesetzt.

Schon die Bedeutung des vorchristlichen Tauchbades ist die Rückkehr in den geheimnisvollen vom Lebenswasser erfüllten Uterus des Großen Weiblichen. Das

Abb. 73. TAUFE

Illustration aus der Roda-Bibel, 11. Jahrh.

Tauchbad, das sich im Judentum bis auf den heutigen Tag in seiner rituellen Bedeutung erhalten hat, wird im Christentum zum Taufbad der Wandlung, die, wie
Fig. 73 noch ein spätes Bild zeigt, die Rückkehr in das Ur-Ei des Anfangs ist. Deswegen ist
T. 168 das Taufgefäß ein Gefäß der Wandlung[118], es ist nicht nur der Wipfel des Lebensbaumes, sondern auch der Lebensbrunnen, welcher durch das einströmende obere
T. 173 Wasser des Heiligen Geistes zum alchemischen Gefäß der Erneuerung wird.

[118] Vgl. auch das Taufgefäß Tafel 179.

Auch das Paradies wird als Wandlungssituation «im Gefäß» aufgefaßt. Weil aber der Sündenfall nicht mit dem Lebensbaum, sondern mit dem Todesbaum der Erkenntnis verbunden ist, wird nun das Lebensgefäß des Paradieses durch ihn zum Todesgefäß der negativen Wandlung, die nach unten hin, zur Unterwelt, in den aufgesperrten Rachen der Hölle absinkt. Das Gefäß ist in diesem christlichen Bereich zwar noch das Gegensatz-Enthaltende[119], aber es steht als Unteres-Empfangendes einem Oberen gegenüber, das als Heiliger Geist, als Taube und oberes Wasser befruchtend auf dieses Untere herabströmt. Im Gegensatz dazu finden wir später in der Alchemie ein Wiederaufleben der ursprünglich matriarchalen Symbolik des ganzheitsenthaltenden Gefäßes. Dieser wichtige Aspekt der Alchemie muß an anderer Stelle ausführlich dargestellt werden, hier mag der Hinweis auf ein einziges Bild und seine Symbolik genügen. Es handelt sich um das alte Ur-Ei, das bekannte Ursprungssymbol der matriarchalen Welt, welches – als Großes Rundes – das All enthält. Die Grundlage bildet der Chaos-Drachen der Materie, das Oberste der – ebenfalls theriomorphe – Geist, der als Taube, als «heiliger Geist-Vogel» die Quintessenz dessen ist, was aus diesem Ei auszuschlüpfen hat. Die Entwicklung zu ihm ist durch zwei Wachstumssymbole angezeigt. Die Bäume von Sonne und Mond bedeuten das männliche und weibliche Prinzip der zu synthetisierenden Gegensatzspannung, die ineinander verschlungene und zugleich aufeinander aufgebaute Stufenfolge der drei Figuren von Körper, Seele und Geist sind Symbole der aufsteigenden Wandlung im Gefäß des Großen Weiblichen. Die mit ihren ausgestreckten Armen die Gegensätze zusammenfassende Gestalt des Geistes wird überflogen von dem oberen Vogel, der als höchstes Geistprinzip der Vogel der Großen Mutter ist, die Taube des Heiligen Geistes.

T. 169

T. 173

T. 170

Das alchemische Wachstumsprinzip wird auf vielen anderen Bildern auch durch die aufsteigende Schlange symbolisiert. Die Schlange ist oft – nicht nur in der biblischen Paradiesgeschichte – der «Geist» des Baumes ebenso wie der des Gefäßes[120]. Die schon im vordynastischen Ägypten auftauchende Verbindung von Stab und Schlange erscheint in vielen Mythen als der oft zweideutige, aber immer numinos göttliche Geist eines Wachstumsprozesses, dessen Ziel für das Bewußtsein unfaßbar ist[121]. Dieses Phänomen beherrscht die Symbolik des «Sündenfalls», der zum Bewußtsein führt ebenso wie die der Alchemie[122].

Auf unserem Bild wird der aus dem Gefäß aufsteigende Wandlungsprozeß durch den Pfeiler-Baum dargestellt, um den sich die Doppelschlange der Gegensätze win- *T. 171*

[119] Vgl. Jung, *Psychologie und Alchemie*, a. a. O., Index s. v. «Gegensätze», und: Der Geist Mercurius, in: *Symbolik des Geistes*, a. a. O.

[120] Vgl. Zimmer, *Myths and Symbols in Indian Art and Civilization*, hg. von Joseph Campbell, New York und London 1946, Illustr. 70.

[121] Vgl. die aufsteigende Kundalini-Schlange des Tantra-Yoga und die Körper-Symbolik der Rückenmarksschlange in der chinesischen Alchemie, dem Talmud usw.

[122] Vgl. Jung, *Psychologie und Alchemie*, a. a. O.

det, die zur Vereinigung gebracht werden sollen[123]. Dieser Baum wird durch eine Merkur-Königin gekrönt, die in der Hand ein Zepter trägt. Dies Zepter ist eine Mischung aus dem von Schlangen umwundenen Hermes-Äskulapstab der Heilung und dem Lilienzepter, das schon in Kreta das Symbol der Göttin und Königin ist. Der Doppelgeschlechtlichkeit des Merkurius entspricht hier die uroborisch mannweibliche Natur des Großen Weiblichen, das in sich die Gestalt der Jungfrau-Göttin (Lilie) mit dem Charakter der zeugerischen Wandlung und Heilung (Hermes-Schlangenstab) vereint.

T. 172 Beide Symbole kehren in dem späten Bild der Verkündigung wieder. Hier trägt der Engel den Stab der heilbringenden Befruchtung. Neben Maria aber steht das Gefäß, das sie selber ist. Der Leib dieses Gefäßes trägt die Hostie mit dem Namen des göttlichen Sohnes, überragt wird es von der Lilie der kretischen Jungfrau-Göttin. Dieses Gefäß ist die das göttliche Sonnenkind tragende Göttin selber, und die Maria wird – ohne daß der Maler das bewußt intendiert hätte – wieder zur Göttin des Anfangs.

Das weibliche Gefäß ist als wiedergebärendes Gefäß der oberen Wandlung das der Sophia und des Heiligen Geistes. Es nimmt nicht nur das zu Wandelnde in sich auf, um es wie der Krater der Gnosis zu vergeisten und zu vergöttlichen, sondern es ist auch die nährende Kraft, von der das Gewandelte und Wiedergeborene lebt.

T. 29 So wie auf der unteren Elementarstufe der nährende Strom der Erde[124] in das Tier und die phallische Kraft des Bruststroms in das empfangende Kind einströmt[125], so empfängt auf der Geist-Wandlungsstufe der erwachsene Mensch die «Jungfrauen-*T. 174, 173* milch» der Sophia. Diese Sophia ist auch der «Geist und die Braut» der Apokalypse, von dem es heißt:

> «und wen durstet, der komme; und wer da will, der nehme das Wasser des Lebens umsonst.»

Sie ist das schöpferische inspiratorische Wesen, das, wie auf unserem Bild, irdische und überirdische Wesen tränkt.

Auf dieser höchsten Stufe erscheint ein neues Symbol, in dem der Elementar- und Wandlungscharakter der Nahrung seine höchste Geist-Stufe erreicht, der Herzquell
T. 165, 175 der Sophia, die Nahrung der Mitte. Dieser zentrale Strom entspringt der Sophia ebenso auf dem Bild der Philosophia wie auf dem der Ecclesia und der indischen
Fig. 51 Weltmutter. Ein neues «Organ» wird sichtbar, das als Herzbrust die geistnährende Weisheit des Gefühls und der Mitte, nicht des Kopfes und des Oben, ausströmen läßt.

Das Große Weibliche verliert auf dieser höchsten Stufe immer mehr seinen ursprünglichen archetypischen Charakter als Göttin und wird, so scheint es zunächst,

[123] Vgl. die Sonne-Mond-Rückenmarksschlangen der indischen Psychologie, die ebenfalls alchemistisch vereinigt werden sollen.

[124] s. o. S. 58f.

[125] s. o. S. 131.

zum Begriff und zur Allegorie. Sophia ebenso wie Philosophia und im jüdischen Bezirk die Thorah, die Lehre, und die Chochmah, das Weisheitssymbol der Kabbalah, tendieren in diese Richtung, während in der Schechinah, der im Exil lebenden Gottesglorie und ihrer Personifikation Rahel, die um ihre Kinder weint, der personale Charakter noch gewahrt ist beziehungsweise sich wieder durchsetzt.

Aber Begriffssymbole wie zum Beispiel die Maat, die Weisheitsgöttin Ägyptens, müssen nicht Produkte einer späten Epoche sein. Sie scheinen im Gegenteil am Anfang der Entwicklung des menschlichen Geistes zu stehen, die mit dem Akzent auf der visionär geschauten Symbolfigur beginnt und mit dem abstrakten Begriff endet.

Wir sprechen psychologisch von dem Gesetz der Kompensation, in dem das Unbewußte in Traum und Vision, in seinen Reaktionen und in seiner die Handlungen bestimmenden Richtung die Einseitigkeiten und krankhaften Abweichungen der ichzentrierten und vom Bewußtsein dirigierten Persönlichkeit ausgleicht. Das besagt, daß die Tiefenschicht dem Ich gegenüber nicht nur in der Übermacht der Triebe und Instinkte gefährlich ist, sondern sich auch als hilfreich und als erlösend erweist.

Die tiefenpsychologische Forschung hat nachgewiesen, daß das Bewußtsein mit seinen Erwerbungen ein später «Sohn» des Unbewußten ist, und daß die Entwicklung der Menschheit im Ganzen und der menschlichen Persönlichkeit im Einzelnen in positiver Abhängigkeit von den im Unbewußten schlummernden Geistkräften verlaufen ist und verlaufen muß. So erfährt der moderne Mensch auf neuer Ebene das gleiche, was der ursprüngliche Mensch intuitiv und überwältigt erfahren hat. Es ist im Unbewußten der gebärenden und nährenden, schützenden und wandelnden weiblichen Kraft der Tiefe eine Weisheit wirksam, die der Weisheit des Tagesbewußtseins unendlich überlegen ist und die, als Ursprung von Vision und Symbol, Ritual und Gesetz, Dichtung und Wahrheitsschau, erlösend und richtunggebend, gerufen und ungerufen, in das menschliche Leben eingreift.

Diese weiblich-mütterliche Weisheit ist eine Weisheit liebender Bezogenheit, kein abstrakt «interesseloses» Wissen. So wie das Unbewußte reagiert und antwortet, so wie der Körper in lebendigen Reaktionen auf richtige Nahrung ebenso wie auf Gift «reagiert», ist die Sophia eine lebendig anwesende und nahe, eine liebende und immer gegenwärtige, eine dauernd anrufbare und eingreifbereite Gottheit, keine Gottheit, die in numinoser Ferne und weltentfremdeter Abgetrenntheit sich als dem Menschen unerreichbar erweist.

Darum ist die Sophia als geistige Macht liebend und rettend, ihr strömendes Herz Weisheit und Nahrung zugleich. Das nährende Leben, das sie vermittelt, ist ein Leben des Geistes und der Wandlung, nicht eines der Dumpfheit und der unteren Verhaftung. Als Geist-Mutter ist sie nicht wie die Große Mutter der Elementar-Stufe vorwiegend am Säugling, am Kind und am unreifen Menschen interessiert, die sie deswegen in diesen Stadien festhält, sondern sie will als Gottheit des Ganzen, welche die Wandlung von der Elementar- bis zur Geiststufe beherrscht, Menschen, welche als Ganze den Umfang des Lebendigen vom Elementaren bis zur Geistwandlung durchschreiten.

In der patriarchal und monotheistisch-männlichen zur Abstraktion tendierenden Entwicklung des jüdisch-christlichen Abendlandes wurde die weibliche Weisheitsfigur der Göttin entthront und unterdrückt. Nur heimlich fristete sie meist auf ketzerischen und revolutionären Nebenwegen ihr Leben weiter. Diese Wege zu verfolgen, überschreitet unsere Aufgabe. Weder das Überleben der Großen Mutter als Hexe noch ihre Wiederkehr in der Renaissance und ihr Wiederaufsteigen bis zur Moderne können wir hier darstellen[126]. Es muß genügen, an einigen Bildern des christlichen Bereichs die archetypische und ununterdrückbare Lebendigkeit der Großen Mutter zu illustrieren.

T. 176, 177 Die Vierge ouvrante, die von außen die bekannte und so bescheidene Mutter mit dem Kind ist, verrät das in ihr verschlossene ketzerische Geheimnis, wenn sie sich öffnet. Gott-Vater und Sohn, die sonst als himmlische Herren die erniedrigte und erdhaft «nur Weibliche» gnadenweise zu sich erheben, erweisen sich als in ihr enthalten und als «Inhalte» ihres alles bergenden Leibes[127].

T. 178 Aber nicht nur in ihr und in den vielen «Schutzmantel-Madonnen», welche die hilfsbedürftige Menschheit unter ihrem ausgebreiteten Mantel bergen, ist das enthaltende Wesen des Elementarcharakters der Großen Mutter lebendig. Noch an einer anderen Stelle ist sie, wie unbemerkt, im christlichen Bereich aufgetaucht[128].
T. 180 In den Bildern der «Heiligen Anna selbdritt[129]» kehrt die Einheit der «Frauengruppe» von Mutter, Tochter und Kind, von Demeter, Kore und göttlichem Sohn in aller mythischen Großartigkeit wieder. Dabei ist der Kore-Tochter-Charakter der Madonna dem Wesen der Anna als der Großen Mutter gegenüber oft dadurch auch
T. 181 äußerlich unterstrichen, daß die Madonna mit dem Christus selber wie ein kleines Kind auf den Armen der Anna sitzt.

Im Gegensatz zu der abendländischen Entwicklung, in der das patriarchale Moment das matriarchale fast immer überdeckt, oft aber fast ausgelöscht hat, hat sich im asiatischen Bereich die matriarchale Grundstruktur als so stark erwiesen, daß die patriarchale Überlagerung im Laufe der Entwicklung fast überall, wenn nicht rückgängig gemacht, so doch stark relativiert worden ist. Das läßt sich nicht nur in der Entwicklung des Hinduismus, sondern auch in dem patriarchal abstrakten und naturfeindlichen Buddhismus nachweisen. Hier ist die Kwan-yin die Göttin, welche

126 Siehe Neumann, Die Bedeutung des Erdarchetyps für die Neuzeit. In: *Eranos-Jahrbuch 1954*, XXIII.

127 Die Dreieinigkeit als Frucht von Marias Schoß darzustellen, wurde denn auch bald als Ketzerei angegriffen.

128 Wir verdanken diese Entdeckung Frau Fröbe-Kapteyn.

129 Ein besonders seltsames und bedeutsames Beispiel der heiligen Anna selbdritt von Joos von Cleve ebenso wie das berühmte Bild von Leonardo, das die heilige Anna selbdritt darstellt, bedürfen einer besonderen Bearbeitung (siehe Neumann, Leonardo da Vinci . . ., a. a. O.).

«den Schrei der Welt hört» und ihre Buddhaschaft der leidenden Welt zuliebe opfert, die Große Mutter als liebende Sophia.

In Indien ist die alte matriarchale Göttin im Laufe der Entwicklung nicht nur im Tantrismus als Shakti, als weibliche Urkraft, durchgebrochen, sondern hat sich ganz allgemein ihren Platz als Große Mutter und als «Großes Rundes» zurückerobert. Schon die Kali Indiens ist in ihrem positiven nicht furchtbaren Aspekt eine geistige Gestalt, deren Freiheit, Überlegenheit und Unabhängigkeit im Abendlande nichts Gleichartiges an die Seite zu stellen ist. Aber noch weit darüber hinaus reicht die Bedeutung der Göttin-Figur, die als «weiße Tara» die höchste Form der Geistwandlung durch das Weibliche symbolisiert. *T. 182* *T. 183*

Die Tara wird gefeiert als «die da hinausführt (tarani) über das Dunkel der Befangenheit im Gemüte aller Yogin als die ursächliche Kraft der Selbstbezwingung und Erlösung[130]». Während sie auf «unterer Stufe» die Schutzhelferin und Erlöserin ist: «tarati it Tara» – «sie bringt glücklich hinüber, davon heißt sie Tara[131]», ist sie auf oberer Stufe die, welche aus der Weltverstrickung des Samsara, die sie selber als Maja verursacht, herausführt. So ist sie «beim Quirlen des Meeres der Erkenntnis als seine Quintessenz entstanden[132]». *T. 184*

> «Die Große Maja umfängt als die ‚Rettende' (Tarini) in ewiger Liebesumschlingung Schiva, den ‚Unerschütterlichen', der in kristallener Unanrührbarkeit seiner Yogaversenkung die Haltung des Erlösten göttlich darstellt...
>
> Als ‚Vollkommenheit der Erkenntnis' – Prajna Paramita –, die Erleuchtung und Nirwana verleiht, ist Tara die hohe Weiblichkeit im Kreis der Buddhas und Bodhisattvas – besonders gefeiert im mutterrechtlichen Tibet...
>
> Im tantrischen Buddhismus steigt sie vollends in den Zenit des Pantheons: als Prajna Paramita ist sie die Mutter aller Buddhas – sie meint ja nichts anderes als die Erleuchtung selbst, die zum Buddha macht; ‚param ita': ‚ans andere Ufer (param) gegangen (ita)', führt sie über den Samsarastrom ans jenseitige Ufer des Nirwana hinüber. Ihr Zeichen als Weisheit der Erleuchtung ist das Buch auf einem Lotos neben ihrer Schulter, indes ihre Hände den Kreis innerer Betrachtung der wahren Lehre bilden (dharma-cakra-mudra)[133].»
>
> «Die Zauberin Große Maja, die alle mit Lust im Schrecken des Samsara befängt, kann nicht schuldig gesprochen werden als Versucherin zum vielgestaltig allumfangenden Dasein, zum Ozean des Lebens, aus dessen Grauen sie einzelne unablässig als ‚Bootsherrin' rettet, indes das ganze Lebensmeer das glitzernde, wogende Spiel ihrer schakti ist. Aus dieser Flut in sich befangenen Lebens tauchen jeweils einzelne, reif zur Erlösung, empor, nach dem Gleichnis des Buddha: wie Lotosblüten, die sich über den Wasserspiegel erheben und ihre Kelche dem ungebrochenen Himmelslichte erschließen[134].»

Sie ist nicht nur die Kraft der Gottheit als das wirbelnde Rad des Lebens in seiner Geburt und Tod bringenden Ganzheit, sondern sie ist auch die Kraft der Mitte,

130 Zimmer, *Die indische Weltmutter*, a. a. O., S. 194.
131 Siehe ebenda, S. 195.
132 Ebenda, S. 196.
133 Ebenda.
134 Ebenda, S. 198.

welche in diesem Kreislauf zum Bewußtsein und Wissen, zur Wandlung und zur Erleuchtung drängt.

So heißt es in dem Gebet Brahmas an die Große Göttin:

> "Thou art the pristine spirit, the nature of which is bliss; thou art the ultimate nature and the clear light of heaven, which illuminates and breaks the self-hypnotism of the terrible round of rebirth, and thou art the one that muffles the universe for all time in thine own very darkness[135]."

Diese Erleuchtung aber ist kein vom Himmel fallender Licht-Blitz der Erhellung, sondern ein Lebendiges, dessen Wurzel im modrigen Erdgrund der Tiefe Fuß gefaßt hat, durch das mit numinosem Wesen erfüllte Wasser des Lebens langsam und mit geschlossener Knospe aufwächst und erst am Ende sich als entfalteter Lotos «dem ungebrochenen Himmelslicht» erschließt.

So wie die Menschheit selber, entfaltet sich auch das Große Weibliche in ihr. Am Beginn die Vorzeitgöttin, in der Dumpfheit ihres Elementarcharakters in sich ruhend, von nichts wissend als von dem Geheimnis ihres Leibesinnern; am Ende die Tara, in der linken Hand den sich öffnenden Lotos der seelischen Entfaltung, die Rechte mit der Geste des Schenkens der Welt gegenüber. Mit ihren halb geschlossenen Augen ist sie in ihrer Meditation der äußeren ebenso wie der inneren Welt zugewandt, ein ewiges Bild weiblich erlösenden Geistes. Beide zusammen bilden die Einheit des Großen Weiblichen, das in der Ganzheit seiner Entfaltung die Welt von ihrer untersten elementaren bis zu ihrer höchsten Geistwandlungsstufe erfüllt.

Fig. 74 So finden wir auf dem indischen Trimurtibild das Erdsymbol der mütterlichen Schildkröte als unterste Stufe, auf ihr ruhend die Große Mutter als furchtbare Mutter, als Totenschädel mit dem Gegensatzaspekt der ihm entströmenden zwei Flammen und über ihr die Große Mutter als Lotos-Sophia. Jung schreibt zu diesem Bild[136]:

> «Das Ganze eine Entsprechung zum alchemistischen ‚opus', wo die Schildkröte die ‚massa confusa', der Schädel das ‚vas' der Verwandlung, die Blume das ‚Selbst' beziehungsweise die Ganzheit symbolisiert.»

Alle diese Symbole, Schildkröte, Todesgefäß und Blüte, sind aber matriarchale Wandlungssymbole des Großen Weiblichen. In nur leicht abgewandelter Weise er-
T. 185 scheinen sie in unserem Bild der Tara, in dem alle Stufen der Wandlung zusammengefaßt werden.

Jede Stufe der Wandlung ruht auf dem Fundament einer Einheit von Lotos und Kobra, lebenspendender und tödlicher Kraft. Die Basis wird gebildet von der dumpfen Welt der Schildkröte, dem mondhaften Bereich von Erde und Wasser; auf ihm fußt der von den beiden Drachen umkreiste Lebensbaum[137], die Welt des Lebens in den Gegensätzen. Den Wipfel dieses Baumes bildet der zweite Lotos, auf ihm

[135] Zimmer, *The King and the Corpse*, hg. von J. Campbell, New York und London 1948, S. 264.
[136] Jung, *Psychologie und Alchemie*, a. a. O., Abb. 75, S. 147.
[137] Vgl. Tafel 171.

steht stolz und machtvoll der Sonnenlöwe des aus ihm geborenen männlichen Geistes. Über diesem Löwen aber erhebt sich, nicht mehr auf ihm reitend, sondern auf ihrem eigenen Lotossitz thronend, die Göttin, die Tara-Sophia. Sie ist umflammt von der Gloriole eines Geistkreises, in dem sich, schon beim Löwen beginnend, das Animalische der unteren Welt in pflanzliches Licht wandelt, in die gewachsene und

Abb. 74. TRIMURTI

Indien

wachsende Erleuchtung, die für ihr Wesen charakteristisch ist. Blüten haltend ist sie überdacht von dem mit silbernen Sternblüten überwachsenen Feuerbaldachin des Lichtes, das sie selber ist als Mond, als Lotos und als Tara der höchsten Erkenntnis.

**
*

Wir haben die Stadien der Selbstoffenbarung des weiblichen Selbst in ihrer Objektivierung in der Welt der Archetypen, Symbole, Bilder und Riten gewissermaßen als historisch-ewige Welt kennengelernt. Die aufsteigenden Symbolreiche, in denen das Weibliche mit seinem Elementar- und Wandlungscharakter als Großes Rundes, als Herrin der Pflanzen und Tiere und schließlich als Geistgebärendes und als nährende Sophia sichtbar wird, entsprechen Stadien der Selbstentfaltung des weiblichen Wesens. Dieses offenbart sich in der Frau als «Ewig-Weibliches» und überschreitet die irdische Inkarnation jeder Frau wie jede seiner symbolischen oder lebenden Erscheinungsformen um ein Unendliches. Aber diese Manifestationen des Großen Weiblichen in allen Zeiten und allen Kulturen, bei allen Menschen der frühgeschichtlichen und geschichtlichen Welt, treten ebenso in der lebendigen Wirklichkeit der modernen Frau auf, in ihren Träumen und Visionen, Zwangsvorstellungen und Phantasiebildern, Projektionen und Beziehungen, Fixierungen und Persönlichkeitswandlungen.

Die Große Göttin – wenn wir einmal unter diesem Namen das zusammenfassen, was wir als archetypische Einheit und Vielheit des weiblichen Wesens darzustellen versucht haben – ist die Inkarnation des weiblichen Selbst, das in der Geschichte der Menschheit ebenso wie in der Geschichte jeder einzelnen Frau sich entfaltet; ihre Wirklichkeit bestimmt das individuelle wie das kollektive Leben. Diese archetypische psychische Welt, die in der Vielgestalt dieser Großen Göttin vereinigt ist, ist die Hintergrundsmacht, welche auch heute noch – zum Teil mit den gleichen Symbolen und in der gleichen Ordnung der Selbstentfaltung, zum Teil in dynamischen Abwandlungen und Variationen – die Seelengeschichte des modernen Menschen, besonders aber der modernen Frau, bestimmt.

VERZEICHNIS DER TEXTILLUSTRATIONEN

VERZEICHNIS DER TAFELN

Während ursprünglich ungefähr die Hälfte der Tafeln aus den Bildern des Eranos-Archivs gewählt waren, wurden viele durch technisch bessere Photographien aus Museen und von Berufsphotographen ersetzt. (Die Abkürzung P bedeutet Photographie.) Bei den Originalbildern des Eranos-Archivs wurden, soweit es möglich war, die photographischen Quellen nachgewiesen. Volle Hinweise auf Bücher und Artikel finden sich im Literaturverzeichnis.

Titelbild. Isis

Relief. Grab von Thutmosis IV., Theben, Ägypten, XVIII. Dynastie, 15. Jahrh. v. Chr.
P: A. Gaddis, Luxor

DIE VORZEITGÖTTIN

1a. Venus von Willendorf

Kalkstein, Fundort bei Krems, Österreich, Paläolithikum (Aurignac)
Naturhistorisches Museum, Wien. P: Museum

1b. Venus von Menton

Seifenstein, Frankreich, Paläolithikum (Aurignac)
Musée des antiquités nationales, St-Germain-en-Laye. P: Charles Hurault

1c. Venus von Lespugne

Elfenbein, Haute-Garonne, Frankreich, Paläolithikum (Aurignac)
Musée de l'Homme, Paris. P: Museum

2. Venus von Laussel

Kalksteinrelief. Dordogne, Frankreich, Paläolithikum (Aurignac)
Prähistorische Abteilung, Staatliche Museen, Berlin. P: unbekannt

3. Schlafende Frau

Tonfigur, Malta, Neolithikum
Valletta-Museum, Malta. P: Aus Luigi Ugolinis *Dedalo* (Mailand, Rom), XII, fasc. 7 (August 1932), S. 557, 578

4. Isis mit dem König

Steinrelief, Tempel von Seti I., Abydos, Ägypten, XIX. Dynastie, 14. bis 13. Jahrh. v. Chr.
P: unbekannt

5. Henry Moore: Madonna und Kind

Bronze, Modell (Höhe 18 cm) für eine Statue in Clayden, England, 1943
Privatsammlung. P: freundlicherweise vom Künstler zur Verfügung gestellt

6. Göttin

Ton, Thrakien, Bulgarien, Neolithikum
Sofia, Museum. P: nach einem Abguß im Naturhistorischen Museum, Wien

7a. Weibliche Figur

Terrakotta, Peru, vorkolumbisch
Sammlung Gaffron, Art Institute, Chicago. Zeichnung aus Holländer, *Äskulap und Venus*, S. 164

7b. Zeichnung eines Geisteskranken

Deutschland, 20. Jahrh.
Sammlung der Psychiatrischen Klinik, Heidelberg. Aus Prinzhorn, *Bildnerei der Geisteskranken*, S. 92, Fig. 45

8. Göttin

Ton, Zypern, etwa 2500 v. Chr.
British Museum. P: Museum

9. Fragmente von Figuren der Göttin Beltis

Stein, Susa, Iran, 7. Jahrh. v. Chr.
P: aus Holländer, *Äskulap und Venus*, S. 206

10–11. Göttinnen

Terrakotta, Mesopotamien, etwa 24. Jahrh. v. Chr.
Louvre. P: Archives photographiques

12*a*. Göttin

Blei, Troja, «verbrannte Stadt», III. Schicht, wahrscheinlich aus Mesopotamien
Früher im Museum für Vor- und Frühgeschichte, Berlin (im zweiten Weltkrieg verlorengegangen). P: aus Schmidt, *Schliemanns Sammlung trojanischer Altertümer*, S. 255. Mit freundlicher Genehmigung des Museums

12*b*. Astarte

Ziselierte Goldplakette, Ras Shamra, Syrien, etwa 13. Jahrh. v. Chr.
P: aus *Syria, Revue d'art oriental et d'archéologie* (Paris), X (1929), Taf. LIV, Fig. 2

13. Göttin

Terrakotta, aus einer Höhle bei Lapethos, Kreta
British Museum. P: mit freundlicher Genehmigung von V.C.C. Collum

14. Göttin

Terrakotta, Sidon, Phönizien, wahrscheinlich etwa 2500 v. Chr.
Louvre. P: Museum

15. Muttergöttinnen

Ton, Indien, 1000 bis 300 v. Chr.
Curzon-Museum, Muttra. P: Museum

16. Weibliche Figuren

Terrakotta, Ur, etwa 3000 v. Chr.
British Museum. P: Museum

17. Weibliche Figur

Terrakotta, vielleicht Ägypten, etwa 2000 v. Chr.
Louvre. P: Museum

18. Kopf

Bronze, Benin, Nigeria
British Museum. P: Museum

19. Kopf

Bronze, Benin, Nigeria
Pitt-Rivers-Museum, Farnham, England. P: John Harris, Bournemouth

20. Göttin

Ton, Kličevac, Jugoslawien, Bronzezeit
Früher im Nationalmuseum, Belgrad (während des ersten Weltkrieges verlorengegangen). P: Museum; aus Ebert, *Reallexikon*, Bd. VI, Taf. II

21. Göttin

Ton, glasiert und eingekerbt, Zypern, etwa 2500 bis 2000 v. Chr.
Louvre. P: unbekannt

22. Weibliche Figur

Stein, St-Sernin, Südfrankreich, vielleicht spätes Neolithikum
Archäologisches Museum, Rodez, Frankreich. P: aus Revue anthropologique (Paris), XLI (1938), S. 348, Fig. 27

23. Weibliche Figuren

Stein, Zykladen, Ägäische Inseln, etwa 2500 v. Chr.
British Museum. P: Museum

24. Weibliche Figuren

Marmor, Amorgos, Zykladen, Ägäische Inseln, etwa 2500 v. Chr.
National-Museum, Athen. P: Alison Frantz, American School of Classical Studies, Athen

25. Weibliche Figur

Ton, aus einem ägyptischen Grab, prädynastisch
Staatliche Museen, Berlin. Zeichnung aus Holländer, *Äskulap und Venus*, S. 165

26. Weibliche Figuren mit erhobenen Armen

Terrakotta, Ägypten, prädynastisch
a, b: Brooklyn Museum; *c:* British Museum. P: Museen

27*a*. Gefäßfigur

Terrakotta, Troja, IV. Schicht
Zeichnung aus Hoernes, *Urgeschichte*, S. 361, Fig. 8

27*b*. Muttergöttinnen

Ton, Kreta, minoische Periode
P: aus *Jahrbuch des Deutschen Archäologischen Instituts* (Berlin), LI (1936), Fig. 5, 6 (S. 225, 226)

28*a*. Göttin in Urne

Terrakotta, Palast von Knossos, Kreta, späte minoische Periode
Zeichnung aus Evans, *Palast des Minos*, Bd. II, Taf. I, Fig. 63

28*b*. Gefäßfigur, Rhyton

Bemaltes Terrakotta, Mallia, Kreta, frühe III. minoische Periode
P: aus Picard, «*Die Große Mutter*», *Eranos-Jahrbuch 1938*, S. 98, Fig. 3

29. Die Erde

Aus einem Manuskript (MS. Add. 30337), Abtei von Monte Cassino, 11. Jahrh.
British Museum. P: Museum

30*a*. Gemälde eines Geisteskranken

Wasserfarbe, Deutschland, 20. Jahrh.
Sammlung der Psychiatrischen Klinik, Heidelberg. Aus Prinzhorn, *Bildnerei der Geisteskranken*, S. 245

30*b*. Kinderzeichnung

Israel, 20. Jahrh.
Sammlung des Autors

DER POSITIVE ELEMENTARCHARAKTER

31*a*. Weibliche Kultfigur

Ton, Preußen, 9. bis 7. Jahrh. v. Chr.
Früher im Museum für Vor- und Frühgeschichte, Berlin (während des zweiten Weltkrieges verlorengegangen). P: Museum

31*b*. Gesichtsurne

Ton, Tlukom, Polen (früher Preußen), 750 bis 400 v. Chr.
Früher im Museum für Vor- und Frühgeschichte, Berlin (während des zweiten Weltkrieges verlorengegangen). Zeichnung mit freundlicher Genehmigung des Museums

32. Mutter und Kind

Terrakotta, Zypern, 19. bis 17. Jahrh. v. Chr.
Louvre. P: Archives photographiques

33*a*. Gefäßfiguren

Terrakotta, Zypern, 12., 10. bis 8. und 6. Jahrh. v. Chr.
Louvre. P: Archives photographiques

33*b*. Regengöttin mit Wettergott im Wagen

Abdruck von einem Siegelzylinder, Südmesopotamien, akkadische Periode
Pierpont-Morgan-Bibliothek, New York (vgl. Porada und Buchanan, *Corpus of Ancient Near Eastern Seals*, Bd. I, Fig. 220). P: Bibliothek

34. Vierbrüstiges Gefäß

Terrakotta, Trujillo, Peru, Chimukultur (vorkolumbisch)
Museum für Völkerkunde, Berlin. P: Museum

35. Diana von Ephesus

Alabaster und Bronze, Rom, 2. Jahrh. n. Chr.
Museo Nazionale, Neapel. P: Anderson

36. Die Göttin Nut

Gemaltes Deckenrelief, Hathor-Tempel, Dendera, Ägypten, römische Periode
P: unbekannt

37. Göttin mit Kind auf einem Löwen

Bronze, hittitisch, Nordmesopotamien, etwa 1500 v. Chr.
Sammlung von Altertümern des Nahen Ostens, Staatliche Museen, Berlin. P: Museum

38. Isis mit Horus

Kupfer, Ägypten, etwa 2040 bis 1700 v. Chr.
Ägyptische Abteilung, Staatliche Museen, Berlin. P: mit freundlicher Genehmigung des Museums

39. Mutter und Kind

Holz, wahrscheinlich Belgisch-Kongo
Früher im Museum für Völkerkunde, Berlin. P: Museum

40. Mutter und Kind

Gefäßfigur, Peru, Chimukultur, vorkolumbisch
Museum für Völkerkunde, Berlin. P: Museum

41. Mutter und Kind

Gefäßfigur, Peru, Inkakultur, vorkolumbisch
Sammlung Gaffron, Art Institute, Chicago. P: mit freundlicher Genehmigung des Instituts

42. Mutter und Kind

Holz, Yoruba, Nigeria
Horniman-Museum, London. P: Layton, London. Copyright des London County Council

43. Mutter und Kind

Priesterstab, Holz, Yoruba, Nigeria
Sammlung von René d'Harnoncourt, New York. P: Soichi Sunami; mit freundlicher Genehmigung des Museum of Modern Art, New York

57. Alchemisches Gefäß
Codex Pluto 89, sup. 35, fol. 20b, 13. Jahrh.
Biblioteca Medicea Laurentiana, Florenz. P: unbekannt

58. Schlangengöttin
Terrakotta, Griechenland, 6. Jahrh. v. Chr.
Museum antiker Kleinkunst, München. P: unbekannt

59. Atargatis oder Dea Syria
Bronze, Rom
Museo Nazionale delle Terme, Rom. P: Alinari

60. Ceres
Terrakottarelief, griechisch, Magna Graecia
Museo Nazionale delle Terme, Rom. P: Anderson

61. Kult der Ceres
Fresko, Pompeji, Italien
Museo Nazionale, Neapel. P: Alinari

62. Der Triumph der Venus
Gemälde auf einer 12eckigen Platte, veronesische Schule, Italien, frühes 15. Jahrh.
Louvre. P: Museum

63. Sirene als Inkubus
Hellenistisches Relief
Gegenwärtiger Ort unbekannt. P: aus Schreiber, *Hellenistische Reliefbilder*, Bd. II, Taf. 61

DER NEGATIVE ELEMENTARCHARAKTER

64. Die Göttin Rati
Bemaltes Holz, Bali, 19. Jahrh.
Sammlung Von der Heydt, Rietberg-Museum, Zürich. P: Kunstgewerbemuseum, Zürich

65. Kali, auf Schiva tanzend
Bemalter Ton, Indien, 19. Jahrh.
Victoria and Albert Museum, London. P: unbekannt

66. Kali, die Verschlingende
Kupferguß, Nordindien, 17. bis 18. Jahrh.
Victoria and Albert Museum, London. P: unbekannt

67. Kali
Kupferguß, Südindien, 19. Jahrh.
Victoria and Albert Museum, London. P: Museum

68. Die Erdgöttin Coatlicue
Stein, aztekisch, Mexiko, vorkolumbisch
Museo Nacional de Mexico, Mexiko. P: Museum

69. Coatlicue mit Schlangenrock
Stein, aztekisch, Mexiko, vorkolumbisch
Museo Nacional de Mexico, Mexiko. P: Eliot Elisofon

70. Gorgo
Marmorrelief, Tempel der Artemis, Korfu, früher archaischer Stil, etwa 600 v. Chr.
Museum von Korfu. P: aus Zervos, *L'Art en Grèce*, Taf. 142

82*b*. Schneckengott

Tongefäß, Peru, Chimukultur, vorkolumbisch
Museum für Völkerkunde und Vorgeschichte, Hamburg. P: Museum

83*a*. Taschenkrebs mit Sterngott

Tongefäß, Peru, Chimukultur, vorkolumbisch
Museum für Völkerkunde, Berlin. P: Museum

83*b*. Taschenkrebs mit Sterngott

Tongefäß, Peru, Chimukultur, vorkolumbisch
Früher im Museum für Völkerkunde, Frankfurt am Main (während des zweiten Weltkrieges zerstört). P: unbekannt

84*a*. Schlangen, Sterngott erwürgend (?)

Tongefäß, Peru, Chimukultur, vorkolumbisch
Museum für Völkerkunde und Vorgeschichte, Hamburg. P: aus Fuhrmann, *Peru*, II, Taf. 74

84*b*. Gorgogöttin mit Schlangen

Tonkrug, Peru, Chimueinfluß, vorkolumbisch
Ethnologische Sammlung der Universität, Zürich. P: aus Leicht, *Indianische Kunst*, S. 243, Fig. 6

84*c*. Gebärende Krebsgöttin

Bemaltes Tongefäß, Peru, Chimukultur, vorkolumbisch
Früher im Museum für Völkerkunde, Frankfurt am Main (während des zweiten Weltkrieges zerstört). P: aus Fuhrmann, *Peru*, II, Taf. 95

85. Die Sonnenbarke, in den Westberg eingehend

Detail aus einem ägyptischen Papyrus (?)
P: Zeichnung aus Maspero, *The Dawn of Civilization*, S. 197

86. Weibliche Figuren

Ton, aztekisch, Mexiko, frühe mittlere Kultur
American Museum of Natural History, New York. P: mit freundlicher Genehmigung des Museums

DAS GROSSE RUNDE

87. Göttin (?)

Alabasterfigur mit Muschelschalen- und Lapislazuliaugen, Tempel der Ischtar, Mari, Syrien, etwa 3000 v. Chr.
Museum, Aleppo. P: aus *Syria, Revue d'Art oriental et d'Archéologie*, 1935, Taf. 10, Fig. 1, nach S. 26

88. Grabfigur

Basalt, Tell Halaf, Mesopotamien, etwa 900 v. Chr.
Institut für vorderasiatische Altertumskunde, Freie Universität, Berlin. P: F. Paul Mann, Berlin

89. Verschleierte Sphinx

Stein, Tell Halaf, Mesopotamien, etwa 900 v. Chr.
Institut für vorderasiatische Altertumskunde, Freie Universität, Berlin. P: aus Oppenheim, *Tell Halaf*, Taf. XI

90. Bemalter Sarkophag: *a*) außen: Porträt der Verstorbenen; *b*) innen: Die Göttin Nut

Holz, Theben, Ägypten, 2. Jahrh. n. Chr.
British Museum. P: Museum

91*a*. Die Göttin Nut-Naunet

Innenbild eines Sarkophages, Ägypten, XXI. Dynastie
Ägyptologisches Institut, Universität Heidelberg. P: H. Wagner, Heidelberg

91*b*. Die Göttin Nut

Innenbild eines Sarkophages, Ägypten
British Museum. P: Museum

92. Die Göttin Nut

Sarkophagdeckel von Uresh-Nofer, Priester der Göttin, grauer Diorit, Ägypten, XXX Dynastie, 378 bis 341 v. Chr.
Metropolitan Museum of Art, New York. P: unbekannt

93. Tierkreis

Sandsteinrelief, Hathor-Tempel, Dendera, Ägypten, römische Periode
Louvre. P: unbekannt

94. Pietà

Italien, 14. Jahrh.
Museo cristiano, Vatikan. P: unbekannt

95. Jacob Epstein: Die Nacht

Portlandstein, London Transport Executive Building, 1929
P: Picture-Post-Bibliothek, London

96. Verkündigung

Fragment von einem Fresko, Kirche von Sorpe, Spanien, 12. Jahrh.
Museo de Arte de Cataluña, Barcelona. P: Museum

97. Die Jungfrau Maria

Gemälde, oberrheinischer Meister, Deutschland, etwa 1400
Früher in der Gemäldegalerie, Staatliche Museen, Berlin. P: Museum

98. Lebensrad

Gemälde, Tibet
Sammlung von Theos Bernard, New York. P: unbekannt

99. Das Rad der Mutter Natur

Blatt aus einem französischenManuskript (Einzelheiten unbekannt)
Bibliothèque nationale, Paris. P: unbekannt

100. Lampe mit Gorgo-Kopf

Bronze, etruskisch, Italien, 475 bis 400 v. Chr.
Museum, Cortona, Italien. P: Alinari

101*a*. Drei Göttinnen

Abdruck von schwarzem Serpentin-Siegelzylinder, Südmesopotamien, akkadische Periode
Pierpont-Morgan-Bibliothek, New York (vgl. Porada und Buchanan, *Corpus of Ancient Near Eastern Seals*, Bd. I, Fig. 234 E). P: Bibliothek

101*b*. Die Eumeniden

Kalksteinrelief, an einer Kirche östlich von Argos gefunden, Griechenland
Argos, Museum. P: aus *Mitteilungen des Kaiserlichen Archäologischen Instituts in Athen,* IV (1879), Taf. 9

DIE HERRIN DER PFLANZEN

102. Verehrung der Baumgöttin

Kalksteinstele, Ägypten, XVIII. Dynastie
Kestner-Museum, Hannover. P: Atelier Eidenbenz, Basel

103. Nut als Baumgöttin mit der Sonnenscheibe
Bronzegefäß, Ägypten, saitische Periode, 663 bis 525 v. Chr.
Louvre. P: Museum

104. Bernardino Luini (etwa 1475 bis etwa 1532): Die Geburt des Adonis
Detail von einem Fresko, lombardische Schule, Italien
Pinacoteca di Brera, Mailand. P: Alinari

105. Primitives Baumbegräbnis
Wagogostamm, Tanganyika
Zeichnung (etwa 1880) aus Becker, *La Vie en Afrique*, Bd. I, S. 156

106. «Der Ursprung des Lingam»
Stein, Südindien, 13. Jahrh.
Musée Guimet, Paris. P: Museum

107. Lingam offenbart die Göttin
Stein, Cambodia, 14. Jahrh.
Musée Guimet, Paris. P: Museum

108*a*. Sonnen- und Mondbaum
Abdruck von einem schwarzen Serpentin-Siegelzylinder, Assyrien
Pierpont-Morgan-Bibliothek (vgl. Porada und Buchanan, *Corpus of Ancient Near Eastern Seals*, Bd. I, Fig. 640 E). P: Bibliothek

108*b*. Jahresbaum mit den zwölf Tieren des Zodiakus
Teakholz und Porzellan, China
Museum für Völkerkunde, Wien. P: Museum

109. Totenbaum
Holz, China
Früher im Museum für Völkerkunde, Berlin (1945 durch Feuer zerstört). P: Museum

110. Der Alchemische Baum
Aus M. S. L. IV, 1, fol. 236, 16. Jahrh. (vielleicht ein Entwurf von Hieronymus Reusner, Pandora, Basel, 1582)
Universitätsbibliothek, Basel. P: Bibliothek

111. Baum der Laster
Blatt aus MS. Pal. Lat. 565 (Peregrinus, Speculum Virginium seu Dialogus cum Theodora virgine), 13. Jahrh.
Vatikan-Bibliothek. P: unbekannt

112. Matronenstein
Skulpturartiges Relief, römisch
Rheinisches Landesmuseum, Bonn. P: Museum

113. Taufbecken
Sandstein, Gotland, 12. Jahrh.
Zeichnung aus Roosval, *Die Steinmeister Gotlands*, Taf. 44

114. Christus als Weinrebe
Detail einer Kirchentür, Schloß von Valère, Sitten, Schweiz, 13. Jahrh.
P: unbekannt

115. Der Kelch von Antiochien
Silber mit Blattgold, 1. bis 4. Jahrh.
The Cloisters, Metropolitan Museum of Art, New York. P: Giraudon

116. Giovanni da Modena (1420 bis 1451?): Das Zurückbringen des mystischen Apfels zum Baum der Erkenntnis
Fresko, Kirche von S. Petronio, Bologna
P: A. Villani, Bologna

117*a*. Kreuz der Heiligen Patrick und Kolumbanus
Stein, Kells, County Meath, Irland, 10. Jahrb.
P: Thomas H. Mason, Dublin

117*b*. Kreuz von Graiguenamanagh
Stein, County Kilkenny, Irland, vielleicht 9. Jahrh.
P: Thomas H. Mason, Dublin

118. Madonna als Schiff
Miniatur aus einem Psalter, Jugoslawien (Einzelheiten nicht nachweisbar)
Früher Nationalbibliothek, Belgrad. P: unbekannt

119. Christus, im Schiff schlafend
Miniatur (fol. 22) aus dem Perikopenbuch, Salzburg, 11. Jahrh.
Bayerische Staatsbibliothek, München. P: Miniaturen des frühen Mittelalters, Taf. 12, S. 19

120. Schiff mit Kreuz als Mast
Blatt aus dem Codex Palatinus Latinus 412, fol. 69r (Wynandus de Stega, Adamas colluctancium aquilarum), 15. Jahrh.
Vatikan-Bibliothek. P: unbekannt

121. Trankopfer für Gefäß mit Zweigen und sitzende Göttin
Steinrelief, Lagasch, Sumer, etwa 3000 v. Chr.
Louvre. P: Coppola

DIE HERRIN DER TIERE

122. Göttin mit Kind
Terrakotta, Böotien, archaische Periode
Louvre. P: unbekannt

123. Fruchtbarkeitsgöttin
Fragment von dem Deckel eines Elfenbeinkastens, mykenisch, Ras Schamra, Syrien, 13. Jahrh. v. Chr.
Louvre. P: Archives photographiques

124. Symbol der Großen Mutter mit Tieren
a: Relief auf einer Steinschale; b: Restauriertes Fragment von einem Relief auf einem Votiv-Futtertrog aus Stein, Sumer, etwa 3000 v. Chr.
British Museum. P: Museum

125. Artemis
Stein, Capua, Italien, etwa 500 v. Chr.
British Museum. P: Museum

126. Lilith, die Todesgöttin
Terrakottarelief, Sumer, Larsadynastie, etwa 2000 v. Chr.
Sammlung Colonel Norman Colville. P: unbekannt

127. Göttin mit Seelenvögeln auf einem Löwen
Bronzehandspiegel, Hermione, Griechenland, etwa 550 v. Chr.
Museum antiker Kleinkunst, München. P: Museum

128*a*. Kybele auf einem Prozessionswagen mit Löwen
Bronze, Rom, 2. Jahrh. n. Chr.
Metropolitan Museum of Art, New York. P: Museum

128*b*. Isis oder Demeter auf einem Prozessionswagen mit Rosenrädern
Bronze, etruskisch, Italien
British Museum. P: Museum

129. Fortuna
Codex Palatinus Latinus 1066, fol. 236v
Vatikan-Bibliothek. P: unbekannt

130. Göttin auf dem kosmischen Löwen
Miniatur von einem aus einem Blatt bestehenden Manuskript, Delhi, Indien, 17. bis 18. Jahrh.
Pierpont-Morgan-Bibliothek, New York. P: mit freundlicher Genehmigung der Bibliothek

131*a*. Madonna auf dem Löwenthron
Wandbehang, 1300 bis 1350
Historisches Museum, Bern. P: Polygraphisches Institut AG, Zürich

131*b*. Anbetung der Schildgöttin
Bemalte Kalksteintafel, in Privathaus in Mykenä gefunden, frühe mykenische Kultur
Nationalmuseum, Athen. P: aus *Mitteilungen des Kaiserlichen Deutschen Archäologischen Instituts, Athenische Abteilung,* XXXVII (1912), Taf. 8

132*a*. Herrin der Tiere
Detail von einem attischen schwarzfigurigen Mischgefäß, der «François-Vase», signiert von Kleitias, Chiusi (Toskana), 6. Jahrh. v. Chr.
Museo Archeologico, Florenz. P: Furtwängler und Reichhold, *Griechische Vasenmalerei*, Ser. 1, Taf. 1 und 2

132*b*. Herrin der Tiere
Innenbild eines Terrakottatellers, Rhodos
British Museum. P: Museum

133. Der Gundestrupkessel
Silber mit vergoldeten Reliefplatten, Jütland, 3. bis 2. Jahrh. v. Chr. a Innenplatte: Göttin mit Tieren; b Außenplatte: Göttin; c Bodenplatte: Auerochsjagd
Nationalmuseet, Kopenhagen. P: Museum

134. Herrin der Tiere
Detail eines Bildes auf einer Terrakottaamphora, Böotien, 7. Jahrh. v. Chr.
Nationalmuseum, Athen. P: Alison Frantz, American School for Classical Studies, Athen

135. Herrin der Tiere
Bronzenes Wassergefäß, griechisch oder vorrömisch, 600 v. Chr.; Fundort Grächwil, Schweiz
Historisches Museum, Bern. P: Museum

136. Herrin der Tiere
Terrakottafigur mit beweglichen Beinen, Böotien, archaische Periode
Louvre. P: aus *Encyclopédie photographique*, Nr. 16 (Paris, 1937), Fig. C, S. 165

137. Aphrodite auf einer Gans
Terrakotta, Böotien, klassische Periode
Louvre. P: aus *Encyclopédie photographique*, Nr. 16 (Paris, 1937), S. 171

VERZEICHNIS DER TAFELN

DIE GEISTWANDLUNG

138. Herkules auf der Nachtmeerfahrt in der goldenen Schale des Helios
Malerei auf dem Grund einer Terrakottaschale, Attika, etwa 480 v. Chr.
Museo Gregoriano Etrusco, Vatikan. P: Alinari

139. Wiederbelebung des geopferten Widders
a Detail der Bemalung einer schwarzfigurigen Amphora, attisch, 6. Jahrh. v. Chr. b Detail der Bemalung einer rotfigurigen Vase, Attika, Vulci, 5. Jahrh. v. Chr.
Museum antiker Kleinkunst, München. Zeichnungen aus Gerhard, *Auserlesene griechische Vasenbilder*, Bd. III, Taf. 157

140. Der Gundestrupkessel
Silber mit vergoldeten Reliefplatten, Jütland, 3. bis 2. Jahrh. v. Chr.
Nationalmuseet, Kopenhagen. P: Museum

141. Thessalische Beschwörung der Mondgöttin
Detail der Bemalung auf einem Terrakottagefäß, griechisch
British Museum. P: Museum

142. Liegende nackte Göttin
Stein, Megara (?), 6. Jahrh. v. Chr.
Antikensammlung, Staatliche Museen, Berlin. P: unbekannt

143. Tanzgruppe
Ton, Mexiko, taraskische Kultur, vorkolumbisch
Museo Nacional de Mexico, Mexiko. P: Soichi Sunami, für das Museum of Modern Art, New York

144. Glockenförmige Göttin
Terrakotta, Tanagra, Böotien, archaische Periode
Louvre. P: Braun & Cie., New York und Paris

145. Göttin
Kalkstein, Zypern, spätes 6. Jahrh. v. Chr.
Worcester Art Museum, Worcester, Mass. P: Museum

146. Die Große Mutter
Abdrücke von Siegelringen, etwa 1500 v. Chr. a aus dem Akropolisschatz von Mykenä; b aus Thisbe, Böotien; c aus einem Grab in der unteren Stadt von Mykenä
Nationalmuseum, Athen. Zeichnungen aus *Journal of Hellenic Studies* (London): *a, c* XXI (1901), Fig. 4, 51; *b* XLV (1925), Fig. 11

147. Demeter und Kore
Theben, Böotien
Louvre. P: unbekannt

148. Demeter und Kore
Stein, Votivrelief, Eleusis, 5. Jahrh. v. Chr.
Museum, Eleusis. P: Alinari

149. Demeter und Kore (?)
Marmor, Grabstele («Erhöhung der Blume»), Pharsalus, Griechenland, frühes 5. Jahrh. v. Chr.
Louvre. P: Alinari

150*a*. Harpyiengrab
Marmorrelief, Xanthos, Lydien, etwa 500 v. Chr.
British Museum. P: Museum

150*b*. Göttin mit Blume
Kalkstein, Zypern, 5. Jahrh. v. Chr.
Louvre. P: Archives photographiques

151. Göttin mit Granatapfel
Marmor, wahrscheinlich aus Attika, 575 bis 550 v. Chr.
Antikensammlung, Staatliche Museen, Berlin. P: Museum

152. Göttin als Blumenjungfrau
Stein, Eleusis, römische Periode
Museum, Eleusis. P: Alinari

153. Aphrodite mit Granatapfel
Terrakotta, Zypern, 6. bis 5. Jahrh. v. Chr.
British Museum. P: Museum

154. Der Aufstieg Kores
Detail auf einer schwarzfigurigen Ölflasche, Griechenland
Bibliothèque nationale, Paris. P: Bibliothèque

155. Die Geburt der Göttin
Marmorrelief («Ludovisi Thron der Venus»), Rom (griechischer Stil), 480 bis 450 v. Chr.
Museo Nazionale delle Terme, Rom. P: Alinari

156. Demeter, Triptolemus, Kore
Marmorrelief, Eleusis, etwa 450 v. Chr.
Nationalmuseum, Athen. P: Alison Frantz, American School for Classical Studies, Athen

157*a*. Idol
Ton, Gezer, Kanaan, prähistorisch
P: aus Benzinger, *Hebräische Archäologie*, Fig. 414

157*b*. Votivstele
Steinrelief, Tempel der Göttin Tanith, Karthago
Bibliothèque nationale, Paris. Zeichnung aus *Gazette archéologique* (Paris), VI (1880), Taf. 3

157*c*. Muttergöttin mit Sohn
Abdruck von einem schwarzen Serpentin-Siegelzylinder, Mesopotamien, akkadische Periode
Pierpont-Morgan-Bibliothek, New York (vgl. Porada und Buchanan, *Corpus of Ancient Near Eastern Seals*, Bd. I, Fig. 239 E). P: Bibliothek

158. Geburt des Erichthonius
Detail von der Bemalung einer Terrakottavase, Attika
Museum antiker Kleinkunst, München, etwa 5. Jahrh. v. Chr. Zeichnung aus Furtwängler und Reichhold, *Griechische Vasenmalerei*, Bd. III, Taf. 137

159*a*. Göttin und Trankopfer
Abdruck von einem Goldsiegel, mykenisch, aus einem Grab in Thisbe, Böotien
P: aus *Journal of Hellenic Studies*, XLV (1925), Taf. 2, Fig. 2

159*b*. Begräbnismahl
Votivrelief von Lysimachides, «dem Gott» und «der Göttin» geweiht, Eleusis
Nationalmuseum, Athen. Zeichnung aus *Ephemeris Archaeologikae* (Athen), VI (1886), Taf. 3, Fig. 1

159*c*. Kabirengruppe
Fragment aus einem bemalten Gefäß aus dem Kabirenheiligtum, Theben, Griechenland, 4. Jahrh. v. Chr.
P: aus *Mitteilungen des Kaiserlichen Deutschen Archäologischen Instituts in Athen*, XIII (1888), Taf. 9

174. Sophia-Sapientia
Detail aus MS. Pal. Lat. 1066
Vatikan-Bibliothek. P: Bibliothek

175. Ecclesia
Einblattzeichnung aus einem deutschen Manuskript, 12. Jahrh.
Sammlung Forrer, Straßburg. P: unbekannt

176–177. «Vierge Ouvrante», geschlossen und geöffnet
Bemaltes Holz, Frankreich, 15. Jahrh.
Musée de Cluny, Paris. P: 176 unbekannt; 177 Giraudon

178. Giovanni di Paolo (etwa 1403 bis 1482): Die Gnadenmadonna
Gemälde, Siena, Italien, 1437
Chiesa dei Servi, Siena. P: Alinari

179. Der Lebensbrunnen
Steinrelief, Deutschland, 9. bis 10. Jahrh.
Staatliche Museen, Berlin

180. Masaccio (1401 bis 1428): Die heilige Anna selbdritt
Gemälde, florentinische Schule
Uffizien-Galerie, Florenz. P: Alinari

181. Die heilige Anna selbdritt
Bemaltes und vergoldetes Nußholz, Spanien, etwa 14. Jahrh.
Victoria and Albert Museum, London. P: Museum

182. Kali
Bronze, Südindien, 12. bis 15. Jahrh.
Sammlung von der Heydt, Rietberg-Museum, Zürich.
P: Museum. Copyright by Hans Finsler, Zürich

183. Weiße Tara
Stein, Singasari, Ostjava, 13. Jahrh.
Rijksmuseum voor Volkenkunde, Leiden. P: unbekannt

184. Tara
Bronze, Tibet
Früher Sammlung Alice Getty, Paris. P: unbekannt

185. Grüne Tara
Bronze, Tibet
Früher Sammlung Alice Getty, Paris. P: unbekannt

Bild auf der Rückseite des Schutzumschlags:

Lebensbaum mit Tieren, Terrakottavase Zypern (Detail). Aus Max Ohnefalsch-Richter. *Kypros. Die Bibel und Homer.* Berlin, 1893, Tafelband, Tafel LXI.

LITERATURVERZEICHNIS

ALBRIGHT, WILLIAM FOXWELL. *From the Stone Age to Christianity.* Baltimore und London, 1940.

ALLEN, JOHN R. *The Early Christian Monuments of Scotland.* (Rhind-Vorträge für 1892.) Edinburgh, 1903.

ALTES TESTAMENT.

ALTHEIM, FRANZ. *Die Soldatenkaiser.* Frankfurt am Main, 1939.

APULEIUS. *Der Goldene Esel.* Übers. von Albrecht Schaeffer. Leipzig, 1926.

ARISTOTELES. *De animalibus historia.* Herausgegeben von L. Dittmeyer. Leipzig, 1907.

BACHOFEN, JOHANN JAKOB. *Das Mutterrecht.* (Gesammelte Werke, Bd. II und III.) Basel, 1948.

– *Versuch über die Gräbersymbolik der Alten.* (Gesammelte Werke, Bd. IV.) Basel, 1954.

BECKER, JEROME. *La Vie en Afrique.* Paris und Brüssel, 1887. 2 Bände.

BENZINGER, IMMANUEL. *Hebräische Archäologie.* (Angelos-Lehrbücher, Bd. I.) 3. revidierte Auflage. Leipzig, 1927.

BERNOULLI, RUDOLF. «Die Zahlensymbolik des Tarotsystems.» *Eranos-Jahrbuch 1934.* Zürich, 1935.

BLEICHSTEINER, ROBERT. *Die gelbe Kirche.* Wien, 1937.

BLOCH, IWAN. *Die Prostitution.* Berlin, 1912.

BOECKH, AUGUST. *Urkunden über das Seewesen des attischen Staates, hergestellt und erläutert.* Berlin, 1840.

BOHMERS, A. *Die Aurignac-Gruppe.* Berlin, 1942.

BOLTE, JOHANNES, und POLÍVKA, GEORG. *Anmerkungen zu den Kinder- und Hausmärchen der Brüder Grimm.* Leipzig, 1912–1932. 5 Bände.

BREASTED, JAMES HENRY, JR. *Egyptian Servant Statues.* (Bollingen Series XIII.) New York, 1948.

BREDON, JULIET, und MITROPHANOW, IGOR. *Das Mondjahr; chinesische Sitten, Bräuche und Feste.* Aus dem Englischen übersetzt von Richard Hoffmann. Wien, 1937.

BRELICH, ANGELO. *Die geheime Schutzgottheit von Rom.* (Albae Vigiliae, neue Folge, Nr. 6.) Zürich, 1949.

– *Vesta.* (Albae Vigiliae, neue Folge, Nr. 7.) Zürich, 1949.

BRIFFAULT, ROBERT. *The Mothers.* London und New York, 1927. 3 Bände.

BRODEUR, ARTHUR GILCHRIST (Übers.) *The Prose Edda by Snorri Sturluson.* (Scandinavian Classics, Bd. V.) New York, 1916.

BUDGE, SIR E. A. WALLIS. *A General Introductory Guide to the Egyptian Collection in the British Museum.* London, 1904.

– *The Gods of the Egyptians.* London, 1904. 2 Bände.

– und SMITH, SIDNEY. *The Babylon Legends of the Creation.* London, 1931.

– (Herausgeber und Übersetzer.) *The Book of the Dead; An English Translation of ... the Theban Recension.* Zweite, revidierte und vergrößerte Ausgabe. London, 1949.

BUONAIUTI, ERNESTO. «Maria und die jungfräuliche Geburt Jesu.» *Eranos-Jahrbuch 1938.* Zürich, 1939.

BURLAND, C. A. *Art and Life in Ancient Mexico.* Oxford, 1948.

BUSCHAN, GEORG. *Die Sitten der Völker*, Bd. I. Stuttgart, Berlin, Leipzig, 1914–1922. 4 Bände.

CAIRNS, HUNTINGTON (Herausgeber). *The Limits of Art; Poetry and Prose Chosen by Ancient and Modern Critics.* (Bollingen Series XII.) New York, 1948.

Cambridge Ancient History, The. Cambridge und New York, 1923–1939. 12 Bände und 5 Bände Tafeln.

CAMPBELL, JOSEPH. *The Hero with a Thousand Faces.* New York, 1949; London, 1950.

CAPEK, KAREL. «Die Nadel.» In: *Der gestohlene Kaktus.* Leipzig und Wien, 1937.

CASSIRER, ERNST. *Die Philosophie der symbolischen Formen.* Berlin, 1923–1931. 3 Bände.

CHILDE, V. GORDON. *New Light on the Most Ancient Near East.* London, 1934.

CUSHING, F. H. *A Study of Pueblo Pottery.* (Vierteljährlicher Bericht des Ethnologischen Büros.) Washington, 1886.

DANZEL, THEODOR-WILHELM. *Mexiko.* (Kulturen der Erde, Bd. XI–XIII.) Hagen und Darmstadt, 1922/23. 3 Bände (3. Bd. von Ernst Fuhrmann).

– *Magie und Geheimwissenschaft.* Stuttgart, 1924.

DEUBNER, LUDWIG. *Attische Feste.* Berlin, 1932.

DEUSSEN, PAUL. *Allgemeine Geschichte der Philosophie*, Bd. I, 1–3. Leipzig, 1920.

– *Sechzig Upanishad's des Veda.* (Aus dem Sanskrit übersetzt und mit Einleitungen und Anmerkungen versehen.) Leipzig, 1921.

DREWS, ARTHUR. *Die Marienmythe.* Jena, 1928.

DUNBOYNE, LORD (Herausgeber). *The Trial of John George Haigh* (The Acid Bath Murder). (Notable British Trial Series.) London, Edinburgh, Glasgow, 1953.

Dyas Chymica Tripartita, Frankfurt am Main, Luca Jennis 1625.

EBERT, MAX. *Reallexikon der Vorgeschichte.* Berlin, 1924–1932. 15 Bände.

ERMAN, ADOLF. *Die Religion der Ägypter.* Berlin, 1934.

EVANS, SIR ARTHUR J. «The Palace of Knossos.» *Annual of the British School at Athens, VII* (1900/01), 1–120.

– *The Palace of Minos at Knossos.* London, 1921–1936. 4 Bände.

– «The Ring of Nestor: A Glimpse into the Roman After-World.» *Journal of Hellenic Studies* (London), XLV (1925), 1–75.

– *The earlier Religions of Greece in the Light of Cretan Discoveries.* (Frazer Lecture, 1931.) London, 1931.

FERGUSSON, JAMES. *A History of Indian and Eastern Architecture.* London und New York, 1899.

FOLKARD, RICHARD, JR. *Plant Lore, Legends, and Lyrics.* London, 1884.

FRANKFORT, HENRI. *The Art and Architecture of the Ancient Orient.* (Pelican History of Art, 27.) Harmondsworth, 1954.

– *Kingship and the Gods.* Chicago, 1948.

– FRANKFORT, H. A.; WILSON, JOHN A.; JACOBSEN, THORKILD. *Frühlicht des Geistes.* Zürich, 1954.

FRAZER, SIR JAMES GEORGE. *Der Goldene Zweig.* Abgekürzte Ausgabe. Leipzig, 1928.

– *The Worship of Nature.* (Gifford Lectures, Edinburgh University, 1924/25.) New York, 1926.

FROBENIUS, LEO. *Völkerkunde in Charakterbildern.* Hannover, 1902.

– *Das sterbende Afrika, die Seele eines Erdteils.* (Veröffentlichung des Forschungsinstituts für Kulturmorphologie.) Frankfurt am Main, 1928.

– und OBERMAIER, HUGO. *Hadschra Maktuba; urzeitliche Felsbilder Kleinafrikas.* (Veröffentlichung des Forschungsinstituts für Kulturmorphologie.) München, 1925. 2 Bände.

FUCHS, E., und KIND, A. *Die Weiberherrschaft in der Geschichte der Menschheit.* München, 1913. 3 Bände.

FUHRMANN, ERNST. *Reich der Inka.* (Kulturen der Erde, Bd. I.) Hagen und Darmstadt, 1923.
– *Peru II.* (Kulturen der Erde, Bd. II.) Hagen und Darmstadt, 1923.
– s. o. DANZEL, *Mexiko.*

FURTWÄNGLER, ADOLF, und REICHHOLD, KARL. *Griechische Vasenmalerei.* München, 1904.

«GALAHAD, SIR» (Pseud. von Berta Eckstein-Diener). *Mütter und Amazonen.* München, 1932.

GELDNER, KARL F. *Vedismus und Brahmanismus.* (Religionsgeschichtliches Lesebuch, herausgegeben von Alfred Bertholet, Nr. 9.) Tübingen, 1928.

GERHARD, EDUARD. *Auserlesene griechische Vasenbilder hauptsächlich etruskischen Fundorts.* Berlin, 1840–1847. 3 Bände.

GLASER, CURT. *Gotische Holzschnitte.* Berlin, 1923.

GLOTZ, GUSTAVE. *The Aegean Civilization.* Übersetzt von M. R. Dobie und E. M. Riley. London und New York, 1925.

GOETHE, J. W. *Faust II.* (Werke. Weimar 1887 ff. Bd. XV.)

GRAVES, ROBERT. *The White Goddess.* New York und London, 1948.

GRESSMANN, HUGO. *Altorientalische Texte und Bilder zum Alten Testament.* Tübingen, 1909.
– «Tod und Auferstehung des Osiris nach Festbräuchen und Umzügen.» *Der Alte Orient* (Leipzig), XXIII (1923): 3.

GRIFFITH, FRANCIS L. *A Collection of Hieroglyphs.* (Egypt Exploration Society, Memoir Nr. 6.) London, 1898.

GRIMMS *Märchen.* 2 Bände Manesse-Verlag, Zürich.

HALL, H. R., und WOOLEY, C. L. *Ur Excavations.* London, 1927.

HARRIS, FRANK. *Contemporary Portraits* (Erste Serie). New York, 1915.

HARRISON, JANE E. *Prolegomena to the Study of Greek Religion.* Dritte Ausgabe. Cambridge, 1922.
– *Themis; A Study of the Social Origins of Greek Religion.* Cambridge, 1912.

HEFEL, A. «Der unterirdische Vielkammerbau in Afrika und im Mittelmeergebiet.» *Archiv für Völkerkunde* (Wien), I (1946).

HEIDEL, ALEXANDER. *The Babylonian Genesis.* Revidierte Ausgabe. Chicago, 1951.

HEILER, FRIEDRICH. *Das Gebet.* München, 1923.

HENNECKE, EDGAR. *Neutestamentliche Apokryphen.* Tübingen, 1924.

HERODOT. *Neun Bücher der Geschichte.* (In: Klassiker des Altertums. 1. Reihe Conrad: III, IV.) München, 1911. Berlin.

HOCART, ARTHUR MAURICE. *Kingship.* London, 1927.

HOENN, KARL. *Artemis: Gestaltwandel einer Göttin.* Zürich, 1946.

HOERNES-MENGHIN. *Urgeschichte der bildenden Kunst in Europa.* Wien, 1925.

HOLLÄNDER, E. *Äskulap und Venus.* Berlin, 1928.

HOLLIS, SIR CLAUD. *The Nandi: Their Language and Folk-Lore.* Oxford, 1909.

HOMER. *Odyssee.* Übersetzt von Rudolf Alexander Schröder, Leipzig, 1918.
– *Ilias.* Deutsch von Hans Georg Meyer. Berlin, 1921.
– *Die Homerischen Götterhymnen.* Übersetzt von Thassilo von Scheffer. Jena, 1927.

HOVORKA, OSKAR VON, und KRONFELD, ADAM. *Vergleichende Volksmedizin.* Stuttgart, 1908 bis 1909. 2 Bände.

HUIZINGA, JOHAN. *Herbst des Mittelalters.* 5. Aufl., Stuttgart, 1939.

JACOB, HEINRICH EDUARD. *Six Thousand Years of Bread.* Übersetzt von Richard und Clara Winston. New York, 1944.

JACOBI, JOLANDE. «Komplex, Archetyp, Symbol», in der Festnummer der *Schweizerischen Zeitschrift für Psychologie.* Bern, 1945.

JAMES, M. R. (Übersetzer). *The Apocryphal New Testament.* Oxford, 1924.

JENSEN, AD. E., und NIGGEMEYER, H. (Herausgeber). *Hainuwele: Volkserzählungen von der Molukken-Insel Ceram.* Frankfurt am Main, 1939.

JEREMIAS, ALFRED. *Handbuch der altorientalischen Geisteskultur.* Leipzig, 1913.

JUNG, C. G. *Wandlungen und Symbole der Libido.* Leipzig und Wien, 1912.
– *Psychologische Typen.* Zürich, 1921.
– *Die Beziehungen zwischen dem Ich und dem Unbewußten.* Darmstadt, 1928.
– *Seelenprobleme der Gegenwart.* Zürich, 1931.
– *Psychologie und Religion.* Zürich, 1942.
– *Psychologie und Alchemie.* Zürich, 1944.
– *Über psychische Energetik und das Wesen der Träume.* Zürich, 1948.
– *Symbole der Wandlung.* Zürich, 1951.
– *Symbolik des Geistes.* Zürich, 1953.
– *Von den Wurzeln des Bewußtseins.* Zürich, 1954.
– «Die Struktur der Seele.» In: *Seelenprobleme der Gegenwart,* s. o.
– «Seele und Erde.» In: *Seelenprobleme der Gegenwart,* s. o.
– «Über psychische Energie.» In: *Über psychische Energetik und das Wesen der Träume,* s. o.
– «Instinkt und Unbewußtes.» In: *Über psychische Energetik und das Wesen der Träume,* s. o.
– «Der Geist Mercurius.» In: *Symbolik des Geistes,* s. o.
– «Versuch zu einer psychologischen Deutung des Trinitätsdogmas.» In: *Symbolik des Geistes.*
– «Archetypen des kollektiven Unbewußten.» In: *Von den Wurzeln des Bewußtseins,* s. o.
– «Theoretische Überlegungen zum Wesen des Psychischen.» In: *Von den Wurzeln des Bewußtseins,* s. o.
– und KERÉNYI, K. *Einführung in das Wesen der Mythologie.* Zürich, 1941.
– – «Die Psychologie des Kind-Archetyps.» In: *Einführung in das Wesen der Mythologie,* s. o.
– und WILHELM, RICHARD. *Das Geheimnis der Goldenen Blüte.* Zürich, 1929.

KARSTEN, RAFAEL. *Blood Revenge, War, and Victory Feasts among the Jibaro Indians of Eastern Ecuador.* Washington, 1923.

KEES, HERMANN. *Der Götterglaube im alten Ägypten.* (Mitteilungen der Vorderasiatisch-Ägyptischen Gesellschaft, Bd. 45.) Leipzig, 1941.

KELLER, GUSTAVE, und STRAUB, AUGUST (Herausgeber). *Herrad von Landsberg: Hortus deliciarum.* Straßburg, 1879–1899 (1901).

KERÉNYI, K. «Arbor intrat.» In: *Niobe.* Zürich, 1949.
– «Hermes, der Seelenführer: Das Mythologem vom männlichen Lebensursprung.» *Eranos-Jahrbuch 1942.* Zürich, 1943.
– «Mysterien der Kabiren.» In: *Geburt der Helena.* (Albae Vigiliae, neue Folge. Heft 3.) Zürich, 1945.
– *Töchter der Sonne.* Zürich, 1944.
– und JUNG, C. G., s. JUNG–KERÉNYI.

KLAGES, LUDWIG. *Der Geist als Widersacher der Seele.* Leipzig, 1929–1932. 3 Bände.

KLUGE, FRIEDRICH, und GÖTZE, ALFRED. *Etymologisches Wörterbuch der deutschen Sprache.* Berlin, 1948.

KOHLBRUGGE, J. H. F. *Tier- und Menschenantlitz als Abwehrzauber.* Bonn, 1926.

KOPPERS, WILHELM. «Zum Ursprung des Mysterienwesens im Lichte von Völkerkunde und Indologie.» *Eranos-Jahrbuch 1944.* Zürich, 1945.

KRAUSE, WOLFGANG. *Die Kelten.* (Religionsgeschichtliches Lesebuch, herausgegeben von Alfred Bertholet, Nr. 13.) Tübingen, 1929.

KRICKEBERG, WALTER. *Märchen der Azteken und Inkaperuaner, Maya und Muisca.* (Märchen der Weltliteratur.) Jena, 1928.
– «Das mittelamerikanische Ballspiel und seine religiöse Symbolik.» *Paideuma* (Frankfurt am Main), Oktober 1948.

KÜHN, HERBERT. *Die Kunst der Primitiven.* München, 1923.

LANGDON, STEPHEN HERBERT. *Tammuz and Ishtar.* Oxford, 1914.

LAYARD, JOHN W. *Stone Men of Malekula: Vao.* London, 1942.
– *The Lady of the Hare.* London, 1944.
– «The Making of Man in Malekula.» *Eranos-Jahrbuch 1948.* Zürich, 1949.

LEENHARDT, MAURICE. *Arts of the Oceanic Peoples.* Paris, 1947; London, 1950.

LEEUW, GERARDUS VAN DER. *Phänomenologie der Religion.* Tübingen, 1933.

LEHMANN, WALTER. *Mexikanische Kunst.* (Orbis Pictus, Bd. VIII.) Berlin, 1921.

LEICHT, HERMANN. *Indianische Kunst und Kultur.* Zürich, 1944.

LEISEGANG, HANS. «Das Mysterium der Schlange.» *Eranos-Jahrbuch 1939.* Zürich, 1940.

LENORMANT, CHARLES, und WITTE, J. J. A. M. *Elite des monuments céramographiques.* Paris, 1844–1861. 4 Textbände, 4 Atlanten.

LEVY, G. RACHEL. *The Gate of Horn.* London, 1948.

LEWIN, LOUIS. *Phantastica: die betäubenden und erregenden Genußmittel.* Berlin, 1924.

LÖWENFELD, VIKTOR. *The Nature of Creative Activity.* London und New York, 1939.

LUSCHAN, FELIX VON. «Entstehung und Herkunft der ionischen Säule.» *Der Alte Orient.* (Leipzig), XIII (1912): 4, 1–43.

MAGNUSSON, FINNUR. *Eddalaeren og dens Oprindelse.* Buch III. Kopenhagen, 1824–1826. 4 Bände.

MASPERO, GASTON. *The Dawn of Civilization.* London, 1922.

MEAD, MARGARET. *Sex and Temperament in Three Primitive Societies.* New York, 1935.

MÉNANT, JOACHIM. *Les pierres gravées de la Haute-Asie.* Paris, 1883–1886. 2 Bände.

MENSCHING, GUSTAVE. *Buddhistische Symbolik.* Gotha, 1929.

MEREDITH, GEORGE. *A Reading of Earth.* London und New York, 1888.

Miniaturen des frühen Mittelalters. Mit einer Einleitung von Hanns Swarzenski. Bern, 1951.

Missal, s. O'CONNELL und FINBERG.

MODE, HEINZ. *Indische Frühkulturen und ihre Beziehungen zum Westen.* Basel, 1944.

Monumenti inediti, pubblicati dall'Istituto di corrispondenza archeologica (Rom), XII (1884/85).

MORET, ALEXANDRE. *The Nile and Egyptian Civilization.* Übersetzt von M. R. Dobie. London, 1927.

MORLEY, SYLVANUS G. *The Ancient Maya.* Palo Alto, Calif., 1946.

MÜLLER, NIKLAS. *Glauben, Wissen und Kunst der alten Hindus.* Mainz, 1822.

NEUMANN, ERICH. *Ursprungsgeschichte des Bewußtseins.* Zürich, 1949.
- *Ein Beitrag zur seelischen Entwicklung des Weiblichen. Ein Kommentar zu Apuleius' Amor und Psyche.* Zürich, 1952.
- *Kulturentwicklung und Religion.* (Umkreisung der Mitte, Bd. I.) Zürich, 1953.
- *Zur Psychologie des Weiblichen.* (Umkreisung der Mitte, Bd. II.) Zürich, 1953.
- *Kunst und schöpferisches Unbewußtes.* (Umkreisung der Mitte, Bd. III.) Zürich, 1954.
- «Der mystische Mensch.» In: *Kulturentwicklung und Religion,* s. o.
- «Zur psychologischen Bedeutung des Ritus.» In: *Kulturentwicklung und Religion,* s. o.
- «Über den Mond und das matriarchale Bewußtsein.» In: *Zur Psychologie des Weiblichen,*. s o.
- «Leonardo da Vinci und der Mutterarchetyp.» In: *Kunst und schöpferisches Unbewußtes,* s. o.
- «Die Urbeziehung zur Mutter.» *Der Psychologe* (Bern), III (1951), 7 und 8.
- «Die Psyche und die Wandlung der Wirklichkeitsebenen.» *Eranos-Jahrbuch 1952.* Zürich, 1953.
- «Die Bedeutung des Erdarchetyps für die Neuzeit.» *Eranos-Jahrbuch 1954.* Zürich, 1955.

NIEDNER, FELIX, s. *Thule.*

NILSSON, MARTIN P. *Geschichte der griechischen Religion.* (Handbuch der Altertumswissenschaft, Bd. I.) München, 1941–1950.
- *Die Religion der Griechen.* (Religionsgeschichtliches Lesebuch, herausgegeben von Alfred Bertholet, Nr. 4.) Tübingen, 1927.

NINCK, MARTIN. *Wodan und germanischer Schicksalsglaube.* Jena, 1935.
- *Götter- und Jenseitsglaube der Germanen.* Jena, 1937.

O'CONNELL, J. O., und FINBERG, H. P. R. (Herausgeber). *The Missal in Latin and English.* London, 1949.

OPPENHEIM, MAX, BARON VON. *Der Tell Halaf. Eine neue Kultur im ältesten Mesopotamien.* Leipzig, 1931.

OTTO, RUDOLF. *Das Heilige.* München, 1932.

OTTO, WALTER F. *Die Götter Griechenlands.* Frankfurt, 1947.
- «Der Sinn der Eleusinischen Mysterien.» *Eranos-Jahrbuch 1933.* Zürich, 1934.

PATAI, RAPHAEL. *Man and Temple.* London, 1947.

PERSSON, A. W. *The Religion of Greece in Prehistoric Times.* (Sather Classical Lectures, Nr. 17.) Berkeley und Los Angeles, 1942.

PETRIE, FLINDERS. *The Making of Egypt.* London und New York, 1939.

PICARD, CHARLES. «Die Ephesia von Anatolien.» *Eranos-Jahrbuch 1938.* Zürich, 1939.
- «Die Große Mutter von Kreta bis Eleusis.» *Eranos-Jahrbuch 1938.* Zürich, 1939.

PIETSCHMANN, RICHARD. *Geschichte der Phönizier.* (Allgemeine Geschichte in Einzeldarstellungen, Bd. I, 4, 2. Hälfte.) Berlin, 1889.

PIGGOTT, STUART. *Prehistoric India.* (Penguin Books.) Harmondsworth, 1950.

PLATO. *Sämtliche Werke* in 2 Bänden. Übersetzt von F. Schleiermacher. Wien, 1925.

PLUTARCH. «De Iside et Osiride.» In: *Moralia,* Bd. V. Übersetzt von F. C. Babbitt. (Loeb Classical Library.) Cambridge, Mass., und London, 1936.

PORADA, EDITH, und BUCHANAN, BRIGGS (Herausgeber). *Corpus of Ancient Near Eastern Seals in North American Collections,* Bd. I: *The Collection of the Pierpont Morgan Library.* (Bollingen Series XIV.) New York, 1948.

PORTMANN, ADOLF. *Biologische Fragmente zu einer Lehre vom Menschen.* Basel, 1944.
- «Mythisches in der Naturforschung.» *Eranos-Jahrbuch 1949.* Zürich, 1950.

PREUSS, KONRAD T. *Die Nayarit-Expedition*, Bd. I: *Die Religion der Cora-Indianer*. Leipzig, 1912.
– *Die geistige Kultur der Naturvölker*. Leipzig, 1923.
– *Die Eingeborenen Amerikas*. (Religionsgeschichtliches Lesebuch, herausgegeben von Alfred Bertholet, Nr. 2.) Tübingen, 1926.
– *Forschungsreise zu den Kagaba-Indianern*. Wien, 1926/27.

PRINZHORN, HANS. *Bildnerei der Geisteskranken*. Berlin, 1922.

PRITCHARD, JAMES B. (Herausgeber). *Ancient Near Eastern Texts relating to the Old Testament*. Übersetzt von E. A. Speiser et al. Princeton, 1950.

RAGLAN, LORD (Fitzroy Richard Somerset, 4th Baron Raglan). *Jocasta's Crime*. (Thinker's Library, 80.) London, 1940.

RAHNER, HUGO. «Mysterium lunae.» *Zeitschrift für katholische Theologie* (Innsbruck), LXIV (1940).
– «Das Schiff aus Holz.» *Zeitschrift für katholische Theologie* (Innsbruck), LXVII (1943.)
– «Das christliche Mysterium von Sonne und Mond.» *Eranos-Jahrbuch 1943*. Zürich, 1944.
– (Herausgeber). *Mater Ecclesia: Lobpreis der Kirche aus dem ersten Jahrtausend christlicher Literatur*. Einsiedeln und Köln, 1944.

RANK, OTTO. *Der Mythus von der Geburt des Helden*. Schriften zur angewandten Seelenkunde. Herausgegeben von Prof. Dr. Sigmund Freud. 5. Heft. Leipzig und Wien, 1922.

RAPHAEL, MAX. *Prehistoric Pottery and Civilization in Egypt*. Übersetzt von Norbert Guterman. (Bollingen Series VII.) New York, 1947.

READ, HERBERT. *The Meaning of Art*. (Penguin Books.) Harmondsworth, 1949.

REICHEL, WOLFGANG. *Über vorhellenische Götterkulte*. Wien, 1897.

REITLER, RUDOLPH. «A Theriomorphic Representation of Hecate-Artemis.» *American Journal of Archaeology* (Cambridge, Mass.), LIII (1949): 29–31.

ROEDER, GÜNTHER. *Urkunden zur Religion des Alten Ägypten*. Jena, 1915.
– *Die Religion der Babylonier und Assyrer*. Jena, 1915.

ROOSVAL, J. A. H. *Die Steinmeister Gotlands*. (Kungliga vitterhets-historie och antikvites akademia, Monografiserie, 11.) Stockholm, 1918.

ROSCHER, WILHELM HEINRICH (Herausgeber). *Ausführliches Lexikon der griechischen und römischen Mythologie*. Leipzig, 1884–1937, 6 Bände.

ROSE, HERBERT J. A. *Handbook of Greek Mythology*. London, 1950.

ROUSE, W. H. D. (Übersetzung.) *The Story of Achilles; A Translation of Homer's «Iliad» into Plain English*. London und New York, 1938.
– (Übersetzung.) *The Story of Odysseus*. New York und London, 1937.

ROUSSELLE, ERWIN. *Lau-Dse, Führung und Kraft aus der Ewigkeit*. Wiesbaden, 1950.

SARZEC, ERNEST DE. *Découvertes en Chaldée*. Herausgegeben von Léon Heuzey. Paris, 1884 bis 1912. 2 Bände.

SCHÄFER, HEINRICH, und ANDRAE, WALTER (Herausgeber). *Die Kunst des alten Orients*. (Propyläen-Kunstgeschichte, II.) Berlin, 1925.

SCHARFF, A. «Ägypten». In: W. Otto, *Handbuch der Archäologie*, Teil 6, Bd. 1. München, 1939.

SCHMIDT, HUBERT (Herausgeber). *Heinrich Schliemanns Sammlung trojanischer Altertümer*. Berlin, 1902.

SCHOLEM, GERSHOM GERHARD. *Das Buch Bahir*. Leipzig, 1923.
– *Die Geheimnisse der Schöpfung: Ein Kapitel aus dem Sohar*. Berlin, 1935.

SCHREIBER, THEODOR. *Die Hellenistischen Reliefbilder*. Leipzig, 1890.

SCHUMACHER, GUSTAV. *Tell el-Mutesellim.* Leipzig, 1908–1929. 3 Bände.

SELER, EDUARD (Herausgeber). *Codex Borgia, eine altmexikanische Bilderschrift.* Berlin, 1904 bis 1908. 3 Bände.

SELIGMANN, SIEGFRIED. *Der böse Blick und Verwandtes.* Berlin, 1910. 2 Bände.

SETHE, KURT HEINRICH (Herausgeber). *Die alt-ägyptischen Pyramidentexte, nach den Papierabdrücken und Photographien des Berliner Museums.* Leipzig, 1908–1922. 4 Bände.

SMITH, SIR GRAFTON ELLIOT. *The Evolution of the Dragon.* Manchester, 1919.

SPEISER, E. A., s. PRITCHARD.

SPEISER, FELIX. *Südsee-Urwald Kannibalen.* Leipzig, 1913.

SPEMANN, WILHELM. *Kunstlexikon.* Berlin, 1905.

SPENCE, LEWIS. *The Myths of Mexico and Peru.* London, 1927.
– *The Religion of Ancient Mexico.* (Thinker's Library, 107.) London, 1945.
– *The Outlines of Mythology.* (Thinker's Library, 99.) London, 1949.

Standard Dictionary of Folklore, Mythology, and Legend. Herausgegeben von Maria Leach. New York, 1949/50. 2 Bände.

SYDOW, ECKART VON. *Die Kunst der Naturvölker und der Vorzeit.* Oldenburg, 1926.

THOMSON, GEORGE. *The Prehistoric Aegean.* London, 1949.

Thule: Altnordische Dichtung und Prosa. Herausgegeben von Felix Niedner. Bde. I, II und III, Jena, 1923.

THURNWALD, RICHARD. «Primitive Initiations- und Wiedergeburtsriten.» *Eranos-Jahrbuch 1939.* Zürich, 1940.

TOOR, FRANCES. *A Treasury of Mexican Folkways.* New York, 1950.

UNGNAD, ARTHUR. *Die Religion der Babylonier und Assyrer.* Jena, 1921.

UNDERWOOD, LEON. *Bronzes of West Africa.* London, 1949.

VAILLANT, GEORGE C. *The Aztecs of Mexico.* (Penguin Books.) Harmondsworth, 1950.

VAN DER LEEUW, s. LEEUW.

VIGFUSSON, GUDBRAND, und POWELL, F. YORK (Übersetzer und Herausgeber). *Corpus Poeticum Boreale: The Poetry of the Old Northern Tongue.* Oxford, 1883. 2 Bände.

VIRGIL. *Bucolica, Georgica, Aeneis, illustrata, ornata, et accuratissime impressa.* London, 1750. 2 Bände.

WHITEHEAD, H. *The Village Gods of South India.* Kalkutta, 1916.

Wiener Vorlegeblätter für archäologische Übungen, 4. Serie (1872).

WILHELM II. *Studien zur Gorgo.* Berlin, 1936.

WILSON, JOHN A. *Ägypten.* In: Frankfort, Henri und H. A.; Wilson, John A.; Jacobsen, Thorkild. *Frühlicht des Geistes.* Zürich, 1954.

ZERVOS, CHRISTIAN. *L'Art en Grèce.* (Verlag «Cahiers d'Art.») Paris, 1946.
– *La Civilisation de la Sardaigne.* (Verlag «Cahiers d'Art.») Paris, 1954.

ZIMMER, HEINRICH. «Die indische Weltmutter.» *Eranos-Jahrbuch 1938.* Zürich, 1939.
– *Maya, der Indische Mythos.* Stuttgart und Berlin, 1936.
– *Myths and Symbols in Indian Art and Civilization.* Herausgegeben von Joseph Campbell. New York und London, 1946.
– *The King and the Corpse.* Herausgegeben von Joseph Campbell. New York und London, 1948.
– *Philosophies of India.* Herausgegeben von Joseph Campbell. New York und London, 1951.
– *The Art of Indian Asia: Its Mythology and Transformations.* Vervollständigt und herausgegeben von Joseph Campbell. (Bollingen Series XXXIX.) New York, 1955. 2 Bände.

TAFELN

B. VENUS VON MENTON
Seifenstein, Österreich

A. VENUS VON WILLENDORF
Kalkstein, Österreich

C. VENUS VON LESPUGNE
Elfenbein, Frankreich

PALÄOLITHISCHE STEINZEITFIGUREN DER GÖTTIN

VENUS VON LAUSSEL
Steinrelief, Frankreich, Paläolithikum

SCHLAFENDE FRAU
Ton, Malta, Neolithikum

ISIS MIT DEM KÖNIG
Tempel von Seti I., Abydos, XIX. Dynastie

MADONNA UND KIND
Plastik von Henry Moore, Bronze, 1943

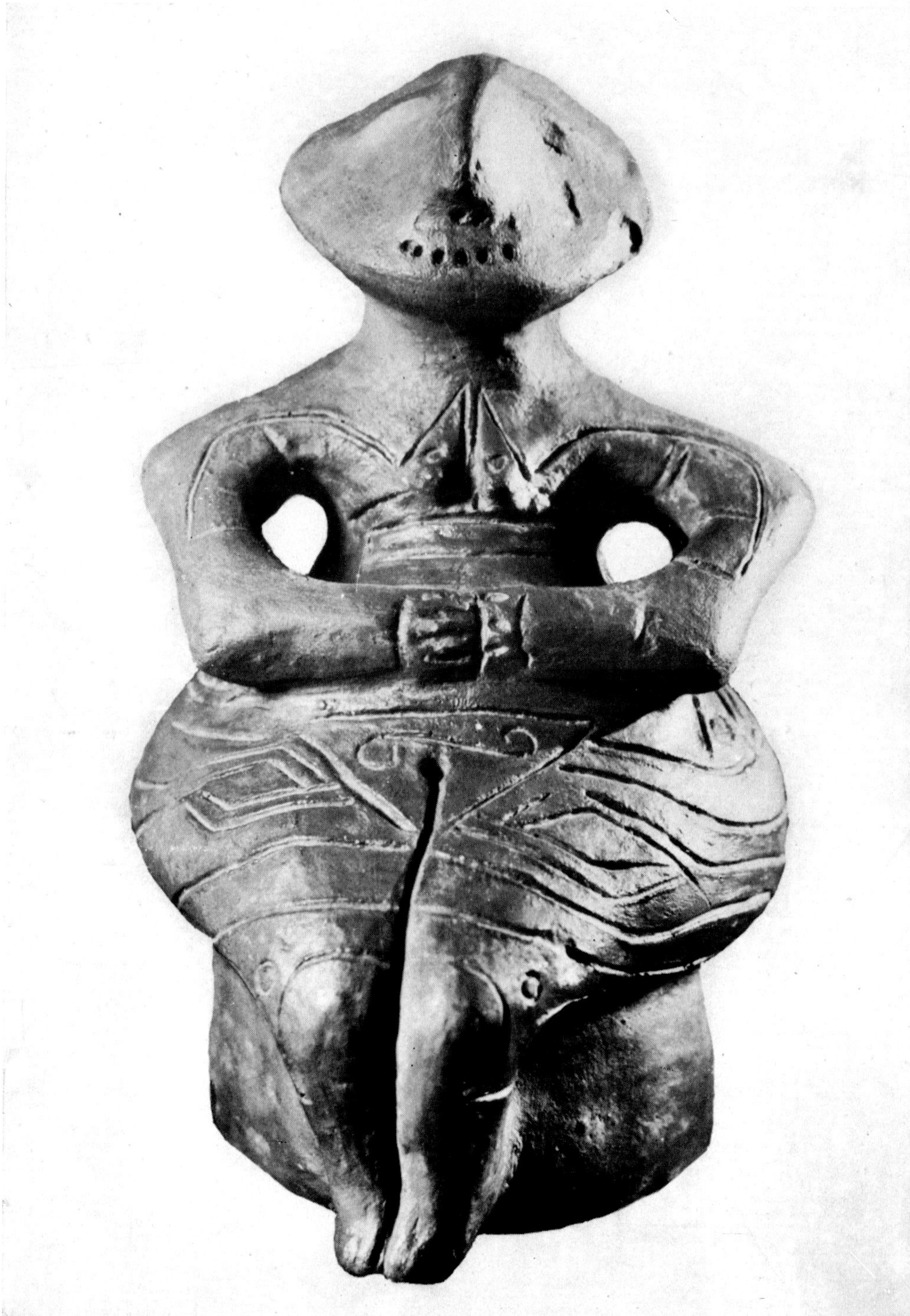

GÖTTIN
Ton, Thrazien, Neolithikum

A. WEIBLICHE FIGUR
Terrakotta, Peru, vorkolumbisch

B. ZEICHNUNG EINES GEISTESKRANKEN
Deutschland, 20. Jahrhundert

GÖTTINNEN
Ton, Zypern, etwa 2500 v. Chr.

FRAGMENTE VON FIGUREN DER GÖTTIN BELTIS
Stein, Susa, Iran, 7. Jahrh. v. Chr.

GÖTTINNEN
Terrakotta, Mesopotamien, etwa 2400 v. Chr.

GÖTTINNEN
Terrakotta, Mesopotamien, etwa 2400 v. Chr.

A. GÖTTIN
Troja. III. Schicht, wahrscheinlich aus Mesopotamien

B. ASTARTE
Goldplakette, Syrien, etwa 1300 v. Chr.

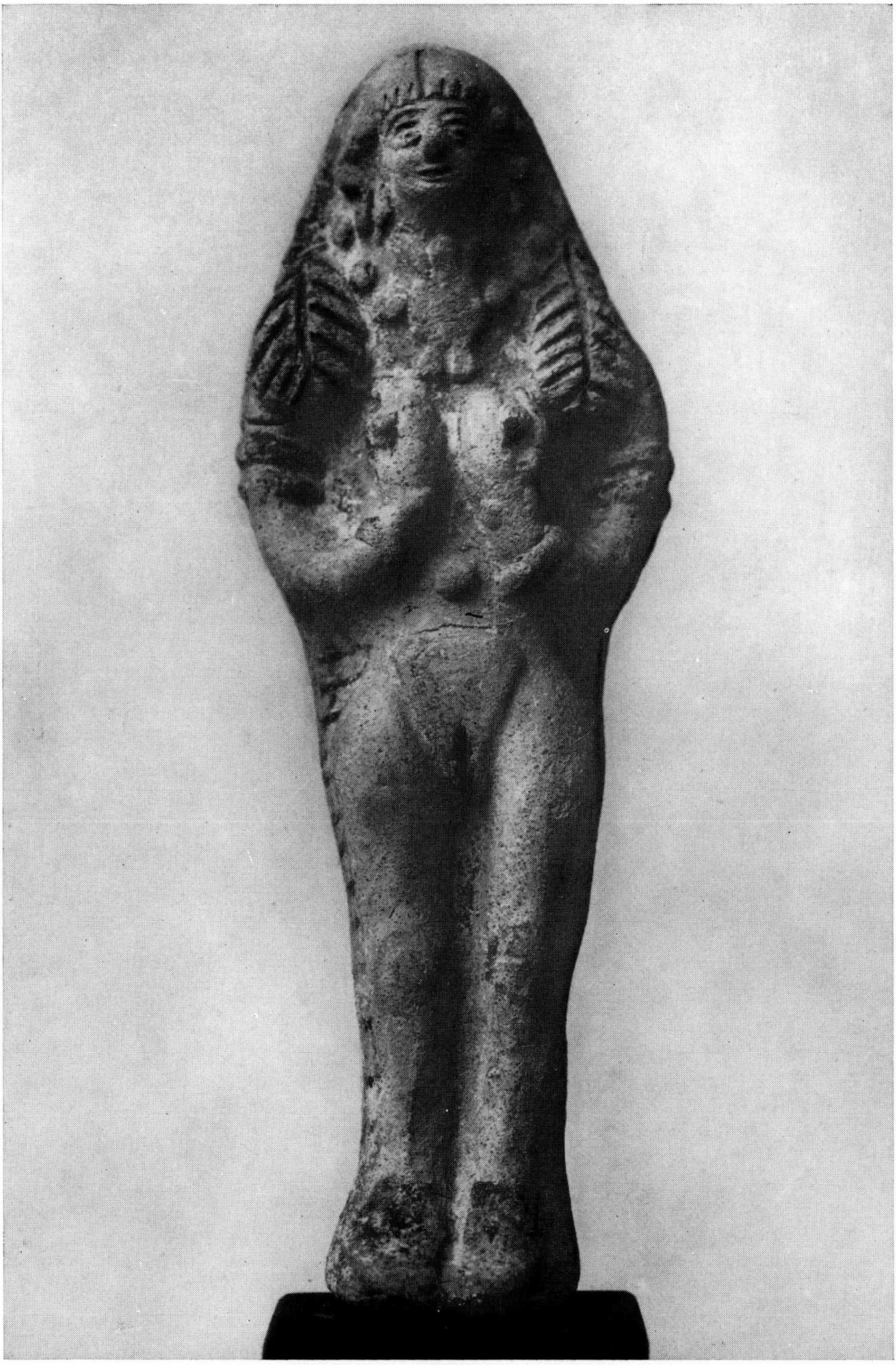

GÖTTIN
Terrakotta, Kreta

GÖTTIN
Terrakotta, Phönizien, etwa 2500 v. Chr.

MUTTERGÖTTINNEN
Ton, Indien, 1000 bis 300 v. Chr.

WEIBLICHE FIGUREN
Terrakotta, Ur, etwa 3000 v. Chr.

WEIBLICHE FIGUR
Terrakotta, vielleicht Ägypten, etwa 2000 v. Chr.

KOPF

Bronze, Benin, Nigeria

KOPF
Bronze, Benin, Nigeria

GÖTTIN
Ton, Jugoslawien, Bronzezeit

GÖTTIN

Ton, Zypern, etwa 2500 bis 2000 v. Chr.

WEIBLICHE FIGUR
Stein, Südfrankreich, spätes Neolithikum

WEIBLICHE FIGUREN
Stein, Ägäische Inseln, etwa 2500 v. Chr.

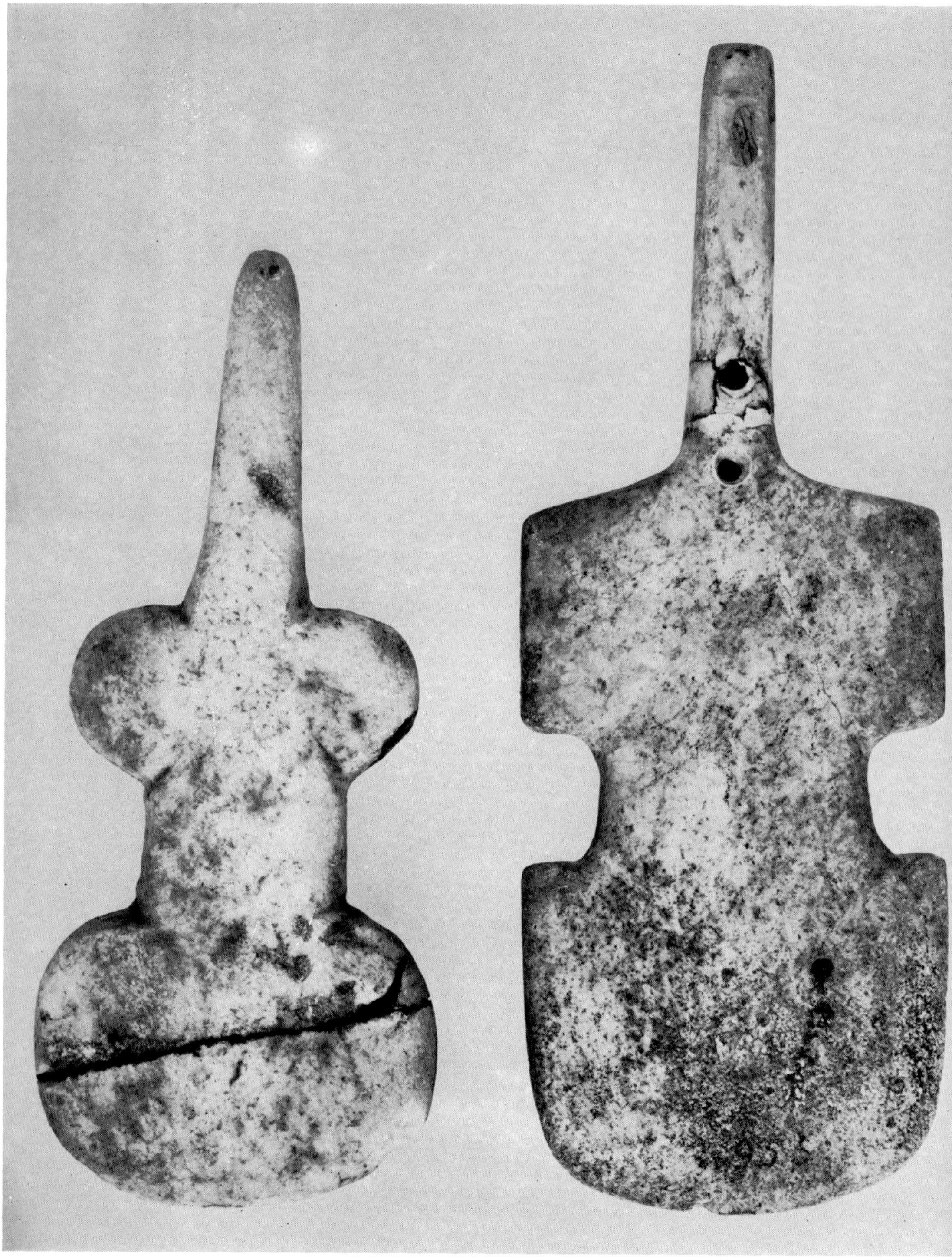

WEIBLICHE FIGUREN
Marmor, Zykladische Inseln, etwa 2500 v. Chr.

WEIBLICHE FIGUR
Ton, Ägypten, prädynastisch

WEIBLICHE FIGUREN MIT ERHOBENEN ARMEN
Terrakotta, Ägypten, prädynastisch

A. GEFÄSSFIGUR
Terrakotta, Troja, IV. Schicht

B. MUTTERGÖTTINNEN
Ton, Kreta, minoische Periode

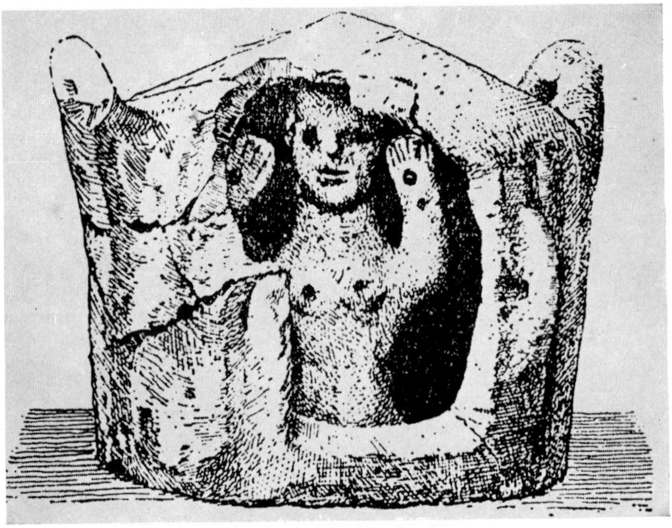

A. GÖTTIN IN URNE *Terrakotta, Kreta*

B. GEFÄSSFIGUR *Terrakotta, Kreta, frühe III. minoische Periode*

DIE ERDE
Aus einem Manuskript, Abtei Monte Cassino, 11. Jahrh.

A. GEMÄLDE EINES GEISTESKRANKEN *Deutschland, 20. Jahrh.*

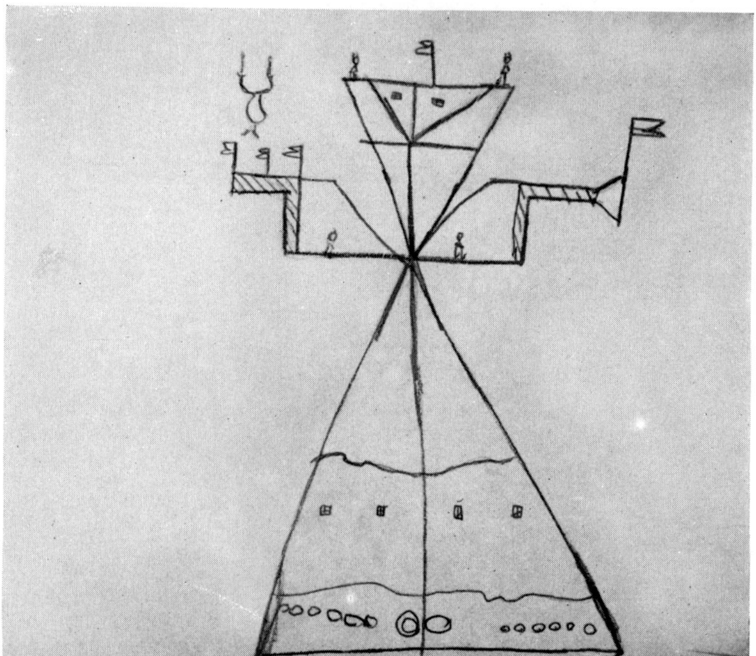

B. KINDERZEICHNUNG *Israel, 20. Jahrh.*

A. WEIBLICHE KULTFIGUR
Ton, Norddeutschland, 9. bis 7. Jahrh. v. Chr.

B. GESICHTSURNE
Ton, Polen, 8. bis 4. Jahrh. v. Chr.

MUTTER UND KIND
Terrakotta, Zypern,
20. bis 18. Jahrh. v. Chr.

A. GEFÄSSFIGUREN
Terrakotta, Zypern, 12. bis 6. Jahrh. v. Chr.

B. REGENGÖTTIN MIT WETTERGOTT IM WAGEN
Siegelzylinder, Mesopotamien, akkadische Periode

DIE GÖTTIN NUT

Gemaltes Deckenrelief, Hathor-Tempel, Dendera, Ägypten, römische Periode

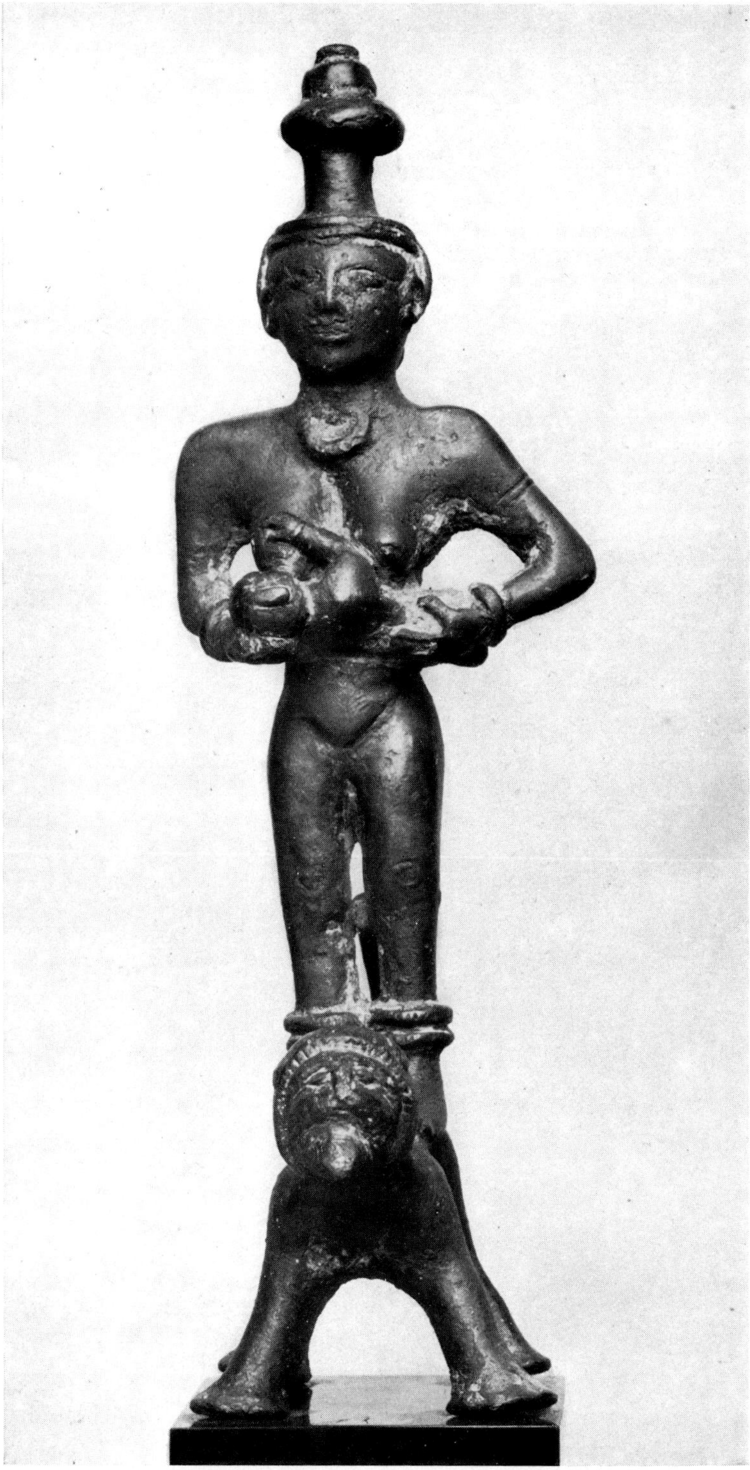

GÖTTIN MIT KIND AUF EINEM LÖWEN
Bronze, hettitisch, etwa 1500 v. Chr.

ISIS MIT HORUS
Kupfer, Ägypten, etwa 2040 bis 1700 v. Chr.

MUTTER UND KIND
Holz, Belgisch-Kongo

MUTTER UND KIND
Gefäßfigur, Peru, vorkolumbisch

MUTTER UND KIND
Gefäßfigur, Peru, vorkolumbisch

MUTTER UND KIND
Holz, Yoruba, Nigeria

MUTTER UND KIND
Holz, Yoruba, Nigeria

ISIS-HATHOR MIT HORUS
Bronze, Ägypten, 8. bis 6. Jahrh. v Chr.

KELTISCHE MUTTERGÖTTIN
Stein, 2. Jahrh. n. Chr.

GÖTTIN MIT JUNGEM GOTT
Bronze, Sardinien, prähistorisch

GÖTTIN MIT TOTEM JUNGEM GOTT
Bronze, Sardinien, prähistorisch

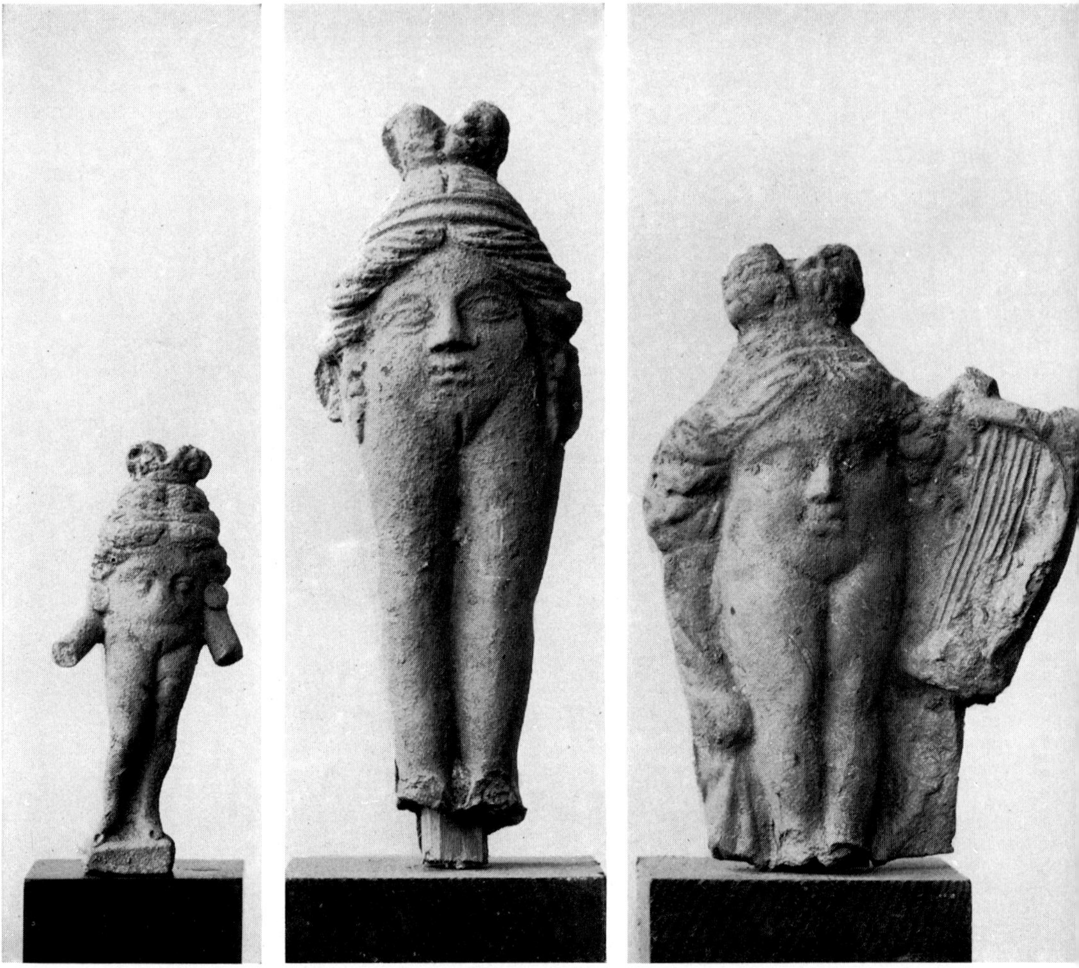

BAUBOFIGUREN
Terrakotta, Priene, Kleinasien, 5. Jahrh. v. Chr.

GÖTTIN

Alabaster, parthisch, etwa 1. bis 2. Jahrh. n. Chr.

DIE ERDGÖTTIN TLAZOLTEOTL
Mexiko, aus dem aztekischen Codex Bourbonicus

HEKATE-ARTEMIS ALS GEBÄRENDE HÜNDIN
Skarabäus, archaischer ionischer Stil

GEFLÜGELTE GÖTTIN
Terrakotta, Mexiko, vorkolumbisch

WEIBLICHE FIGUR
Ton, Mexiko, vorkolumbisch

a

b

c

d

e

f

g

DIE NACKTE GÖTTIN

Siegelzylinder, Babylonien, I. Dynastie, und Syrien, 15. Jahrh. v. Chr.

A. THRONENDE NACKTE FIGUR
Terrakotta, Tempel von Delphi

B. GEFÄSS: WEIBLICHE FIGUR UND SCHLANGE
Terrakotta, Kreta, frühe II. minoische Periode

SCHLANGENGÖTTIN
Fayence, Kreta, mittlere III. minoische Periode

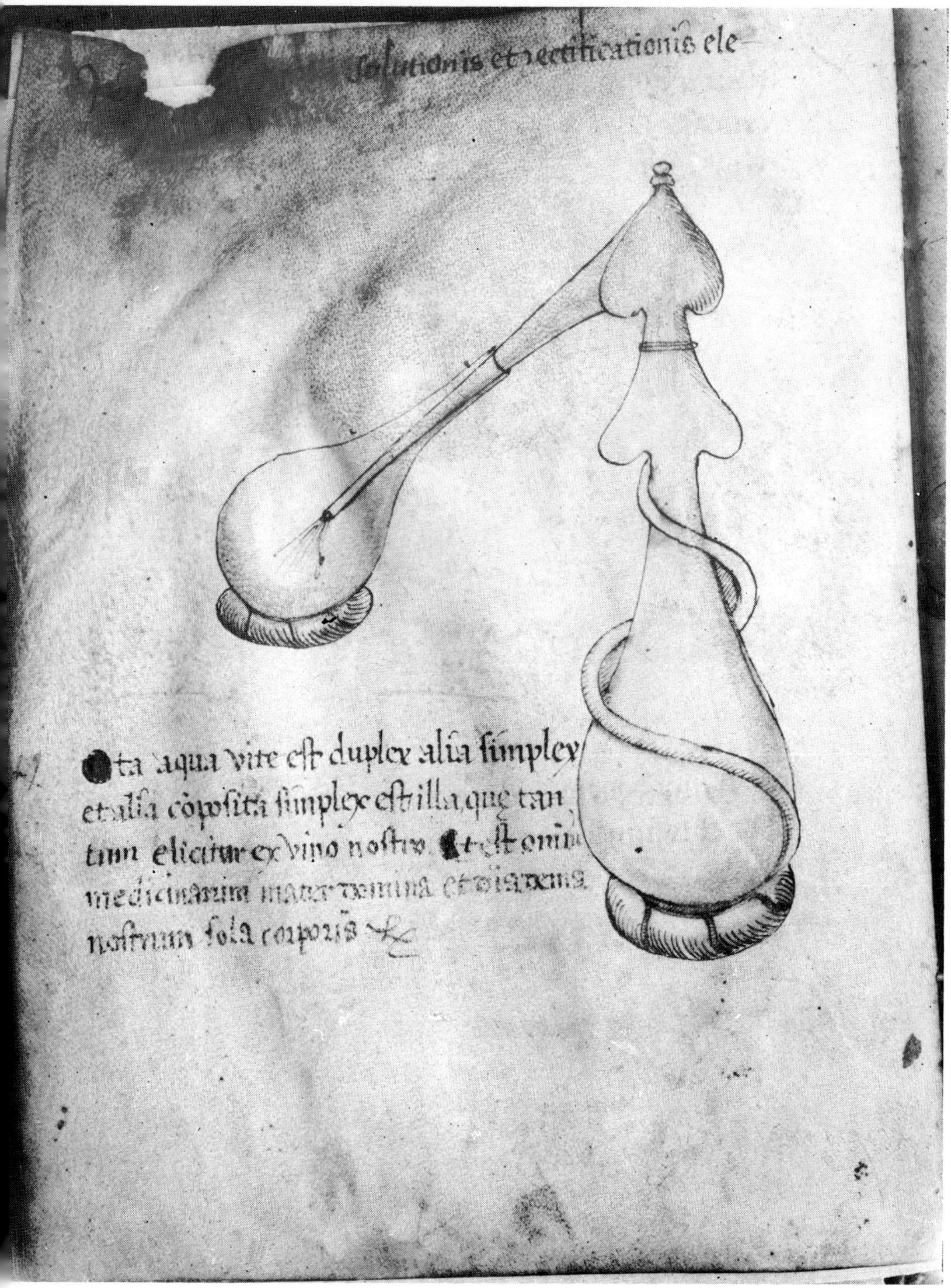

ALCHEMISCHES GEFÄSS

Aus einem florentinischen Codex, 13. Jahrh.

SCHLANGENGÖTTIN
Terrakotta, Griechenland, 6. Jahrh. v. Chr.

ATARGATIS ODER DEA SYRIA
Bronze, Rom

CERES
Terrakottarelief, Griechenland

KULT DER CERES
Fresko, Pompeji, Italien

DER TRIUMPH DER VENUS
Bemalte Platte, veronesische Schule, Italien, frühes 15. Jahrh.

SIRENE ALS INKUBUS
Hellenistisches Relief

DIE GÖTTIN RATI
Holz, Bali, 19. Jahrh.

KALI AUF SHIVA TANZEND

Bemalter Ton, Indien, 19. Jahrh.

KALI DIE VERSCHLINGENDE
Kupfer, Nordindien, 17. bis 18. Jahrh.

KALI
Kupfer, Südindien, 19. Jahrh.

DIE ERDGÖTTIN COATLICUE
Stein, Mexiko, aztekisch

COATLICUE MIT SCHLANGENROCK
Stein, Mexiko, aztekisch

GORGO

Marmorrelief, Korfu, etwa 600 v. Chr.

RANGDA, KINDER STEHLEND
Aquarell von einem modernen Balinesen

TA-URT
Grüner Schiefer, Theben, Ägypten, XXVI. Dynastie

A. DAS GEFLÜGELTE TOR

B. DAS GEFLÜGELTE TOR

C. KUHGATTER MIT KÄLBERN
Siegelzylinder, Mesopotamien, etwa 3000 v. Chr.

TRANKOPFER VOR DEM KÖNIG (oben)
UND VOR DEM TEMPELTOR (unten)
Kalksteinrelief, Ur, Mesopotamien, etwa 3000 v. Chr.

A. HERMES ALS SEELENFÜHRER
Terrakotta, Attika

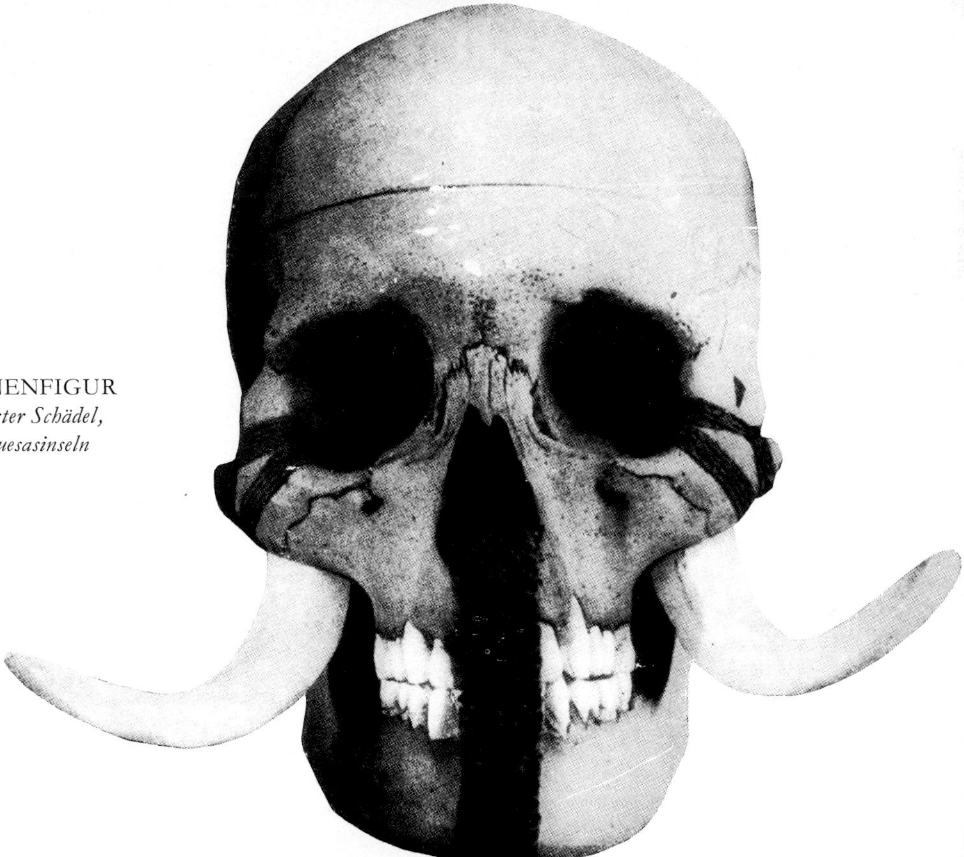

B. AHNENFIGUR
Verzierter Schädel, Marquesasinseln

OPFERBLUTSCHALE: ERDKRÖTE
Stein, Mexiko, vorkolumbisch

DAS LAND DER TOTEN
Mexiko, Codex Borgia, aztekisch

KOPFSTÜTZE
Holz, Belgisch-Kongo

DER HIMMELSGOTT IM RACHEN DES ERDUNGEHEUERS
Sandstein, Maya, 8. Jahrh.

GORGO MIT LÖWEN
Bronzerelief, Perugia, 6. Jahrh. v. Chr.

SEELEN IM RACHEN DER HÖLLE

Detail von einem hölzernen Chorstuhl, Frankreich (?), Mittelalter

a. Eulengott

TONGEFÄSSE
Chimukultur, Peru, vorkolumbisch

b. Schneckengott

a. Taschenkrebs mit Sterngott TONGEFÄSSE *b. Taschenkrebs mit Sterngott*

Chimukultur, Peru, vorkolumbisch

a. Schlangen, Sterngott erwürgend (?)

b. Gorgo mit Schlangen

c. Gebärende Krebsgöttin

TONGEFÄSSE
Chimukultur, Peru, vorkolumbisch

DIE SONNENBARKE, IN DEN WESTBERG EINGEHEND
Aus einem ägyptischen Papyrus

WEIBLICHE FIGUREN

Ton, aztekisch, Anfang der mittleren Kultur

GÖTTIN
Alabaster, Mari, Syrien, etwa 2500 v. Chr.

GRABFIGUR
Basalt, Tell Halaf, Mesopotamien, 900 v. Chr.

VERSCHLEIERTE SPHINX
Stein, Tell Halaf, Mesopotamien, etwa 900 v. Chr.

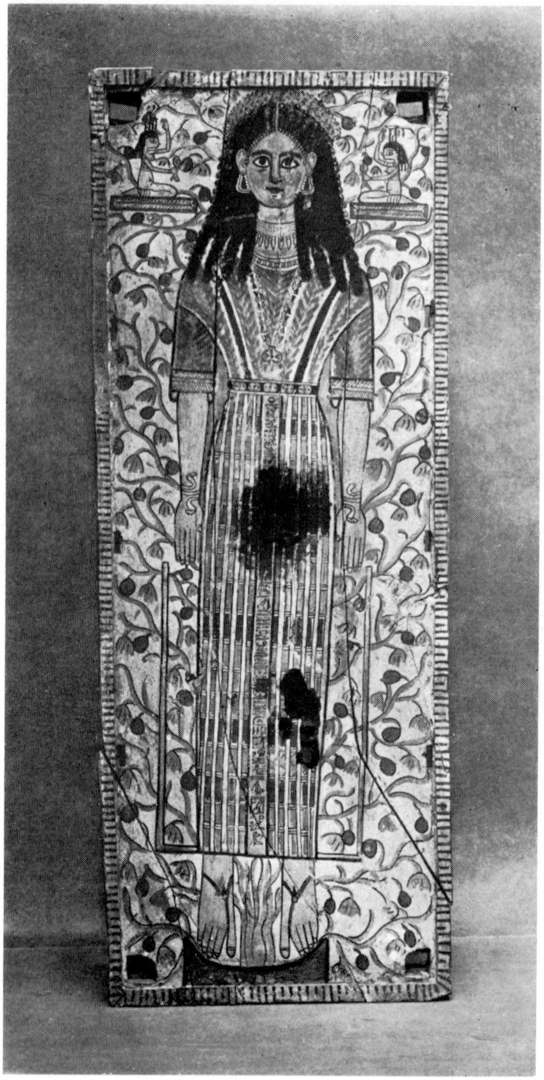

A. PORTRÄT DER VERSTORBENEN
Sarkophag außen, Theben, Ägypten, 200 n. Chr.

B. DIE GÖTTIN NUT
Sarkophag innen, Ägypten

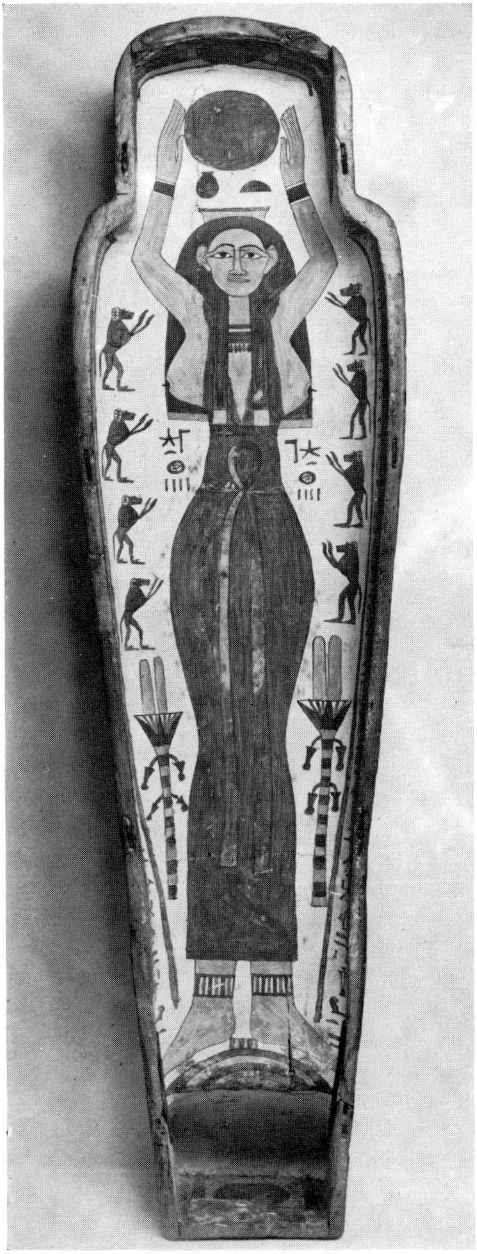

A. DIE GÖTTIN NUT-NAUNET
Sarkophag innen, Ägypten, XXI. Dynastie

B. DIE GÖTTIN NUT
Sarkophag innen, Ägypten

DIE GÖTTIN NUT
Sarkophagdeckel, Stein, Ägypten, XXX. Dynastie

TIERKREIS
Sandsteinrelief, Dendera, Ägypten, römische Periode

PIETÀ
Italien, 14. Jahrh.

DIE NACHT
Plastik von Jacob Epstein, Stein, London, 1929

VERKÜNDIGUNG
Fragment von einem Fresko, Sorpe, Spanien, 12. Jahrh.

DIE JUNGFRAU MARIA
Gemälde, oberrheinischer Meister, Deutschland, etwa 1400

LEBENSRAD
Gemälde, Tibet

DAS RAD DER MUTTER NATUR

Aus einem französischen Manuskript

LAMPE MIT GORGO-KOPF
Bronze, etruskisch, Italien, 5. Jahrh. v. Chr.

A. DREI GÖTTINNEN
Siegelzylinder, Mesopotamien, akkadische Periode

B. DIE EUMENIDEN
Kalksteinrelief, Argos, Griechenland

VEREHRUNG DER BAUMGÖTTIN
Kalksteinstele, Ägypten, XVIII. Dynastie

NUT ALS BAUMGÖTTIN MIT DER SONNENSCHEIBE
Bronzegefäß, Ägypten, Saitsche Periode, etwa 600 v. Chr.

DIE GEBURT DES ADONIS
Detail von einem Fresko von Bernardino Luini, lombardische Schule, Italien, etwa 1500

PRIMITIVES BAUMBEGRÄBNIS
Ostafrika (ethnologische Zeichnung)

«DER URSPRUNG DES LINGAM»
Stein, Südindien, 13. Jahrh.

LINGAM OFFENBART DIE GÖTTIN
Stein, Kambodscha, 14. Jahrh.

A. SONNE- UND MONDBAUM
Siegelzylinder, Assyrien

B. JAHRESBAUM MIT DEN ZWÖLF TIEREN DES ZODIAKUS
Teakholz und Porzellan, China

TOTENBAUM
Holz, China

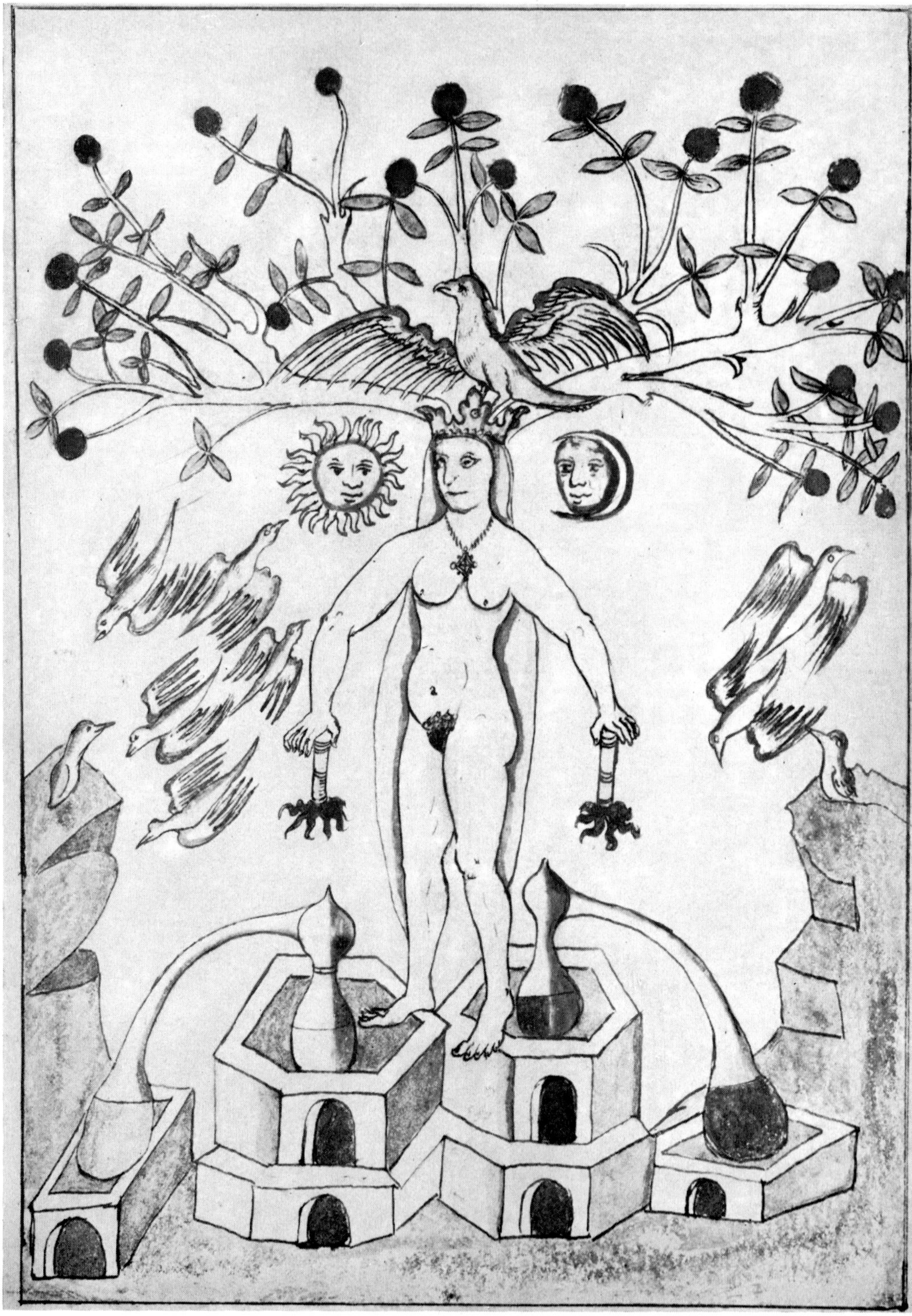

DER ALCHEMISCHE BAUM
Aus einem Schweizer Manuskript, 16. Jahrh.

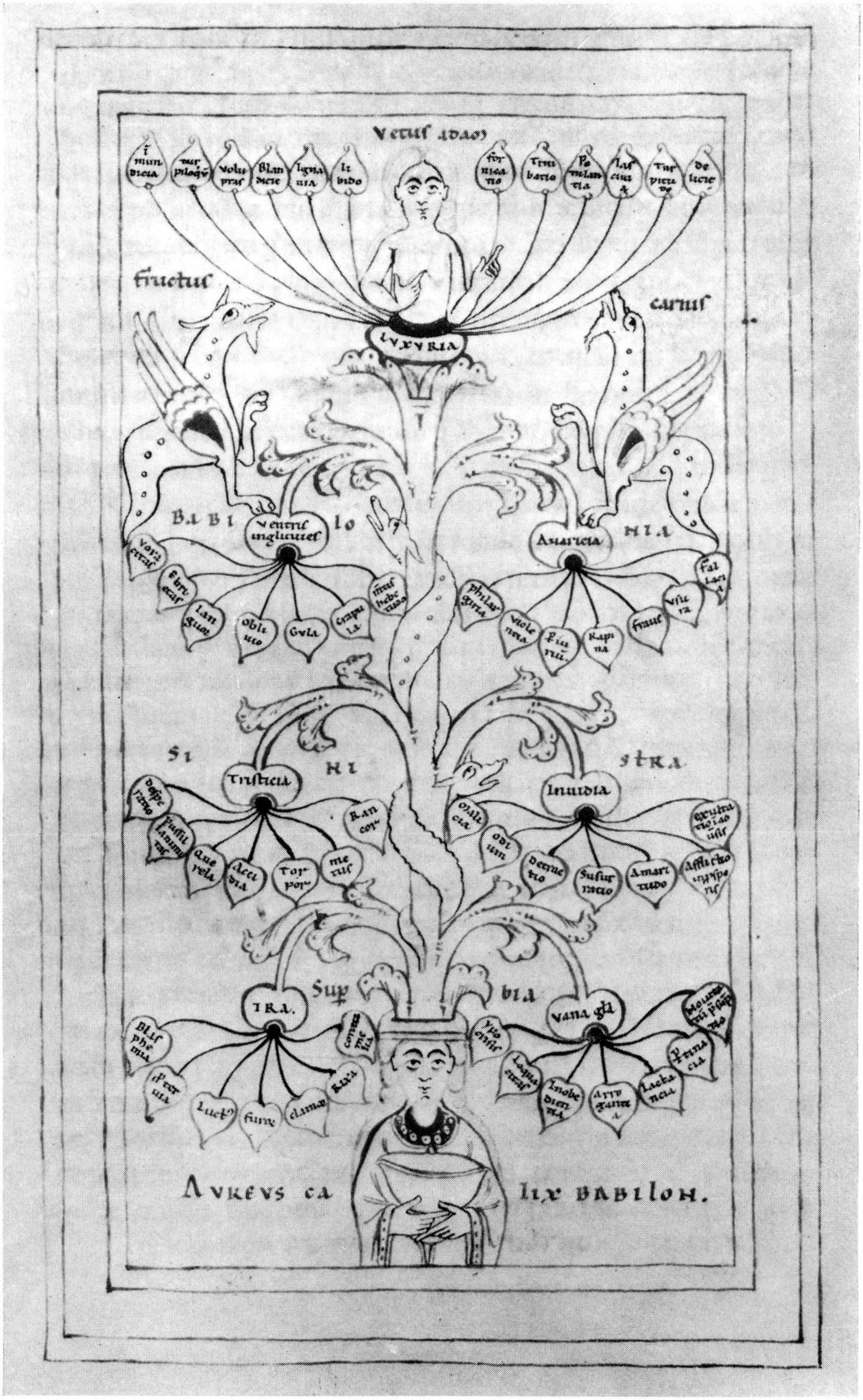

BAUM DER LASTER
Aus einem italienischen Manuskript, 13. Jahrh.

MATRONENSTEIN
Römisches Relief, Bonn

TAUFBECKEN
Sandstein, Gotland, 12. Jahrh.

CHRISTUS ALS WEINREBE
Detail einer Kirchentür, Sion, Schweiz, 13. Jahrh.

DER KELCH VON ANTIOCHIEN
Silber mit Blattgold, 1. bis 4. Jahrh.

DAS ZURÜCKBRINGEN DES MYSTISCHEN APFELS
ZUM BAUM DER ERKENNTNIS
Fresko von Giovanni da Modena, Bologna, 15. Jahrh.

A. KREUZ DES HEILIGEN PATRICK UND KOLUMBAN
Stein, Kells, County Meath, Irland, 10. Jahrh.

B. KREUZ VON GRAIGUENAMANAGH
Stein, County Kilkenny, Irland, 9. Jahrh.

MADONNA ALS SCHIFF
Miniatur aus einem jugoslawischen Psalter

CHRISTUS IM SCHIFF SCHLAFEND
Miniatur aus einem österreichischen Kollektenbuch, 11. Jahrh.

SCHIFF MIT KREUZ ALS MAST

Aus einem italienischen Manuskript, 15. Jahrh.

TRANKOPFER FÜR GEFÄSS MIT ZWEIGEN UND SITZENDE GÖTTIN
Steinrelief, Sumer, etwa 3000 v. Chr.

GÖTTIN MIT KIND
Terrakotta, Böotien, archaische Periode

FRUCHTBARKEITSGÖTTIN
Deckel eines Elfenbeinkastens, Ras Shamra, Syrien, mykenische Kultur, 13. Jahrh. v. Chr.

a. Relief auf einer Steinschale

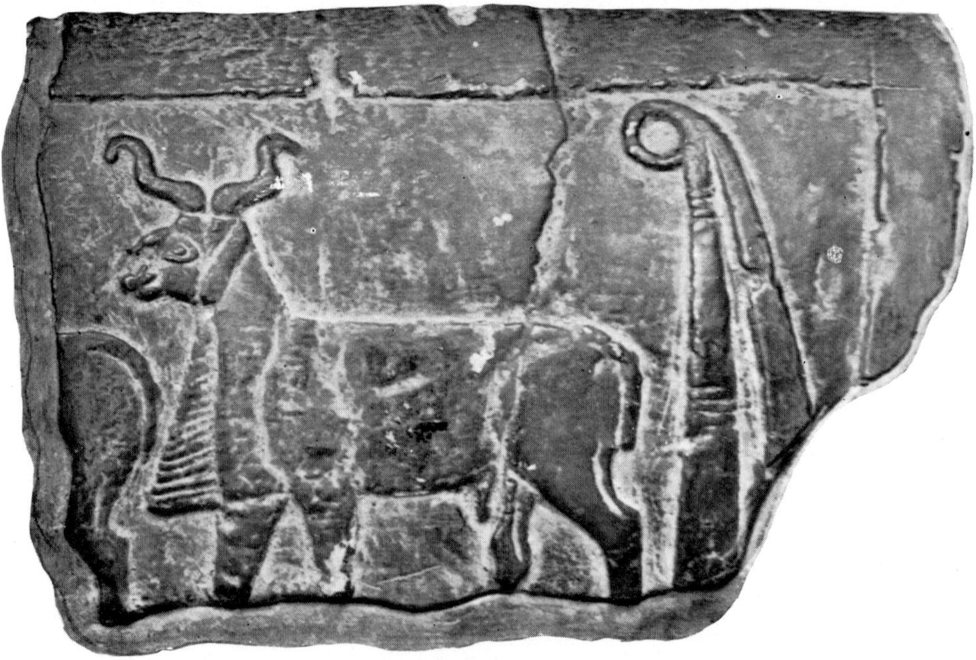

b. Steinrelief auf Votiv-Futtertrog

SYMBOL DER GROSSEN MUTTER MIT TIEREN
Sumer, etwa 3000 v. Chr.

ARTEMIS
Stein, Italien, 500 v. Chr.

LILITH, DIE TODESGÖTTIN
Terrakottarelief, Sumer, etwa 2000 v. Chr.

GÖTTIN MIT SEELENVÖGELN AUF EINEM LÖWEN
Bronzespiegel, Hermione, Griechenland, etwa 550 v. Chr.

A. KYBELE AUF EINEM PROZESSIONSWAGEN MIT LÖWEN
Bronze, Rom, 2. Jahrh. n. Chr.

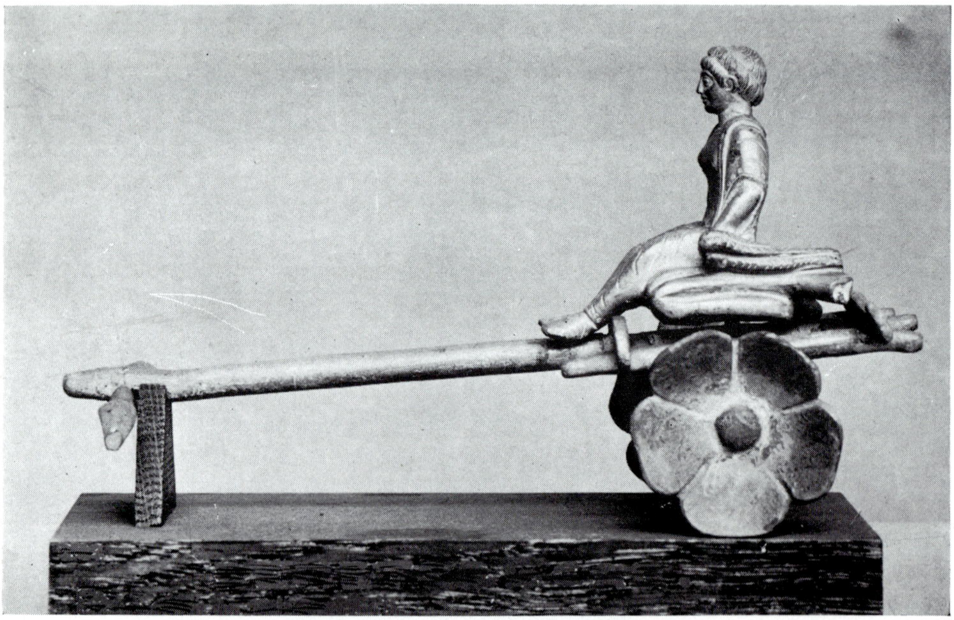

B. ISIS ODER DEMETER AUF EINEM PROZESSIONSWAGEN MIT ROSENRÄDERN
Bronze, etruskisch, Italien

FORTUNA
Aus einem italienischen Manuskript, Mittelalter

GÖTTIN AUF DEM KOSMISCHEN LÖWEN
Miniatur, Delhi, Indien, 17. bis 18. Jahrh.

A. MADONNA AUF DEM LÖWENTHRON
Wandbehang, 14. Jahrh.

B. ANBETUNG DER SCHILDGÖTTIN
Bemalte Kalksteintafel, Mykenä

a. Detail einer Vasenmalerei, etruskisch, Italien, 6. Jahrh. v. Chr.

b. Inneres eines Tellers, Rhodos

HERRIN DER TIERE

a. Innenplatte: Göttin mit Tieren

b. Außenplatte: Göttin

c. Kesselboden: Auerochsjagd

DER GUNDESTRUPKESSEL

Silber, Jütland, 3. bis 2. Jahrh. v. Chr.

HERRIN DER TIERE

Bemalte Terrakotta-Amphore, Böotien, 7. Jahrh. v. Chr.

HERRIN DER TIERE
Bronze-Wassergefäß, Griechenland, 600 v. Chr.

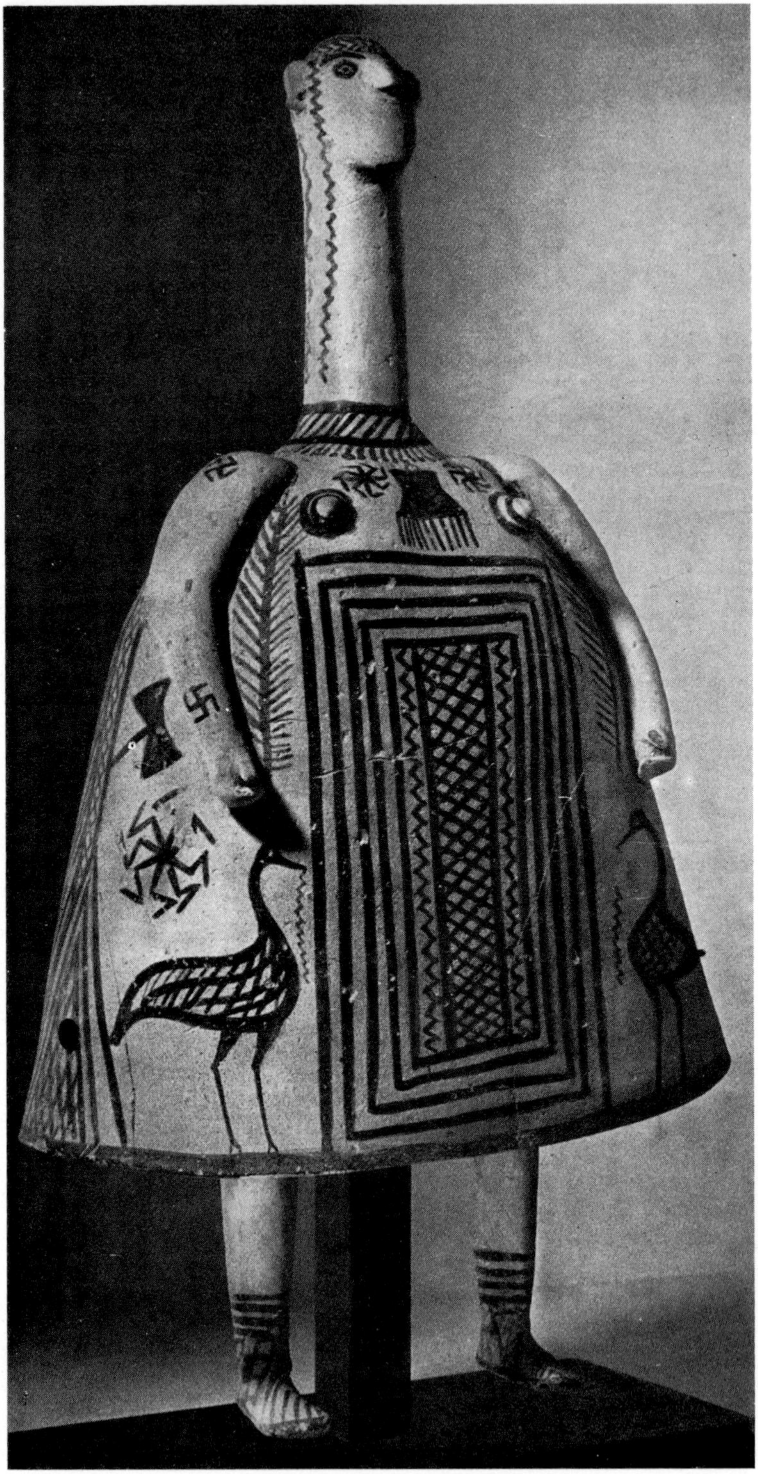

HERRIN DER TIERE
Terrakotta, Böotien, archaische Periode

APHRODITE AUF EINER GANS
Terrakotta, Böotien, klassische Periode

HERKULES AUF DER NACHTMEERFAHRT
Bemaltes Terrakottagefäß, Attika, etwa 480 v. Chr.

a. Detail, schwarzfigurige Amphore, attisch, 6. Jahrh. v. Chr.

b. Detail, rotfigurige Vase, Attika, 5. Jahrh. v. Chr.

WIEDERBELEBUNG DES GEOPFERTEN WIDDERS

DER GUNDESTRUPKESSEL
Silber, Jütland, 3. bis 2. Jahrh. v. Chr.

THESSALISCHE BESCHWÖRUNG DER MONDGÖTTIN
Terrakottagefäß, Griechenland

LIEGENDE NACKTE GÖTTIN
Terrakotta, Megara (?), 6. Jahrh. v. Chr.

TANZGRUPPE
Ton, Mexiko, Taraskische Kultur, vorkolumbisch

GLOCKENFÖRMIGE GÖTTIN
Terrakotta, Böotien, archaische Periode

GÖTTIN

Kalkstein, Zypern, Ende des 6. Jahrh. v. Chr.

a. Mykenä

b. Thisbe, Böotien

c. Mykenä

DIE GROSSE MUTTER *Siegelringe, etwa 1500 v. Chr.*

DEMETER UND KORE *Stein, Theben, Böotien*

DEMETER UND KORE
Steinrelief, Eleusis, 5. Jahrh. v. Chr.

DEMETER UND KORE (?)
Marmorstele, Pharsalos, Griechenland, Anfang des 5. Jahrh. v. Chr.

A. HARPYIENGRAB
Marmorrelief, Xanthos, Lykien, etwa 500 v. Chr.

B. GÖTTIN MIT BLUME
Kalkstein, Zypern, 5. Jahrh. v. Chr.

GÖTTIN MIT GRANATAPFEL
Marmor, Attika (?), 6. Jahrh. v. Chr.

GÖTTIN ALS BLUMENJUNGFRAU
Stein, Eleusis, römische Periode

APHRODITE MIT GRANATAPFEL
Terrakotta, Zypern, 6. bis 5. Jahrh. v. Cr.

DER AUFSTIEG KORES
Schwarzfigurige Vase, Griechenland

DIE GEBURT DER GÖTTIN
Marmorrelief, Rom (griechischer Stil), 5. Jahrh. v. Chr.

DEMETER, TRIPTOLEMUS, KORE
Marmorrelief, Eleusis, etwa 450 v. Chr.

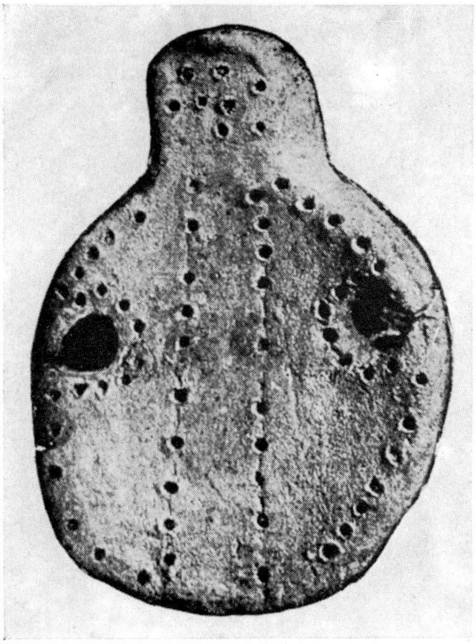

A. IDOL
Ton, Kanaan, prähistorisch

B. VOTIVSTELE
Steinrelief, Karthago

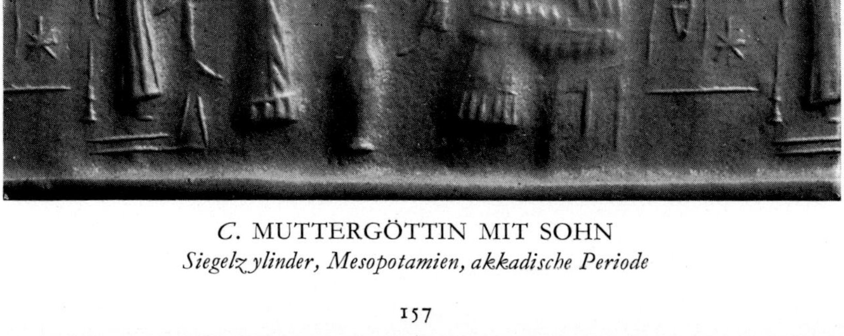

C. MUTTERGÖTTIN MIT SOHN
Siegelzylinder, Mesopotamien, akkadische Periode

GEBURT DES ERICHTHON
Detail, Terrakottavase, Attika, etwa 5. Jahrh. v. Chr.

A. GÖTTIN UND TRANKOPFER
Goldsiegel, mykenisch, Böotien

B. BEGRÄBNISMAHL
Votivrelief, Eleusis

C. KABIRENGRUPPE
Detail, Gefäß, Theben, Griechenland, 4. Jahrh. v. Chr.

THESEUS, ATHENE, AMPHITRITE
Detail, Terrakottaschale, attisch, 5. Jahrh. v. Chr.

DIANA LUCIFERA
Stein, Rom

CERES
Fresko, Pompeji, Italien

DIE WEISSE ROSE VON DANTE
Miniatur, Manuskript der Divina Commedia, Italien, 15. Jahrh.

MADONNA
Detail eines Gemäldes von Theodorus Poulakis, Kreta, 17. Jahrh.

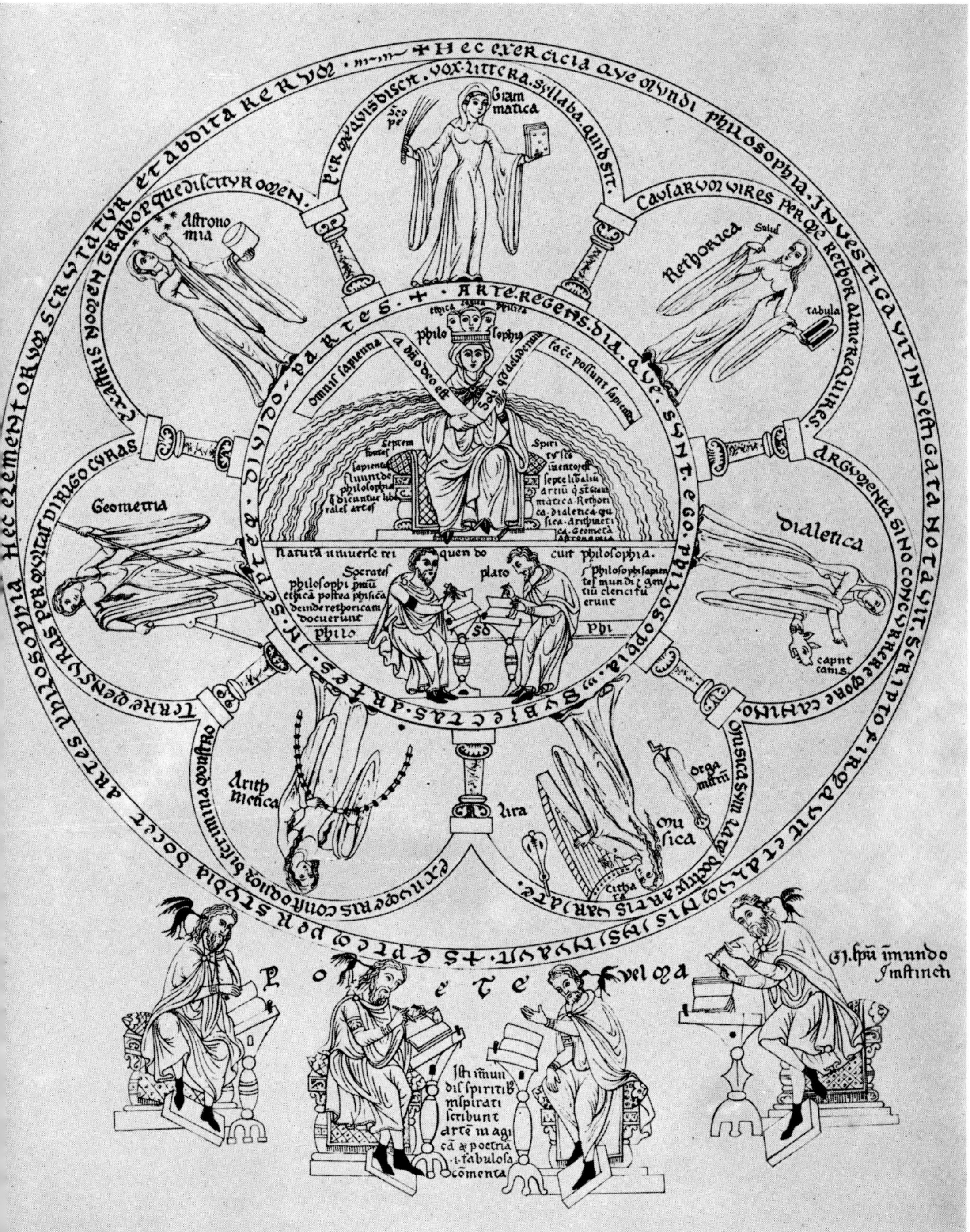

PHILOSOPHIA-SOPHIA

Aus dem Manuskript Hortus deliciarum von Herrad von Landsberg, 12. Jahrh.

PHILOSOPHIA MIT DER WELTSCHEIBE

Aus einem flämischen Manuskript, etwa 1420

MADONNA ALS PARADIES
Aus einem deutschen Manuskript, 14. Jahrh.

TAUFE

Aus dem Manuskript «Les Grandes heures du duc de Berry», Frankreich, etwa 1400

PARADIES ALS GEFÄSS

Aus einem italienischen Manuskript, 15. Jahrh.

ALCHEMISCHES EI

Aus dem Manuskript «De lapide Philosophorum», England, 16. Jahrh.

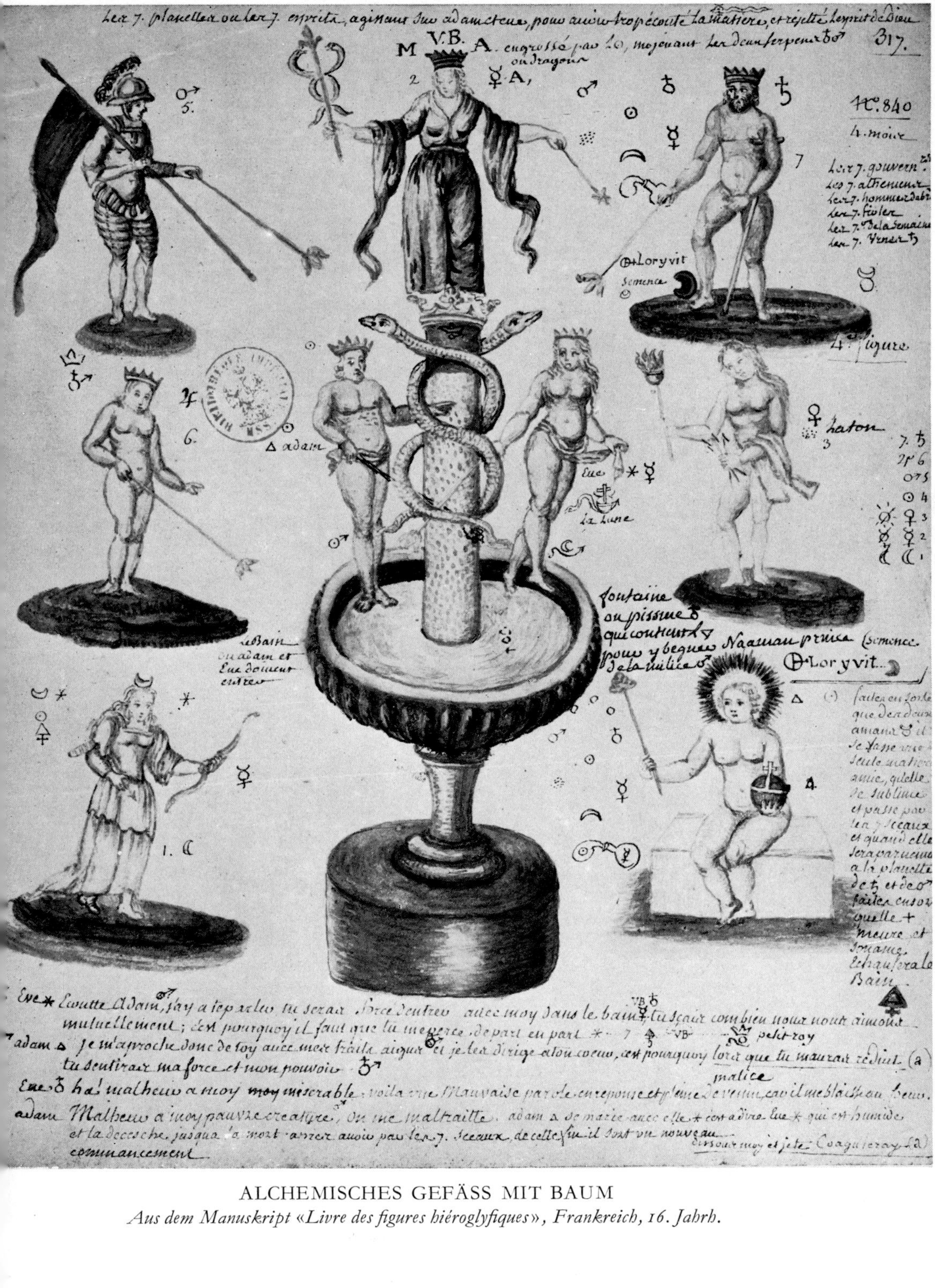

ALCHEMISCHES GEFÄSS MIT BAUM

Aus dem Manuskript «Livre des figures hiéroglyfiques», Frankreich, 16. Jahrh.

VERKÜNDIGUNG
Gemälde von Bartel Bruyn, Köln, 16. Jahrh.

AUSGIESSUNG DES HEILIGEN GEISTES
Aus Beatus' Kommentar zur Apokalypse, 12. Jahrh.

SOPHIA-SAPIENTIA

Aus einem italienischen Manuskript, Mittelalter

ECCLESIA
Aus einem deutschen Manuskript, 12. Jahrh.

«VIERGE OUVRANTE», GESCHLOSSEN
Bemaltes Holz, Frankreich, 15. Jahrh.

«VIERGE OUVRANTE», GEÖFFNET

DIE GNADENMADONNA

Gemälde von Giovanni di Paolo, Siena, Italien, 1437

DER LEBENSBRUNNEN
Steinrelief, Venedig, 9. bis 10. Jahrh.

DIE HEILIGE ANNA SELBDRITT
Gemälde von Masaccio, Italien, 15. Jahrh.

DIE HEILIGE ANNA SELBDRITT

Bemaltes und vergoldetes Nußholz, Spanien, etwa 14. Jahrh.

KALI
Bronze, Südindien, 12. bis 15. Jahrh.

DIE WEISSE TARA
Stein, Java, 13. Jahrh.

TARA
Bronze, Tibet

DIE GRÜNE TARA
Bronze, Tibet

INDEX

Das Sternchen hinter einer Seitenzahl zeigt an, daß es sich um eine Illustration handelt. Kursivzahlen sind Tafelhinweise.

A

N

O